Sträucher

ROGER PHILLIPS & MARTYN RIX

Sträucher

1900 STRÄUCHER IN FARBE

Droemer Knaur

Unter Mitarbeit von Alison Rix
Layout von Jill Bryan
Deutsch von Helmut Dierlamm

Danksagung

Wie danken Peter Barnes und Jacqui Hurst für ihre Beiträge und Unterstützung, insbesondere bei den Heben und anderen spätblühenden Sträuchern der südlichen Halbkugel.

Die meisten der im Studio fotografierten Arten stammen aus den folgenden Gärten, deren Mitarbeitern wir für ihre Hilfe danken möchten:

The Crown Estate Commissioners at the Savill and Valley gardens; Windsor Great Park; Wakehurst Place, Sussex; The Royal Botanic Gardens, Kew and Wakehurst Place, Sussex; The Royal Horticultural Society's Garden, Wisley; The Hillier Arboretum, Hampshire; University Botanic Garden, Cambridge; The Chelsea Physic Garden; Treasures Nurseries of Tenbury, Worcestershire and Cannington College, Somerset.

Unser Dank gilt ferner folgenden Personen, die uns geholfen, ermutigt oder Sträucher zum Fotografieren zur Verfügung gestellt haben:

Peter Addington, Susyn Andrews, Inge Baker, Oliver Baxter, Igor Belolipov, John Bond, Edward und Ann Boscawen, Christopher Brickell, James Compton, Duncan Donald, Pamela Egremont, Jack Elliot, Raymond Evison, Hans Fliegner, Jim Gardiner, Kathleen und Geoffrey Goatcher, Francois Goffinet, Tony Hall, Brian Halliwell, Carolyn und Alan Hardy, Diana Hewitt, Nigel Holman, Tinge Horsefall, Kasha Jenkinson, Jim Keesing, Shaun Killand, Roy Lancaster, Christopher Lloyd, Roger Macfarlane, Walter Magor, Peter Maudsley, Rosemary Meade, Bob Mitchell, Mike Nelhams, Mikinori Ogisu, Charles Quest-Ritson, Norman Robson, Peter Rose, Tony Schilling, James Smart, Philippa Staniland, Martin Stanniforth, John Treasure, David Trehane, Isabelle Vaughan, Dotty Wedderburn, Peter Wolkonsky, Peter Yeo.

Ferner danken wir Martin Gardiner für seine Fotos aus der chilenischen Wildnis sowie Brent Elliott und den Mitarbeitern der Lindley Library für ihre grenzenlose Geduld.

Abkürzungen

Beheimatet	Bh.
beheimatet	bh.
Blütezeit	BZ
Besondere(s)	Bes.
besondere(s)	bes.
Männlich(e)	M.
männlich(e)	m.
Weiblich(e)	W.
weiblich(e)	w.
Winterhärte	WH
winterhart	wh.
Zahlreich(e)	Zahlr.
zahlreich(e)	zahlr.

Titel der englischen Originalausgabe »Shrubs«

Printed in Singapore

ISBN 3-426-26409-9

Inhalt

Einführung 6
Zaubernuß 14
Mahonien 16
Frostempfindliche Sträucher 18
Seidelbast 38
Forsythien 40
Lavendelheide 44
Scheinhasel 46
Ahorn 48
Magnolien 50
Kamelien 56
Prunus 76
Berberitzen 88
Ginster 94
Heckenkirschen und Geißblatt 98
Rhododendren 104
Azaleen 132
Säckelblume 152
Wistarien 154
Viburnum 174
Deutzien 184
Waldreben 190
Buddleien 208
Heben 212
Hortensien 234
Fuchsien 244
Beeren 258
Herbstfarben 268
Pflanzenliebhaber-Gesellschaften 279
Botanische Gärten der
Bundesrepublik Deutschland 279
Bibliographie 281
Index 282

Mit diesem Buch wollen wir den Leser an der Freude und Begeisterung teilhaben lassen, die wir bei der Suche nach Sträuchern für unsere Fotografien empfanden. Die meisten wuchsen in Gärten, doch auch in den Rocky Mountains, in den Lijiangbergen oder im Kaukasus wurden wir fündig. Mit Ausnahme der sechs in der chilenischen Wildnis fotografierten Sträucher haben wir alle, die in diesem Buch abgebildet sind, selbst gesehen. Der Artenreichtum ist gewaltig. Immergrüne Sträucher sind das ganze Jahr über eine Augenweide, und nur wenige Pflanzen können sich mit der Blütenpracht oder dem Duft von Azalee, Flieder oder Garten-Jasmin messen. Viele sind mit ihren gelben, roten oder purpurnen Blättern auch im Herbst sehr attraktiv.
Viele Sträucher sind zweimal abgebildet: Die im Studio entstandene Nahaufnahme zeigt die Details, das im Garten oder in der freien Natur aufgenommene Foto den Wuchs der Pflanze. Beide Abbildungen sind hilfreich bei der Bestimmung der Art, und darüber hinaus erleichtert die Kenntnis des Wuchses und der natürlichen Umgebung der Pflanze dem Gärtner die Wahl eines geeigneten Standorts.
Wir haben uns bemüht, alle Sträucher zu berücksichtigen, die in gemäßigtem Klima wachsen. So kann man jede der abgebildeten Pflanzen irgendwo auf den Britischen Inseln im Freien finden, wenngleich man sagen muß, daß viele in wärmeren Regionen wie in Kalifornien oder am Mittelmeer besser gedeihen. Die meisten wachsen auch im Osten der USA oder in Nordwesteuropa. Rosen werden in einem gesonderten Band behandelt (Rosen, Roger Phillips & Martyn Rix, Droemer Knaur, 1988); ebenso Bäume (Das Kosmosbuch der Bäume, Roger Phillips, Kosmos, Stgt. 1980). Zwerg- und Hochgebirgssträucher wurden nicht berücksichtigt, da sie eher den Steingarten- und alpinen Pflanzen zuzuordnen sind, die Gegenstand eines weiteren Bandes werden sollen.
Zwischen einem Baum und einem Strauch gibt es keine klare Unterscheidung. Für gewöhnlich gilt ein Gehölz dann als Strauch, wenn es aus einem Stamm wächst, aber niedrig bleibt, oder wenn es höher wächst und aus vielen Stämmen besteht, die sich von Grund auf verzweigen. Es gibt jedoch auch große Bäume, wie Eiche oder Buche, die in der Natur über weite Landstriche als Strauch vorkommen, entweder weil das Klima so rauh ist, daß sie nicht ihr volles Wachstum erreichen, oder weil sie zur Brennholzgewinnung oder zu anderen Zwecken regelmäßig genutzt werden. Besonders im Mittelmeerraum werden alle Gehölze regelmäßig bis auf Bodenhöhe abgebrannt oder abgeweidet; die Folge ist strauchiges Wachstum.

Zum Gebrauch dieses Buches

Die Sträucher in diesem Buch sind grob nach ihrer Blütezeit geordnet: Pflanzen, die im Spätwinter oder Frühling blühen, machen den Anfang; herbstblühende Sträucher, Früchte und Herbstfärbung werden am Ende des Buches behandelt. Innerhalb dieser Ordnung sind die wichtigsten Gattungen, wie etwa Rhododendron oder Kamelie, zusammengestellt. Als besondere Hilfe für die Bestimmung der Pflanzen und die Erstellung von Bepflanzungsplänen für Gärten wird das Datum angegeben, an dem die Aufnahmen entstanden. Viele Sträucher wurden während eines ungewöhnlich späten Frühlings in Südengland fotografiert. Sie können manchmal 2-3 Wochen früher blühen als angezeigt, also im März und April.

Die Namen

Der Text enthält neben dem lateinischen auch den deutschen Namen der Pflanze, sofern dieser allgemein gebräuchlich ist und unzweideutig verwendet wird. An den fettgedruckten lateinischen Namen der Pflanze schließt sich der Name des Botanikers an, der sie benannt hat (meist abgekürzt). Ist ein zweiter lateinischer Name gebräuchlich, wird auch er aufgeführt. In Klammern folgt der Name der Familie: Er endet normalerweise auf *-ceae* oder *-ae*, den Wortstamm bildet der Name der Gattung, z. B. *Ericaceae* für die Familie der Heidekrautgewächse (*Erica* = Heidekraut). Der lateinische Name besteht aus zwei Wörtern: dem Gattungsnamen, z. B. *Rhododendron*, und dem Namen der Art, z. B. *luteum;* letzterer bezeichnet entweder ein äußerliches Merkmal (*luteum* = gelb), den Herkunftsort (*ponticum* = vom Pontus, dem Schwarzen Meer) oder leitet sich vom Namen eines Botanikers oder Sammlers ab, der mit der Art befaßt war (z. B. *augustinii*, nach Augustine Henry, einem Sammler in China). Ein Andreaskreuz vor dem Namen der Spezies zeigt an, daß es sich um eine hybride Pflanze handelt; oft folgt noch der englische oder deutsche Phantasiename eines bestimmten Klons, z. B. *Mahonia × media* ›Charity‹.

Herkunft und Standort

Der Text gibt an, woher die Pflanze ursprünglich stammt, d. h. wo sie beheimatet ist. Andere Gebiete, in denen sie häufig wild vorkommt — aber nur deshalb, weil sie dort als Gartenpflanze verwildert oder auf andere Art heimisch geworden ist —, werden ebenfalls aufgeführt. Es folgt eine Beschreibung der Umgebung, in der die Pflanze wächst: im Wald, an offenen Berghängen oder am Wasser. Die Kenntnis des Standorts ist von großem Nutzen, wenn die Pflanze im Garten gedeihen und blühen soll. Zusätzlich wird die Blütezeit der wildwachsenden Pflanze angegeben, denn dieses Buch will nicht nur dem Gärtner eine Hilfe sein, sondern auch dem Reisenden, der die Blüte der Sträucher in ihrer natürlichen Umgebung erleben oder Pflanzen identifizieren will, die er in der Natur blühen sah.
Bei Hybriden und Gartensorten werden, sofern bekannt, die Abstammung des Strauches und der Züchter angegeben.

Der Strauch im Garten

Der zweite Teil des Textes gibt Auskunft über die Höhe, die der Strauch im Garten voraussichtlich erreichen wird, über seinen Wuchs, sofern ungewöhnlich, und darüber, ob er immergrün ist oder im Winter seine Blätter abwirft; es folgen alle wichtigen Bestimmungsmerkmale und, sofern der Platz ausreicht, Angaben zur Größe der Blätter und Blüten. Stellt die Pflanze besondere Anforderungen an Boden oder Standort, wird auch darauf eingegangen, sofern sich dies nicht aus dem übrigen Text ergibt. Fehlen diesbezügliche Angaben, darf man davon ausgehen, daß die Pflanze sowohl auf alkalischem als auch auf saurem Boden gedeiht und Sonne wie leichten Schatten verträgt. Die Winterhärte der Pflanze wird anhand der niedrigsten Temperatur angegeben, die sie wahrscheinlich noch verträgt. Allerdings handelt es sich bei Winterhärte um ein komplexes Thema, zu dem nur schwer exakte Aussagen zu machen sind. Mehr dazu auf den Seiten 10 und 11.
Schließlich wird die übliche Blütezeit des Gartenstrauches angegeben, insbesondere dann, wenn sie von der Blütezeit der Wildpflanze abweicht.

Gartenpflanzgruppen mit Sträuchern
Sträucher am Waldrand

Der Waldrand ist einer der natürlichsten Standorte für Sträucher. Sie bilden dort eine Übergangszone zwischen Wald und Rasen oder Wiese. Viele Sträucher profitieren vom Schutz der Bäume und vertragen Halbschatten. Wo in einem Wald nachträglich eine Lichtung angelegt wurde, haben die Bäume kahle Stämme ohne Zweige. Sträucher können diesen unnatürlich abrupten Übergang am Waldrand mildern und den Wald gegen kalten Wind abschirmen. Für solche Pflanzgruppen eignen sich folgende Gattungen: Stechpalme, Falscher Jasmin, Hartriegel, Rhododendron, Magnolie, *Prunus* und *Viburnum.*

Sträucher als Unterpflanzung für große Bäume: Viele Sträucher, vor allem immergrüne, wachsen in der Natur an lichten Stellen im sommergrünen Mischwald. Für Rhododendren, Kamelien und Magnolien sind solche Standorte unter dem Blätterdach der Bäume natürlich, und nicht umsonst bildet die Kombination von großen Bäumen und Sträuchern die Grundlage für viele berühmte Naturgärten auf den Britischen Inseln und in Nordamerika.

Azaleen im Sandling Park, Kent

Auch einige sommergrüne Sträucher gedeihen und blühen an solchen halbschattigen Standorten, vorausgesetzt, das Blätterdach ist nicht zu dicht. Viele, wie z. B. *Hamamelis*, blühen schon früh, bevor die großen Bäume Blätter getrieben haben. In wärmeren Klimazonen gedeihen die meisten sommergrünen Sträucher am besten im Halbschatten, so etwa sommergrüne Azaleen. Die meisten Sträucher vertragen Schatten, doch besonders geeignet sind: Rhododendron, Kamelie, Magnolie, Mahonie, Zaubernuß, Scheinhasel, Prachtglocke, Hortensie, Bambus.

Sträucher als Raumteiler im Garten: Wenn Sträucher als Raumteiler eingesetzt werden, sollte man sie so dicht pflanzen, daß ihre Zweige einander berühren, ohne sich jedoch gegenseitig im Wachstum zu behindern. Je größer und robuster die hinteren Pflanzen sind, um so kleiner und empfindlicher dürfen die vorderen sein. Der Gärtner muß sorgfältig planen, wenn er die optimale Wirkung erzielen will. Dennoch ist es unvermeidlich, daß die Gruppe etwas zu eng gepflanzt wird und infolgedessen nach einigen Jahren ausgelichtet werden muß. Für einen solchen Raumteiler bieten sich Sträucher an, die viel Sonne brauchen, insbesondere Flieder und Falscher Jasmin, die am besten auf nährstoffreichem Boden in vollsonniger Lage gedeihen. Unter sommergrünen Sträuchern und Bäumen sollte der Boden mit geeigneten Stauden bewachsen sein. So gedeihen frühblühende Zwiebelgewächse, die im Hochsommer einziehen, gut unter sommergrünen Sträuchern. Für solche Pflanzgruppen eignen sich folgende Gattungen: Flieder, Deutzie, Hibiskus, Gartenjasmin, Weigelie, *Ribes*. Geeignete Zwiebelgewächse sind: Schneeglöckchen, Blaustern und Narzisse. Bei Strauchbegrenzungen, die keine regelmäßige Düngung brauchen, kann man als Bodenbegrüner Moos wachsen lassen, wenn es sich selbst ansiedeln sollte. Ein dichter Moosteppich kann sehr attraktiv sein.

Sträucher in einer gemischten Pflanzung: Die gemischte Pflanzung, bei der Bäume, Sträucher, Stauden und Zwiebelgewächse harmonisch nebeneinander wachsen, ist die schwierigste und arbeitsintensivste, aber auch lohnendste aller Gartenpflanzgruppen. In einer solchen Pflanzengruppe können Sträucher überwiegen. Man kann sich aber auch auf einige wenige beschränken, um dem Teiler die nötige Höhe und Fülle zu geben und ihn auch im Winter und Vorfrühling interessant zu machen. In beiden Fällen sollten die Sträucher so gepflanzt werden, daß kleine Lichtungen oder Schneisen entstehen und die Stauden von Sträuchern umgeben sind.
Wenn die Pflanzung hauptsächlich aus Sträuchern besteht, kann man immergrüne Stauden einsetzen, um das Unkraut zu erstikken — die Gruppe dieser Pflanzen nennt man ›Bodendecker‹. Noch besser eignen sich jedoch Stauden, da sie das Unkrautjäten und Düngen erleichtern: Nieswurz, Schlüsselblume, Lungenkraut und Flammendes Herz für den Frühling; Storchschnabelgewächse, Hosta, Taglilien oder Farne für den Sommer; Lilien und Japananemonen für den Herbst.

Sträucher als Hecken: Fast alle Hecken bestehen aus Sträuchern. Eine der seltenen Ausnahmen bildet die 26 m hohe und eine halbe Meile lange Hecke bei Mickleour in Pertshire. Sie besteht aus ausgewachsenen Buchen und ist etwa 240 Jahre alt.
Andere Bäume, die man gewöhnlich für Hecken benutzt, sind beispielsweise Scheinzypressen, Eiben, Hainbuchen, doch die meisten Hecken werden auf Strauchgröße gehalten, selbst wenn Baumarten verwendet werden. Eine Hecke besteht entweder aus kleineren, sommergrünen oder blühenden Sträuchern oder aus Baumarten. Die größeren Arten des Falschen Jasmins bilden eine gute Hecke, die schnell wächst, imposant aussieht und Mitte Sommer den ganzen Garten mit ihrem Duft erfüllt. Nichts ist so undurchdringlich wie eine Hecke der Bitterorange, und doch ist sie sehr schön, wenn sie blüht. Andere für den Garten geeignete Arten und Gattungen sind: Stechpalme, Portugiesische Lorbeerkirsche, Buchsbaum, Weide.

Trachycarpus fortunei, eine chinesische Palme, und Baumfarne, Trebah, Cornwall

Rhododendren im Frühjahr

Kletterpflanzen und andere Sträucher an Mauern: In der Natur wachsen die meisten Kettersträucher an Waldbäumen empor und kämpfen sich durch das Blätterdach ans Licht, das sie zum Blühen und Fruchten brauchen. Im Garten freilich werden die meisten Kletterpflanzen an Mauern gezogen, obwohl sich spektakuläre Effekte erzielen lassen, wenn man eine Wistarie, eine kletternde Hortensie oder eine riesige Rebe einen Baum hinaufwachsen läßt.
Mauern bieten solchen Sträuchern Schutz, die bei Frost leicht Schaden nehmen oder im Sommer mehr Wärme für Blüte und Wachstum brauchen, als sie an einem freien Standort bekämen. Im Schutz einer Mauer wachsen zahlreiche Sträucher auch in Gegenden, die normalerweise zu kalt für sie sind. Kletterpflanzen: Waldreben, Wistarien, Rosen. Frostempfindliche Sträucher: Säckelblume.

Sträucher als Bodendecker: An Stelle der üblichen krautigen Bodendecker können auch kriechende Sträucher oder kriechende Sorten normalerweise aufrecht wachsender Sträucher eingesetzt werden. Viele Zwergmispelarten, von Natur aus kriechende Pflanzen, werden zu diesem Zweck ebenso verwendet wie niedrigwachsende immergrüne Azaleen. Geeignete Gattungen und Arten: Efeu, Hebe, Wurzelnder Spindelstrauch Zwergmispel, Säckelblume, immergrüne Azaleen.

Einzelsträucher im Rasen: Natürlich kann jeder Strauch freistehend auf Rasen gepflanzt werden, doch einige eignen sich dafür besser als andere. Ein Einzelstrauch sollte folgende Eigenschaften aufweisen: guter, ziemlich aufrechter Wuchs; interessante Blattform, Farbe oder Rinde; attraktives Aussehen auch außerhalb der Blütezeit. Vorschläge: Hartriegel, Magnolien, winterharter Rhododendron, Ahorn, Bambus, immergrüne Spindelstraucharten.

Sträucher als Kübelpflanzen: Sträucher können auch in Kübeln gezogen werden, wenn der Garten mit Platten ausgelegt ist oder der Boden für Sträucher wie Rhododendren oder Kamelien, die keinen kalkhaltigen oder alkalischen Boden vertragen, nicht geeignet ist. Alle Sträucher lassen sich in Kübeln ziehen, und in der Tat werden in den Baumschulen heute die meisten in Containern gezogen. Am besten eignen sich als permanente Kübelpflanzen jedoch Arten, die von Natur aus langsam wachsen und gut blühen, ohne lange und starke Triebe zu entwickeln. Außerdem sollten sie einen oder zwei Tage ohne Wasser aushalten, ohne gleich einzugehen, denn auch der gewissenhafteste Gärtner vergißt bei trockenem Wetter einmal das Gießen. Im Winter kann man sie ins Haus bringen. Am besten eignen sich: Kamelie, Rhododendron, Säckelblume, Fuchsie und Oleander.

Sträucher im Gewächshaus: Alle in diesem Buch abgebildeten Sträucher sind so winterhart, daß sie irgendwo auf den Britischen Inseln das ganze Jahr über im Freien gezogen werden können. Viele würden allerdings einen harten Winter im Südosten Englands nicht überstehen, im Nordosten der USA und in Nordeuropa nicht einmal einen ganz normalen Winter. Wenn man ihre Kübel einsenkt, kann man sie im Sommer jedoch ohne weiteres draußen lassen. Im Winter kommen sie dann in ein Gewächshaus oder einen Wintergarten, wo sie blühen. Nur wenig künstliche Wärme ist nötig, um sie in den kältesten Winternächten vor Temperaturen unter $-5°C$ zu schützen.
Unter anderem kann man folgende Arten im Sommer draußen lassen und im Winter drinnen zum Blühen bringen: *Buddleia officinalis, Jasminum polyantum,* manche *Correa*-Arten, *Erica canaliculata, Sutherlandia frutescens,* Kamelien und frostempfindliche Rhododendren (S. 19).

Sträucher für schwierige Standorte: Die meisten Sträucher, die in diesem Buch vorgestellt werden, gedeihen gut in sonniger oder halbschattiger Lage und auf wasserdurchlässigem Boden, besonders wenn er sauer oder neutral ist. Nur wenige bevorzugen einen nassen, schattigen Standort, etwa unter überhängenden Bäumen oder auf sumpfigem Boden. Auch auf sehr kalkhaltigem Boden wächst nur eine begrenzte Anzahl von Arten, obwohl viele Pflanzen, die als nicht kalkverträglich gelten, in freier Natur oder in niederschlagsreichen Gebieten bestens auf Kalkstein gedeihen.

Sträucher für trockenen Schatten: Camellia japonica, Lorbeerseidelbast, Mahonie, Aukube, Schmucksteinlinde, Lavendelheide, Fleischbeere, Davids Schneeball, Skimmie und Zimmeraralie.

Sträucher für staunassen Boden: Weißer Hartriegel, manche Weidenarten, Felsenbirne, *Aronia,* Fieberstrauch, Holunder, gewöhnlicher Schneeball, Bambus, Aralie.

Sträucher für Kalkboden: Flieder, Blasenstrauch, Fingerstrauch, Falscher Jasmin, Forsythie, Steinlinde, Deutzie, Fuchsie, Besenginster, Zistrose, Johanniskraut, Roter Hartriegel, Säckelblume, Fleischbeere, Päonie, *Aesculus californica.*

Wilde Sträucher

Die in diesem Buch abgebildeten Sträucher stammen aus allen gemäßigten Regionen der Welt, einige auch aus Gebirgen in den Subtropen. In manchen Gebieten gibt es vergleichsweise wenige Sträucher, die sich für den Garten eignen, in anderen wiederum sehr viele. Die wichtigsten Regionen, aus denen Gartensträucher zu uns kamen, ihre Klimate und wichtigsten Sammler werden im folgenden aufgeführt.

Europa und Nordafrika: Die ersten Gartensträucher waren medizinische oder aromatische Pflanzen oder wurden ihrer Früchte wegen gezogen; dazu gehörten Myrte, Granatapfel, Buchsbaum,

Camellia ›Donation‹ in Eccleston Square

Moupine, das heutige Boaxing, in Sichuan (China). Hier lebte 1869 Père David

Holunder oder Kornelkirsche. Viele waren in Südeuropa und Westasien beheimatet und wurden von Römern und Arabern im Mittelalter kultiviert. Clusius war einer der ersten Botaniker und Gärtner, der eine Expedition unternahm, um Pflanzen zu sammeln, als er im Jahr 1564 nach Spanien reiste.
Sträucher aus Nord- und Westeuropa sind Nässe und Kälte im Winter gewohnt; im Sommer brauchen sie Wasser. Pflanzen aus dem Mittelmeerraum sind nicht sehr frostresistent, vertragen aber sommerliche Hitze und Trockenheit.

Die Kanarischen Inseln: Die Kanarischen Inseln und Madeira beherbergen eine ungewöhnliche Sträucher-Flora, die nicht nur viele alte Arten umfaßt, die vor der Eiszeit auch in Europa wuchsen, heute jedoch ausgestorben sind, sondern auch viele mit afrikanischen Sträuchern verwandte Arten oder strauchige Vertreter normalerweise krautiger Gattungen. Die meisten vertragen zwar nur schwachen Frost, gedeihen jedoch gut in mediterranem Klima und in Regionen mit milden Wintern bis etwa —5 °C. Auf den Kanarischen Inseln ist es im Winter kühl und feucht, im Sommer heiß und trocken. Allerdings gibt es im Gebirge auch neblige Wälder, in denen es das ganze Jahr über feucht sein kann. Schiffe, die um das Kap der Guten Hoffnung nach Indien segelten, liefen die Kanarischen Inseln und Madeira an und brachten von dort viele Pflanzen mit, die seit dem siebzehnten und achtzehnten Jahrhundert in Europa kultiviert wurden.

West- und Zentralasien: Sträucher aus West- und Zentralasien sind meist sehr winterhart, brauchen aber warme Sommer, um gut zu wachsen und zu blühen. Steppenregionen in der Türkei, im Iran, in Afghanistan und im sowjetischen Teil Zentralasiens beherbergen viele wertvolle Sträucher, insbesondere Mandeln, Kirschen, Pflaumen und andere Mitglieder der Rosenfamilie, aber auch zahlreiche Ginsterarten. Die meisten gedeihen gut in den trockeneren Gebieten im Innern Nordamerikas. Feuchtigkeit in Frühling und Herbst, Hitze und gelegentliche Schauer im Sommer sind sie gewohnt. Arten, die mehr Feuchtigkeit brauchen, gedeihen in Nordeuropa. Sie stammen von den Küsten des Schwarzen und Kaspischen Meeres oder aus dem Kaukasus; dort sind die Sommer warm und feucht. Sträucher aus diesen Regionen werden seit dem sechzehnten Jahrhundert kultiviert.

Der Osten Nordamerikas: Die ersten Pflanzen, die aus Amerika zu uns nach Europa kamen, wurden von Spaniern aus Mexiko und den Westindischen Inseln mitgebracht. Dazu gehörten so frostempfindliche Pflanzen wie Dahlien, Agaven und die Wunderblume, das Wunder Perus. Die ersten Pflanzen aus Virginia und den kälteren Regionen der Oststaaten gelangten erst ab dem siebzehnten Jahrhundert nach Europa. John Tradescent der Jüngere unternahm im Jahre 1638 eine der ersten Expeditionen, um Gartenpflanzen zu sammeln. Er bereiste Virginia und erwarb sogar ein Stück Land in York County. Sträucher wie Lonicera sempervirens wurden von den Tradescents gezogen und in dem 1654 veröffentlichten Buch *Museum Tradescantianum* verzeichnet.
Ein anderer bekannter Sammler war der um 1682 in Suffolk geborene Mark Catesby. Er kam 1712 nach Williamsburg in Virginia und schickte viele Pflanzen in Kisten nach Europa. Im Jahr 1763 veröffentlichte er das Buch *Hortus Brittanico-Americanus or A Curious Collection of Trees and Shrubs. The Produce of the British Colonies in North America; adapted to the soil and Climate of England etc.* Zweiundsechzig Bäume und Sträucher sind darin beschrieben, darunter Blütenhartriegel, Großblütige Magnolie und Schaflorbeer.
John Bartram (1699-1777), gebürtig aus Pennsylvania, lebte in der Nähe von Philadephia, wo er einen Garten besaß. Bekannt wurde er durch die Entdeckung von *Gordonia altamaha,* einem mit der Stewartie verwandten Baum, der inzwischen als Wildpflanze ausgestorben ist, in Bartrams Garten jedoch erhalten blieb und heute in vielen Gärten gezogen wird.
Das Klima im nordamerikanischen Osten ist extremer als in Westeuropa. Der Sommer ist heißer und oft auch feuchter, der Herbst schön und sonnig, der Winter meist viel kälter. Die Böden sind in der Regel karg und sauer. Viele Sträucher, wie die Amerikanische Azalee, gedeihen in Europa sehr gut; andere, wie etwa der Blumenhartriegel, die in ihrer angestammten Heimat sehr schön sind, wachsen und blühen in Europa weitaus schlechter.

Der Westen Nordamerikas: Die ersten Pflanzen aus dem nordwestlichen Amerika sammelte der Marinearzt und Botaniker Archibald Menzies, als er im Jahr 1792 Kapitän Vancouver auf seiner Entdeckungsreise begleitete. Im Jahr 1805 überquerten Captain Merriweather Lewis und Captain William Clark die Rocky Mountains und sammelten Pflanzen und Samen, darunter auch *Magnolia aquifolium.* Doch es sollte weitere achtzehn Jahre dauern, bis mehr als eine kleine Auswahl der reichen Flora des Nordwestens in den Osten gelangte. Im Jahr 1823 schickte die

Royal Horticultural Society David Douglas zum Sammeln von Baum- und Strauchsamen nach Kalifornien und Oregon. Douglas verbrachte die nächsten elf Jahre damit, auf der Suche nach neuen Pflanzen die Wildnis zu durchstreifen. Er führte u. a. *Gaultheria shallon,* Blutjohannisbeere und *Garrya elliptica* ein.
Die klimatischen Bedingungen im nordamerikanischen Westen sind sehr unterschiedlich und ändern sich schon über kurze Entfernungen. Ursache ist die Nähe zum Meer und zum Hochgebirge. In den meisten Küstenregionen Kaliforniens herrscht ein ähnliches Klima wie am europäischen Mittelmeer: heiße, trockene Sommer, feuchte Winter und nur wenige Frostperioden. Viele dort beheimatete Pflanzen gedeihen gut im europäischen Seeklima, dagegen vertragen nur wenige die strengen Winter und feuchten Sommer im Osten der USA. An den nördlichen Küsten Kaliforniens und Oregons und noch höher im Norden sind die Sommer kühler und feuchter; besonders im Landesinnern und im Tal des Columbiaflusses kann es extrem kalt werden. Die meisten Pflanzen aus diesem Gebiet wachsen in Nordwesteuropa ebenso gut wie in den Küstenstaaten des amerikanischen Ostens.

Der Himalaja: Der Himalaja ist berühmt für seine Rhododendren, die bei der Entwicklung der Naturgärten im viktorianischen England eine wichtige Rolle gespielt haben. J. D. Hooker, Sohn des ersten Direktors von Kew, W. J. Hooker, reiste 1848 in den östlichen Himalaja und blieb bis 1851 im Grenzgebiet zwischen Nepal und Sikkim. Er sammelte Samen und zahlreiche Pflanzen, so etwa vierundzwanzig verschiedene Rhododendren an einem einzigen Tag. Der mächtige Gebirgszug, der sich von Pakistan bis Westchina erstreckt, erwies sich als äußerst ergiebiges Fundgebiet für winterharte Sträucher und wurde nach Hooker von vielen namhaften Botanikern und Gärtnern besucht, die neue Pflanzen einführten. Berühmte Namen wie Frank Ludlow, George Sherriff, Frank Kingdom-Ward, Oleg Polunin und Tony Shilling sind besonders mit den Gebirgsregionen Nepals, Tibets, Bhutans und Nordbirmas verbunden.
Das Klima im Himalaja ist geprägt von sehr kalten, trockenen Wintern und sehr warmen, feuchten Sommern. Die Frostresistenz der Sträucher hängt eng damit zusammen, in welcher Höhenlage sie wachsen. Die meisten der mäßig winterharten Waldsträucher reagieren im Winter besonders empfindlich auf kalte trockene Winde und gedeihen daher am besten in gut geschützten Gärten. Außerdem brauchen die meisten Arten aus dem Himalaja feuchte Sommer, um gut zu wachsen; widrige Bedingungen vertragen sie schlechter als ähnliche Arten aus China. Am meisten regnet es während der Monsunzeit, die im Osten im Juni beginnt und bis September andauert. Frühling und Herbst sind warm, trocken und sonnig. Im Westen dauern die Monsunregen nur von Juli bis Mitte September; mehr Niederschläge fallen im übrigen Jahr.

Sutherlandia montana in Südafrika

China: Nirgendwo auf der Welt gibt es so viele winterharte, blühende Sträucher wie in Westchina. Zwar werden alle Ebenen seit alters her gerodet und kultiviert, doch die Bergregionen, die von der letzten Eiszeit verschont blieben, beherbergen eine wunderbar reiche Flora. In den frühen chinesischen Kulturen wurden Gartenblumen erstmals nur ihrer Schönheit wegen gezüchtet, und bereits im achtzehnten Jahrhundert wurden so bekannte Sträucher wie Rosen, Japanaprikosen, Pfirsiche, Azaleen und Kamelien kultiviert, die japanische Gärtner im neunzehnten Jahrhundert verfeinerten. Die Chinesen beschränkten sich auf einige wenige ausgewählte Pflanzen und ignorierten den großen Artenreichtum in den Bergen Westchinas.
Bis zum achtzehnten Jahrhundert war China den Europäern weitgehend unbekannt, und Marco Polos Schriften dürften der beste verfügbare Reiseführer gewesen sein. Kein Wunder also, daß damals nur wenige Pflanzen von der Südküste Chinas in europäische Gärten gelangten. Der erste Pflanzensammler, der von Berufs wegen China besuchte, war William Kerr. Sir Joseph Banks hatte ihn 1803 entsandt. Nach Kerr ist *Kerria japonica* benannt. Später unternahm Robert Fortune im Auftrag der Horticultural Society mehrere Reisen, und um 1861 glaubte er, das Land gründlich erforscht zu haben. Doch erst 1869, als der französische Naturforscher und Missionar Père Armand David ein Jahr in Moupine (dem heutigen Boaxing) an der damaligen Grenze zwischen Tibet und China verbrachte, enthüllte sich der erstaunliche Reichtum der Waldflora in den westchinesischen Bergen. Nach David sind zahlreiche Arten und die Gattung *Davidia* benannt. Sein Landsmann, Père Jean Delavay, verbrachte mehrere Jahre in Nordyunnan und durchstreifte die Berge um den Dalisee. Noch genauer erforschten diese Region später Ernest Wilson, der für die Herren Veitch und das Arnold Arboretum sammelte, und George Forrest, der im Auftrag einer Gruppe englischer Gärtner mehrere Expeditionen unternahm. Wilson konzentrierte sich auf winterharte Sträucher aller Arten, Forrest auf Rhododendren, Kamelien und Primelgewächse.
Nach der Machtergreifung der Kommunisten 1947 waren botanische Reisen nach China bis in die siebziger Jahre hinein nicht mehr möglich. Erst danach besuchten wieder viele Botaniker und Gärtner das Land und sammelten neue Gartenpflanzen. Einer von ihnen war Roy Lancaster. Er unternahm mehrere Reisen und führte viele neue oder wenig bekannte Pflanzen ein. Ich selbst besuchte im Mai 1984 Boaxing und Lijiang, Forrests Lieblingsgebiet. Auf dieser Reise fotografierte ich die meisten chinesischen Pflanzen, die in diesem Buch gezeigt werden.
In Westchina herrscht ein ähnliches Klima wie im übrigen Himalaja, allerdings ist der Winter trockener und kälter; der Frühling ist warm und trocken; von Juni bis September regnet es viel, es ist feucht und häufig bewölkt; der Herbst ist wieder trocken und sonnig. Die meisten Sträucher blühen im Mai, also vor Beginn der Regenzeit. Die Böden variieren von sauer bis alkalisch, und Kalkstein ist in China häufiger als im Zentralhimalaja. Viele Rhododendren wachsen auf reinem Kalkstein, und bis heute ist nicht geklärt, warum sie als Kulturpflanzen keine alkalischeren Böden vertragen.

Japan: Die japanische Flora ist der chinesischen sehr ähnlich. Korea verlängert den Kontinent nach Süden, und die Pflanzen auf der Halbinsel sind sowohl mit denen der nordchinesischen Provinzen Jilin und Heilongijang (früher Mandschurei) als auch mit den südjapanischen verwandt. Die Flora der nördlichsten japanischen Insel Hokkaido hat dagegen mehr Ähnlichkeit mit der Flora Ostsibiriens. Nur wenige Gattungen, wie etwa Stechpalme, Hortensie und *Prunus,* sind sowohl in Japan als auch in China stark vertreten.

Die Japaner sind seit alters her eifrige Gärtner und haben viele Pflanzen verfeinert, die ursprünglich Chinesen gezüchtet hatten. Das ganze siebzehnte und achtzehnte Jahrhundert hindurch war der Handel zwischen Europa und Japan stark eingeschränkt. Fremde durften sich nur auf der Deshimainsel bei Nagasaki aufhalten. Engelbert Kaempfer verbrachte dort um 1691 zwei Jahre und beschrieb und zeichnete einige Pflanzen. Doch erst Carl Thunberg, der 1775 nach Japan kam, führte eine große Anzahl japanischer Pflanzen bei uns ein. Weitere Pflanzen sandten Philip von Siebold (etwa um 1850), Charles Maries (etwa um 1879) und E. H. Wilson (um 1920) nach Europa.
Das Klima in Japan ist nicht so extrem wie in China: Die Winter sind trockener, in der Regel jedoch nicht so kalt. Auf Yakushima, im äußersten Süden, regnet es das ganze Jahr über, und von der See her blasen feuchte Winde und Stürme. Die Böden sind meist sauer, aber ziemlich wasserdurchlässig. Japanische Pflanzen gedeihen gut in den wärmeren Gebieten der amerikanischen Oststaaten.

Südamerika: Da es auf der südlichen Halbkugel mehr Wasser und weniger große Landmassen gibt, sind dort die Winter wärmer und die Sommer kühler als in vergleichbaren nördlichen Breiten. Die Südspitze Südamerikas liegt südlicher als irgendeine andere Landmasse, sieht man einmal von der Antarktis ab (die für Sträucher ohnehin zu kalt ist). Einige Arten, die in Südchile und Südargentinien beheimatet sind, müssen so frostresistent sein, daß sie auch in Großbritannien im Freien überleben können. Valdivia liegt auf dem 40° s. Br. und damit auf einer vergleichbaren Breite wie New York, Madrid oder Peking, hat aber viel mildere Winter. Die winterhärtesten Arten stammen entweder aus den Anden oder aus den südlichsten Küstenregionen Chiles und Feuerlands. Doch selbst dort ist die kalte Luft nicht trocken wie fast überall auf der nördlichen Halbkugel, sondern feucht und schneeträchtig, da sie von der Antarktis über das Meer kommt. Die meisten chilenischen Sträucher vertragen Kälte deshalb nur in geschützter Lage, und die allerschönsten, wie *Desfontainea*, *Eucryphia* oder *Embothrium* (S. 216) überleben nur in besonders geschützten Gärten an den Westküsten Europas oder Nordamerikas. *Fuchsia magellanica* wächst an diesen Küsten als Strauch, verhält sich aber in kälteren Gegenden wie eine Staude, d. h. sie friert im Winter zurück und treibt jedes Jahr neu aus.
Die Einführung chilenischer Sträucher nach Europa ist in erster Linie der großen Baumschule Veitch zu verdanken. In ihrem Auftrag reiste William Lobb 1840 und 1845 nach Chile. Spätere Sammler in diesem Gebiet waren H. J. Elwes und Harold Comber, der Sohn des Chefgärtners in Nymans, Sussex. Er besuchte Südargentinien und Chile in den Jahren 1925 und 1927. Viele Pflanzen, die Comber mitbrachte, kann man noch heute in Nymans bewundern.

Australien, Tasmanien und Neuseeland: Sträucher aus diesen Gebieten sind im allgemeinen weniger winterhart als die chilenischen und vertragen wie diese keinen kalten, trockenen Wind.
Viele australische Sträucher gedeihen gut in Kalifornien und am Mittelmeer, mitunter sogar so gut, daß sie zur Plage werden. *Acacia dealbata* ist in den gemäßigten Regionen der Welt, wo sie den Winter überstehen kann, weithin heimisch geworden. In Europa sind von den neuseeländischen Sträuchern wohl am stärksten die Heben vertreten, aber nur kleinere alpine Arten sind so winterhart, daß sie auch in Südengland wachsen können. Andere Arten wie *Olearia, Eucryphia, Leptospermum, Correa* und Schnurbaum werden normalerweise in warmen Gärten gezogen. Bei der Einführung australischer oder neuseeländischer Pflanzen tat sich im neunzehnten Jahrhundert kein Sammler besonders hervor. In den letzten Jahren führte Lord Talbot de Malahide viele tasmanische Pflanzen ein und zog sie in seinem Garten bei Dublin. Graham Hutchins von der Graham Park Nursery führte viele neuseeländische Arten ein.

Südafrika: Der südlichste Teil Afrikas erstreckt sich längst nicht so weit nach Süden wie Südamerika oder Neuseeland. Daher gibt es dort nur wenige Sträucher, die Frost vertragen. Als wir kürzlich den kältesten Teil der Drakensberge in der Provinz Natal und im Norden der Kapprovinz besuchten, fanden wir oberhalb 2000 m, wo Kältegrade von −15°C normal sind, kaum Sträucher. Niedrig wachsende *Euryops* und andere *Compositae* und *Leguminosae,* wie etwa *Lotonis* und *Sutherlandia,* waren noch am stärksten vertreten. Wir hoffen, daß sich die im Buch abgebildete *Sutherlandia montana* in Südengland als winterhart erweisen wird. Da sie von der Hochfläche Lesothos stammt, dürfte sie kalte, trockene Winde gewohnt sein. Die prächtigen Sträucher der Kapflora sind an mediterranes Klima angepaßt und gedeihen gut in Kalifornien oder Südeuropa, aber nur wenige vertragen starken Frost. Einige Heidekrautgewächse und *Leucadendron*-Arten, aber auch die eine oder andere *Protea* lassen sich auf Tresco vielleicht im Freien ziehen. In kälteren Gegenden können sie die Gewächshäuser bereichern.

Coronilla valentina subsp. *glauca*, Eccleston Square

Das Pflanzen

Heutzutage werden Sträucher normalerweise eingetopft gekauft. Wählen Sie möglichst eine kräftig wachsende Pflanze aus und nicht unbedingt eine, die viele Blüten trägt. Meiden Sie Pflanzen, die augenscheinlich verkümmert sind oder lange Zeit in einem zu kleinen Topf waren.
Bevor ein neuer Strauch in den Garten gesetzt wird, müssen seine Wurzeln unbedingt gewässert werden: ungefähr eine Stunde, wenn er in Lehmboden, einen Tag oder über Nacht, wenn er in Torf oder reinem Kompost stand. Im Winter, wenn sich die Pflanze in der Ruheperiode befindet, sollten Sie weitgehend die Erde von den Wurzeln entfernen, bevor Sie pflanzen. Geben Sie viel Torf und etwas Dünger in die Pflanzgrube. Ein hervorragender Gärtner aus meinem Bekanntenkreis verwendet für jeden Baum oder Strauch einen halben Ballen Torf, und das auf gutem Boden in Nordwestfrankreich. Bei Rododendren, Kamelien oder anderen Pflanzen mit ähnlich kompaktem Wurzelwerk genügt es, die äußerste Kompostschicht (ca. 2 cm) zu entfernen; in den Boden um die Pflanzgrube sollte reichlich Torf eingearbeitet werden. Wenn man die Pflanze im Sommer während der Wachstumsphase in den Garten setzt, sollte man ihre Wurzeln nicht stören. Pflanzen, die man ohne Ballen mit bloßen Wurzeln aus der Baumschule bekommt, da sie im Freiland ausgegraben werden, dürfen nur transportiert werden, solange sie sich in der Ruhephase befinden. Gepflanzt werden sie auf die übliche Art: Wurzeln in der Pflanzgrube ausbreiten, überlange Teile kürzen, gequetschte oder beschädigte abschneiden. In trockenen Gegenden oder auf sehr wasserdurchlässigen Böden wird eine Mulde

Herbstfarben in den Bergen von Hokkaido, Japan

angelegt, der Strauch kommt an die tiefste Stelle; das erleichtert das Gießen und macht es effektiver.

Das Mulchen: Eine Mulchdecke, die Feuchtigkeit zurückhält, zusätzlichen Humus als Wurzelraum bietet und das Wachstum von Wildkräutern verhindert, kommt allen Sträuchern zugute, insbesondere frisch gepflanzten. Als Material eignen sich Blätter, Laubmull, Adlerfarn, grober Torf oder Rinde bzw. Rindenmulch. Auch alte Zeitungen tun es, wenn sie mit einer Schicht Erde bedeckt werden.

Das Pflanzen im Rasen: Wenn Sie Sträucher in eine Rasenfläche oder in eine bereits vorhandene Sträuchergruppe setzen, müssen Sie eine Fläche von mindestens 60 cm Breite freimachen; bei einem großen Strauch darf es ruhig 1 m sein. Graben Sie den Boden um und entfernen Sie Unkraut, Wurzeln und natürlich auch die Grasdecke. Diese Fläche wird ein paar Jahre lang freigehalten und gemulcht, bis die Pflanze sich gut etabliert hat.

Das Düngen: Etablierte Sträucher brauchen keinen zusätzlichen Dünger, es sei denn, der Boden ist sehr nährstoffarm und leicht. Eine Mulchdecke bietet den Wurzeln eine zusätzliche Nahrungsquelle; sollte das Wachstum trotzdem hinter den Erwartungen zurückbleiben, kann etwas langsamwirkender Vorratsdünger beigegeben werden. Hobbygärtnern steht jetzt auch Osmocote zur Verfügung; für unterschiedliche Bodentypen werden verschiedene Zusammensetzungen empfohlen.

Bodenbeschaffenheit: Böden unterscheiden sich auf drei für den Gärtner relevante Arten: Sie sind entweder schwer und tonhaltig oder leicht und sand- oder kieshaltig; humusreich, wie z. B. Torf- oder andere dunkle Böden, oder humusarm wie die meisten hellen Sand-, Kalk- oder Lehmböden, die aus dem Unterboden entstanden sind; und schließlich gibt es noch den chemischen Unterschied zwischen sauer, neutral und alkalisch. Die meisten Sträucher bevorzugen neutralen oder schwach sauren Boden; andere, wie etwa die meisten *Ericacae,* zu denen auch die Rhododendren gehören, brauchen einen deutlich sauren Boden; dritte wiederum vertragen kalkhaltige oder alkalische Böden.
Für den Gärtner eignet sich am besten ein mittelschwerer oder eher leichter Boden, weil sich dessen pH-Wert einfacher durch verschiedene Chemikalien verändern läßt. Auch die Beimengung von zusätzlichem Humus verbessert die meisten Böden. Neutrale oder schwach alkalische Böden lassen sich durch die Zugabe von Schwefel sauer machen. Auf stark kalkhaltigen Böden sollte man möglichst keine Pflanzen ziehen, die sauren Boden brauchen, da es praktisch unmöglich ist, den Boden durch Chemikalien so sauer zu machen, daß die Pflanzen gedeihen. Im Text werden die Standorte der Pflanzen beschrieben; daraus läßt sich auf den geeigneten Bodentyp schließen. Wenn Pflanzen einen sauren Boden brauchen, wird darauf hingewiesen.

Der Schnitt: Wahrscheinlich werden mehr Sträucher durch falschen Schnitt am Blühen gehindert, als durch richtigen Schnitt zum Blühen gebracht. Deshalb sollte der Anfänger im Zweifelsfall lieber auf den Schnitt verzichten. Wilde Sträucher werden nie von Gärtnern geschnitten, und trotzdem sind sie oft über und über mit Blüten bedeckt, wie viele Fotografien in diesem Buch belegen.
Ziel des Schnittes sollte sein, die Form eines Strauchs zu verbessern oder eine reichere Blüte zu erzielen. Kleinere Formschnitte nimmt man am besten im Frühjahr vor: Sträucher, die im Frühjahr blühen, schneidet man nach der Blüte, andere, die im Sommer blühen, vor Beginn der Wachstumsphase. Die beste Zeit für einen radikalen Rückschnitt bei sommergrünen Sträuchern ist der Herbst, da die Pflanze nach dem Abwurf der Blätter ruht. Immergrüne Pflanzen werden in den ersten Frühlingstagen geschnitten.
Wenn der Schnitt die Blüte verbessern soll, muß man natürlich wissen, ob die vorjährigen oder diesjährigen Triebe Blüten tragen. Außerdem blühen einige Sträucher am besten an raschwüchsigen, andere an langsamwüchsigen Trieben.
Sträucher, die am langsam wachsenden Holz blühen, das sich im Vorjahr gebildet hat, sind beispielsweise Rhododendren, Magnolien, Zierjohannisbeeren, Flieder und die meisten immergrünen Pflanzen. Jeder gesunde Trieb endet in einer oder mehreren Knospen, wenn am Ende des letzten Sommers günstige Bedingungen für die Blütenbildung herrschten. In diesem Fall ist kein Schnitt nötig. Kommt es dennoch zu keiner reichen Blüte, wächst der Strauch entweder nicht richtig, oder er hatte im Sommer nicht die richtigen Temperaturen. Bei vielen Sträuchern dieses Typs sollte man die Blüten sofort nach dem Verblühen entfernen, vor allem nach einer reichen Blüte. Wenn zu viele Samen reifen, kann es vorkommen, daß die Pflanzen nur jedes zweite Jahr gut blühen.
Zu den Sträuchern, die am besten an kräftigen, vorjährigen Zweigen blühen, gehören Forsythien, Falscher Jasmin, Deutzien, *Cestrum elegans,* im Winter und Frühjahr blühende Buddleien sowie einige blühende Waldreben. Sie müssen unmittelbar nach der Blüte geschnitten werden. Dabei entfernt man die Zweige, die geblüht haben, um ein starkes neues Wachstum von unten her zu fördern. Sollten sich schwächliche Zweige gebildet haben, schneidet man auch diese aus. Sträucher, die am neuen Trieb blühen, haben ihre Blütezeit meist im Sommer oder Herbst. Dazu gehören Fuchsien, einige Hortensien, laubabwerfende Säckelblumen, spätblühende Buddleien, *Cestrum parqui* und einige der später blühenden Waldreben. Bei diesen Pflanzen sollte der Schnitt in den ersten Frühlingstagen erfolgen. Meist kann man recht kräftig zurückschneiden; dies fördert das Wachstum starker, gut blühender Triebe. Der Schnitt wird gewöhnlich direkt über einer gesunden Knospe, möglichst nahe der vorjährigen Triebbasis angesetzt.
Einige Sträucher brauchen einen besonderen Schnitt: Die langen Ranken einer Wistarie sollte man beispielsweise im Juli oder zwei Monate nach der Blüte bis auf etwa sechs Knospen kürzen, gewöhnlich also etwa 10-30 cm über dem alten Holz. Die Pflanze blüht dann vielleicht noch ein zweites Mal, wenn auch weniger reich; diese blütentragenden Ranken und alle späteren werden im Frühherbst bis auf zwei oder drei Knospen zurückgeschnitten, um die Knospenproduktion im nächsten Frühjahr anzuregen (sofern die Knospen im Winter nicht von den Spatzen gefressen werden). Waldreben müssen unterschiedlich geschnitten werden, je nachdem wie sie blühen. Angaben zu jeder Sorte finden sich im Text. Normalerweise erfolgt der Schnitt in den ersten Frühlingstagen.

Winterhärte: Wir haben versucht, im Text die niedrigste Temperatur anzugeben, die ein Strauch schadlos übersteht, doch die Winterhärte einer Art wird von so vielen Faktoren beeinflußt, daß

Sich selbst abwürgende Wurzeln eines Container-Strauches

die angeführten Zahlen nicht mehr als bloße Richtwerte sein können; sie stützen sich auf verschiedene veröffentlichte Quellen und auf unsere eigenen, hauptsächlich in Südengland gemachten Beobachtungen. Die wichtigsten Faktoren sind:

Bodenbeschaffenheit: Auf sandigen, gut entwässerten Böden, insbesonders auf solchen, die im Spätsommer ziemlich austrocknen, sind Pflanzen gewöhnlich winterhärter als auf nährstoffreichen, schweren Böden mit schlechtem Wasserabzug. Auf diesen Böden bekommen laubabwerfende Bäume meist eine schöne Herbstfärbung.

Sommerreife des Holzes: In einem Klima mit sonnigem Spätsommer und Herbst, mit warmen Tagen und kühlen Nächten, vertragen Sträucher kältere Wintertemperaturen als in einem Klima wie in England, wo es im Herbst bedeckt und feucht ist. Je besser das Holz gereift ist, desto winterhärter ist es.

Windschutz: Besonders immergrüne Pflanzen gehen ein, wenn sie kalten, trockenen Winden ausgesetzt sind, die ihre Blätter austrocknen. Viele immergrüne Pflanzen, insbesondere Arten aus Neuseeland und Chile, überleben nur mit einem Windschutz. In Europa müssen sie gegen Osten und Norden abgeschirmt werden.

Sonnenschutz: In China wie auch in vielen anderen kontinentalen und nördlichen Regionen kommt der Frühling spät und wird schon nach kurzer Zeit vom Sommer abgelöst. In England und in den maritimen Regionen Europas folgen auf warme Tage im März und April nicht selten Frostnächte im Mai oder sogar noch Anfang Juni. Frost kann die Blüten und jungen Blätter vieler Sträucher abtöten. Dies ist insbesondere dann der Fall, wenn die gefrorenen Blätter und Triebe von der frühen Morgensonne beschienen werden und rasch auftauen. Frühblühende Sträucher zieht man daher am besten an einem nach Westen oder Norden hin offenen Standort, damit das neue Wachstum im Frühjahr später beginnt und die Blüten und neue Triebe nicht der frühen Morgensonne ausgesetzt sind. Auch unter laubabwerfenden Bäumen oder immergrünen Nadelhölzern sind frostempfindliche Sträucher in windstillen Frostnächten geschützt. Schnelles Gefrieren ist ebenso schädlich wie schnelles Auftauen. In sehr kalten, aber sonnigen Gegenden ist für immergrüne Pflanzen mit begrenzter Winterhärte daher jede Art von Sonnenschutz von Vorteil.

Herkunft: Der Herkunftsort einer Pflanze ist der Ort, an dem sie erstmals gesammelt wurde. Im Text wird er meist im Zusammenhang mit der zu erwartenden Winterhärte angegeben. Für die Winterhärte in unserem Gebiet kann als Faustregel gelten: Bei Temperaturangaben unter −5° und bis −10°C nur frostfreie Überwinterung als Kübelpflanze möglich. Bei −10° bis −15°C je nach kleinklimatisch günstiger Lage mit entsprechendem Schutz möglich. Bei −15° bis −20°C in günstigen Lagen; sonst mit Schutz. Ab −20°C und kälter in allen außer extremen Lagen.

Vermehrung: Über die Vermehrung von Bäumen und Sträuchern gibt es zahlreiche Bücher. Für den Hobbygärtner, der nur wenige neue Pflanzen braucht, sind folgende Vermehrungsmethoden am besten geeignet:

Samen: Wenn der Samen einer Pflanze in der freien Natur gesammelt wurde, wird sich normalerweise die entsprechende Art daraus entwickeln, allerdings wird sie einige Merkmale der wilden Population aufweisen. In diesem Fall kann es dem Gärtner gelingen, eine besonders schöne Form aus seinen Sämlingen auszuwählen. Stammt der Samen aus einem Garten, sind die Sämlinge in der Regel Hybriden, es sei denn, die Blüten wurden handbestäubt. Der Samen winterharter Sträucher wird am besten im Herbst ausgesät, denn viele brauchen eine kalte Periode zum Keimen. Zahlreiche Pflanzen, insbesondere einige Rosengewächse und *Viburnum*, keimen im ersten Jahr nach der Aussaat noch nicht, häufig nicht einmal im zweiten Jahr. Dagegen keimen frostempfindliche Pflanzen aus Regionen, in denen die Temperaturen selten unter den Gefrierpunkt sinken oder die Wachstumsphase hauptsächlich in den Winter fällt, sofort nach der Aussaat und werden deshalb am besten in den ersten Frühlingstagen gesät und abgedeckt. Zu dieser Gruppe gehören viele sehr kleine Samen. Große nußartige Samen, wie etwa Kastanien oder Eicheln, müssen in der Regel möglichst schnell ausgesät werden, da sie unmittelbar nach dem Abfallen keimen und schnell absterben, wenn sie austrocknen. Sie sollten kühl und feucht gelagert werden. Sämlinge werden am besten so bald wie möglich eingetopft, damit sie bis zu ihrem ersten Winter ein gutes Wachstum erreichen. Je größer sie sind, um so höher sind ihre Überlebenschancen.

Sämlinge: Sämlinge sind eine gute Möglichkeit, Bäume und Sträucher aus der Natur in den Garten zu holen, wenn kein Samen zur Verfügung steht. Je kleiner sie sind, um so besser überstehen sie den Transport. In einer mit Moos oder Erde gefüllten Plastiktüte, die mit einem Gummiband verschlossen wird, kann man sie mehrere Wochen lang aufbewahren. Wichtig: Nicht aus-

Fortsetzung Seite 278

Infizierte Wurzeln und die gefürchteten „Schuhbänder" des Hallimasch

22. Februar, Wisley

Hamamelis mollis, Valley Garden, Windsor

Loropetalum chinense

Hamamelis japonica Sieb. & Zucc. (*Hamameli-daceae*) Japanische Zaubernuß. Bh. in Japan auf Südhokkaido, Honshu, Shikoku und Kyushu. BZ April-Mai. Laubabwerfender großer Strauch oder kleiner Baum mit unterschiedlicher Blattform, Behaarung und Blütenfarbe. Var. *bi-tuchensis* (Makino) Ohwi aus dem Distrikt Chugoku hat bleibend sternhaarige Blätter. Die weiße var. *obtusa* im Osten und Norden Honshus hat sehr stumpfe, nur in der Jugend behaarte Blätter. Leicht zu ziehen; liebt ziemlich feuchten, sauren Boden und Halbschatten. WH: bis —20° C. Blüht in Kultur im Spätwinter.

H. japonica f. ***flavopurpurascens*** (Mak.) Rehder. Spielart der var. *obtusa;* die gekräuselten Blütenblätter sind an der Basis rötlich. Kommt als Wildpflanze und Kulturpflanze vor.

H. × ***intermedia*** **›Feuerzauber‹**. 1958 in der Baumschule Herm. A. Hesse, Weener/Ems, gezogen. Die alte Form ›Ruby Glow‹ soll ähnlich sein.

H. × ***intermedia*** **›Diane‹**. Im Kalmthout Arboretum von Robert und Jelena de Belder gezogen und nach deren Tochter Diane benannt. Die schönste rotblühende Zaubernuß.

H. × ***intermedia*** **›Jelena‹**. In Kalmthout von Kost gezogen und nach Robert de Belders Frau Jelena benannt. Sehr kräftige Varietät mit orange-rosa, an der Basis dunkleren Blütenblättern. Die Abstammung von *H.* × *intermedia* Rehder ist nicht verzeichnet, jedoch fast sicher *H. japonica* × *H. mollis.* Die rotblühenden Spielarten von *H.* × *intermedia* stammen vermutlich von *H. japonica* f. *flavopurpurascens* ab. WH: bis —25° C.

H. japonica **›Sulfurea‹**. Hellgelb blühende Varietät der *H. japonica.* 1958 von L. R. Russel Ltd. in Windlesham gezogen. Breitwüchsiger Strauch.

H. × ***intermedia*** **›Orange Beauty‹** (syn. ›Orange Bruns‹). Von Heinrich Bruns in Deutschland gezogen und 1955 eingeführt. Aufrechter, kräftiger Wuchs.

H. mollis **›Brevipetala‹**. Schnellwachsender, aufrechter Klon, wahrscheinlich von *H. mollis,* mit wohlriechenden, dunkelgelben, aber ziemlich kurzen Blütenblättern. Sehr leicht zu ziehende, aber wenig ansehnliche Zaubernuß. Um 1935 in Orleans von Chenault eingeführt. Blätter oft deformiert, möglicherweise infolge einer Virusinfektion.

H. × ***intermedia*** **›Pallida‹**. Kurz vor 1932 in Wisley aus Samen einer ›nicht verzeichneten Baumschule in Holland‹ gezogen (wahrscheinlich Kalmthout in Belgien, nahe der holländischen Grenze). Oft unter *H. mollis* aufgeführt, vermutlich aber eine Hybride.

H. japonica var. ***arborea*** (Mast.) Gumbleton (syn. *H. arborea* Ottol. ex Mast.). Beschrieben nach Kulturpflanzen, die 1832 von Siebold aus Japan eingeführt wurden, jedoch in japanischen Bestimmungsbüchern nicht verzeichnet sind. In Kultur meist großer, stark verzweigter Strauch mit tiefroten Blütenkelchen und stark gekräuselten Blütenblättern.

H. × ***intermedia*** **›Arnold Promise‹**. Zuchtwahl von *H.* × *intermedia,* 1963 im Arnold Arboretum erzielt. Bekannt für ihre rötliche Herbstfärbung.

H. japonica **›Zuccariniana‹**. Charakteristisch für diese Varietät sind die hellen Blüten mit grünem Kelch. Blüht später als andere Varietäten.

H. vernalis Sarg. **›Red Imp‹**. Bh. im Süden Nordamerikas von Missouri bis Louisiana und Oklahoma. Wächst an Flußufern und auf Sandbänken. BZ September-März. Raschwüchsig, treibt gerne Ausläufer; bis 2 m hoch. Rotblühende Formen der var. *carnea* Rehd. kommen häufig wild vor. ›Red Imp‹ ist eine bes. dunkel blühende Zuchtwahl. ›Sandra‹, von Roy Lancaster aus mehreren Sämlingen in der Baumschule Hillier ausgewählt, unterscheidet sich durch purpurfarbene junge Blätter und prächtige rote bis orangene Herbstfärbung. WH: bis —25° C.

H. mollis Oliver. In Westhubei und Jiangxi bh.; wächst in Wäldern und Gebüschen in 1300 bis 2500 m Höhe. Blüht im April. Erstmals 1879 von Charles Maries bei Kinkiang im Norden der Provinz Jiangxi gesammelt, später von Henry und Wilson. Unterscheidet sich von *H. japonica* durch stärker behaarte Blätter und breitere, nicht gekräuselte Blütenblätter. Leicht zu ziehen, verträgt Kalk vermutlich besser als *H. japonica.* Liebt Laubboden und Halbschatten. WH: bis —20° C.

H. × ***intermedia*** **›Sunburst‹**. Varietät mit schönen, hellgelben Blüten, jedoch nur schwachduftend. Hat die unangenehme Eigenschaft, verwelkte Blätter bis in den Winter hinein zu behalten.

Loropetalum chinense (R. Br.) Oliver (*Hamamelidaceae*). Bh. in Assam, Nordindien und Japan (nur in der Provinz Ise westlich von Osaka). Wächst auf felsigen Hügeln und in trockenen, lichten Wäldern. BZ Februar-April. Blüten nicht duftend. Winterhart nur in den wärmsten Gärten der Britischen Inseln, gedeiht aber gut in Südfrankreich und in Gewächshäusern. Jeder nicht kalkhaltige Boden. WH: bis —5° C. Spätfrühling.

Mahonia ›Charity‹

Mahonia japonica

Mahonia japonica (Thunb.) DC (*Berberidaceae*) Vermutlich ursprünglich in Taiwan und auf dem chinesischen Festland beheimatet. In Japan häufig kultiviert, von dort im späten 19. Jh. nach Europa eingeführt. Sehr winterharter Strauch mit schlaff herabhängenden Blüten den ganzen Winter hindurch. Sehr süßduftend. Leicht zu ziehen, außergewöhnlich schattenverträglich. WH: bis —20°C.

Mahonia bealii (Fort.) Carr. (*Berberidaceae*) Beales Mahonie. Bh. in China, in Hubei, Hunan, Sichuan und Taiwan. Wächst in Wäldern in etwa 2000 m Höhe. Um 1850 von Robert Fortune in Europa eingeführt. Wesentlich seltener in Kultur als *M. japonica*, von der sie sich durch kürzere, relativ aufrechte Blütenstände und sehr kleine Tragblätter unterscheidet. Beide Pflanzen wurden oft verwechselt. WH: bis —20°C. Frühling.

Mahonia leschenaultiana (Wall.) Takeda (*Berberidaceae*). Bh. in den Nilgiri-, Anamalai- und Pulney-Bergen in Südindien. Gebüsche und lichte Wälder in 1500-2000 m Höhe. BZ September-Februar. Großer, bis 4 m hoher Strauch. Prächtige orange-rote Blüten und große Fiederblättchen. WH: bis etwa —5°C. Im Oktober bei Kodaikanal fotografiert. Die aus Nordthailand und Yunnan stammende *M. Siamensis* Takeda ist ihr ziemlich ähnlich. Sie wurde mit derselben Sammlung wie *M. lomariifolia* nach Menton eingeführt und im Treibhaus des Cambridge Botanic Garden gezogen. Im Februar kräftig orange-gelbe Ähren als Blütenstände.

Mahonia × media Brickell **›Buckland‹**. Resultat einer Kreuzung zwischen *M. lomariifolia* und *M. japonica*. Lionel Fortescue vom Buckland Monachorum wählte aus etwa 200 Sämlingen den besten aus und nannte ihn ›Buckland‹. Schwachduftend. WH: bis —15°C. Winter.

Mahonia × media Brickell **›Charity‹**. *Mahonia × media* bezeichnet die Hybride zwischen *M. lomariifolia* und *M. japonica*. Die ersten Hybriden kamen aus der Baumschule Slieve Donard, County Down, und waren zufällig entstandene Sämlinge von *M. lomariifolia*. 1952 wählte Sir Eric Savill aus einer Linie von *M. lomariifolia*, die bei Russel's in Windlesham gezogen wurde, eine Pflanze aus und nannte sie ›Charity‹. Leicht zu ziehen. Heute einer der schönsten und beliebtesten winterblühenden Sträucher. Höhe bis 3 m. Liebt Schatten. WH: bis —15°C. Spätherbst-Winter.

Mahonia nepaulensis DC. (Syn. *M. acanthifolia* G. Don) (*Berberidaceae*). Bh. in Nordostindien, Bhutan, Sikkim, Nepal und Uttar-Pradesch. Immergrüne Wälder in 1500-3000 m Höhe. BZ Oktober-April. Maximal 7 m, normalerweise 4 m hoch. 6-13 Fiederblättchenpaare. Die Merkmale, durch die sich *M. acanthifolia* und *M. nepaulensis* in Kultur voneinander unterscheiden, gelten nicht für die wilden Arten. In Kultur hat *M. acanthifolia* Fiederblättchen mit matter Oberfläche, blüht im Herbst und ist winterhärter als einige der eingeführten, im Frühjahr blühenden *M. nepaulensis*. WH: bis —10°C.

Mahonia lomariifolia Takeda (*Berberidaceae*). Bh. in Birma und Yunnan. Wälder in etwa 2000 m Höhe. Großer, in der Natur bis 10 m hoher Strauch. Blüht im Herbst, manchmal auch im Frühling. 9-18 Fiederblättchenpaare. Bes. empfindlich gegen kalte, trockene Winde. WH: bis —10°C. 1931 von Major Johnston aus Tengchong (Yunnan) in seinen Garten nach Menton gebracht.

M. leschenaultiana

M. lomariifolia Washington, Sussex

M. bealii

M. × media ›Buckland‹

M. nepaulensis Savill Garden, Windsor

4. Februar, Tresco Abbey

Acacia cyanophylla in Spanien

Correa schlectendahlii

Acacia verticillata

Correa ›Dusky Bells‹

Correa calycina

Acacia dealbata A. Cunn. (*Leguminosae*) Silberakazie. Bh. in Neusüdwales, Victoria und Tasmanien. Wächst an Wasserläufen und auf Bergen. BZ Juli-Oktober. In milden Klimazonen bis 30 m hoher Baum, in kälteren Zonen mit strengen Wintern selten höher als 10 m. Bei uns blüht sie im Vorfrühling. Hülsen 40-100 cm lang und zwischen den Samen nicht oder nur leicht eingeschnürt. WH: bis —10° C.

Acacia longifolia (Andrews) Willd. (*Leguminosae*). Bh. in Tasmanien und Südaustralien. Wächst bes. gut auf Sandstein. Immergrüner Strauch oder kleiner Baum bis 8 m. Blätter (Phyllodien) 7-15 cm lang. Blüten 3-5 cm lange Ähren. BZ Winter oder Vorfrühling. Sehr raschwüchsig. Verträgt nährstoffarme sowie trockene Böden. Bildet dort einen großen runden Strauch. WH: kurze Perioden bis —10° C.

Acacia baileyana F. Mueller (*Leguminosae*) Bailey-Akazie. Bh. in Neusüdwales um Cootamundra, als Kulturpflanze jedoch weit verbreitet. BZ Juli-September. Immergrüner Strauch oder kleiner, bis 10 m hoher Baum. Blüht auf der nördlichen Halbkugel im Januar und Februar. Es gibt auch Formen mit goldgelben und purpurfarbenen Blättern. Durchlässiger Boden. Vollsonnige Lage; nicht schattenverträglich. WH: bis —10° C.

Hebe* × *franciscana (Eastw.) Souster (*Scrophualriaceae*). Hybride zwischen *H. elliptica* und *H. speciosa*, die mehrmals gezüchtet wurde. Häufig in Kultur. Wächst wild auf den Scilly-Inseln; von dort stammt auch die hier abgebildete Pflanze. Als Busch bis 1,5 m hoch. Wind- und salzverträglich. WH: bis —10° C.

Atherosperma moschatum Lab. (*Atherospermataceae*). Siehe auch S. 35. Bh. in Tasmanien und Victoria. Immergrüne Wälder. Immergrüner, bis 25 m hoher Baum, in Kultur jedoch meist bis 8 m hoher Strauch. Lederartige, bis 7,5 cm lange Blätter. M. und w. Blüten auf verschiedenen Pflanzen, etwa 2,5 cm im Durchmesser. Jeder Boden; Halbschatten. WH: bis —10° C.

Correa backhousiana Hook (*Rutaceae*). Bh. in Tasmanien und Victoria. Küstennähe. Großer Strauch, bis 2 m. BZ Mai-November. Eine der robustesten Correaarten. Gedeiht auf Tresco, wo sie Hecken bildet. Durchlässiger Boden; Halbschatten. WH: bis —8° C. Winter.

Correa reflexa Vent. (*Rutaceae*). Bh. in Australien und Tasmanien. Lichter Wald, Heideland und sandige, küstennahe Standorte. BZ März bis September. Immergrüner, bis 3 m hoher Strauch, manchmal niedergestreckt. Sehr variabel. Blüten 2-4 cm lang, rot bis grün oder zweifarbig, mit einem Paar blattartiger Hochblätter direkt über der Blüte. Durchlässiger Boden; kalkverträglich. Vollsonnige Lage. WH: vielleicht bis —5° C. Herbst-Frühling.

Correa* × *harrisii Paxton (*Rutaceae*). Hybride zwischen *C. reflexa* und *C. pulchella*, von D. Beaton 1840 erzielt. In mediterranem Klima an sonnigen Standorten leicht im Freien zu ziehen (WH: bis ca. — 5° C.), ansonsten bringt man die Pflanze im Winter ins Gewächshaus. *C.* × *mannii* ist ihr sehr ähnlich oder sogar mit ihr identisch.

Hardenbergia comptoniana Black (*Leguminosae*). Bh. in Westaustralien. Jarrawälder und Gebüsche an der Küste. Klettert an Bäumen empor. BZ Juni-November. Immergrüner Klimmer, bis 10 m. Blätter mit 3-5 Fiederblättchen, eiförmig bis lanzettlich, manchmal über 75 cm lang. Blütentrauben bis 12 cm, selten bis 25 cm lang. Blüten ca. 1 cm breit. Jeder sandige Boden. Verträgt trockene Sommer. Sonne oder Halbschatten. WH: bis —5° C. Januar-April.

Acacia cyanophylla Lindl. (*Leguminosae*). Bh. in Westaustralien. Gebüsche auf sandigen Böden. BZ Juni-November. Immergrüner Strauch oder kleiner Baum, bis 6 m hoch und fast ebenso breit. WH: bis —5° C. Verträgt Hitze und Trockenheit im Sommer. Frühling.

Acacia verticillata (L'. Her.) Willd. (*Leguminosae*). Bh. in Südaustralien und Tasmanien. BZ Juni bis September. Immergrüner, breitwüchsiger Busch, bis 5 m, mit nadelartigen Phyllodien. Verträgt salzhaltigen Wind und kann als Hecke gepflanzt werden. Durchlässiger Boden; vollsonnige Lage. Verträgt Kalk und hohe Luftfeuchtigkeit. WH bis —5° C. Frühling.

Correa schlectendahlii Behr. (*Rutaceae*). Bh. in Südaustralien. Blätter glatt und glänzend auf der Oberseite, fast kahl auf der Unterseite, keilförmig an der Basis. Staubblätter viel länger als Blütenglocken. Immergrüner, bis 50 cm hoher Strauch. Sandiger, durchlässiger Boden; sonnige Lage. WH: bis —5° C.

Correa calycina Black (*Rutaceae*). Bh. in Südaustralien. Wächst in Tälern um Adelaide. BZ Mai-November. Blätter eiförmig oder rechteckig, Unterseite behaart. Blütenkelche vierfach gelappt, Staubblätter länger als Glocken. Sandiger, feuchter, durchlässiger Boden; sonnige Lage. WH: bis —5° C.

***Correa* ›Dusky Bells‹**. Vermutlich Hybride zwischen *C. pulchella und C. reflexa.* Schöne rosarote Blüten von Herbst bis Frühling. Höhe bis 1 m, Blüten 4 cm lang.

26. Januar, Kew

Arbutus × andrachnoides

Arbutus Andrachnoides

Arbutus andrachne im Oktober mit Früchten

Chimonanthus praecox Link (syn. *C. fragrans* Lindl.) (*Calycanthaceae*) Winterblüte. Bh. in China von Sichuan und Hubei bis Zhejiang. Wächst auf Hügeln bis 300 m. Wird wegen ihrer überaus wohlriechenden Blüten schon lange als Kulturpflanze in Gärten gezogen. Laubabwerfender Strauch, bis zu 3 m hoch und breit, mit rauhen, oval-lanzettlichen, gegenständigen Blättern. Nach kühlen Sommern oft spärliche Blüte. Wird häufig an Mauern gepflanzt, weil er durch die zusätzliche Wärme in den Blattachseln der neuen Triebe bessere Knospen entwickelt. Sollte sofort nach der Blüte geschnitten werden. WH: bis −25°C. Spätwinter.

Chimonanthus praecox **›Luteus‹** (syn. ›Concolor‹). Innere Blütenblätter gelb, Blüten etwas größer als bei der Normalform. ›Grandiflorus‹ hat sogar noch größere Blüten mit rotgefleckten inneren Blütenblättern.

Arbutus × andrachnoides Link (*Ericaceae*). Hybride zwischen *A. unedo* (S. 257) und *A. andrachne*. Wächst wild in Griechenland, in der Westtürkei und an der Schwarzmeerküste, wo beide Elternpflanzen vorkommen. Viele Merkmale sind variabel, oft hat der Strauch jedoch die schöne Rinde von *A. andrachne*. Blüht und trägt Früchte in Herbst und Frühling. In Gärten findet man häufig schöne alte Pflanzen wie die hier abgebildete aus Kew. Kalk- und Serpentinböden wie *A. andrachne*. Vollsonnige Lage. WH: bis −15°C.

Arbutus andrachne L. (*Ericaceae*). Bh. am östlichen Mittelmeer, in Südalbanien, Griechenland, in der Türkei und auf der Krim, sowie südlich des Libanon und östlich des Nordirak in Höhen bis 800 m. BZ März-Mai, Früchte im Herbst. Wächst auf Kalk- und Serpentinböden sowie auf Eruptivgestein in Gebieten, die im Sommer sehr trocken sind. Blätter nur bei jungen Pflanzen gezähnt. Rinde weich, rot oder purpurfarben, abblätternd. Normalerweise immergrüner Strauch, auch kleiner Baum bis 6 m. Wird selten kultiviert, obwohl vermutlich genauso wh. wie *A. unedo*. Frischer Samen keimt gut; Jungpflanzen faulen jedoch nach meiner Erfahrung leicht ab und wachsen sehr langsam. WH: vermutlich bis −15°C.

Elaeagnus × ebbingii hort. (*Elaeagnaceae*) Hybride zwischen *E. macrophylla* und vermutlich *E. pungens* (siehe S. 31). Blüten süß duftend. Blüht im Vorfrühling. WH: bis −10°C.

Drimys lanceolata (Poir.) Baillon (Syn. *D. aromatica* Muell., *Tasmannia lanceolata* [Poir.] A. C. Smith) (*Winteraceae*). Bh. in Südaustralien, Victoria, Neusüdwales und Tasmanien. Wächst an feuchten Standorten in Höhen bis 1500 m. Immergrün, bis 10 m hoch, meist kleiner. Rinde und Blätter riechen würzig nach Zimt. Blüten grünlichgelb oder weiß; w., m. und zwittrig; in Dolden auf der Zweigspitze wachsend; 2-8 Blütenblätter. In Kultur meist niedriger, dichter Strauch, der in kalten Wintern leicht Schaden nimmt. WH: bis −15°C. Frühling.

Jasminum nudiflorum Lindl. (*Oleaceae*) Winterjasmin. Bh. in China, dort seit alters her in Kultur. Als Wildpflanze nur in der var. *pulvinatum* von W. W. Smith und Forrest in Yunnan gesammelt; Zwergform, möglicherweise durch Abweiden entstanden. Breitwüchsiger, wuchernder Strauch, an Mauern bis 3 m hoch, ansonsten einen Wall bildend; laubabwerfend. Zweige grün, gerade und kantig. Blätter glänzend. Nichtduftende Blüten an jeder Sproßachse. WH: bis −15°C. Winter, Vorfrühling.

Viburnum farreri Stearn (syn. *V. fragrans* Bunge) (*Caprifoliaceae*) Duftender Schneeball. Bh. in Gansu, wo er wild und in Gärten wächst. Blüht im April. Blätter gegenständig, verkehrt eiförmig, oder oval, 6-10 cm lang. Laubabwerfender, bis 2,5 m hoher Strauch mit vielen aufrechten, aus der Basis wachsenden Stämmchen. Blüten duftend, in der Regel weiß, rosa überlaufen, aber auch eine rein weiße Form, var. *candidissimum* Lancaster, ist in Kultur. Die Zwergform ›Nanum‹ wird bis 1 m hoch und hat selten mehr als ein paar Blüten. 1910 von Purdom in Europa eingeführt. Jeder Boden; Sonne oder Halbschatten. WH: bis −20°C. Winter und Vorfrühling.

Viburnum × bodnantense Aberconway **›Dawn‹**. Hybride zwischen *V. farreri* (w.) und *V. grandiflorum*. Um 1935 in Bodnant, Nordwales, gezogen. Laubabwerfender, vielstämmiger, bis 3 m hoher Strauch. BZ Oktober-April. Herbstblüten in der Regel weiß, rosa überlaufen; Frühlingsblüten tiefrosa, auf größerem Blütenstand. Alle Blüten wohlriechend und frostresistent. Jeder Boden, sonnige oder schattige Lage. WH: bis −20°C.

›Deben‹ (*Caprifoliaceae*). Ähnliche Abstammung wie ›Dawn‹, in der Baumschule Nottcut gezogen. Etwas hellere Färbung und elegantere Form als ›Dawn‹; längere Blütenhülle.

Prunus subhirtella Mig. **›Autumnalis‹** (*Rosaceae*). Winterblühende Kirsche, seit 1500 in japanischen Gärten gezogen. Strauch oder bis 5 m hoher Baum. Kann jederzeit von Herbst (vor dem Laubabwurf) bis Frühling blühen. Im Frühjahr haben die Blüten der weißen Sorte eine rosa Tönung. Wildpflanze in Mitteljapan bh. WH: bis −25°C.

Viburnum grandiflorum Wallich ex DC. (incl. *V. foetens* Deene) (*Caprifoliaceae*). Bh. im Himalaja von Kaschmir bis zum Min Shan. Bildet in lichtem Wald oft dichtes Gestrüpp. Wächst in Höhen zwischen 2700 und 3000 m. BZ vorwiegend April-Mai. Laubabwerfender Strauch, bis 2 m hoch. Blüten weiß oder rosa. Jeder Boden; sonnige oder halbschattige Lage. WH: bis −10°C. Die westliche Form (früherer Name: *V. foetens*) hat kürzere Stämmchen und weiße Blüten.

Im Winter blühende Sträucher

8. März, Wisley

Sarcococca ruscifolia Stapf (*Buxaceae*) Mäusedornblättrige Fleischbeere. Bh. in Westhubei, Sichuan und Yunnan. Wächst in Wäldern und auf Felsen, bes. auf Kalk, in 600-1600 m Höhe. BZ März-April. Immergrüner, bis 2 m hoher Busch. Blüten süß duftend, 3 Narben. Früchte dunkel, rötlich. Blätter glänzend grün, kürzer und breiter als bei den meisten anderen Arten. Leicht zu ziehen. Gedeiht gut an trockenem, schattigem Standort. WH: bis —10°C. Vorfrühling. Var. *chinensis* (Franch.) hat schmalere Blätter.

Sarcococca confusa Sealy (*Buxaceae*). Nur als Kulturpflanze bekannt. Ähnlichkeit mit *S. ruscifolia* var. *chinensis*, hat aber schwarze Beeren und 2-3 Narben. Stark verzweigter, immergrüner, bis 2 m hoher Strauch. Bildet kein Dickicht. WH: bis —10°C.

Sarcococca hookeriana Baillon var. ***hookeriana*** (*Buxaceae*). Bh. im Himalaja von Nepal ostwärts. Wälder in 2100-3600 m Höhe. BZ Februar-April. Bildet Dickicht aus 1 m langen Stämmchen. Blätter lanzettlich. Blüten duftend, 3 Griffel. Auf saurem Boden leicht zu ziehen, aber nicht so schön wie var. *digyna*. WH: bis —15°C. Vorfrühling.

Sarcococca hookeriana var. ***digyna*** Franch. **›Purple Stem‹** (*Buxaceae*). Var. *digyna* ersetzt var. *hookeriana* in den südchinesischen Provinzen Sichuan und Yunnan. Schmalere Blätter und winterhärter als var. *hookeriana;* außerdem nur zwei Griffel. ›Purple Stem‹, hier abgebildet, ist wegen der schwarz-purpurnen Stämmchen bes. attraktiv. Leicht zu ziehen, am besten im Schatten oder Halbschatten. Jeder Boden.

Sarcocca humilis (Rehd. & Wils.) Stapf (*Buxaceae*) Niedrige Fleischbeere. Bh. in Westhubei, Sichuan und Yunnan. Gebüsche in Höhen um 200 m. Immergrün, bis 1,5 m hoch, meist aber nur etwa 0,6 m. Bildet mit den Ausläufern Dikkichte. Blätter glänzend, elliptisch. Beeren schwarz. Jeder Boden; trockene schattige Lage. WH: bis —15°C. Vorfrühling.

Prunus mume Sieb. & Zucc. (*Rosaceae*) Japan-Aprikose. Bh. in China; wächst als wilder Strauch im westlichen Sichuan und in Hubei in 300-2500 m Höhe. BZ März-April. Blüten hellrosa oder weiß. In China und Japan schon seit langem der Blüten und Früchte wegen in Kultur. Früchte rund wie große Kirschen; werden gerne eingemacht. Schöner laubabwerfender Strauch oder kleiner Baum mit schwarzer Rinde und langen, schlanken, grünen Zweigen. Blätter breit eiförmig, lang zugespitzt; erscheinen nach den Blüten. In Japan werden viele Varietäten mit duftenden, roten bis weißen, nicht gefüllten oder halbgefüllten Blüten gezogen. ›Benichidori‹ ist nicht gefüllt und hat prächtige dunkelrosa Blüten. ›Omoinomama‹ ist halbgefüllt und hat vorwiegend weiße Blüten, aber auch ein paar rosablühende Zweige. *Prunus mume* ist ein Strauch von erlesener Schönheit, aber selten in Kultur. Wird oft an Mauern gepflanzt, aber auch in geschützten Gehölzen entwickeln sich prächtige Exemplare. WH: bis —15°C. Vorfrühling.

Clematis cirrhosa L. (Syn. *C. balearica* Pers.) (*Ranunculaceae*). Bh. im Mittelmeerraum von Spanien und Portugal bis nach Syrien. Wächst in Gebüschen und auf Felsen bis in 400 m Höhe. BZ Februar-April. Die seidigen Haarschweife der im Mai reifenden Früchte sind auffälliger als die Blüten (S. 192). *C. balearica* soll sich durch feiner zerteilte Blätter unterscheiden. Auch die Anzahl der roten Punkte auf den Blüten ist variabel. Immergrüner, bis 4 m hoher Klimmer. Blätter im Winter oft purpurn getönt. Blüten duftend. An warmen Mauern leicht zu ziehen; klettert an geschützten, sonnigen Standorten Bäume hinauf. Jeder trockene Boden. WH: bis —15°C. Vorfrühling.

Rhododendron mucronulatum Turcz. (*Ericaceae*) Stachelspitziger R. Bh. in Japan (Honshu und Nordkyushu), Korea, Nord- und Nordostchina und Ostsibirien. Wächst in Gebüschen auf Hügeln. BZ April-Mai. Laubabwerfender, bis 2,5 m hoher Strauch. Blätter 3-10 × 0,8-3 cm, elliptisch-lanzettlich oder lanzettlich. Blüten variieren zwischen rötlich-pupurn und rosa. Saurer Boden; Sonne oder Halbschatten. WH: bis —25°C. Vorfrühling.

***Rhododendron* ›Olive‹.** Hybride zwischen *R. dauricum* und *R. moupinense*, vor 1942 von Sterling und Maxwell gezogen. Immergrüner Strauch, bis 1,5 m hoch. Saurer Boden; sonnige Lage oder Halbschatten. WH: bis —25°C.

Rhododendron dauricum L. Dahurischer R. Bh. in Japan (Hokkaido), Korea, Nordchina und Ostsibirien. Wächst auf hohen trockenen Bergen oder in subalpinem Wald. BZ April-Mai. Immergrüner oder halbimmergrüner Strauch, bis 2,5 m hoch. Blüten 2-5 cm breit. BZ warmer Spätwinter bis Frühling. Saurer Boden; leicht schattige Lage.

›Midwinter‹. Halbimmergrüner Klon mit prächtiger gefärbten Blüten als der Dahurische R. Es gibt auch sehr schöne weiße Formen. WH: bis —30°C.

Rhododendron moupinense Franch. Bh. in Sichuan und Guizhou. Wächst gewöhnlich als Epiphyt in Wäldern in 2000-4000 m Höhe. BZ März-April. Immergrüner, bis 1,5 m hoher Strauch. Blätter 3-4 cm lang. Blüten weiß oder rosa überlaufen, gepunktet, 6 cm breit. Feuchter, saurer Boden; Halbschatten. WH: bis —10-15°C. Vorfrühling.

Corylus avellana L. **›Contorta‹** (*Corylaceae*). Die Haselnuß ist in ganz Europa, in der Türkei, im Kaukasus sowie im Nordwesten des Iran bh. und wächst in Gebüschen und Wäldern als laubabwerfender, vielstämmiger, großer Strauch oder Baum. Die purpurblättrige Haselnuß, eine Varietät ›Purpurea‹ der Filbert *C. maxima* Miller, ist in Südosteuropa bis zum Kaukasus verbreitet und unterscheidet sich von *C. avellana* durch größere Nüsse, die von einer längeren Fruchthülle fast völlig umschlossen sind. Die hier abgebildete *C. avellana* ›Contorta‹ ist ein dichter, feinzweigiger, bis zu 3 m hoher Strauch, der langsamer wächst als die normale Varietät, weil er nicht ihre starken, geraden Triebe hat. Um 1863 in Gloucestershire entdeckt. Jeder Boden; sonnige Lage oder Halbschatten. WH: bis —30°C.

Garrya elliptica Lindl. (*Garryaceae*). Bh. im Westen Nordamerikas, in Küstengebieten von Südkalifornien bis Oregon. Wächst in Wald und Chaparall in Höhen bis 600 m. BZ Januar-März. Immergrüner Strauch oder kleiner, bis 8 m hoher Baum. M. und w. Kätzchen auf verschiedenen Pflanzen. Blätter unten wollig. Bei Wildpflanzen sind die m. Kätzchen gewöhnlich bis 15 cm lang, bei guten Exemplaren der in Kalifornien selektierten Varietät ›James Roof‹ bis zu 35 cm. *G. elliptica* ist sehr wh. In kalten Klimazonen trocknen die Blätter jedoch oft durch kalte Winde aus, und die Kätzchen werden normalerweise im Lauf einer Woche vom Frost abgetötet. Vollsonnige Lage. WH: bis —25°C. Winter.

Corylus avellana ›Contorta‹

Garrya elliptica

Rhododendron moupinense

14. Februar, Tresco Abbey

Azara microphylla Hooker fil. (*Flacourtiaceae*). Bh. in Chile und Südargentinien. Wächst in Wäldern mit *Nothofagus obliqua*. WHste *Azara*, aber nicht so farbenprächtig wie andere Arten. Blüht im Vorfrühling. Kleine, nach Vanille duftende Blüten. Jeder Boden; sonnige Lage. WH: bis −15°C.

Euryops virgineus (L. fil.) DC. (*Compositae*). Bh. in Südafrika von Bredasdorp bis Port Elizabeth. Blüht das ganze Jahr hindurch. Kleiner, aufrechter Strauch, bis 3 m hoch, meist aber nur etwa 1,5 m. Sonnige Lage. WH: bis −5°C.

Leptospermum scoparium J.R.&G. Forest. (*Myrtaceae*) Manuka. Bh. in Australien sowie auf der Nord- und Südinsel Neuseelands. Wächst an der Küste als kleiner, bis 8 m hoher Baum, in den Bergen als niedergestreckte Matte oder Kissen. Gedeiht auf nassem oder trockenem Grund und verträgt sogar den warmen Boden in der Nähe von Geysiren. Blüten der Wildpflanze gewöhnlich weiß, alle Pflanzenteile aromatisch. In Europa durch ansehnlichere Sorten verdrängt, daher selten in Kultur. In England nur an der Küste im Südwesten und Westen wh.; sehr verbreitet auf Tresco (Scillyinseln). Sonnige Lage. WH: bis −10°C. Herbst bis Frühling.

***L. scoparium* ›Winter Cheer‹**. Die nicht gefüllte, rote Form L. *scoparium* ›Nichollsii‹ wurde in Kalifornien mit einer gefüllten rosa Form gekreuzt und brachte in zweiter Generation Pflanzen mit gefüllten roten Blüten hervor; eine wurde ›Red Damask‹, eine andere ›Ruby Glow‹ genannt. Die hier gezeigte ›Winter Cheer‹ ist vermutlich von gleicher Abstammung. Alle eignen sich in Gebieten mit sonnigem Klima und milden Wintern hervorragend als Gartenpflanzen. Sie blühen im Winter oder Vorfrühling, manchmal auch im Sommer. Ebenfalls in Kultur sind die gefüllte rosa Form ›Pompon‹ und die gefüllte weiße Form ›Snow White‹. In England wachsen diese Sorten nur in den mildesten Gärten, auch wenn ›Red Damask‹ in Wisley mehrere Jahre im Freien überlebt hat. WH: bis −10°C.

Rosmarinus officinalis L. (*Labiatae*) Rosmarin. Bh. im Mittelmeerraum von Portugal und Nordafrika bis in die Türkei. Steinige Standorte in geringen Höhen, meist in Küstennähe. BZ gewöhnlich Herbst und Frühling. Immergrüner, bis 2 m hoher Strauch. Farbe der Blüten sehr variabel: fast weiß bis rosa, purpurn oder blau. Blätter 1,2-3,5 mm breit. Niedergestreckte, schmalblättrige Formen mit tiefblauen Blüten, wie die hier gezeigte, sind auf Korsika verbreitet, jedoch ziemlich frostempfindlich. Die winterhärtere ›Fastigiatus‹ oder ›Miss Jessop's Variety‹ ist eine aufrechte, breitblättrige Pflanze mit hellen Blüten. ›Benenden Blue‹ und ›Severn Sea‹ sind niedergestreckte, schmalblättrige Formen mit tiefblauen Blüten; sie stammen wahrscheinlich auch von Korsika. WH: bis −10° oder −15°C.

Erica arborea L. (*Ericaceae*) Baumheide. Bh. im Mittelmeerraum von Portugal und Südfrankreich bis zum Schwarzen Meer, auf den Kanarischen Inseln, im Jemen, im Tibesti-Gebirge und in den Bergen Ostafrikas; auf dem Mount Kenia und dem Kilimandscharo bis in 4000 m Höhe. Wächst in Gebüschen und an Berghängen. BZ in Europa zwischen März und Mai. In Wäldern bildet die Baumheide einen kleinen, bis 7 m hohen Baum mit einem einzigen Stamm, ansonsten einen großen, aus der Basis treibenden Strauch. Blüten immer weiß; Blütenkrone 2,5-4 mm; kräftiger Griffel mit weißen Narbe.

Erica australis bei Ronda, Spanien

Erica australis

Leptospermum ›Winter Cheer‹

Haare auf jungen Trieben stark verzweigt. Ziemlich frostempfindlich, deshalb nur in Südwestengland und Südeuropa problemlos zu ziehen. Die 1899 von Dierck eingeführte Varietät *alpina*, die in der Gegend von Cuenca in etwa 1200 m Höhe wuchs, ist möglicherweise winterhärter, blüht später als die üblichen Kulturformen und hat einen etwas strafferen Wuchs. Saurer Boden. WH: bis −10°C.

Erica lusitanica Rudolphi (*Ericaceae*). Bh. in Südwestfrankreich, Spanien und Portugal. Feuchtes Heideland und Waldränder. BZ März-Mai. In Cornwall heimisch geworden. Bildet großen, bis 3,5 m hohen Strauch, ähnlich wie *E. arborea*, ist aber kleiner und hat größere Blüten. Blütenkrone 4-5 mm lang, rosa getönt, rote Narbe. Haare auf jungen Trieben nicht verzweigt. In Kultur schöner als *E. arborea*, aber ähnlich frostempfindlich. Überlebt am besten in küstennahen Gebieten Südwest- und Westeuropas. Saurer Boden. WH: bis −10°C.

Erica × veitchii Bean (*Ericaceae*). Hybride zwischen *E. arborea* und *E. lusitanica*, von R. Veitch & Sons in Exeter gezogen und 1905 eingeführt. Hinsichtlich Blütenfarbe und Behaarung der jungen Triebe eine Zwischenform der Elternpflanzen. In Kultur soll *E. × veitchii* gut wachsen, weist aber sonst keine Vorteile gegenüber den Elternpflanzen auf. Gewöhnlich wird der Klon ›Exeter‹ gezogen.

Erica canaliculata Andrews (*Ericaceae*). Bh. in der südafrikanischen Kapprovinz. Wächst an feuchten Standorten und Waldrändern zwischen George und Humansdorp. Blüht hauptsächlich im Sommer. Busch oder kleiner Baum, bis 2 m hoch, unter günstigen Bedingungen auch höher. Blüten gewöhnlich blaßrosa, bei Kulturpflanzen in Europa jedoch oft weiß, entweder wegen des Lichtmangels während der winterlichen BZ oder weil in Europa eine blaß blühende Form eingeführt wurde (um 1802). Eines der am leichtesten zu ziehenden Heidekrautgewächse. Gedeiht gut unter Glas; in milden Gärten wie auf Tresco auch im Freien; blüht dort von Februar bis April. WH: bis −10°C.

Erica australis L. (Syn. *E. aragonensis* Willk.) (*Ericaceae*). Bh. in Portugal und Westspanien. Wächst auf hügeligem Heideland. BZ März-Juni. Bildet großen, etwas lockeren Strauch. Höhe bis 2 m. Prächtige Pflanze, die von allen europäischen Arten die größten Blüten (6-9 mm lang) hat. Jedoch ziemlich frostempfindlich; geht in kalten europäischen Wintern ein und überlebt nur in Südwestengland und an der Atlantik- und Mittelmeerküste. Auch eine weiße Form, ›Master Robert‹, ist als Kulturpflanze bekannt. Kalkfreier Boden. WH: bis −10°C.

27. März, Kew, Warmhaus

Banksia speciosa

Banksia occidentalis

Clianthus puniceus

Clianthus puniceus

Pittosporum tobira

Calicotome spinosa (L.) Link (*Leguminosae*). Bh. im westlichen Mittelmeerraum von Sardinien und Italien bis Marokko. Wächst in der Macchie und auf felsigen Hügeln. Blüht im Frühling. Starkverzweigter, bis 3 m hoher Strauch mit kräftigen Dornen. Hülsen etwa 3 cm lang, glatt, selten auch mit wenigen Haaren. Jeder Boden; vollsonnige Lage. WH: bis —10°C. Frühjahr.

Teline monspessulana (L.) C. Koch (syn. *Cytisus monspessulanus* L.) (*Leguminosae*). Bh. im Mittelmeerraum, in Portugal und auf den Azoren. Gebüsche und lichte Wälder. Blüht im Frühling. Aufrechter, starkverzweigter, bis 3 m hoher Strauch. Blätter auf Ober- und Unterseite behaart. Jeder Boden; vollsonnige Lage. WH: bis —10°C. Frühjahr.

Teline canariensis (L.) Webb & Berth. Bh. auf den Kanarischen Inseln, Teneriffa und Gran Canaria. Wächst an den Nordküsten in Wäldern und Gebüschen in 500-1500 m Höhe. Blüht im Sommer. Aufrechter, bis 3 m hoher Strauch. Zweige und Unterseite der Blätter seidig behaart. Blüten: endständige Trauben. Jeder Boden; sonnige Lage. WH: nur im Mittelmeerraum: bis —5°C. Frühling.

Sutherlandia frutescens (L.) R. Br. (*Leguminosae*). Bh. in Südafrika, dort in den trockeneren Gebieten weit verbreitet. Wächst an Berghängen. BZ Juli-Dezember. Etwa 2 m hoher, meist jedoch kleinerer Strauch mit silbrigen Blättern und aufgetriebenen papierartigen Hülsen, die das Aussamen erleichtern. Attraktive Pflanze, nicht wh., aber in Europa seit etwa 1680 in Gewächshäusern gezogen. Im Mittelmeerraum leicht im Freien zu ziehen. Verträgt jeden trockenen Boden. Vollsonnige Lage. WH: bis etwa —5°C. Frühjahr.

Sophora microphylla (*Leguminosae*). Bh. auf beiden Inseln Neuseelands. Wächst in lichtem Wald, an Flüssen und an feuchten, felsigen Standorten. BZ Juli-Oktober. Laubabwerfender Strauch oder kleiner, bis 5 m hoher Baum. Blätter normalerweise mit 30 Paaren fast runder Fiederblättchen. Vollsonnige Lage; in klimatisch schwierigen Gebieten durch eine Mauer zu schützen. WH: bis —10°C.

Coronilla valentina L. subsp. ***valentina*** (*Leguminosae*). Bh. an der Mittelmeerküste von Ostfrankreich bis Albanien und Nordafrika. Wächst in Gebüschen und auf Klippen. BZ Februar-Mai. Niedriger, immergrüner Strauch bis 1,5 m. Blüten duftend. WH: bis —10°C. Frühjahr.

Coronilla valentina subsp. ***glauca*** (L.) Batt. (*Leguminosae*). Bh. im Mittelmeerraum von Portugal und Spanien bis Griechenland und Nordafrika. Wächst an ähnlichen Standorten wie die Unterart *valentina,* von der sie sich durch folgende Merkmale unterscheidet: 2-3 statt 3-6 Fiederblattpaare; 2-6 statt 5-10 mm lange, eiförmige oder lanzettliche, membranartige Nebenblätter; Hülsen mit 1-4 (oder selten mehr) Segmenten. Mischformen beider Pflanzen sind sowohl als Wild- und Kulturpflanzen bekannt. Gezüchtet werden eine panaschierte und eine hellgelb blühende Form. Alle Formen sind wertvoll, weil sie sowohl im Herbst als auch im Vorfrühling blühen. WH: bis —10°C.

Cneorum tricoccon L. (*Cneoraceae*). Bh. im westlichen Mittelmeerraum von Italien und Sardinien bis Spanien. Wächst auf felsigen Hügeln, meist auf Kalkstein. Immergrüner, bis 1 m hoher Strauch. WH: bis —15°C. Sommer.

Banksia occidentalis R. Br. (*Proteaceae*). Bh. im Südwesten Australiens. Wächst auf nassem, torfigem Sand in Küstennähe. BZ Januar-April. Aufrechter, buschiger, bis 7 m hoher Strauch. Blätter: 5-15 cm lang, linealisch. Blüten orange bis rot, 10-15 cm lange Ähren. Feuchter, neutraler oder schwach saurer Boden. Vollsonnige Lage. WH: bis vielleicht —5°C. Sommer-Herbst.

Banksia speciosa R. Br. Bh. in Westaustralien, zwischen Hopetown und Israelite Bay. Tiefe, sandige Böden in Küstennähe. Blüht das ganze Jahr hindurch. Immergrüner, wuchernder, bis 5 m hoher Strauch. Blätter 30-40 cm lang. Blütenstand 10 cm im Durchmesser. Unfruchtbarer Boden; vollsonnige Lage. WH: vielleicht bis —5°C. Alle Jahreszeiten.

Clianthus puniceus Banks & Solander (*Leguminosae*) Ruhmesblume. Bh. in Neuseeland. Wächst wild in den Buchten der Bay of Islands, an der Küste bei Thames und am Waikaremoanasee, wo es große Exemplare gibt, die über 100 Jahre alt sein sollen. Als Kulturpflanze kleiner wuchernder Strauch, gestützt bis 3 m hoch. BZ auf der nördlichen Halbkugel im Frühling, bei wildwachsenden Pflanzen im Dezember. Die Farbe variiert von leuchtendrot bis rosa und rahmweiß. Blüten bis 8 cm lang. WH: vielleicht bis —10°C, wenn vor kaltem, trockenem Wind geschützt. Frühjahr.

Pittosporum tobira (Thunb.) Aiton (*Pittosporaceae*). Bh. an den Küsten Südjapans, Südkoreas und Chinas. Felsige Berghänge. BZ April-Juni. Wegen der nach Orangen duftenden Blüten und salzresistenten, glänzenden Blätter in warmen Klimazonen rund um den Erdball gezogen. Immergrüner, dichter Strauch, bis 10 m hoch, normalerweise jedoch nur 2 m. Seine WH wird oft unterschätzt: Er überlebt gut in London, an der Südküste Englands und sogar an der Pazifikküste nahe der kanadischen Grenze. Auch die leuchtend orangefarbenen, klebrigen Samen sind attraktiv. WH: bis —10°C. Frühling.

23. November, Exemplare von Peter Addington

Arundinaria spathacea

Chusquea culeou mit *Gunnera*

Chusquea culeou E. Desv. (*Graminae*). Bh. in den Anden Chiles und Argentiniens. Wurzelstöcke kurz kriechend, langsam wachsendes Dickicht bildend. 4-6 Stämmchen, selten bis 10 m hoch, 3,5-4 cm im Durchmesser; ziemlich dicht stehende haarige Knoten. Bleibende kahle Stammscheiden. Blätter 5-10 × 1 cm. Feuchter Boden, geschützte Lage. WH: bis —15°C. Charakteristisch sind die schmalen, bogigen, blattreichen Zweige.

Pseudosasa japonica (Steud.) Mak. (syn. *Arundinaria japonica* [Sieb. & Zucc] Makino). Bh. auf Honshu, Shikoku und Kyushu sowie in Südkorea. Wächst in Wäldern an feuchten Standorten. Kurz kriechende Wurzelstöcke, dichte Gruppen bildend. Stämmchen 2-5 m hoch; Durchmesser 5-15 cm. Stammscheiden blaßbraun, bleibend und rauh. Blätter schmal lanzettlich, 8-30 cm lang, 1-4,5 cm breit, kahl. Die meisten Gruppen in englischen Gärten haben kürzlich geblüht oder blühen gerade. Sie werden möglicherweise absterben oder sich schwach an der Basis regenerieren (viele Bambusgewächse blühen nur alle 10-120 Jahre). Feuchter, nährstoffreicher Boden; geschützte Lage. WH: bis —15°C.

Arundinaria spathacea (Franch.) McClintock (syn. *Sinarundinaria murielae* [Gauble] Nakai). Bh. in Westhubei. Bildet in Höhen von 2000-3000 m Dickichte aus goldfarbenen Stämmchen. Kurze Wurzelstöcke. Stämmchen 2-4 m hoch, zuerst grün, dann gelb, bis 10 mm im Durchmesser. Blätter 6-11 cm lang, 10-15 mm breit, ein wenig rauh an den Rändern. Feuchter, nährstoffreicher Boden; geschützte Lage. WH: bis —20°C.

Pleioblastus argenteo-striatus var. **glaber** Tsuboi. Die wilde, nicht panaschierte Form ist beheimatet auf Südwesthonshu, Shikoku und Kyushu. Wächst in lichten Wäldern und an Berghängen.

Phyllostachys aureosulcata McClure. Bh. Nordostchina. Stämmchen 3-6 m, 1-3 cm im Durchmesser, manchmal zickzackförmig an der Basis. Stammscheiden gestreift, abfallend. Blätter 15 × 2 cm. Wh:: bis —15°C.

Shibataea kumasasa (Zoll.) Makino. Bh. in Südwestjapan. Wächst in Wäldern und ist als Kulturpflanze weit verbreitet. Anmutiger Bambus mit kurz kriechenden Wurzelstöcken; bildet ziemlich lichte Gruppen von dunklen, gekrümmten, bis 1,5 m hohen und ca. 5 mm breiten Stämmchen. Blätter 6-10 cm lang, 15-25 mm breit; Scheinquirle von 3-4 Blättern an jedem Knoten. Feuchter Laubboden; geschützte schattige Lage. WH: bis —10°C.

Pleioblastus viridi-striatus (André) Makino. Bh. in Japan. Kriechende Wurzelstöcke, große Matten bildend. Stämmchen bis 1,5 m hoch,

Pleioblastus linearis

Sasa palmata

6 mm im Durchmesser. Stammscheiden in der Jugend flaumig, abfallend. Blätter 18 × 2,8 cm, auf beiden Seiten flaumig. WH:: bis —15°C.

Semiarundinaria fastuosa (Mitf.) Makino. Bh. auf Zentral- und Westhonshu, Shikoku und Kyushu. Wälder und feuchte Standorte. Spitz zulaufende, kriechende Wurzelstöcke, offene Dickichte bildend. Stämmchen 5-10 m hoch, 3-7 cm im Durchmesser. Blätter schmal lanzettlich, kahl. Feuchter, nährstoffreicher Boden; geschützte, sonnige oder schattige Lage. WH: bis —10°C, erholt sich aber, wenn in sehr kalten Wintern zurückgefroren.

Phyllostachys nigra (Lodd.) Munro **›Boryana‹**. Beheimatet in Ostchina. Stämmchen 3-5 m hoch, 2-2,5 cm im Durchmesser. Stammscheiden abfallend. Blätter 6-13 × 0,8-1,8 cm. WH: bis —15°C. Beim Typus sind die Rohre in der Jugend grün, später glänzend schwarz.

›Punctata‹. Rohre purpurbraun gefleckt.
›Aureo-variegata‹. Blätter gelb gestreift.

Sasa palmata (Bean) Nakai. Bh. auf Hokkaido, Honshu, Shikoku, Kyushu und Sachalin. Feuchte Standorten und Wälder. Kriechende Wurzelstöcke, weit wuchernde Gruppen bildend. Stämmchen 1-1,5 m hoch. Blätter 10-35 cm lang, 5-8 cm breit, auf beiden Seiten kahl oder leicht behaart auf der Unterseite. Feuchter, nährstoffreicher Boden; geschützte, halbschattige Lage. WH: bis —20°C.

S. veitchi (Carr.) Rehder hat kürzere Stämmchen und weiß geränderte, auf der Unterseite behaarte Blätter.

Phyllostachys aurea (Carr.) Rivière. Beheimatet in Südostchina. Stämmchen 4-8 m hoch, 3-4 cm im Durchmesser, glatt, gräulich oder bräunlich gelb, untere Knoten zusammengedrängt. Stammscheiden bald abfallend. Blätter 6-15 × 1-2 cm. WH: bis —15°C.

Pleioblastus linearis (Hack.) Nakai (syn. *Arundinaria linearis* Hack). Bh. auf den Riukiuinseln in Südjapan, (als Kulturpflanze auch auf Kyushu). Wächst in Wäldern. Kurze Wurzelstöcke, dichte Gruppen bildend. Stämmchen 2-3 m hoch, kahl. Blätter breit linealisch, 4-15 cm lang, 4-10 mm breit, mit langen schlanken Spitzen. Feuchter, nährstoffreicher Boden; geschützte, halbschattige Lage. WH: bis —10°C.

Eccleston Square und Chelsea Physic Garden

Griselinia littoralis ›Variegata‹

Pseudopanax ferox

Skimmia laureola

Aucuba japonica Thunb. (*Cornaceae*). Bh. in Japan. Wächst in Wäldern. BZ März-Mai. Immergrüner Strauch, bis 3 m hoch, zweihäusig, mit roten, seltener mit gelben (bei *luteocarpa*) oder weißen Beeren (bei *leucocarpa*). Var. *borealis* Miyabe & Kudo, ist kleiner und ihre Blätter sind auf der Unterseite und am Blattstiel leicht behaart. Zahlr. Formen, meist solche mit gefleckten Blättern, waren in viktorianischen Gärten sehr beliebt. Eine davon, die w. **›Variegata‹**, wurde 1873 von John Graeffer eingeführt. Bei m. Pflanzen ist der spitz zulaufende Blütenstand prächtiger als bei w. Für eine gute Ausbeute an Beeren muß man beide Pflanzen ziehen. Vertragen Schatten und Trockenheit sehr gut. Lange Zweige, die wenig Blüten tragen, können im Frühjahr ganz zurückgeschnitten werden. Die Pflanze treibt wieder aus der Basis. Jeder Boden. WH: bis −15° C. Frühjahr.

Aucuba japonica var. ***longifolia*** (T. Moore) Schelle. Schmalblättrige, seit dem 19. Jh. kultivierte Formen von *Aucuba japonica* lassen sich bequem unter diesem Namen zusammenfassen.

Aucuba chinensis Bentham subsp. *omeiensis* (Fang) Fang & Soong (*Cornaceae*). Bh. in Westchina. Ähnliche Pflanzen findet man auch in Hongkong (*A. chinensis* Bentham). Großer Strauch. Blätter bis 20 cm lang. Früchte 2 cm lang, in verlängerten Rispen. Die Pflanze wurde in ziemlich niedrigen Höhen gefunden (800-1300 m) und ist deshalb vermutlich nur bis −10° C wh. Hier abgebildet: Lancaster 614.

Eleagnus macrophylla Thunb. (*Eleagnaceae*) Großblättrige Ölweide. Bh. in Korea und Japan. Dickichte am Meer. BZ Oktober-November. Blüten süß duftend mit kurzer Kelchröhre. Blätter in der Jugend mit braunen, später in der Regel nur noch mit weißen Schuppen, auf der Oberseite glänzend glatt. Hängender oder windender immergrüner Strauch, bis 2 m hoch. Früchte, wenn vorhanden, rosa mit weißen Schuppen. In sonniger oder schattiger Lage leicht zu ziehen, stirbt allerdings ab, wenn an den Wurzeln zu feucht. WH: bis −15° C.

Eleagnus pungens Thunb. (*Eleagnaceae*) Dornige Ölweide. Bh. in Japan. Dickichte am Meer. Großer, immergrüner Strauch, oft mit langen kriechenden Zweigen. BZ Oktober-November. Blüten mit langen Kelchröhren. Blätter an beiden Enden gerundet, an den Rändern gekräuselt, mit zahlr. braunen Schuppen auf der Unterseite. Rote Früchte mit braunen Schuppen. In Gärten werden normalerweise panaschierte Sorten gezogen. Die hier abgebildete Sorte ›Dicksonii‹ hat breite gelbe Blattränder. Leicht zu ziehende, sehr nützliche immergrüne Sträucher. Sonne oder Halbschatten. WH: bis −15° C.

Eleagnus × ***ebbingei*** hort. (*Eleagnaceae*). S. G. A. Doorenbos züchtete diese Hybride aus Samen von *E. macrophylla,* wahrscheinlich mit *E. pungens* als zweiter Elternpflanze. Die hier abgebildete Sorte ›Gilt Edge‹ wurde 1961 von Waterer & Crisp gezüchtet.

E. × ***ebbingei*›Albert Doorenbos‹**. In der Blattform *E. macrophylla* ziemlich ähnlich, auf der Blattunterseite, bes. auf der Mittelrippe, jedoch mehr braune Schuppen. WH: bis −20° C.

Skimmia japonica Thunb. (*Rutaceae*) Japanische Skimmie. Bh. in Japan, Ostsibirien (Sachalin), Taiwan und möglicherweise auch auf Luzon (Phillippinen). Wächst in Wäldern, manchmal als Epiphyt auf alten Kryptomerien (z.B. auf Yakushima). 1861 von Robert Fortune aus Japan eingeführt. Viele Varietäten sind in Kultur. Skimmien sind leicht zu ziehen, brauchen nährstoffreichen, leicht sauren Boden und vertragen bes. gut schattige Lagen in städtischen Gärten. Die meisten Arten (außer *S. reevesiana*) sind zweihäusig, d. h., m. und w. Blüten werden von verschiedenen Pflanzen hervorgebracht. Für eine gute Ausbeute an Beeren sollte man daher m. und w. Sträucher nebeneinander pflanzen. Durch Handbestäubung erzielt man normalerweise eine bessere Ausbeute: Man pflückt eine m. Blüte und streicht mit ihr über die w. Blüten, um sie mit dem Pollen der m. Pflanze zu bestäuben. WH: bis −15° C.

***Skimmia japonica* ›Rubella‹**. Klon, dessen Blütenstiele, Kelchblätter und Blattstiele rötlich gefärbt sind, ebenso die Blätter an den Triebenden. Sehr attraktive Knospen; die geöffneten Blüten sind blasser. Buschiger Wuchs, bis 1,1 m hoch. Blüten duftend. WH: bis −15° C.

Skimmia laureola (DC.) Sieb. & Zucc. (*Rutaceae*). Bh. im Himalaja und in Bergregionen Ostchinas. Wächst in Wäldern in 1300-3600 m Höhe, bes. als Strauchschicht an felsigen Standorten. BZ April-Juni. Immergrüner Strauch, meist unter 1 m, mit aromatischen Blättern, süß duftenden Blüten und schwarzen Beeren.

Buxus wallichiana in Borde Hill

Buxus wallichiana Baillon (*Buxaceae*). Bh. im Himalaja von Afghanistan bis Zentralnepal. Wächst in 1800-2700 m Höhe, meist in tiefen, schattigen Felsschluchten. BZ März-Mai. Immergrüner Strauch oder kleiner, bis 7 m hoher Baum. Charakteristisch sind die bis 6 cm langen, linealisch-lanzettlichen bis ovalen Blätter und flaumigen Triebe. Als Kulturpflanze selten, aber wh. WH: bis −10° C.

Pseudopanax ferox (Kirk) Kirk (*Araliaceae*). Bh. in Neuseeland. Wälder im Tiefland. Blüht im Februar. Abgebildet ist eine junge Pflanze mit geradem Stamm und nach unten zeigenden Blättern. Ausgewachsene Bäume sind rundlich und bis 15 m hoch. Blätter lanzettlich, gezähnt und bis 15 cm lang. Jeder Boden; sonnige Lage oder Halbschatten.

Griselinia littoralis Raoul **›Variegata‹** (*Corneaceae*). Bh. in Neuseeland. Wälder im Tiefland und Gebirge. BZ November-Januar. Immergrüner, rundlicher, bis 5 m hoher Strauch. Blätter ledrig, 5-10 cm lang. Blüten ca. 5 mm im Durchmesser, m. und w. auf verschiedenen Büschen. Kleine schwarze Beeren. Jeder feuchte Boden; sonnige Lage oder Halbschatten. WH: bei Schutz vor kaltem Wind bis −10° C. Sommer. Die Blätter der hier abgebildeten panaschierten Form sind entweder in der Mitte weiß oder weißgerandet.

Salix atrocinera

Salix magnifica in Boaxing, China

Salix magnifica (weiblich)

Salix magnifica (männlich)

Salix atrocinera Brot. (*Salicaceae*). Bh. in Westeuropa von Irland und Schottland bis Portugal und Nordafrika. Wächst in Marschen, an Flüssen, Straßengräben und Waldrändern. BZ März-Mai. Laubabwerfender, bis 10 m hoher Strauch. Zweige im zweiten Jahr unbehaart. Blätter obovat, länglich oder oblanzettlich. Kätzchen 2,5 cm lang, erscheinen vor den Blättern. Jeder gute Boden; sonnige Lage. WH: bis —20°C.

Salix magnifica Hemsl. (*Salicaceae*) Prachtweide. Bh. im Westen Sichuans. Wächst in Gebüschen und an Gebirgsbächen in 2000-3000 m Höhe. BZ Mai-Juni. Laubabwerfender, bis 7,5 m hoher Strauch. M. Kätzchen 10-18 cm lang, w. 18-30 cm. Feuchter Boden; sonnige Lage oder Halbschatten. WH: bis —15°C. Frühjahr.

Salix lanata L. (*Salicaceae*). Bh. im arktischen Teil Rußlands, in Sibirien, Island und Schottland, dort aber sehr selten. Wächst an steinigen Standorten im Gebirge und auf Felsen. Blüht im Juni. Laubabwerfender, bis 1,5 m hoher Strauch. Feuchter, durchlässiger Boden. Kühler Standort im Halbschatten. WH: bis unter —25°C.

Salix discolor Muhl. (*Salicacea*) Verschiedenfarbige Weide. Bh. von Labrador bis Alberta, südwärts bis Kentucky und Süd-Dakota. Wächst an Seen und Bächen, in Sümpfen und feuchten Gebüschen. BZ im Norden Februar-Mai. Großer, laubabwerfender Strauch oder Baum, bis 6 m hoch. M. Kätzchen 2,5-6 cm lang, w. eher länger; an den kahlen Trieben im Spätwinter silbrig behaart, im Frühling nach dem Öffnen mit gelben Staubblättern oder grünlichen Griffeln. Feuchter Boden; sonnige Lage. WH: bis —25°C und darunter. Verbreitetste Weide in Nordamerika.

Salix hastata L. ›**Wehrhahnii**‹ (*Salicaceae*). Bh. in Europa, von Norwegen bis Spanien, von Albanien und Rumänien bis Sibirien. Wächst an feuchten Standorten, im Süden im Gebirge. BZ April-Juni. ›Wehrhahnii‹, eine m. Pflanze, wurde um 1930 von Garteninspektor Bonstedt aus Geismar im Engadin entdeckt. Bis 2 m hoher Strauch mit vielen Stämmchen. Junge Triebe im Winter rotbraun. Blätter oval bis obovat. Kätzchen ca. 5 cm lang. Auffällige Hochblätter mit langen weißen Haaren. Jeder feuchte Boden; sonnige Lage. WH: bis —25°C. Frühjahr.

Lonicera microphylla Roem. & Schult. (*Caprifoliaceae*) Kleinblättrige Heckenkirsche. Bh. in Zentralasien, von Usbekistan und Afghanistan bis Tibet und in die Mongolei. Trockene, steinige Berghänge. BZ April-Juni. Laubabwerfender, buschiger, bis 2 m hoher Strauch. Blüten ca. 1 cm breit, Stiele 15 mm lang. Beeren verwachsen, rot. Durchlässiger Boden; kalkliebend. Sonnige Lage. WH: bis —25°C.

Xanthorrhiza simplicissima Marsh (*Ranunculaceae*) Gelbwurz. Bh. in Nordamerika, von New York und Westvirginia bis Florida und Alabama. Wächst in feuchten Wäldern, in Gebüschen und an Flüssen. BZ April-Mai. Ausläufer treibender, laubabwerfender Strauch; breitet sich rasch aus. Blätter in der Jugend purpurrot, verfärben sich im Herbst. Blüten 4 mm breit. Feuchter, saurer Boden; sonnige Lage oder Halbschatten. WH: bis —20°C. Frühjahr.

Maddenia hypoleuca Koehne (*Rosaceae*). Bh. in Westhubei. Wächst in 1200-1500 m Höhe. BZ April-Mai. Laubabwerfender, zweihäusiger, lichter Strauch, 2-6 m hoch. Blüten erscheinen gleichzeitig mit den Blättern, haben aber keine Blütenblätter. Die m. Blüten haben 25-40 Staubblätter von 6 mm Länge, die w. einen Griffel. Früchte pflaumenartig, schwarz, oval, 8 mm lang. Jeder gute Boden; sonnige Lage. WH: bis —15°C. Vorfrühling.

Prinsepia utilis Royle (*Rosaceae*). Bh. im Himalaja von Pakistan bis Yunnan und in Taiwan. Wächst in Wäldern, Gebüschen und Hecken in 1200-2700 m Höhe. BZ Oktober-November und April-Mai. Früchte reifen oft im Frühling. Stark wuchernder, dorniger, bis 3 m hoher Strauch. Grüne Stämmchen. Dornen 2-4 cm lang. Blüten weiß, in Trauben mit wenigen Blüten. Früchte 1,7 cm lang. Jeder durchlässige Boden; sonnige Lage. WH: bis —10°C.

Lonicera microphylla in Ferghana, Zentralasien

Salix lanata

Xanthorrhiza simplicissima

Salix discolor bei New York

Prinsepia utilis

Salix hastata ›Wehrhahnii‹

Maddenia hypoleuca

Simmondsia chinensis
Osteomeles schwerinii
Atherosperma moschatum
Rhaphiolepis indica
Choisya dumosa var. mollis
Osmaronia cerasiformis
Rhaphiolepis umbellata
Ribes speciosum

27. März, Kew

Rhaphiolepis indica ›*Springtime*‹ in Texas

Choisya dumosa var. arizonica

Choisya ternata

Choisya ternata Kunth (*Rutaceae*) Orangenblume. Bh. in Mexiko. Immergrüner, bis 3 m hoher Strauch. Blätter aromatisch. Blüten duftend; einige im Herbst, die meisten im Frühling. Als Kulturpflanze weit verbreitet und bes. in Städten nützlich. Läßt sich gut stutzen. Verträgt Trockenheit, braucht aber durchlässigen Boden und in kaltem Klima einen geschützten Standort. Übersteht —10° C schadlos, verliert jedoch ab —15° C die Blätter. Frühjahr.

Atherosperma moschatum Labill. (*Atherospermataceae*). Bh. in Südostaustralien und Tasmanien. Wächst in Wäldern. Immergrüner, bis 30 m hoher Baum. Stämme und Blätter aromatisch. M. und w. Blüten auf verschiedenen Bäumen. In Kultur frostempfindlich, überlebt jedoch in milden Gärten und bildet dort einen bis 6 m hohen Strauch. Die Pflanze blüht, solange sie noch ziemlich jung ist. Saurer oder neutraler Boden. WH: bis —5° C.

Choisya dumosa (Torr.) Gray (*Rutaceae*). Bh. in Westtexas, New Mexico, Arizona und Nordmexiko. Wächst in der Wüste und im Gebirge in 1200-2000 m Höhe; oft in Kiefern- oder Eichenwäldern. BZ April-Juli. Drei Varietäten sind bekannt: var. *dumosa* mit 5-13 Fiederblattpaaren; var. *arizonica* (Standl.) Benson aus Arizona mit 3-5 Fiederblattpaaren und 10-13 mm langen Blütenblättern; var. *mollis* (Standl.) Benson mit ebenfalls 3-5 Fiederblattpaaren und 8-10 mm langen Blütenblättern. Niedrige, immergrüne, bis 1 m hohe Sträucher. Blättchen bis 5 cm lang; duften nach Orange, wenn man sie zerreibt. Durchlässiger, trockener Boden; sonnige Lage. WH: bis —10° C. Frühjahr.

Ribes speciosum Pursh (*Grossulariaceae*). Bh. in Kalifornien und Mexiko. Wächst in Küstennähe, in schattigen Canyons, in Beifußgebüschen und im Chaparall unter 500 m. Immergrüner, feinzweigiger, bis 2 m hoher Strauch mit ausgebreiteten Zweigen. Im Unterschied zu vielen anderen *Ribes* nicht duftend. In Nordeuropa wird *Ribes speciosum* als Kulturpflanze generell an warmen Mauern gezogen — zum Schutz gegen die Kälte im Winter. Die Blüten kommen jedoch vor rotem Backstein optisch nicht zur Geltung. Gedeiht ebensogut freistehend. Durchlässiger Boden; sonnige, geschützte Lage. WH: bis —15° C.

Osmaronia cerasiformis (Torr. & Gr.) Greene (syn. *Nuttallia cerasiformis*) (*Rosaceae*) Oregonpflaume. Bh. im westlichen Nordamerika, vom Santa Barbara County in Kalifornien bis British Columbia im Norden. Wächst in felsigen Tälern und Canyons unter 1700 m. BZ Februar-April. Bildet großen, laubabwerfenden, bis 5 m hohen Strauch oder Dickicht aus bis 2 m hohen Stämmchen. Blüten duftend, manchmal eingeschlechtig, in übergebogenen Trauben. Früchte bereift, schwarz, bitter. WH: bis —20° C.

Osteomeles schwerinii G. Schneid. (*Rosaceae*). Bh. in Westchina, in Yunnan und Westsichuan. Wächst in heißen, trockenen Tälern in 350-2000 m Höhe. BZ April-Mai. Niedriger, dicht verzweigter, halbimmergrüner Strauch, bis 3 m, meist jedoch nur ca. 1 m hoch. An seinen gefiederten Blättern leicht zu erkennen. Früchte klein, schwarz, unbehaart. *O. schwerinii* var. *microphylla* Rehder & Wilson hat weniger und schmalere Fiederblättchen; soll winterhärter sein. Jeder durchlässige Boden; vollsonnige Lage. WH: bis —5° C bzw. —10° C.

Simmondsia chinensis (Link) C. K. Schneid. (*Buxaceae*). Trotz ihres Namens in den Wüsten Südkaliforniens, Arizonas und Mexicos bh. Wächst in Höhen unter 1500 m. Dicht verzweigter, immergrüner, bis 2 m hoher Strauch. Kleine grüne Blüten zwischen März und Mai; m. und w. Blüten auf verschiedenen Pflanzen. Früchte eßbar, enthalten viel Öl; deshalb potentielle Nutzpflanze in Wüstenregionen. Als Kulturpflanze nach der Eingewöhnung mäßig frostresistent. Findet vor allem als Heckenpflanze in Regionen mit Wüstenklima Verwendung. Trockener Boden; vollsonnige Lage. WH: bis —10° C.

Rhaphiolepis umbellata (Thunb.) Makino (*Rosaceae*). Bh. in Japan, außer auf Hokkaido und auf der Quelpartinsel. Wächst in Gebüschen an der Küste. BZ April-Juni. Buschiger, immergrüner, bis 4 m hoher Strauch. Duftend. Früchte etwa 1 cm im Durchmesser, glänzend, schwarz. Leicht zu ziehen, verträgt aber keine trockene Kälte. WH: bis —10° C.

Rhaphiolepis indica Lindl. (*Rosaceae*). Bh. in Südchina, von Yunnan ostwärts. Wächst in 150-1600 m Höhe. BZ Herbst und Frühjahr. Niedriger, immergrüner Strauch. Viele verschiedene Sorten registriert. Blütenfarben weiß bis tiefrosa. Verschiedene Größen: ›Ballerina‹ ist meist unter 0,6 m, dagegen kann ›Majestic Beauty‹ 5 m erreichen. Verträgt vollsonnige Lage, außer in extrem heißem Wüstenklima. WHr als gemeinhin angenommen: bis —10° C.

***R. indica* ›Springtime‹**. Stark wachsende Sorte, bis 2 m hoch, kann aber durch Abkneifen der jungen, noch weichen Triebe niedriger gehalten werden.

Im Frühjahr blühende Sträucher

14. Mai, Hillier Arboretum

Lindera benzoin

Cornus mas

Rhus aromatica Aiton (syn. *R. canadensis* Marsh) (*Anacardiaceae*) Duftender Sumach. Bh. im Osten Nordamerikas. Wächst an trockenen, felsigen oder sandigen Standorten sowie in lichten Wäldern. Niedriger, häufig sparriger, bis 2 m hoher Strauch. Blätter abfallend, dreizählig, das endständige Blättchen oft gezähnt. Ganze Pflanze aromatisch. BZ April-Mai. Blüten erscheinen gewöhnlich vor den Blättern. Eine bes. niedrig wachsende Form, var. *arenaria,* wächst auf Sanddünen im Mittelwesten. WH: bis —25° C.

Comptonia peregrina (L.) Coult. (*Myricaceae*) Farnmyrte. Bh. im Osten Nordamerikas. Wälder und Weiden. BZ April-Juni. Bis 1,5 m hoher, stark Ausläufer treibender Strauch. Blätter linealisch lanzettlich, dunkelgrün, lederartig, tief fiederschnittig, mit schief abgerundeten Segmenten, aromatisch. Var. *asplenifolia* (L.) Fern. ist durch schwächere Behaarung, kleinere Blätter und schlankere Kätzchen gekennzeichnet. Braucht feuchten, kalkfreien Boden. Wird wegen der ungewöhnlich geformten Blätter gezogen. In Europa seit 1714 in Kultur. WH: bis —25° C.

Syringa pinnatifolia Hems. (*Oleaceae*) Fiederblättriger Flieder. Bh. in Sichuan, bes. in Baoxing. Gebüsche in 2200-3000 m Höhe. Blüht im Mai. Blüten rosa oder weiß. Bildet 2-3 m hohen Strauch, der sich von anderen Fliedern durch gefiederte Blätter und frühe Blüte unterscheidet. 1904 von E. H. Wilson eingeführt. WH: bis —25° C.

Lindera umbellata Thunb. (*Lauraceae*). Bh. in China, von Jiangxi und Hubei bis Westsichuan, sowie in Japan auf Honshu, Shikoku und Kyushu. Gebüsche in Höhen bis 3000 m. BZ März-Mai. Laubabwerfender, bis 6 m hoher Strauch. Blätter schmal und dünn, länglich bis eiförmig länglich, 5-9 cm lang, im Herbst gelb. Saurer Boden; Sonne oder Halbschatten. WH: bis —15° C.

Lindera benzoin (L.) Blume (*Lauraceae*). Bh. im Osten Nordamerikas. Wächst gewöhnlich in feuchten Wäldern und an Flüssen. BZ März-Mai. Bis 4 m hoher Strauch. Blätter länglich obovat, zur Basis hin verschmälert. W. Pflanzen mit roten oder gelben Früchten. Rinde aromatisch. Herbstfärbung gelb. Feuchter, saurer Boden; sonnige oder schattige Lage. WH: bis —25° C.

Cornus mas (*Corneaceae*) Kornelkirsche. Bh. in Europa von Belgien und Frankreich bis Rußland, in der Türkei und im Kaukasus. Wälder und Gebüsche. BZ März-Mai. Großer, laubabwerfender Strauch oder kleiner, bis 8 m hoher Baum. Blätter gegenständig, eiförmig oder elliptisch, 4-10 cm lang, mit 3-5 Nervenpaaren. Früchte oval, 12-15 mm lang, rot, saftig. Gartenvarietäten (S. 181) wie ›Elegantissima‹, mit gelb und rosa panaschierten Blättern, und ›Variegata‹, mit weiß panaschierten Blättern, sind zwar hübsch, haben aber nicht den eleganten Wuchs von *C. alternifolia* (S. 181) und *C. controversa.* Die Varietät *C. mas* ist in Blüte kaum von *C. officinalis* zu unterscheiden. Letztere ist durch Blätter mit 5-7 Nervenpaaren und rotbraunen Haaren an den Nervenachseln gekennzeichnet. Heimisch in China und Japan. WH: bis —25° C.

Daphne retusa Hems. (*Thymelaeaceae*). Bh. in Asien, von Bhutan, Südosttibet bis Yunnan, Sichuan und Gansu. Felsige Berghänge, Gebüsche, lichte Kiefernwälder in 3000-4500 m Höhe. BZ Mai-Juli. Langsam wachsender Busch, bis 1,2 m hoch. Blüten süß duftend. In Kultur meist kleiner als 1 m. Verträgt viele Böden, wenn humusreich und durchlässig. Blüht oft in Herbst und Frühling. Die nahe Verwandte *D. tangutica* Maxim ist in Tibet, Gansu, Hubei, Sichuan heimisch; ist größer und aufrechter, wächst schneller, hat schwächer glänzende, längere Blätter, die eben und am Scheitel häufig spitz sind, ohne jedoch spitz zuzulaufen. Auch eine rein weiße Form ist bekannt. 1914 von Farrer eingeführt.

Daphne genkwa Sieb. & Zucc. (*Thymelaeaceae*). Bh. in Nord- und Zentralchina. Wächst auf Kalkfelsen, Felsblöcken, Konglomerat und auf Steinhaufen neben kultivierten Feldern, aber auch auf grasbewachsenen Hügeln und im Flachland unter 100 m. BZ März-April. Blüten lila, duftend. Früchte angeblich weiß. In Japan als Kulturpflanze verbreitet. In englischen Gärten erwies sich diese prächtige Pflanze als schwer zu ziehen. Sie kann einen 1,5 m hohen und 3 m breiten Strauch bilden. In Kew wächst sie in einem ziemlich trokkenen Beet an einer Südmauer. WH: bis —20° C. Es gibt auch eine weißblühende Form.

Daphne pontica L. (*Thymelaeaceae*) Pontischer Seidelbast. Bh. an der Schwarzmeerküste. Wächst in tiefgelegenen Wäldern ab 50 m, auf schattigen Felsen, in Höhen bis 2200 m auch auf freiem Feld. BZ der Wildpflanze Februar-Oktober. Immergrüner Busch, bis 1,5 m hoch und breit, mit duftenden Blüten. Als Kulturpflanze in Sonne und Halbschatten und auf humusreichem, alkalischem oder saurem Boden leicht zu ziehen. Blüht im Frühling. WH: bis —20° C.

Daphne collina Dickson (*Thymelaeaceae*) Bergseidelbast. Bh. in Süditalien um Neapel, heute jedoch als bloße Varietät von *D. serica* (S. 39) betrachtet. Als Kulturpflanze ist *D. collina* kompakter als *D. serica* und hat breitere, auf der Unterseite stärker behaarte Blätter sowie eine größere Anzahl von Blüten — bis zu 15 pro Blütenstand. WH: bis —10° C.

Daphne retusa

***Daphne* × *mantensiana* ›Manten‹**. Gartenhybride, die Jack Manten durch Kreuzung von *D. retusa* (Pollen) und *D.* × *burkwoodii* ›Somerset‹ erzielte. Immergrüner, bis 75 cm hoher Strauch, der von Frühling bis Herbst fast durchgehend wohlriechende Blüten trägt. Wächst am besten in sonniger Lage und stellt keine bes. Ansprüche an den Boden. WH: bis —15° C.

Daphne* × *burkwoodii Turrill **›Albert Burkwood‹**. Kleiner, halbimmergrüner, bis 1 m hoher Strauch; dicht und rundlich. Gartenhybride, 1931 von Arthur und Albert Burkwood durch Bestäubung von *D. cneorum* mit Pollen von *D. caucasia* erzielt. In Kultur verbreitet sind die beiden zur gleichen Zeit gezogenen Klone ›Albert Burkwood‹ und ›Somerset‹. Letzterer wird höher (bis 1,5 m) und wächst weniger in die Breite. Außerdem hat er breitere Blätter und intensiver rosa gefärbte, allerdings auch kleinere Blüten. Beide blühen im Spätfrühling; in sonniger Lage und auf durchlässigem Boden leicht zu ziehen. WH: bis —20° C.

Daphne* × *neapolitana Lodd. Hybride unbekannter Abstammung, seit 1823 bekannt; wahrscheinlich eine Kreuzung zwischen *D. collina* und *D. oleioides* oder *D. cneorum.* Immergrüner, bis 1 m hoher Strauch. Blüht im Vorfrühling und sporadisch während des Sommers. Blüten stark duftend. Verträgt die meisten Böden, sofern sie durchlässig sind und genügend Humus enthalten. WH: bis —10° C.

Lonicera syringantha Maxim (*Caprifoliaceae*) Fliederblütige Heckenkirsche. Beheimatet in Tibet, Westgansu und Westsichuan. Gebüsche bis 3600 m. Feinzweigiger, bis 2 m hoher Strauch. Duftende Blüten im Spätfrühling. WH: bis —25° C.

27. März, Kew und Wisley

Daphne mezereum L. (*Thymelaeaceae*) Seidelbast. Bh. in Europa von Norwegen und England bis Spanien, in der Türkei, in Rußland und Sibirien. Wächst in Wäldern, Gebüschen und auf Geröllhalden aus Kalkstein in Höhen bis 2600 m. Blüht im Vorfrühling. Laubabwerfender, bis 1,5 m hoher Strauch mit vielen aufrechten Stämmchen. In sonniger oder etwas schattiger Lage leicht zu ziehen. Die schönen roten Beeren sind sehr giftig. WH: bis −30° C.

Daphne mezereum f. ***alba*** (Weston) Schelle. Weißblühende Formen mit gelben oder bernsteinfarbenen Früchten kommen wild vor und werden oft gezüchtet. Sie lassen sich offenbar aus den Samen ziehen.

Daphne mezereum var. ***rubra*** Aiton. In Kultur wurden purpurrote Formen selektiert; auch eine gefüllte pupurrote Form ist verzeichnet.

Daphne mezereum var. ***autumnalis*** hort. ex Rehder. Diese Varietät blüht von Spätherbst bis Frühling. Ihre Abstammung ist nicht verzeichnet.

Daphne odora Thunb. Bh. in China, jedoch schon so lange in Kultur, daß ihre ursprüngliche Heimat nicht exakt bestimmbar ist. Als Wildpflanze in Zhejiang, Hubei und Sichuan nachgewiesen. Wächst in etwa 1000 m Höhe. Heute am häufigsten in Kultur ist ›**Aureomarginate**‹ (syn. ›Marginata‹): Blätter mit schmalem gelbem Rand; Blüten innen blaß und außen tiefrosa. WHr als die rein grünblättrigen Formen. Gedeiht in London gut im Freien. Es gibt auch eine weiße Kulturform. WH: bis −10° C.

Daphne bholua Ham. ex D. Don. Bh. in Asien von Uttar-Pradesch bis Westchina (Yunnan). Wächst in Eichen- und Rhododendrenwäldern sowie in Gebüschen in 1800-2600 m Höhe. BZ Januar-März. Immergrün oder halbimmergrün, weniger wh. als var. *glacialis*. Wächst und blüht gut an trockenen, schattigen Standorten, sogar im Londoner Stadtzentrum. Häufig in den Bergen um Katmandu zu finden; von dort 1962 durch Dr. G. A. C. Herklots eingeführt. Manchmal weiß blühend. WH: vielleicht bis −5° C.

Daphne bholua Ham. ex D. Don var. ***glacialis*** (W. W. Smith & Cave) Burrt. Bh. in Westnepal und Sikkim. Waldlichtungen und Rhododendrengebüsche in 2000-3000 m Höhe. BZ Februar und März. Blüten herrlich duftend. ›**Gurkha**‹, die hier abgebildete Form dieser Varietät, wurde von Major T. Spring-Smith (T S-S 132 D) in Westnepal in 3000 m Höhe gesammelt. Im Unterschied zum Typus ist var. *glacialis* laubabwerfend und trägt im Vorfrühling weiße, rosa-purpurrot überlaufene Blüten. Verträgt sauren und alkalischen Boden. WH: bis −10° C, vielleicht auch darunter.

Daphne laureola L. Lorbeerseidelbast. Bh. in Mittel- und Südengland. Wälder und Hecken; kreide- und kalkhaltige Böden. Heimisch auch auf den Azoren, im Mittelmeerraum von Spanien bis Griechenland, in der Türkei und in Nordafrika bis in 2000 m Höhe. BZ Februar und März, im Gebirge bis Juni. Immergrüner, bis 1,5 m hoher Strauch. Blüten duften gegen Abend. WH: bis −20° C, verträgt Schatten.

Daphne laureola subsp. ***philippi*** (Gren.) Rouy. Bh. in den französischen und spanischen Pyrenäen. Wächst in Höhen um 2000 m. Unterscheidet sich vom Typus durch liegende Stämmchen und kleinere, 3-5 mm lange Blüten.

Daphne sericea bei Mugla, Türkei

Daphne jezoensis Maxim. ex Regel (syn. *D. kamschatica* var. *jezoensis* [Maxim] Ohwi). Bh. in Japan, auf Hokkaido und Nordwesthonshu, sowie auf Südsachalin. Wächst in Wäldern, gewöhnlich unter laubabwerfenden Bäumen. BZ Februar-Mai. Blüten oft duftend (meist die intensiver gefärbten). Als Kulturpflanze kleiner Strauch bis 0,5 m, wild jedoch bis 1 m. Braucht Bedingungen wie im Wald, so etwa lockeren Laubboden. Als Kulturpflanze in England oft halbimmergrün, im Spätherbst oder Winter blühend. WH: bis −15° C.

Daphne sericea Vahl. (syn. *D. collina* Dickson). Bh. in Italien, auf Sizilien und Kreta, im Westen und Süden der Türkei, in Syrien sowie im Kaukasus. Gebüsche in der Macchie und Kiefernwälder; häufig Kalkboden; Meereshöhe bis 1800 m. Bildet einen rundlichen oder aufrechten, bis 1,1 m hohen Strauch. In der Türkei wurde beobachtet, daß die Ausläufer mindestens 2 m von der Mutterpflanze entfernt neue Jungpflanzen bilden. Blüten wohlriechend. WH sehr unterschiedlich. Die Gartenform *D. collina* soll sehr wh. sein, später eingeführte Pflanzen dagegen sehr frostempfindlich. WH: bis −10° C oder −15° C.

Daphne wilsonii Rehder (*Thymelaeaceae*). Bh. in China, in Westhubei und Westsichuan. Wächst an Flüssen und in Gebüschen in 1200-2700 m Höhe. BZ April und Mai. Vielstämmiger, bis 5 m hoher Busch. Ende Mai in der Nähe von Baoxing fotografiert.

Lonicera × ***purpusii*** Rehder (*Caprifoliaceae*). Hybride zwischen *L. standishii* und *L. fragrantissima*. Zweige kahl oder leicht behaart. Blätter eiförmig, borstig gewimpert. Schon vor 1920 bekannt.

Daphne sericea f. alba

Lonicera standishii Jacques. Standish Heckenkirsche. Bh. in China, dort seit langem in Gärten gezogen. Als Wildpflanze bei Ichang in Westhubei gefunden (var. *lancifolia* Rehder). Laubabwerfender, bis 2 m hoher Strauch. Var. *lancifolia* trägt im Winter süß duftende Blüten und hat längliche bis lanzettliche, lang zugespitzte Blätter. Dagegen hat die ihr nahe verwandte, in Ostchina heimische *L. fragrantissima* breit obovate, immergrüne Blätter, kahle Zweige und Blütenstiele ohne Borsten. Beide sind leicht zu ziehen, bringen aber nur in warmen Sommern viele Blütenknospen hervor. WH: bis −15° C.

11. April, Wisley

Ribes odoratum

Ribes × gordonianum

Ribes laurifolium

Ribes sanguineum

Forsythia suspensa (Thunb.) Vahl (*Oleaceae*) Hängeforsythie. Bh. in China. In Westhubei wild vorkommend, in Nordchina in Kultur. Eleganter, bis 3 m hoher Strauch von lockerem Wuchs. Sein bes. Merkmal sind die hohlen Zweige, die in den Knoten mit Mark gefüllt sind. Blätter abfallend, eiförmig, an der Basis keilförmig, 6-10 cm lang, gezähnt, oft dreiteilig. Der hier gezeigte Klon hat Blüten mit langen Griffeln, andere Klone können jedoch auch kurze Griffel haben, wie etwa bei den Primeln. Jeder Boden; sonnige Lage oder Halbschatten. WH: bis —25°C. Frühjahr.

***Forsythia* ›Arnold Giant‹** *Forsythia × intermedia.* Um eine neue fruchtbare tetraploide Art zu erzielen, wurde ›Spectabilis‹ mit Kolchizin behandelt. Der daraus resultierende Sämling ›Arnold Giant‹ (1939) wurde die Elternpflanze mehrerer hervorragender Hybriden, darunter ›Beatrice Farrand‹.

Forsythia ovata Nakai **›Tetragold‹**. Mit Hilfe von Kolchizin künstlich erzeugter Tetraploid von *F. ovata,* 1963 eingeführt. Robuster als der Typus.

***Forsythia* ›Arnold Dwarf‹**. Kleiner wuchernder Strauch. Hybride zwischen *F. × intermedia* und *F. japonica* var. *saxatilis,* 1941 im Arnold Arboretum gezüchtet. Langstielige, grüngelbe Blüten; kleine Blätter.

***Fosythia* ›Beatrice Farrand‹**. Von Professor Karl Sax im Arnold Arboretum gezüchtet, wahrscheinlich durch Rückkreuzung der tetraploiden ›Arnold Giant‹ mit *F. × intermedia* ›Spectabilis‹. Das Ergebnis waren mehrere tetraploide Sämlinge, von denen einer unter dem Namen ›Beatrice Farrand‹ zuerst in Amerika, später in Europa auf den Markt kam. Strauch von kräftigem, aufrechtem Wuchs, bis 3 m hoch. Blätter grob gezähnt. Griffel zwischen den Staubblättern aufragend, deshalb oft selbstbefruchtend und Früchte tragend. WH: bis —25°C.

Ribes odoratum Wendl. (*Grossulariaceae*). Bh. in Nordamerika von Saskatchewan und Minnesota bis zu den Rocky Mountains im Westen und Texas im Süden. Wächst an Flüssen. BZ April-Mai. Wuchernder, bis 2,5 m hoher Strauch mit dreilappigen, auf beiden Seiten kahlen Blättern. Junge Stämmchen flaumig. *R. aureum* Pursh. (Goldjohannisbeere) ist von Süddakota und New Mexico bis Washington und Kalifornien heimisch und wächst in 800-2600 m Höhe. Zweige fast kahl. Blüten gewürzartig duftend, Blütenblätter im Alter orange. Beide Sträucher sind attraktiv und blühen in der Jugend. Sonnige Lage oder Halbschatten. WH: bis —25°C.

Ribes sanguineum Pursh. (*Grossulariaceae*) Blutjohannisbeere. Bh. von Nordkalifornien bis British Columbia. Kiefern- und Thujawälder in 600-1800 m Höhe. BZ April-Juni. Var. *glutinosum,* (Benth.) Loud. (syn. *R. albinum*), die im kalifornischen Chaparral und in lichten Waldungen unter 600 m wächst, hat manchmal blassere Blüten und meist mehr Blüten pro hängende Traube. Von diesem Strauch gibt es viele Gartenvarietäten. *R. indecorum* ist östlich und südlich von Santa Barbara heimisch und trägt von Oktober bis März weiße Blüten. *R. sanguineum* ist ein aufrechter, laubabwerfender, 1-3 m hoher Strauch. Blätter 3-5 lappig, rundlich in der Form, oben dunkelgrün, unten unterschiedlich behaart; Beeren schwarz, grau bereift. 1793 von Archibald Menzies entdeckt, 1826 von David Douglas eingeführt. Jeder Boden; sonnige Lage oder Halbschatten. WH: bis —20°C. Folgende Klone sieht man häufig als Kulturpflanzen:

***R. sanguineum* ›Atrorubens‹**. Eine alte Varietät, 1837 im Horticultural Society Garden in Kensington gezogen. Stammt wahrscheinlich von der Pflanze ab, die Douglas einführte.

***R. sanguineum* ›Tydman's White‹**. Verbesserte blasse Form, blüht später als ›Albidum‹.

***R. sanguineum* ›Brocklebankii‹**. Eine goldblättrige Varietät. Langsamwüchsiger, bis 1,5 m hoher Strauch mit blassen Blüten. Die Blätter vertrocknen in der prallen Sonne, deshalb ist Halbschatten empfehlenswert. Gezüchtet von Thomas Winkworth, R. Brocklebanks Chefgärtner in Haughton Hall, Cheshire.

***R. sanguineum* ›King Edward VII‹**. Niedriger und breiter als ›Pulborough Scarlet‹, bis 2 m hoch. Blüht etwas später. Vor 1904 von der Baumschule Channell eingeführt.

***R. sanguineum* ›Pulborough Scarlet‹**. Eine aufrechte, bis 3 m hohe Varietät. 1933 in Pulborough, Sussex, entdeckt.

***R. sanguineum* ›Lombartsii‹**. Form mit ziemlich großen, rosafarbenen, in der Mitte blassen Blüten.

R. × gordonianum Beaton. Hybride zwischen *R. sanguineum* und *R. odoratum,* von Donald Beaton in Hatfield, Herefordshire, gezüchtet und nach dessen Arbeitgeber, William Gordon, benannt. Robuster, bis 2,5 m hoher Strauch. Blüten rötlichgelb; reichblühend. Blätter dreilappig und kleiner als bei *R. sanguineum.* WH: bis —15°C.

Ribes laurifolium Jancz. (*Grossulariaceae*). Bh. in Westsichuan. Dort von Wilson in 2300 m Höhe gefunden und als selten vermerkt. Niedriger, halb niedergestreckter, immergrüner Strauch, bis 1 m hoch. Blüht im Vorfrühling. M. und w. Blüten auf verschiedenen Pflanzen; größer. WH: bis —15°C.

Physocarpus opulifolius (L.) Maxim **›Dart's Gold‹** (*Rosaceae*). Bh. im Osten Nordamerikas von Quebec bis Virginia, Tennessee und Michigan. Sandige und felsige Standorte. Bildet als Wildpflanze großen, bis 3 m hohen Strauch. BZ Juni. Rundliche Doldentrauben mit weißen oder blaßrosa Blüten; blasig aufgetriebene, 3-5 lappige Früchte, die bei Druck mit einem Knall aufplatzen. ›Dart's Gold‹ ist eine Zwergform mit goldgelben Blättern; 1969 eingeführt. WH: bis —25°C.

Forsythia ovata
Forsythia koreana
Edgeworthia chrysantha
Abeliophyllum distichum
Forsythia giraldiana
Forsythia suspensa
Forsythia 'Bronxensis'
Forsythia 'Spectabilis'
Forsythia 'Lynwood'
Forsythia 'Beatrix Farrand'
Forsythia 'Densiflora'
Shepherdia argentea

28. März, Kew

Forsythia ›Goldzauber‹

Forsythia ›Vitellina‹ in New York

Forsythia ›Karl Sax‹

Forsythia suspensa (Thunb.) Vahl. (*Oleaceae*) Hängende Forsythie. Bh. in China, bes. in Westhubei. Gebüsche und Felsen in 300-1200 m Höhe. BZ April. Eleganter, bis 3 m hoher Strauch von lockerem Wuchs. Unterscheidet sich von anderen Arten durch hohle Zweige, die in den Knoten mit nicht gekammertem Mark gefüllt sind. Jeder Boden; sonnige Lage oder Halbschatten. WH: bis –20° C. Frühjahr.

***Forsythia* ›Bronxensis‹**. Sämling von *F. koreana*. Um 1939 im Bronx Botanic Garden in New York gezüchtet.

Abeliophyllum distichum Nakai (*Oleaceae*) Rosablütige Forsythie. Bh. in Korea. Duftende Blüten im April oder Mai. Als Kulturpflanze am besten an einer Mauer zu ziehen, die zusätzliche Wärme für die Verholzung liefert. In den USA ist eine rosa blühende Form in Kultur. WH: bis –20° C.

Forsythia giraldiana Lingelsh. (*Oleaceae*) Frühblühendes Goldglöckchen. Bh. in Nordchina, in Gansu, Schaanxi und Hubei. Laubabwerfender, bis 3 m hoher Strauch; im Alter anmutig. Junge Triebe oft schwarz, mit gekammertem Mark. Jeder Boden; sonnige Lage oder Halbschatten. WH: bis –20° C.

Forsythia* × *intermedia Zab. Hybridforsythie. Hybride zwischen *F. suspensa* und *F. viridissima*. Die meisten gezogenen Forsythien sind Klone dieser 1885 in Deutschland gezüchteten Pflanze. Sie haben unregelmäßig gekammertes Mark und oft dreilappige Blätter an kräftigen Trieben. **›Vitellina‹**, 1899 eingeführt, hat ziemlich dunkelgelbe, langgriffelige Blüten. Aufrechter Wuchs. **›Densiflora‹** hat hellgelbe Blüten mit langen Griffeln. **›Spectabilis‹** hat leuchtendgelbe Blüten mit kurzen Griffeln; manchmal 5- oder 6-lappige Krone. Sie ist die in Europa und Nordamerika am häufigsten gezogene Forsythie.

Forsythia ovata Nakai (*Oleaceae*) Koreaforsythie. Bh. in Korea. Kleiner, bis 1,5 m hoher Strauch. In Kultur sehr früh blühend und an seinen kurzen Blütenblättern sehr leicht zu erkennen. Blätter eiförmig, an der Basis abgerundet. Jeder Boden; sonnige Lage oder Halbschatten. WH: bis –20° C.

Forsythia koreana (Rehd.) Nakai (*F. viridissima* var. *koreana* Rehd.) (*Oleaceae*). Bh. in Korea. Von Wilson 1917 aus der Umgebung von Seoul für das Arnold Arboretum eingeführt. Unterscheidet sich von *F. viridissima* durch lanzettliche, bis 12 cm lange Blätter. Aufrechter, bis 3 m hoher Strauch. Jeder Boden; sonnige Lage oder Halbschatten. WH: bis –20° C.

Edgeworthia chrysantha Lindl. (syn. *E. papyrifera* Sieb. & Zucc.) (*Thymelaeaceae*). Bh. in China, bes. in Jiangxi; andernorts, wie in der Region um Ichang, häufig in Kultur. Wächst in 300-1600 m Höhe, bevorzugt an Flüssen. Laubabwerfender, bis 1,6 m hoher Strauch. Blätter schmal eiförmig, bis 12 cm lang, Unterseite seidig behaart. Blüht im April. Blüten schwach duftend, selten rötlich. Wird in Japan für die Herstellung einer bes. Papiersorte kultiviert. Jeder Boden; sonnige Lage oder Halbschatten. WH: bis –15° C. Frühjahr.

***Forsythia* ›Lynwood‹**. Durch Mutation entstandene Spielart von ›Spectabilis‹, von der sie sich durch weniger gezähnte Blätter und steifere, an den Rändern nicht eingerollte Blütenblätter unterscheidet.

***Forsythia* ›Beatrice Farrand‹**. Von Professor Karl Sax im Arnold Arboretum gezüchtet, wahrscheinlich durch Rückkreuzung der tetraploiden ›Arnold Giant‹ mit *F.* × *intermedia* ›Spectabilis‹. Sehr kräftiger, aufrechter, bis 3 m hoher Strauch. Griffel zwischen den Staubblättern aufragend, deshalb oft selbstbefruchtend und Früchte tragend. WH: bis –25° C. Frühjahr.

Shepherdia argentea Nuttall (*Elaeagnaceae*) Silberbüffelbeere. Bh. in Prärien von Manitoba bis New Mexico. Wächst an Flüssen, blüht im Mai. Ziemlich dorniger, zweihäusiger, bis 6 m hoher Strauch. Blätter gegenständig, schmal länglich, oben und unten silbrig.

***Forsythia* ›Karl Sax‹**. Die Kreuzung von ›Arnold Giant‹ mit *F.* × *intermedia* ›Spectabilis‹ ergab mehrere Sämlinge. Einer wurde nach seinem Züchter, Professor Sax, benannt. Er ist tetraploid und ähnelt ›Beatrice Farrand‹, wächst aber buschiger, und das Gelb seiner Blüten ist etwas dunkler.

***Forsythia* ›Goldzauber‹**. Hybride zwischen ›Beatrice Farrand‹ und ›Lynwood‹. 1974 in Deutschland eingeführt. Langgriffelig. Aufrechter, bis etwa 2 m hoher Strauch.

***Forsythia* ›Minigold‹**. Hybride mit kleinen Blüten, aber reich blühend. Stammt vermutlich von *F. ovata* ab. Laubabwerfender, bis 2 m hoher Strauch.

Forsythia ›Minigold‹

Edgeworthia chrysantha in Devon

4. April, Valley Gardens, Windsor

Pieris japonica (Thunb.) D. Don (*Ericaceae*) Japanische Lavendelheide. Bh. in Japan. Wächst in lichten Wäldern im Gebirge auf Shikoku, Kyushu und Honshu. BZ März und April. Braucht wegen häufig auftretender Frostschäden geschützte Lage, ist jedoch auf feuchtem, torfigem, saurem Boden leicht zu ziehen. Immergrüner Busch oder kleiner Baum, bis 4 m hoch und breit. Junge Blätter kupferrot, später grün werdend. WH: bis −20° C. Frühjahr.

***P. japonica* ›Variegata‹**. Langsamwachsende Sorte, die jedoch einen bis 4 m hohen Strauch bildet.

***P. japonica* ›Purity‹**. Bh. in Japan; soll von der kleinen Insel Yaku-Shima stammen, Herkunft jedoch nicht gesichert. Wie der Name schon sagt, sind die Blüten rein weiß; größer als bei *P. japonica.*

P. japonica (von Yaku-Shima). Diese Form von *P. japonica* stammt von der Insel Yaku-Shima südlich der japanischen Hauptinseln. Wächst in tiefer gelegenen Bergwäldern zusammen mit dem Zwergrhododendron *R. yakusimanum, Cornus kousa* und anderen Sträuchern. Als Wildpflanze sehr kompakt und langsam wachsend, in Kultur jedoch weniger kompakt.

***P. japonica* ›Grayswood‹**. Bemerkenswert wegen der sehr langen, mehr oder weniger unverzweigten Rispen, die weiße Blüten tragen. Von Geoffrey Pilkington in Grayswood bei Haslemere, Surrey, gezüchtet. Roy Lancaster vermutet, daß *P. taiwanensis* (siehe unten) eine der Elternpflanzen war.

P. japonica* f. *rosea. Dieser Name kann jeder rosa blühenden Form von *P. japonica* gegeben werden. Eine der Pflanzen, die K. Wada auf dem Daisen (Berg auf Honshu) gesammelt hatte, wurde *P. japonica* ›Daisen‹ genannt. Einige ihrer Sämlinge wiesen ein noch dunkleres Rosa auf. Einem gab Wada um 1967 den Namen ›Christmas Cheer‹.

***P. japonica* ›Flamingo‹**. Varietät mit dunkelrosa Blüten. 1961 von Lambert Gardens in Portland, Oregon, eingeführt.

***P. japonica* ›Blush‹**. Eine blaßrosa Form. 1967 von Hillier & Sons eingeführt.

Pieris taiwanensis Hayata (*Ericaceae*). Bh. auf Formosa. Wächst dort auf freiem Feld im Gebirge zwischen 2000 und 3500 m. 1918 von Wilson in Großbritannien eingeführt. Hat sich als wh. erwiesen; im allgemeinen unempfindlich gegen Frost. Kompakter, immergrüner, bis 2 m hoher Strauch. Blüht im Frühjahr und bildet dabei aufrechte, 8-15 cm langen Trauben; unterscheidet sich dadurch von *P. japonica.* WH: bis −15° C.

Pieris floribunda (Pursh) Benth. & Hook (*Ericaceae*). Vielblütige Lavendelheide. Bh. im Südosten der Vereinigten Staaten. Wächst an feuchten, bewaldeten Hängen des Allegheny-Gebirges von Virginia bis Georgia. Blüht im Mai. Kompakter, immergrüner, bis 2 m hoher Strauch. Aufrechte, 5-10 cm lange Trauben. WH: bis −25° C. Vorfrühling.

Pieris formosa (Wall.) D. Don (*Ericaceae*). Bh. im Osthimalaja, in Assam, Birma und in Teilen Südwest- und Zentralchinas. Immergrüner, bis 8 m hoher Strauch. Blätter ledrig, ziemlich steif, breit, in der Jugend von matter braunroter Farbe. Blüht im Mai. Die braunen Kelchblätter sind eines der Merkmale, die var. *formosa* von var. *forrestii,* deren Kelchblätter weiß sind, unterscheiden. Var. *formosa* ist die frostempfindlichste Pflanze ihrer Art und hat gewöhnlich größere, rundliche Blüten. WH: bis −10° C.

Pieris formosa* var. *forrestii (Harrow) Airy Shaw (*Ericaceae*). Bh. in Yunnan, in den Bergen um Dali, am südwestlichen Ende des Likiangtals und weiter westlich an der Grenze zu Birma. Rhododendrongebüsche in 2000-3000 m Höhe.

Pieris ›Grayswood‹

Pieris ›Firecrest‹

Pieris formosa var. forrestii

Pieris ›Forest Flame‹

Pieris formosa

BZ April-Mai. Die hier gezeigte Pflanze aus Forrests Kollektion (**Forrest 26 518**) stammt aus dem zuletzt genannten Gebiet. Forrest selbst hielt sie für die schönste Form der Varietät, insbes. wegen ihrer großen Blüten, deren braune Kelchblätter allerdings eher typisch für var. *formosa* sind. Die Blätter sind in der Jugend rot und können bei anderen Klonen von var. *forrestii* entweder leuchtendrosa, rot oder grün sein. In ihrer ursprünglichen Beschreibung unterscheidet sich var. *forrestii* von der typischen *P. formosa* durch stärker überhängende Blütenrispen, eher weißliche als grüne oder braune Kelchblätter und rundere, längere Blütenkronen. Für beide Varietäten ist es typisch, daß sich die Blüten dann öffnen, wenn die Blätter am prächtigsten sind. ›Wakehurst‹ ist ein Klon unbekannten Ursprungs von var. *forrestii.* Seine Blätter sind im Austrieb leuchtendrot, werden dann rosa, weiß und schließlich gelblichgrün. Die Geschichte dieser Pflanze wird in Bean (1976) ausführlich erzählt (siehe Bibliographie); dazu gibt es weitere detaillierte Informationen über die Art und ihre Varietäten. WH: bis −15° C.

***Pieris* ›Firecrest‹**. Diese Hybride wurde von Waterer, Sons and Crisp eingeführt. Sie gleicht ›Forest Flame‹. Die Elternpflanzen sind angeblich *P. formosa* var. *forrestii* (F. 8945) × *P. japonica.*

***Pieris* ›Forest Flame‹**. Sehr beliebter Klon, zufällig entstanden. Elternpflanzen vermutlich *P. japonica* × *P. formosa* oder *P. formosa* var. *forrestii.* In der Jugend bildet ›Forest Flame‹ einen kompakten Busch mit schöngefärbtem Laub. BZ April-Mai. Ausgewachsen bis 2,5 m hoch. WH: bis −15° C.

4. April, Savill Gardens, Windsor

Corylopsis sinensis var. *sinensis* Brooklyn Botanic Gardens

Corylopsis ›*Spring Purple*‹

Corylopsis sinensis f. Veitchiana

Corylopsis glabrescens

× *Sycoparrotia semidecidua*

Stachyurus praecox Sieb. & Zucc. (*Stachyuraceae*). Frühe Schweifähre. Bh. in Japan, im Südwesten Hokkaidos und weiter südlich stark verbreitet. Waldränder und Gebüsche. BZ März-April. Laubabwerfender, bis 5 m hoher Strauch. Blätter fast kahl, 7-12 × 3-6 cm, schmal eiförmig, lang zugespitzt. Blüht in 4-10 cm langen Trauben. Auf feuchtem Waldboden leicht zu ziehen. Halbschatten. WH: bis —20°C. Vorfrühling.

Corylopsis sinensis Hemsley var. ***sinensis*** (*Hamamelidaceae*). Bh. in China, von Jiangxi bis Hubei und Ostsichuan. Gebüsche und Wälder in 1000-2000 m Höhe. Blüht im April. Laubabwerfender, bis 4 m hoher Strauch. Blätter obovat länglich bis eiförmig, an der Basis herzförmig, Blattspitze feinspitz, buchtig gezähnt, vor und unter dem Blattstiel seidenhaarig. 12-18 Blüten in 3-7 cm langen Trauben: gelb, halb radförmig, duftend. Blütenblätter 7-8 mm. Staubblätter kürzer als Blütenblätter, gelb oder orange (siehe auch S. 75). Hat von allen chinesischen Arten die größten Blüten. Gedeiht bes. gut an der Ostküste der USA. Feuchter Laubboden; Halbschatten. WH: bis —15°C. Vorfrühling.

Corylopsis sinensis f. ***veitchiana*** (Bean) Morley & Chao (*Hamamelidaceae*). Bh. in China; stark verbreitet in Westhubei (siehe Wilson). Waldränder und Gebüsche in 1300-2000 m Höhe. Blüht im April. Laubabwerfender, buschiger, bis 2,5 m hoher Strauch mit ziemlich dicken Zweigen. Blätter oval oder eiförmig, ausgewachsen unten kahl. 6-8 Blüten pro Traube, bis 4 cm lang, glockenförmig, duftend. Staubbeutel rötlich, wenn jung, ebenso lang wie Blütenblätter oder länger.

Corylopsis pauciflora Sieb. & Zucc. (*Hamamelidaceae*) Armblütige Scheinhasel. Bh. in Japan auf Honshu und in Taiwan. Gebüsche und Wälder im Gebirge. BZ März-April. Zierlicher, breitwüchsiger, laubabwerfender Strauch mit schlanken Zweigen, bis 2 m hoch. Blätter eiförmig, 3-5 × 1,5-3 cm. 1-3 Blüten pro Traube, blaßgelb, duftend. Auf Waldboden leicht zu ziehen. WH: bis —15°C. Vorfrühling.

Sycopsis sinensis Oliver (*Hamamelidaceae*). Bh. in Zentralchina, in Westhubei und Ostsichuan. Enge Schluchten und felsige Standorte in der Nähe von Flüssen in 600-1300 m Höhe. Blüht im April. Aufrechter, immergrüner, bis 7 m hoher Strauch. Blätter ganzrandig oder gezähnt. Blüten in kurzstieligen Büscheln, w. und m. getrennt, umgeben von den charakteristischen braunen, behaarten Hochblättern. Leicht zu ziehen. Sonne oder Halbschatten, saurer oder kalkiger Boden. WH: bis —15°C.

Corylopsis sinensis var. ***willmottiae*** Stat nov. (Basionym *C. willmottiae* Rehder & Wilson, Plantae Wilsonianae 1:425, 1913) (*Hamamelidaceae*). Bh. in China, Westsichuan. Dichte Gebüsche und Wälder in Tälern zwischen 1800 und 2500 m. Blüht im April. Laubabwerfender, bis 4 m hoher Strauch mit recht schlanken Zweigen. Blätter oval bis breit eiförmig, 4-10 × 2-8 cm, mit Ausnahme der Nerven kahl oder gelegentlich etwas sternhaarig auf der Unterseite; Blattspitze feinspitz. Trauben 5-7 cm lang, pro Traube 10-17 blaßgelbe, radförmige, duftende Blüten; Blütenblätter 4-5 mm lang; Staubblätter kürzer als Blütenblätter, normalerweise gelb. Eine anmutige Art mit radförmigen Blüten in langen Trauben; in der Größe zwischen var. *sinensis* und var. *platypetala* (S. 75). WH: bis —15°C. ›**Spring purple**‹ ist eine attraktive Zuchtwahl mit purpurroten jungen Stämmchen und rötlichen jungen Blättern.

Corylopsis spicata Sieb. & Zucc. (*Hamamelidaceae*) Ährenscheinhasel. Bh. in Japan auf Shikoku. Dort ein seltener Strauch in den Bergen. BZ März-April. Breitwüchsiger, bis 2 m hoher Strauch mit dicken Zweigen und zickzackförmigen Ästen. Blätter eirund, unten blaugrün, 3-10 × 2-8 cm. Blüten gelbgrün, 7-10 in schmalen Trauben; Staubbeutel rot, anfangs hervorstehend. Braucht sauren Waldboden und Halbschatten. WH: bis —20°C.

Corylopsis gotoana Makino (*Hamamelidaceae*). Bh. in Japan auf Südhonshu, Shikoku und Kyushu sowie in Korea (?). Blüht im April. Großer Strauch oder kleiner Baum, wild bis 5 m, in Kultur jedoch meist unter 2 m. Zweige zwischen *C. spicata* und *C. pauciflora*. Blätter obovat, oben bläulichgrün, unten stark bereift. Blüten etwa 1 cm lang, 5-10 pro Traube. Staubblätter fast so lang wie Blütenblätter. Laubboden, Halbschatten. WH: bis —20°C.

Corylopsis glabrescens Franch. & Sav. (*Hamamelidaceae*) Kahle Scheinhasel. Bh. in Japan, im Kirischima-Gebirge auf Kyushu. Blüht im April. Großer Strauch, wild bis 7 m, in Kultur aber nur bis 2 m. Zweige ziemlich schlank. Blätter breit herzförmig, spitz, unten bläulich. Blüten 5-10 pro Traube, duftend, etwa 1,5 cm lang (wie bei *C. pauciflora*). Staubblätter halb so lang wie die normalerweise grob gezähnten Blütenblätter. Laubboden; Halbschatten. WH: bis —10°C.

× ***Sycoparrotia semidecidua*** Endress & Anliker. Hybride zwischen *Parrotia persica* und *Sycopsis sinensis*. Ausladender Strauch mit meist immergrünen Blättern; im Wuchs zwischen den Elternpflanzen. Gezüchtet in der Schweiz und 1968 beschrieben. WH: bis —20°C.

14. Mai, Hillier Arboretum

Acer palmatum f. *linearilobum*

Acer palmatum ›*Shindeshojo*‹

Acer glabrum

Acer palmatum Thunb. (*Aceraceae*) Momjii Fächerahorn. Bh. in Ostchina, Korea und Japan. Wächst in Wäldern auf Hügeln und Bergen. BZ April-Mai. Laubabwerfender Strauch oder kleiner Baum, wild bis 10 m. Blätter bei der Wildpflanze 5-7-lappig, 4-7 cm breit, außergewöhnlich variabel. Von den zahlr. Gartenformen, die selektiert wurden, wird hier eine Auswahl vorgestellt. Jeder feuchte Boden; Halbschatten und Schutz vor trockenem Wind. WH: bis –25°C. Frühling. Prächtige Herbstfärbung der Blätter.

Acer palmatum **›Senkaki‹** (Syn. ›Sango Kaku‹ [Korallenahorn]). Bekannt für das leuchtende Rot der jungen Zweige, das im Winter bes. intensiv ist. Aufrechter Wuchs in der Jugend, bis maximal 7 m. Blätter ziemlich klein, hellgrün; werden im Herbst orange-gelb.

Acer palmatum **›Ozakazuki‹**. Eine der schönsten Varietäten des Fächerahorns mit großen, grünen, 12-14 cm breiten Blättern, die im Herbst leuchtend scharlachrot werden. Robuste Sorte; bildet im Alter einen rundlichen, bis 7 m hohen Baum. Bekannt seit Mitte des 19. Jh.

Acer palmatum f. ***linearilobum***. Bei dieser Form sind die Blätter fast bis zur Basis in 7, manchmal auch 5 linealische Lappen geteilt, die nicht oder nur schwach gezähnt sind. Zu dieser Gruppe gehören mehrere registrierte Sorten; einige sind purpurn oder rot wie ›Red Pygmy‹. ›Scolopendrifolium‹ hat 5-lappige Blätter. ›Villa Taranto‹ ist eine niedrig wachsende Sorte; ihre Blätter sind in der Jugend rötlich. Bei f. ***dissectum*** sind die Lappen der Blätter tief gezähnt, schmal und bis zur Basis eingeschnitten.

Acer palmatum **›Shindeshojo‹**. Kleine Sorte. Blätter im Austrieb leuchtend karmesinrot bis scharlachrot, im Sommer rot und grün marmoriert, im Herbst orange und gelb. Wird etwa 2 m hoch und hat an jungen Trieben kleine, höchstens 6 cm lange Blätter.

Acer triflorum **›Komarov‹**. Bh. in China und Nordkorea. Nadel- und Laubwälder. Große Ähnlichkeit mit *A. nikoense,* hat aber dunkelbraune, tiefgefurchte Rinde. Laubabwerfender Baum bis 15 m. Blätter unten blaugrün, Nüßchen behaart. Herbstfarbe immer leuchtend karmesinrot. Jeder Boden; sonnige Lage oder Halbschatten. WH: bis –25°C.

Acer maximowiczii Pax. Bh. in Gansu, in Westhubei um Ichang und in Nordwestsichuan. Wälder in 1200-2500 m Höhe. Blüht im Mai. Laubabwerfender, kleiner Baum bis 4 m. Gehört zur Gruppe der Schlangenhautahorne. Blätter 3- oder 5-lappig, mit weißen Haarbüscheln in den Achseln der Nerven auf der Blattunterseite. Feuchter Boden; sonnige Lage oder Halbschatten. WH: bis –20°C.

Acer japonicum Thunb. **›Aureum‹**. *Acer japonicum* (Japanischer Ahorn) ist auf Hokkaido und Honshu bh. Wächst in Bergwäldern und blüht im Mai. Blätter meist 9-lappig, weniger als die Hälfte der Spreite eingeschnitten. Bis 15 m hoher Baum. ›Aureum‹ ist eine hervorragende Sorte mit prächtigen gelbgrünen Blättern und roten Blüten und Früchten. In Japan seit langem bekannt und in Europa Mitte des 19. Jh. eingeführt. Über hundert Jahre alte Bäume sind 5-6 m hoch. Jeder gute Boden; sonnige Lage oder Halbschatten; vor Wind zu schützen. WH: bis –25°C.

Bei f. ***aconitifolium*** sind die Blätter tief gespalten; elf fiederschnittige Lappen. Prächtige rote Herbstfärbung. Etwa 5 m hoch.

Acer circinatum Pursh Weinahorn. Bh. in Nordamerika von Kalifornien bis British Columbia. Wächst an Flüssen, in Wäldern bis 1500 m. BZ April-Mai. Eleganter Strauch oder kleiner, bis 10 m hoher Baum. Verträgt Hitze besser als japanische Ahorne. Wird im Herbst gelb, orange und scharlachrot. Auch ›Munroe‹, eine Sorte mit tief gespaltenen Blättern, die in der Kaskadenkette gesammelt wurde, ist in Kultur. Ihre Blätter sind denen von *A. japonicum* f. *aconitifolium* sehr ähnlich. Jeder gute Boden; sonnige Lage oder Halbschatten. WH: bis –20°C.

Acer monspessulanum L. Französischer Ahorn. Bh. in Deutschland und Frankreich, von Portugal bis Rumänien, in der Türkei und in Nordafrika. Trockene, felsige Standorte. BZ April-Mai. Kleiner Baum oder Strauch, bis 12 m. Blätter 3-lappig, lederig, 3-8 cm lang, unten bereift. Sehr wh.er kleiner Baum. Verträgt Kälte im Winter, Hitze und Trockenheit im Sommer. Jeder Boden; sonnige Lage. WH: bis –25°C.

Acer pensylvanicum L. **›Erythrocladum‹**. Bh. von Quebec bis Manitoba, südlich bis Tennessee. Feuchte Wälder. Als Wildpflanze schlanker, kleiner, laubabwerfender Strauch oder Baum mit prächtig gestreifter Rinde und hängenden Blüten im Mai und Juni. Blätter im Herbst gelb. ›Eythrocladum‹, 1904 in Deutschland eingeführt, wurde wegen seiner hellrosa jungen Zweige selektiert. Normalerweise recht langsam wachsender Strauch. *A. pensylvanicum* ist der einzige amerikanische Vertreter der Schlangenhautahorne, einer in Japan und China sehr verbreiteten Gruppe. Saurer oder nicht kalkhaltiger Boden; sonnige Lage oder Halbschatten. WH: bis –35°C.

Acer crataegifolium Sieb. & Zucc. Weißdornblattahorn. Bh. in Japan auf Honshu, Shikoku

Acer forrestii in Yunnan

und Kyushu. Wälder und Gebüsche in geringen Höhen. Blüht im Mai. **›Veitchii‹** ist eine panaschierte Sorte mit rosa und weiß gefleckten Blättern; eingeführt im späten 19. Jh. Zählt zu den Schlangenhautahornen. Großer, laubabwerfender Strauch oder bis 6 m hoher Baum. Dichter, feinzweigiger Wuchs. Blätter 5-8 cm lang. Jeder Boden; sonnige Lage oder Halbschatten. WH: bis –25°C.

Acer forrestii Diels. Forrests Ahorn. Bh. in Westchina, in Südsichuan und auf der Ostseite der Likiangberge in Nordyunnan. Wächst in etwa 3000 m Höhe auf Kalkstein. Kleiner, laubabwerfender, bis 15 m hoher Baum. Junge Zweige rötlich. Blüten ab Mai, grün, in spitz zulaufenden hängenden Trauben. Blätter 3-lappig, Mittellappen lang zugespitzt, unten bläulichgrün, kahl mit Ausnahme der Nervenachseln. Einer der winterhärteren Schlangenhautahorne. In der Jugend von aufrechtem Wuchs. Jeder Boden; Sonne oder Halbschatten. WH: bis –20°C.

Acer glabrum Torr. Kahler Ahorn. Bh.: Gebirge im Westen der USA von Süddakota bis zur Westküste. Felsen und Nadelwälder in 1300-2000 m Höhe. BZ April-Mai. Kleiner, 1-6 m hoher Baum oder Strauch. Blätter in der Regel 3-lappig, 1,5-5 cm lang, 2-4 cm breit. Als Kulturpflanze ziemlich aufrechter Baum, im Herbst mit gelben Blättern. Jeder Boden; sonnige Lage oder Halbschatten. WH: bis –25°C.

30. April, Savill Garden, Windsor

Magnolia *dawsoniana* in Chyverton

Magnolia denudata

Magnolia campbellii var. *mollicomata* in Cornwall

Michelia doltsopa

Magnolia sargentiana Rehd. & Wils. var. ***robusta*** Rehd. & Wils. (*Magnoliaceae*). Bh. in Westsichuan, auf dem Wa Shan. Wächst im Wald und auf freiem Feld in 2300 m Höhe. Blüht im April(?). Blätter 14-21 cm lang, 8,5 cm breit, länglich bis obovat, an der Basis keilförmig. Saurer oder neutraler Boden; Sonne oder Halbschatten. WH: bis —15°C. Frühling.

M. × ***loebneri*** **›Merrill‹**. Um 1939 im Arnold Arboretum gezüchtet. Kreuzung zwischen *M. kobus* und *M. stellata.* Strauch oder kleiner, bis 5 m hoher Baum.

M. stellata (Sieb & Zucc.) Maxim. **›Norman Gould‹**. Eine tetraploide Form von *M. stellata,* in Wisley von E. K. Janaki Ammal mit Hilfe von Kolchizin erzielt. Kräftiger und robuster als die Normalform von *M. stellata.*

M. cylindrica Wilson. Bh. in Ostchina. Wächst in den schattigen Schluchten des Wang Shan (Anhui) in 1000-2000 m Höhe. Blüht im April. Blüten mit kleinen, bald abfallenden Kelchblättern und sechs bis 10 cm langen Blütenblättern. Saurer oder neutraler Laubboden; Sonne oder Halbschatten. WH: bis —15°C. Frühling.

M. **›Eric Savill‹**. Sämling von *M. sprengeri* var. *diva,* in den Savill Gardens, Windsor, gezüchtet. Kleiner, etwa 7 m hoher Baum mit zahlr. aufsteigenden Zweigen. Blüten 22 cm breit; erscheinen vor den Blättern.

M. × ***loebneri*** Kache **›Leonard Messel‹**. Vor 1950 im Nymans-Park in Sussex gezüchtet. Vermutlich eine Kreuzung zwischen *M. kobus* und *M. stellata* var. *rosea.* Blätter bis 12 cm lang, breit oblanzettlich, stumpf, Unterseiten auf der Mittelrippe behaart.

M. **›Neil McEchern‹**. Sämling von *M. stellata,* in Windsor aus Saatgut gezüchtet, das bei Villa Taranto in Norditalien gesammelt wurde. Möglicherweise eine Hybride von *M. kobus.* Kleiner Baum, momentan 6 m hoch.

M. denudata Desrouss (*M. heptapeta*). Yulanmagnolie. Bh. in China. Verbreitungsgebiet der Wildpflanze unsicher. In China und Japan schon lange in Kultur. Blüten mit 9 Blütenblättern, 7,5 cm lang, rein weiß, duftend. Saurer oder neutraler Laubboden; Sonne oder Halbschatten. WH: bis —20°C. Frühling.

M. **›Wada's Memory‹**. Benannt nach dem japanischen Gärtner. Kleiner, bis 6 m hoher Baum. Überhängende, schlaffe Blüten.

M. stellata (Sieb. & Zucc.) Maxim. Sternmagnolie. Bh. in Japan, im Osten und Innern Honshus. Wächst in Bergwäldern. BZ Ende März und April. Kleiner Baum oder großer, bis 5 m hoher Strauch. Blüten bei var. *keiskei* weiß oder rosa, 12-18 schmale Blütenblätter, alle gleich geformt, bis 6 cm lang. Saurer oder neutraler Boden; Sonne oder Halbschatten. WH: bis —15°C. Im Gegensatz dazu hat *M. kobus* 3 schmale Kelchblätter und 6-9 breitere Blütenblätter. Großer Baum, bis 18 m. Vorfrühling.

M. campbellii Hook, fil. & Thoms. Campbells Magnolie var. *mollicomata* (W. W. Sm.) F. K. Ward. Bh. in Yunnan, beiderseits des Flusses Saluën und im benachbarten Birma. Wächst im temperierten Regenwald. BZ März und April. Großer laubabwerfender Strauch oder bis 20 m hoher Baum. Blätter breit oval, spitz oder lang zugespitzt, an der Basis gerundet oder breit keilförmig, 10-25 cm lang. Blüten rosa bis purpurfarben, karmesinrot oder weiß, mit flaumigem Blütenstiel. Saurer oder neutraler, humusreicher Boden; sonnige Lage oder Halbschatten. WH: bis —10°C. Die aus Zentralnepal und Bhutan stammende Unterart *campbellii* unterscheidet sich in der Regel durch kahle Blütenstiele und weiße Blüten bei der Wildpflanze.

M. dawsoniana Rehd. & Wilson. Bh. in Westsichuan In 2000-2300 m Höhe. Laubabwerfender Strauch oder bis 15 m hoher Baum. Als Wildpflanze sehr selten. Blätter obovat, ledrig, oben glänzend grün, 8-14 cm lang. Blüten bis 12 cm lang. Feuchter Laubboden; Sonne; Halbschatten. WH: bis —10°C. Vorfrühling.

Michelia doltsopa Buch. Ham. (*Magnoliaceae*). Bh. von Südwestnepal ostwärts bis Birma und Yunnan. Immergrüner Eichenwald in 1830-2500 m Höhe. BZ Februar-April. Immergrüner, bis 25 m hoher Baum. Blüten in den Blattachseln, 10-15 cm breit, sehr wohlriechend. Feuchter, saurer Boden; Sonne; Halbschatten. WH: bis —5°C. Frühsommer.

13. Mai, Valley Gardens, Windsor

Magnolia* × *soulangiana Soulange-Bodin. Tulpenmagnolie. Vor 1825 im Garten von M. Soulange-Bodin in Fromont bei Paris gezüchtet. Hybride zwischen *M. denudata* und *M. liliiflora.* Viele Varietäten wurden gezüchtet und registriert; sie unterscheiden sich in der Farbe (weiß bis dunkelrosa-purpurrot) sowie in der Größe und Form der Blüten. Alle blühen im Spätfrühling. Die ersten Blüten erscheinen vor den Blättern, die späteren mit den Blättern. Alle brauchen humusreichen, feuchten, vorzugsweise sauren oder neutralen Laubboden und vertragen Sonne oder leichten Schatten. WH: bis −20°C, allerdings nehmen die ersten Blüten oft durch späten Frost Schaden.

***M.* × *soulangiana* ›Picture‹**. In der japanischen Baumschule Wada zuerst gezüchtet und vor 1968 in England eingeführt.

***M. soulangiana* ›Rustica Rubra‹**. Vor 1893 in Boskoop gezüchtet. Schöne, dunkel rosafarbene Varietät mit großen, sehr rundlichen Blüten.

***M.* ›Manchu Fan‹**. 1955 in Santa Cruz, Kalifornien, von D. T. Gresham gezüchtet. Hybride zwischen *M.* ›Lennei Alba‹ und *M.* × *veitchii.* Blüten aufrecht, länger und schmaler als bei ›Lennei Alba‹. Starker, baumartiger Wuchs.

***M.* × *soulangiana* ›Lennei Alba‹**. Um 1900 in der Schweiz gezüchtet, vielleicht ein Sämling von *M. soulangiana* ›Lennei‹. Rein weiße, sehr fleischige Blüten.

***M.* ›Ann‹**. Hybride zwischen *M. liliiflora* und *M. stellata,* 1955 im National Arboretum in Washingthon, D. C., gezüchtet.

***M.* × *soulangiana* ›Norbertii‹**. Vor 1935 in Frankreich gezüchtet. Aufrechter Wuchs.

M. liliiflora Desrouss (*M. pentapeta*) (*Magnoliaceae*) Purpurmagnolie. Bh. in China. Schon so lange in Kultur, daß die ursprüngliche Heimat im dunkeln bleiben muß. Laubabwerfender, bis 3 m hoher Strauch. Blätter 10-18 cm lang, obovat oder oval bis eiförmig. Blüten vor oder mit den Blättern. Gewöhnlich blüht der Strauch ab April mit Unterbrechungen den ganzen Sommer über. 6 Blütenblätter, 8-10 cm lang, innen weiß, außen rötlich oder purpurfarben. Jeder humusreiche Laubboden; Sonne oder Halbschatten. WH: bis −20°C. Var. *nigra* (Nichols) Rehd. soll größere, 12 cm lange, innen blaß purpurfarbene Blüten haben und winterhärter sein als die normale Varietät. Beide sind in Japan schon lange in Kultur.

M. denudata Desrouss **›Purple Eye‹** (*Magnoliaceae*). Eine Form oder möglicherweise auch eine Hybride von *M. denudata* mit rundlichen, rein weißen, an der Basis purpurfarben gefleckten Blüten. Es gibt auch eine in Japan gezogene rosarote Varietät, var. *purpurascens,* die wir nicht gesehen haben.

***M.* ›Elizabeth‹**. Hybride zwischen *M. acuminata* (L.) L., der grünblütigen Gurkenmagnolie, und *M. denudata.* 1950 im Brooklyn Botanic Garden gezüchtet. Im Wuchs wie eine robuste *M.* × *soulangiana.*

***M.* ›Heaven Sent‹**. Kreuzung zwischen *M.* × *veitchii* und *M. liliiflora.* D. Todd Gresham führte sie 1955 im kalifornischen Santa Cruz durch.

***M.* ›Rouged Alabaster‹**. D. Todd Gresham erzielte sie 1955 in Santa Cruz, indem er *M.* × *veitchii* mit M. ›Lennei Alba‹ kreuzte. Die Außenseite der Kelchblätter ist oft kräftiger purpurosa gefärbt als bei der hier abgebildeten Blüte.

Magnolia ›Rustica Rubra‹ in Kew

Magnolia ›Norbertii‹

Magnolia liliiflora

Magnolia denudata ›Purple Eye‹

Magnolia ›Elizabeth‹

Magnolia wilsonii Benmore, Argyll

Magnolia sinensis

Magnolia globosa

Magnolia sinensis (Rehd. & Wils.) Stapf (*Magnoliaceae*). Bh. in Nordwestsichuan, China. Gebüsche und Wälder in 2000-2600 m Höhe. Blüht im Juni. Laubabwerfender Strauch, wild bis 5 m, in Gärten noch höher; breiter Wuchs. Blätter breit obovat oder oval-obovat, Blattspitze rundlich mit kurzer Spitze, Nerven auf der Unterseite dicht seidig behaart. Blüten 10-13 cm breit, duftend. Verträgt Kalkboden, liebt Halbschatten. Prächtige Blüte. WH: bis —15°C. Frühsommer.

M. wilsonii (Fin. & Gagnep) Rehd. Hängeblütige Magnolie. Bh. in Westsichuan und Nordyunnan. Gebüsche und feuchte Wälder in 2300-3000 m Höhe. BZ Mai-Juni. Laubabwerfender Strauch oder kleiner Baum, wild bis 8 m. Blätter oval-länglich bis oval-lanzettlich, Blattspitze spitz, dicht silbrig behaart. Blüten 7,5-12 cm breit, duftend. Jeder gute Boden, kalkverträglich; sonnige Lage oder Halbschatten. WH: bis —15°C.

M. sieboldii K. Koch (syn. *M. parviflora* Sieb. & Zucc.). Bh. in Japan und Korea. Wächst in Bergwäldern. BZ Mai-Juli. Großer, laubabwerfender, bis 4 m hoher Strauch. Blätter breit eiförmig oder obovat, 7-15 cm lang, Unterseite spärlich behaart. Blüten 8-10 cm breit, duftend. Gedeiht am besten auf neutralen oder sauren Böden. Sonnige Lage oder Halbschatten. WH: bis —20°C. Früh- bis Spätsommer.

M. highdownensis Dandy. Vermutlich Hybride zwischen *M. sinensis* und *M. wilsonii.*

M. globosa Hook. fil. & Thoms. Bh. von Ostnepal bis Tibet. Feuchte Tannenwälder in 2440-3400 m Höhe. BZ Mai-Juli. Laubabwerfender Strauch oder bis 8 m hoher Baum. Blätter bis 18 cm lang, oval, unten rötlich behaart. Blüten mit rötlich behaartem Stiel, bis 8 cm im Durchmesser, becherförmig, duftend, mit dicken Blütenblättern. Saurer oder neutraler guter Boden; Halbschatten. WH: bis —10°C.

M. × thompsoniana (Loud.) C. de Vos. Hybride zwischen *M. virginiana* und *M. tripetala.* Laubabwerfender Strauch oder kleiner Baum bis 4 m. Blätter 7,5-25 cm lang, unten bläulichgrün. Blüten duftend, bis 9 cm lang. Feuchter Torfboden; Sonne oder Halbschatten. WH: bis —20°C. Sommer.

M. ashei Weatherby. Bh. in Nordwestflorida und Osttexas. Wächst in Gehölzen an Flüssen und auf Hügeln in 40-60 m Höhe. BZ März-April. Laubabwerfender Strauch oder kleiner Baum bis 5 m. Riesige, dünne Blätter, bis 50 cm lang und 30 cm breit, unten silbrig behaart. Blütenblätter 10-14 cm lang. Ähnelt *M. macrophylla,* die jedoch bis 20 m hohen Baum bildet. Humusreicher, feuchter Laubboden; geschützte Lage und Halbschatten. WH: bis —15°C. Frühsommer.

M. virginiana L. Sumpfmagnolie. Bh. im Osten Nordamerikas. Nasses, saures, sandiges Ödland und Sümpfe. BZ Juni-Juli. Halbimmergrüner oder laubabwerfender Strauch oder Baum bis 20 m, in der Regel nur 10 m. Blätter 7-12 cm lang, unten silbrig. Blüten 5-7 cm im Durchmesser, duftend. Saurer, feuchter Boden; Sonne oder Halbschatten. WH: bis —20°C. Sommer.

M. cordata Michx. Gelbblütige Gurkenmagnolie. Bh. in Nord- und Südcarolina und Georgia. Mischwälder. BZ April-Juni. Laubabwerfender Strauch oder kleiner, bis 10 m hoher Baum. Blüten 4-5 cm lang. Blätter 8-15 cm lang, an der Basis keilförmig bis gerundet. Jeder Boden; Sonne oder Halbschatten. WH: bis —20°C. Frühsommer.

Magnolia sieboldii, Grove House, Kent

Magnolia × *highdownensis*, im Sandling Park, Kent

Magnolia × *thompsonia*, im Sandling Park

Magnolia ashei in Windsor

Magnolia virginiana

Magnolia cordata in Wisley

15. März, Savill Garden, Windsor

Alter Tempel in Ulu Ky am Fuß der Lijiangberge, Yunnan

Camellia reticulata im Hof des Tempels

Camellia reticulata ›Tataochung‹

Camellia reticulata Lindl. (*Theaceae*). Bh. in Westyunnan um Tengchong. Lichte Kiefernwälder und Gebüsche in 2000 m Höhe. BZ April-Mai. Immergrüner Strauch oder kleiner Baum bis 10 m, in der Regel 3 m. Blätter 8-11 cm lang. Blüten mit 8-10 Blütenblättern, etwa 10 cm im Durchmesser, schön geformt, blaßrosa bis karmesinrot (S. 59). In China seit langem in Kultur. Wird in Yunnan häufig in Tempelhöfen angepflanzt, wie die hier gezeigte Pflanze oberhalb von Ulu Ky, unweit von Lijiang. Kalkfreier Boden; halbschattige, geschützte Lage. WH: bis —10° C. Frühjahr.

***C. reticulata* ›Takeba‹**. Kamelie mit riesigen Blüten. Wächst im Savill Garden, Windsor, in einem Kalthaus.

***C. reticulata* ›Tsueban‹** (syn. ›Chrysanthemum Petal‹, ›Juban‹). Eine Form von *C. reticulata*, 1948 von Descanso Gardens und R. Peer aus Kunming, China, in die USA eingeführt. Schlanker, offener Wuchs.

***C. reticulata* ›Tzepao‹** (syn. ›Purple Gown‹, ›Zipao‹). Eine Form von *C. reticulata*. 1948 von Descanso Gardens und R. Peer aus dem Botanischen Institut in Kunming, China, in die USA eingeführt. Kompakter buschiger Wuchs, reichblühend.

***C. reticulata* ›Buddha‹**. Hybride zwischen *C. reticulata* ›Early Peach Blossom‹ und *C. pitardii* var. *yunnanica*. 1950 von Descanso aus Kunming, China, in die USA eingeführt. Kräftiger, aufrechter Wuchs.

***C. reticulata* ›Balderdash‹**. Hybride zwischen *C. reticulata* ›Wild Form‹ und *C. reticulata* ›Crimson Robe‹. 1967 von Dr. Jane Crisp in Neuseeland gezogen. Kräftiger Wuchs.

***C. reticulata* ›Confucius‹**. Hybride zwischen *C. reticulata* und *C. pitardii* var. *yunnanica*. 1950 von Descanso aus Kunming in die USA eingeführt. Mittelgroßer, kompakter, aufrechter Wuchs.

***C. reticulata* ›Tom Durrant‹**. Hybride zwischen *C. reticulata* ›Wild Form‹ und *C. reticulata* ›Shot Silk‹. 1966 von Dr. Jane Crisp in Neuseeland gezüchtet. Mittelgroßer, aufrechter, buschiger Wuchs.

***C. × williamsii* ›Exaltation‹**. Hybride zwischen *C. × williamsii und C. japonica* ›Gauntletti‹. Um 1966 im Savill Garden, Windsor, England, gezogen.

***C. reticulata* ›Tataochung‹** (syn. ›Crimson Robe‹, ›Early Crimson‹). Sorte von *C. reticulata*. 1948 von Descanso & Peer aus Kunming in die USA und 1956 nach Windsor eingeführt.

4. April, Savill Garden, Windsor

Camellia ›Cornish Snow‹

Camellia japonica in Pengneep, Cornwall

Camellia ›Fragrant Pink‹

Camellia ›Vallée Knudsen‹

Camellia japonica L. (*Theaceae*) Kamelie. Bh. in Japan, auf Honshu, Shikoku und Kyushu. Wächst in Gehölzen auf Hügeln und auf Meereshöhe. Blüte Februar-Juni, je nach Höhenlage. In Japan sind drei Varietäten verzeichnet: Die Tieflandvarietät mit becherförmigen Blüten, deren Staubfäden zu 1/3 bis 1/2 verwachsen sind, und die Hochlandvarietät, var. *decumbens* oder subsp. *rusticana* (Honda) Kitam., die stärker geöffnete Blüten und nur an der Basis verwachsene Staubblätter hat. Die dritte Varietät, var. *macrocarpa* Masam., hat große, kleinen Äpfeln ähnliche Früchte mit sehr dicker Kapselwand; sie wächst an Bergbächen und an der Küste auf Südshikoku und Yaku-Shima. Alle drei Varietäten bilden schlanke Bäume oder Sträucher mit rosafarbenen bis roten Blüten.

***C. japonica* ›Momoiro Wabisuke‹**. Wabisuke sind eine Gruppe japanischer Kamelien, die im 17. Jh. populär war. Entweder Unterart von *japonica* oder aus Hybride zwischen *C. saluenensis* oder *C. sinensis* und *C. japonica* entstanden. Blüten in der Regel ziemlich klein und glockenförmig; rot, rosa oder weiß; Fruchtknoten oft behaart.

C. × williamsii W. W. Sm. **›J. C. Williams‹**. Hybride zwischen *C. saluenensis* und *C. japonica*. 1940 von J. C. Williams in Caerhays Castle, England, gezogen. Kräftiger Strauch mit waagrechten Zweigen und sehr langer BZ. Der erste Klon von × *williamsii*, der registriert wurde. WH: bis −15°C.

C. tsaii Hu (*Theaceae*). Bh. in Yunnan, Birma und Nordvietnam. Wächst in 1200-2400 m Höhe. Eingeführt von George Forrest. Unterscheidet sich von *C. cuspidata* durch behaarte Zweige, schlaffere Blätter mit mehr Zähnen und gestielte Blüten auf der Unterseite der Zweige. Braucht Schutz vor Frost. WH: bis −5°C.

***C. × williamsii* ›St Ewe‹**. Hybride zwischen *C. saluenensis* und *C. japonica*. Vor 1940 von J. C. Williams in Caerhays Castle, England, gezogen. Kräftiger, aufrechter Wuchs; sehr reich blühend.

***C.* ›Cornish Snow‹**. Hybride zwischen *C. saluenensis* und *C. cuspidata*, von J. C. Williams 1930 in Caerhays Castle, England, gezogen. Mittelgroßer bis großer Busch; aufrechter, offener Wuchs.

C. fraterna Hance (*Theaceae*). Bh. in Ost- und Mittelchina, in Zhejiang und Hubei (bei Ichang). Täler in 30-300 m Höhe. Blüht im März. Immergrüner, 1-2 m hoher Strauch. Nahe verwandt mit *C. cuspidata*, hat aber behaarte Kelchblätter, Triebe und Blütenstiele. Empfindliche, elegante Art mit zahlr. kleinen Blüten. Braucht Schutz vor Temperaturen, die nur wenig unter 0°C liegen.

C. reticulata Lindl. **›Mary Williams‹**. Sämling von *C. reticulata*. J. C. Williams zog ihn in Caerhays aus Samen, den George Forrest 1932 bei Tengchong in Westyunnan gesammelt hatte.

***C. japonica* ›Haku Tsuru‹** (syn. ›White Crane‹, ›White Stork‹). Von der Baumschule Chugai 1934 in Kobe, Japan, eingeführt. Kräftiger, aufrechter Wuchs.

***C.* ›Vallée Knudsen‹**. Hybride zwischen *C. saluenensis* und *C. reticulata* ›Buddha‹. 1958 von Howard Asper im kalifornischen Escondido eingeführt. Gedeiht am besten in einem Kalthaus. Blüten etwa 12 cm im Durchmesser.

***C.* ›Fragrant Pink‹**. Hybride zwischen *C. japonica* subsp. *rusticana* und *C. lutchuensis*, einer auf den Liukuinseln heimischen Art. 1968 von W. L. Akerman aus Maryland gezüchtet. 1975 wurde durch Behandlung mit Kolchizin die tetraploide Spielart ›Fragrant Pink Improved‹ erzielt. Kleine Blüten, aber reichblühend; lange BZ. WH: bis −5°C.

11. April, Wisley

C. *japonica* ›*Mrs Bertha A. Harms*‹

C. *japonica* ›*Jupiter*‹ im Hillier Arboretum

C. *japonica* ›*Freedom Bell*‹

C. *japonica* ›*Gertrude Preston*‹

C. *japonica* ›*Yukimi-Guruma*‹

C. japonica L. (*Theaceae*). Dieser Sämling von *C. japonica* ist der in Japan häufig wild vorkommenden Art sehr ähnlich.

***C. japonica* ›Donckelarii‹**. Von dieser Varietät gibt es viele mit Namen versehene Linien, wie etwa ›Tea Garden‹, ›Middleton No. 15‹, ›Cantelon‹, ›English‹, ›Camellia T.‹, ›Tallahassee‹, ›Mary Robertson‹, ›Willie Davis‹ und ›Aileen‹. Von Dr. Franz von Siebold 1834 aus China nach Belgien eingeführt. Sehr beliebt, weil sie sowohl im Freien als auch unter Glas gut blüht. Buschiger Wuchs.

***C. japonica* ›Tricolor‹** (syn. ›Waka-no-Ura‹, ›Sieboldii‹, ›Tricolor de Siebold‹). Varietät von *C. japonica*, Von Dr. Franz von Siebold 1830 aus Japan eingeführt. Kräftiger, kompakter, aufrechter Wuchs. Die Blüten sind selbst bei ein und derselben Pflanze unterschiedlich gestreift. ›Tricolor White‹ ist eine rein weiße Spielart, ›Lady de Saumarez‹ eine rote. Blüten beim Öffnen becherförmig. WH: an geschütztem Standort bis −15°C. (Siehe auch S. 67)

***C. japonica* ›Mrs Tingley‹**. 1949 von der Baumschule Tuttle Bros. im kalifornischen Pasadena gezogen. Mittelgroßer, kompakter Wuchs.

***C. japonica* ›Bright Buoy‹**. 1975 von L. E. Jury in New Plymouth, Neuseeland, gezogen. Buschiger, breiter Wuchs. WH gering.

***C. japonica* ›Grace Bunton‹**. 1950 von W. J. Robinson und C. J. Hayes in Norfolk, Virginia, gezogen. Kräftiger, kompakter, aufrechter Wuchs.

***C. japonica* ›Devonia‹** (syn. ›Devoniensis‹, ›Devona‹). Von der Baumschule Veitch in Exeter, England, eingeführter Sämling; im RHS Journal, 1900-1, zuerst beschrieben. Eine der wetterresistentesten weißblühenden Pflanzen.

***C. japonica* ›Prof. Charles S. Sargent‹**. Eine 1925 in den USA von Magnolia Gardens and Nurseries, Johns Island, Südcarolina, gezüchtete Varietät. Kräftiger, kompakter, aufrechter Wuchs.

***C. japonica* ›Furo-an‹** (syn. ?›Taro-an‹). Japanische Higo-Kamelie. Charakteristisch sind die zu einer Röhre verwachsenen Staubblätter. 1939 aus Japan nach Großbritannien eingeführt. Breiter Wuchs. WH: bis −15°C.

***C. japonica* ›Princess Charlotte‹**. Alte Varietät. Blüten variieren auf einem Busch zwischen weiß, blaßrosa und rosa; viele sind mehrfarbig. Frühblühend. WH: bis −15°C.

***C. japonica* ›Rubescens Major‹** (syn. ›Paolina Guichardini‹, ›Princess Ann‹). Von Guichard Sœurs 1895 in Nantes, Frankreich, eingeführt. Kompakter, buschiger Wuchs. Blüht mittelfrüh.

***C. japonica* ›Mrs Bertha A. Harms‹**. Von J. H. Harms aus Portland, Oregon, 1949 eingeführt. Mittelgroßer, offener, aufrechter Wuchs.

***C. japonica* ›Jupiter‹** (syn. ›Juno‹, ›Sylva‹). Um 1900 von William Paul aus dem englischen Cheshunt eingeführt. Aufrechter, kräftiger Wuchs.

***C.* ›Freedom Bell‹**. Von Nuccio Nurseries im kalifornischen Altadena 1965 in den USA eingeführt. Kräftiger, aufrechter, kompakter Wuchs. Hybride zwischen verschiedenen Arten; Elternpflanzen unbekannt.

***C. japonica* ›Gertrude Preston‹**. Diese Pflanze ist vermutlich ein Sämling von *C. japonica* ›Apple Blossom‹. Sie blühte erstmals um 1940. Voll geöffnet sind die Blüten etwas heller gefärbt als in der Jugend.

***C. japonica* ›Yukimi-guruma‹** (syn. ›Amabilis‹). Ziemlich aufrechter, lockerer Wuchs.

Japonica-Kamelien

11. April, Eccleston Square

C. japonica **›Contessa Lavinia Maggi‹**. In Italien von Conte Maggi gezüchtet und 1858 in *Flore dess Serres* verzeichnet. Kräftiger, aufrechter Wuchs. Manchmal erscheinen Zweige mit roten Blüten; man sollte sie entfernen, da sie sich sonst über den ganzen Busch ausbreiten.

C. japonica **›Mme de Strekaloff‹**. Von Cesare Franchetti, Florenz, 1855 in Italien eingeführt.

C. japonica **›Apollo‹** (syn. ›Amagashita‹). Gehört zu einer Gruppe ungefüllter und halbgefüllter Varietäten, die um 1900 von William Paul eingeführt oder gezüchtet wurden. Wegen ihres kräftigen Wuchses und ihrer relativ frostresistenten Blüten läßt sich diese Kamelie sehr gut im Freien ziehen. Wird oft mit der ebenfalls von Paul gezüchteten ›Jupiter‹ verwechselt, von der sie sich hauptsächlich durch dunkler gefärbte Blütenblätter und längere Blätter unterscheidet.

C. japonica **›Nobilissima‹** (syn. ›Fuji-Yama‹). Um 1834 von M. Lefevre, Gent, aus Japan nach Belgien eingeführt. Kräftiger, aufrechter Wuchs. Sehr früh blühend.

C. japonica **›Debutante‹** (syn. ›Sara C. Hastie‹). Elternpflanzen unbekannt. Eine kurz nach 1900 in den USA von Magnolia Gardens and Nurseries, Johns Island, Südcarolina, gezüchtete Varietät. Kräftiger, aufrechter Wuchs. Früh bis mittelfrüh blühend.

C. japonica **›Mathotiana Alba‹**. Varietät von *C. japonica.* M. Mathot züchtete sie in Belgien und beschrieb sie 1858. Sie hat breite, lederartige Blätter und ist nur schwach verzweigt. Besser nicht im Freien ziehen.

C. japonica **›Arejishi‹** (syn. ›Aloha‹). Alte japanische Sorte, seit 1877 in Yokohama bekannt und 1891 in Europa eingeführt. Frühblühend, mit ziemlich kleinen, 8 cm breiten Blüten. WH: bis −15°C.

C. japonica **›Apple Blossom‹**. Von Coolidge Rare Plant Gardens im kalifornischen Pasadena 1930 eingeführt. Aufrechter, kompakter Busch. Der Name ist etwas verwirrend, weil er auch auf mehrere andere Kamelien paßt, bes. auf eine blaßrosa, nicht gefüllte Form.

C. japonica **›Marguerite Gouillon‹**. Diese alte Varietät wurde von Drouard Gouillon in Nantes gezüchtet und 1845 von Berlese in seiner *Monographie* beschrieben. Sie wird oft mit ›General Lamoricière‹ verwechselt, die ihr zwar sehr ähnlich ist, deren Blüten aber ein dunkleres Rosa und weniger Streifen aufweisen. ›Marguerite Gouillon‹ ist von kräftigem, aufrechtem Wuchs; im Alter ziemlich breitwüchsig.

C. japonica **›Mrs Skottowe‹** (syn. ›Mrs Moore's Speckled‹, ›Queen Victoria's Bush‹). Spielart von ›Jubilee‹. Michael Guilfoyle aus Double Bay in Neusüdwales, Australien, zog sie 1878.

C. japonica **›Coquettii‹** (syn. ›Coquette‹, ›Glen 40‹). Von M. Tourres aus Mancheteaux, Frankreich, gezogener Sämling; 1840 erstmals beschrieben. Kräftiger, aufrechter Wuchs. Die Blüten der Spielart ›Coquettina‹ haben ein dunkleres Rot, manchmal auch weiße Streifen.

›Coquettii‹

›Baron Leguay‹

›Duc de Bretagne‹

›Kumasaka‹

›Mathotiana Rosea‹

›Augusto L. Gouveia Pinto‹

C. japonica **›Baron Leguay‹**. Eine alte Varietät, 1908 von Guichard Sœurs in Nantes gezogen.

C. japonica **›Duc de Bretagne‹**. Von Drouard Gouillon in Nantes gezogen, 1848 von Verschaffelt beschrieben. Großer, breitwüchsiger, starkverzweigter Busch.

C. japonica **›Kumasaka‹** (syn. ›Lady Marion‹, ›Jeanne Kerr‹, ›Maiden‹, ›Sherbrooke‹, ›Kumasaka-Beni‹, ›Hollihock‹). Von Tokyo Nurseries 1896 in Japan eingeführt. Kräftiger, kompakter Wuchs.

C. japonica **›Mathotiana Rosea‹** (syn. ›Pink Beauty‹, ›Laura Polka‹, ›Warwick‹). Spielart von ›Mathotiana Alba‹. Von James Veitch & Son, Chelsea, London, 1874 in England eingeführt.

C. japonica **›Augusto L. Gouveia Pinto‹** (syn. ›Jack McCaskill‹, ›Portuguese Pink‹). Spielart von ›Mathothiana‹, die vermutlich Ende des 19. Jh. in Portugal entstand. Aufrechter, offener Wuchs. Varietät mit großen Blüten, am besten unter Glas zu ziehen.

11. April, Wisley

C. × *williamsii* ›*Mary Christian*‹ in Tregrehan, Cornwall

C. × *williamsii* ›*Elizabeth Rothschild*‹

›*Haru Gasumi*‹ (›*Spring Misty*‹)

C. × *williamsii*›Hiraethlyn‹. Hybride zwischen *C. japonica* ›Alba Simplex‹ und *C. japonica* (? möglicherweise ›Flora‹), 1950 in Bodnant, Nordwales, gezüchtet. Kräftiger, kompakter, aufrechter Wuchs.

C. × *williamsii*›Francis Hanger‹. Hybride zwischen *C. japonica* ›Alba Simplex‹ und *C. saluenensis,* von Francis Hanger in England gezüchtet. Kann an schattiger Mauer gezogen werden.

C. × *williamsii* ›Bow Bells‹. Aus einer Kreuzung zwischen *C. japonica* und *C. saluenensis* hervorgegangene Sorte. Um 1925 von J. C. Williams in Caerhays Castle, Cornwall, gezüchtet. ›Bow Bells‹ blüht oft ungewöhnlich früh und kann von Mitte Winter bis Spätfrühling Blüten tragen. Kompakter, buschiger Wuchs. Für schattigen Standort an Mauer geeignet.

C. × *williamsii* ›Sea Foam‹. Gefüllte, weiße *C. × williamsii.*

Camellia saluenensis Stapf (*Theaceae*). Bh. in Nordwestyunnan, in den vulkanischen Bergen im Einzugsgebiet des Shweliflusses, nordwestlich von Tengchong und im Jangtsekiangtal. Wächst in 1800-2700 m Höhe auf unbewaldeten, felsigen Berghängen und an Wasserläufen. Blüht im Mai. Immergrüner, 2-5 m hoher Strauch. Blätter oben mattgrün, fein gezähnt, etwa 5 cm lang. Blüten etwa 6 cm breit, bei der Wildpflanze weiß bis rot. BZ im Garten März-Mai. Blüten normalerweise rosa mit einer deutlichen Spur blau. Saurer oder nicht kalkhaltiger Boden; etwas Schatten. WH: bis −10°C. Sie und *C. japonica* sind die Elternpflanzen der sehr beliebten × *williamsii*-Kamelien.

Camellia cuspidata Veitch (*Theaceae*). Bh. in China, in Westhubei und Ostsichuan; häufig in lichten Wäldern um Ichang. Immergrüner, bis 3 m hoher Strauch. Blätter sehr elegant, bis 6 cm lang, in der Jugend kupferfarben. Blüten weiß, sehr zahlr. In lichten Gehölzen leicht zu ziehen und ebenso wh. wie die meisten Kamelien; nimmt nur bei Temperaturen unter −10°C oder kaltem, trockenem Wind Schaden.

C. ›Cornish Spring‹. Hybride zwischen *C. japonica* ›Rosea Simplex‹ und *C. cuspidata.* 1950 von Miss G. Carlyon im englischen Tregrehan, Cornwall, gezüchtet. Kräftiger, aufrechter, buschiger Wuchs. Mittelspät blühend. WH: bis −10°C.

C. × *williamsii* ›Golden Spangles‹. Buntblättrige Form von ›Mary Christian‹. Wurde zuerst im RHS Garden, Wisley, unter einer Gruppe von Pflanzen entdeckt, denen man den Namen ›Mary Christian‹ gab. Allerdings ist unklar, ob es sich um einen speziellen Sämling oder eine Mutation handelt.

C. × *williamsii* ›C. F. Coates‹. Hybride zwischen *C. saluenensis* und *C. japonica* ›Quercifolia‹. 1935 in den Kew Gardens in England gezüchtet (?). Wegen ihrer ungewöhnlichen 3-lappigen Blätter wird sie manchmal als ›Fischschwanz-Kamelie‹ bezeichnet.

C. × *williamsii* ›Mary Christian‹. Eine der ersten Hybriden von × *williamsii,* die in Caerhays Castle gezüchtet wurden. Offener, aufrechter Wuchs; mittelfrüh blühend.

›*Bowen Bryant*‹

C. × *williamsii*›Elizabeth Rothschild‹. Hybride zwischen *C. saluenensis* und *C. japonica* ›Adolphe Audusson‹. 1950 von Francis Hanger in England eingeführt. Mittelspät blühend.

C. ›Haru Gasumi‹ (syn. ›Spring Misty‹). Hybride zwischen *C. japonica* und *C. lutchuensis.* 1961 von Dr. Clifford Parks aus Chapel Hill, New York, in den USA eingeführt. WH: bis −15°C.

C. × *williamsii* ›Bowen Bryant‹. Hybride zwischen *C. saluenensis* und *C. japonica.* 1960 von E. G. Waterhouse in Australien gezüchtet. Aufrechter, kräftiger Wuchs. Winterhart in Nordengland und Schottland, bis −15°C.

23. April, Valley Gardens, Windsor

›*Adolpe Audusson*‹ in Exbury, Hants

›*Little Bit*‹

›*Satanella*‹

C. japonica ›**Lady Clare**‹ (syn. ›Empress‹, ›Akashi-Gata‹, ›Nelly Bly‹). 1887 aus Japan nach Europa eingeführt und von L. van Houtte in Belgien verbreitet. Ziemlich lockerer, hängender Wuchs. Große Blüten; reichblühend.

C. japonica ›**Adolphe Audusson**‹ (syn. ›Audrey Hopfer‹, ›Adolphe‹). Varietät von *C. japonica.* 1877 von M. Audusson aus Angers, Frankreich, eingeführt. Es gibt zwei Varianten von ›Adolphe Audusson‹: ›Adolphe Audusson Special‹, mit vorwiegend weißen Blüten, und ›Adolphe Audusson Variegated‹, eine dunkelrote Form mit weißen Flecken oder Punkten.

C. japonica ›**Gloire de Nantes**‹. 1895 von Guichard aus Nantes eingeführt. Eine der winterhärtesten und frühblühendsten Kamelien. Mittelgroßer, kompakter Busch.

C. japonica ›**Alba Simplex**‹ (syn. ›Snow Goose‹). Alte Varietät, angeblich ein Sämling von ›Variegata‹ und 1813 von der Baumschule Tooting in London gezogen. 1819 von Samuel Curtis unter dem Namen ›flore albo simplici‹ erstmals verzeichnet. Von Loddiges' *Botanical Cabinet* 1822 abgebildet und als ›alba‹ beschrieben. Paxton (1833) und spätere Autoren beschrieben diese Varietät als ›Alba Simplex‹. Dieser Name wurde beibehalten, um Verwechslungen mit allen anderen Varietäten namens ›Alba‹ zu vermeiden. Kräftiger, aufrechter Wuchs.

C. japonica ›**Tricolor**‹ (syn. ›Waka-no-Ur‹, ›Sieboldii‹). Varietät von *C. japonica.* Um 1830 von Dr. F. von Siebold aus Japan eingeführt. Kräftiger, aufrechter, kompakter Wuchs. Es gibt viele andere Formen dieser Varietät, wie etwa ›Dainty‹, ›Fred Sander‹, ›Jewel Bowdon‹, ›Blush Tri-color‹ oder ›Chalk Pink‹. (Siehe auch S. 61).

C. japonica ›**La Pace Rubra**‹ (syn. ›Red Presii‹). Spielart von ›La Pace‹. M. Santareui aus Florenz führte sie 1860 in Italien ein. Einige Zweige schlagen in ›La Pace‹ zurück und haben weiße oder rosarote Blüten mit karmesinroten Streifen. Kräftiger, buschiger Wuchs.

C. japonica ›**Kouron Jura**‹ (syn. ›Konron-Koku‹ [gehört eigentlich zu ›Mt. Konlong Black‹, einer Sorte von *C. Sasanqua*]). Von Star Nursery, Sierra Madre, Kalifornien, 1930 aus Japan eingeführt. Sir James Horlick brachte sie 1939 nach Großbritannien. Mittelgroßer Busch. Bes. frostresistente Blüten.

C. japonica ›**Jupiter**‹ (syn. ›Juno‹, ›Sylva‹). Um 1900 von William Paul aus Cheshunt in England eingeführt. Starker, aufrechter Wuchs. Die im Süden der USA als ›Sylva‹ gezogene Varietät ist in Wirklichkeit ›Adolphe Audusson‹. (Siehe auch S. 61)

C. japonica ›**Bella Romana**‹. Varietät von *C. japonica.* C. Lemaire züchtete sie 1863 in Rom. Kräftiger, buschiger Wuchs. ›La Bella‹, mit rosaroten, weiß gesprenkelten Blüten, ist eine Spielart von ›Bella Romana‹.

C. japonica ›**Daikagura**‹ (syn. ›Idaten Shibori‹ [irrtümlich], ›Kiyosu‹). Seit 1851 bekannte japanische Varietät. Farbe der Blüten sehr variabel: leuchtendrosa mit weißen Streifen, weiß oder weiß mit dunkelrosa Streifen wie auf dem Foto. Blüten etwa 9 cm im Durchmesser, frühblühend. Wir sind uns nicht sicher, daß wir diese Varietät richtig identifiziert haben.

›*Althaeiflora*‹

C. japonica ›**Little Bit**‹. Von Dr. J. D. Lawson, Camelliana, Antioch, Kalifornien, 1958 in die USA eingeführt. Mittelgroßer, aufrechter Wuchs.

C. japonica ›**Althaeiflora**‹ (syn. ›Rosette‹). Sämling von ›Anemoniflora‹. Alfred Chandler von der Baumschule Vauxhall züchtete sie 1819 in London. Kräftiger, aufrechter Wuchs; ältere Pflanzen breitwüchsig.

C. japonica ›**Satanella**‹. Diese Pflanze wurde bis 1956 unter dem Namen ›Saturnia‹ gezogen, dann in ›Satanella‹ umbenannt.

24. April, Savill Garden, Windsor

Camellia reticulata ›Mouchang‹

Camellia ›Harold L. Paige‹

Camellia ›Royalty‹

Camellia ›Salutation‹ in Borde Hill

C. × williamsii ›Anticipation‹

***C. × williamsii* ›Debbie‹**. Hybride zwischen *C. saluenensis* und *C. japonica* ›Debutante‹. Von L. E. Jury 1965 in Neuseeland gezüchtet. Kräftige Kamelie mit langer BZ; manchmal beginnt sie schon mitten im Winter zu blühen. Ihre Blüten sind wetterresistent und fallen vom Busch, wenn sie verblüht sind.

***C. × williamsii* ›Donation‹**. Hybride zwischen *C. saluenensis* und *C. japonica* ›Donckelarii‹. 1941 von Oberst R. S. Clarke in Borde Hill, England, gezüchtet. Kräftiger, aufrechter Wuchs, bis 3 m.

***C.* ›Inspiration‹**. Hybride zwischen *C. reticulata* und *C. saluenensis.* 1954 von Francis Hanger in England gezüchtet. In geschützter Lage sehr wh. (bis −15°C). Dichter, aufrechter Wuchs. Reichblühend.

***C. reticulata* ›Captain Rawes‹** (syn. ›Guixia‹, ›Semi-Plena‹). Diese Varietät von *C. reticulata* wurde 1820 von Robert Fortune in England eingeführt und nach Captain Rawes von der Ostindischen Kompanie benannt, dem das Verdienst gebührt, die erste *C. reticulata* nach Großbritannien gebracht zu haben. Großer Strauch, bis 3 m oder höher.

***C. × williamsii* ›Caerhays‹**. Hybride zwischen *C. saluenensis* und *C. japonica* ›Lady Clare‹. J. C. Williams züchtete sie 1948 in Caerhays, Cornwall, England. Ziemlich breitwüchsig; Zweige herabhängend.

***C. japonica* ›Haku Rakuten‹** (syn. ›Wisley White‹). 1929 aus Japan eingeführt. Blüten ziemlich wetterresistent. Kräftiger, aufrechter Wuchs. Mittel- bis spätblühend.

***C. japonica* ›Magnoliaeflora‹** (syn. ›Rose at Dawn‹, ›Hagoromo‹, ›Cho-no-Hagasane‹). Japanische Varietät, 1866 nach Italien eingeführt. Von dort kam sie um 1890 nach England. Reichblühend, hat jedoch recht frostempfindliche Blüten, deshalb ist ein geschützter Standort empfehlenswert. Mittelgroßer Busch von kompaktem Wuchs. Es gibt eine weiße Form, ›Magnoliaeflora Alba‹ (syn. ›Yobeki-dori‹), und eine Spielart, ›Arthur Bolton‹, die der ursprünglichen Pflanze zwar farblich gleicht, deren Blütenblätter jedoch zurückgebogen und gewellt sind.

***C.* ›Leonard Messel‹**. Hybride zwischen einer Wildform von *C. reticulata* und *C. × williamsii* ›Mary Christian‹. 1958 von Mrs. L. C. R. Messel im Nymans-Park, England, gezüchtet. Blüht mitten in der Saison. WH: bis −15°C.

***C. japonica* ›Kimberley‹** (syn. ›Crimson Cup‹). Die Herren Sander aus dem belgischen Brügge führten sie um 1900 ein. Kräftiger, aufrechter Wuchs.

***C.* ›Salutation‹**. Hybride zwischen *C. saluenensis × C. reticulata* ›Captain Rawes‹, 1936 von Oberst R. S. Clarke in Borde Hill, England, gezüchtet. Kräftiger, offener, aufrechter Wuchs bis 3 m. Sehr früh blühend.

***C. × williamsii* ›Anticipation‹**. Hybride zwischen *C. saluenensis* und *C. japonica* ›Leviathan‹, 1962 von Jury in Neuseeland gezüchtet. Aufrechter Wuchs. Winterhart. Blüht gut bis zum Ende der Saison.

***C.* ›Royalty‹**. Hybride zwischen *C. japonica* ›Clarise Carleton‹ und *C. reticulata* ›Cornelian‹. Von T. E. Croson aus dem kalifornischen Simi 1968 in den USA eingeführt. Mittelgroßer, aufrechter Wuchs.

***C.* ›Harold L. Paige‹**. Hybride zwischen *C. japonica* ›Adolphe Audusson‹ und *C. reticulata* ›Crimson Robe‹. J. Osegueda aus Oakland in Kalifornien führte sie 1972 in den USA ein. Aufrechter, breiter Wuchs.

***C. reticulata* ›Mouchang‹**. Hybride zwischen *C. reticulata* ›Cornelian‹ und *C. reticulata* ›Moutancha‹. 1966 von H. Asper aus Escondido in Kalifornien eingeführt. Am besten in einem Kalthaus zu ziehen. WH: bis −5°C.

›Beni-otome‹ in Windsor

›Guilio Nuccio‹

›Alexander Hunter‹

C. × williamsii ›E. G. Waterhouse‹

C. × williamsii ›Phillipa Forwood‹

***Camellia japonica* ›Beni-otome‹** (syn. ›Cheerful‹, ›Cheerfulness‹, ›Lucida‹, ›Hiotome‹). Eine *japonica*-Hybride, 1884 von S. Quin aus McComb in Mississippi eingeführt. Kräftiger, aufrechter, kompakter Wuchs.

***C. japonica* ›Guilio Nuccio‹**. Von der Baumschule Nuccio im kalifornischen Altadena 1956 eingeführt. Kräftiger, aufrechter Wuchs. Mittelspät blühend.

***C. japonica* ›Alexander Hunter‹**. Von Alexander Hunter aus dem australischen Sommersby 1884 gezüchtete und später von G. C. Linton benannte Sorte. Von Hazlewood Bros. in Neusüdwales 1941 erstmals in den Handel gebracht. Aufrechter, kräftiger Wuchs.

***C. japonica* ›Desire‹**. Von D. L. Feathers aus Lafayette, Kalifornien, 1977 gezüchtet. Kräftiger Wuchs. Blüten blaßrosa, an warmen Standorten fast weiß mit kräftigerem Rosa am Rand.

***C. japonica* ›William Bartlett‹**. Von Hazlewood Bros. 1958 in Eppling, Neusüdwales, gezüchtet. Kompakter Wuchs. Blüht mitten in der Saison.

***C. japonica* ›Margaret Davis‹**. Spielart von ›Aspasia MacArthur‹. Von A. M. Davis aus Cammeray 1961 in Australien eingeführt.

***C. japonica* ›Bob Hope‹**. Hybride (?). 1972 von der Baumschule Nuccio in Kalifornien gezogen. Langsamer, kompakter Wuchs. Manchmal sehr dunkelrote, halbgefüllte Blüten, in deren Mitte ein Ring von Staubblättern zu sehen ist.

***C. japonica* ›Commander Mulroy‹**. 1961 von T. C. Patin aus Hammond, Los Angeles, eingeführt. Mittelgroßer Busch von aufrechtem Wuchs. Kann im Container gezogen werden. Blüht mitten in der Saison. Unter Glas haben die Blüten ein dunkleres Rosa.

***C. japonica* ›Berenice Perfection‹**. Von der Baumschule Nuccio in Altadena, Kalifornien, 1965 eingeführt. Kräftiger, aufrechter Wuchs. Blüht mitten in der Saison.

***C. japonica* ›Annie Wylam‹**. Mittelgroßer Busch von aufrechtem Wuchs. Zufällig entstandener Sämling, 1959 von W. E. Wylam in Pasadena, Kalifornien, gezogen. A. M. 1981.

***C. japonica* ›Paul Jones Supreme‹**. Von Waterhouse 1968 in Australien gezüchtet.

***C. japonica* ›Adolphe Audusson Variegated‹** (syn. ›F. M. Vyematsu‹). Buntblühende Spielart von ›Adolphe Audusson‹.

***C. × williamsii* ›E. G. Waterhouse‹**. Als Sämling im Garten von Prof. E. G. Waterhouse in Neusüdwales, Australien, 1954 entstanden. Es gibt auch eine panaschierte Form.

***C. × williamsii* ›Phillipa Forwood‹**. Von J. C. Williams 1940 in England eingeführt. Kräftiger, offener Wuchs. Oft verwechselt mit *C.* ›J. C. Williams‹.

›Desire‹

›William Bartlett‹

›Margaret Davis‹

›Bob Hope‹

›Commander Mulroy‹

›Berenice Perfection‹

›Annie Wylam‹

›Paul Jones Supreme‹

›Adolphe Audusson Variegated‹

›Madge Miller‹

Camellia japonica (S. 59) im Hillier Arboretum

›Sea Foam‹

***C. japonica* ›Madge Miller‹** (syn. ›Chandleri Alba‹). Kürzlich in Amerika eingeführt. Blüht mitten in der Saison. Blüten sehr wetterfest.

***C.* ›Howard Asper‹**. Hybride zwischen *C. reticulata* ›Cornelian‹ und *C. japonica* ›Coronation‹. Von H. Asper aus dem kalifornischen Escondido 1963 in den USA eingeführt. Kräftiger Wuchs. WH: bis –5°C.

***C. japonica* ›Grand Slam‹**. Von der Baumschule Nuccio in Altadena, Kalifornien, 1962 eingeführt. Trägt in einem Kalthaus viel größere Blüten als im Freien (die abgebildete Pflanze wurde unter Glas gezogen). In Amerika sehr beliebte Varietät.

***C. japonica* ›Sea Foam‹**. Abstammung unbekannt. Von J. T. Weisner 1959 in den USA gezogen. Aufrechter Wuchs.

***C. japonica* ›Erin Farmer‹**. Vom Ehepaar Ashby aus Charleston, Südcarolina, 1962 in den USA eingeführt. Schwach duftend; dicke Blütenblätter.

***C. japonica* ›Dobrei‹** (syn. ›Dobreei‹, ›Dobreyi‹). Diese Kamelie wurde 1849 von Berlese in den *Annales de la Société Centrale d'Horticulture de France* erstmals beschrieben. Kräftiger, aufrechter Wuchs.

***C. japonica* ›Matterhorn‹**. Von David Feathers 1976 in Kalifornien gezogen und 1981 in den USA eingeführt. Aufrechter Busch mit dichtem dunkelgrünem Laubwerk. Mittelspät blühend.

***C. × williamsii* ›Señorita‹**. Hybride zwischen *C. saluenensis* und *C. japonica* ›Herine‹. Von Les Jury 1975 in Neuseeland gezüchtet. Sehr reich blühend, mittelspät.

***C. × williamsii* ›Laura Boscawen‹**. Von D. L. Feathers in Kalifornien gezüchtet und 1985 von Trehane Camellias in England eingeführt. Straff aufrechter, feinzweigiger Busch. Am besten im Freien zu ziehen, da die Blüten unter Glas ihre klare Form verlieren. Sehr reich blühend.

***C.* ›Jury's Yellow‹**. Hybride zwischen (*C. saluenensis* × *C. japonica*) und *C. japonica* ›Gwenneth Morey‹. Von Les Jury 1976 in Neuseeland gezogen. Kompakter, mittelgroßer Busch von aufrechtem Wuchs.

***C. × williamsii* ›Ballet Queen‹**. Hybride zwischen *C. saluenensis* und *C. japonica* ›Leviathan‹. Von Les Jury 1976 in Neuseeland gezogen. Mittelspät blühend.

***C. japonica* ›Mrs D. W. Davis‹**. Von D. W. Davis aus Seffner, Florida, 1954 eingeführt. Bildet in Amerika einen aufrechten, kompakten Busch von kräftigem Wuchs. In England gewöhnlich breitwüchsiger, wenn im Freien gezogen. Die prächtigen riesigen Blüten nehmen bei schlechtem Wetter leicht Schaden; unter Glas entwickeln sie sich am besten. Es gibt drei Spielarten: ›Mrs D. W. Davis Peony‹ mit leicht päonienförmigen Blüten; ›Mrs D. W. Davis Descanso‹ mit ausgeprägt päonienförmigen Blüten; und ›Mrs D. W. Davis Special‹ mit der doppelten Anzahl von Blütenblättern.

***C. × williamsii* ›Joan Trehane‹**. Hybride zwischen *C. saluenensis* und *C. japonica* ›Herine‹. In Neuseeland von Les Jury (Nr. 8) gezogen und 1980 von D. Trehane & Son, Wimborne, Dorset, in England eingeführt. Wetterfeste Blüten, mittelspät. Sich ausbreitender Busch von starkem Wuchs.

›Grand Slam‹

›Howard Asper‹

›Erin Farmer‹

›Dobrei‹

›Matterhorn‹

›Jury's Yellow‹

›Señorita‹

›Laura Boscawen‹

›Ballet Queen‹

›Mrs D. W. Davis‹

C. williamsii ›Joan Trehane‹

24. April, Wisley, Surrey

Menziesia ciliicalyx var. *purpurea*

Menziesia pentandra in Balbithan, Aberdeenshire

Vaccinium atrococcum

Illicium henryi

Chamaedaphne calyculata

Corylopsis sinensis Hemse. Die schönste Steinhaselart, bh. in Westchina. Ausführlich beschrieben auf S. 47. Breitwüchsiger, laubabwerfender, bis 4 m hoher Strauch mit duftenden Blüten im Vorfrühling.

Corylopsis platypetala Rehd. & Wilson var. ***levis*** Rehd. & Wilson (*Hamamelidaceae*). Bh. in China, in Westhubei und Westsichuan (var. *levis*). Wälder und Gebüsche in 1300-2600 m Höhe. BZ April-Mai. Blätter eiförmig oder breit eiförmig, 4,5-10 × 4,7 cm, Unterseite bald kahl werdend. Trauben 3-5 cm lang, mit 8-20 matten, grünlich-gelben, radförmigen, duftenden Blüten. Blütenblätter 3-4 mm im Durchmesser; Staubbeutel gelb, kürzer als die Blütenblätter. Ist mit ihren langen, schmalen Trauben die kleinblütigste unter den chinesischen Arten. Feuchter Laubboden; geschützte Lage im Halbschatten. WH: bis −15°C. Vorfrühling.

Enkianthus perulatus (Miq.) C. K. Schneid (*Ericaceae*). Frühe Prachtglocke. Bh. auf Südhonshu, Shikoku und Kyushu. Gebüsche und Wälder im Gebirge. BZ April. Laubabwerfender, bis 2 m hoher Strauch. Blätter obovat oder oval-eiförmig, 2-4 cm lang, spitz, feingesägt. Blüten ca. 8 mm lang. Kapseln aufrecht. Saurer Boden; Halbschatten. WH: bis −20°C. Vorfrühling.

Menziesia ciliicalyx Maxim. var. ***purpurea*** Makino. Bh. auf Zentralhonshu. Wächst in Gebüschen im Gebirge. BZ Juni. Laubabwerfender, breitwüchsiger, bis 1,5 m hoher Strauch. Blütenstiele behaart, mit oder ohne Drüsen. Kelchblätter 1-2 mm lang. Blüten 5-lappig, 4-lappig bei *M. purpurea* Maxim. Saurer Boden; Halbschatten. WH: bis −20°C. Frühling (siehe auch S. 149).

Menziesia pentandra Maxim. (*Ericaceae*). Bh. auf Sachalin, auf den südlichen Kurilen und in Japan, südwärts bis Kyushu. Gebüsche im Gebirge. BZ Mai und Juni. Laubabwerfender, bis 1,5 m hoher Strauch. 3-6 Blüten pro Dolde, 5-7 mm lang. Feuchter, saurer Boden; Sonne oder Halbschatten. WH: bis −25°C.

Vaccinium angustifolium Ait. var. ***laevifolium*** House (*Ericaceae*). Bh. in Nordamerika von Neufundland bis Saskatchewan im Osten, bis Virginia und Iowa im Süden. Trockene Hügel und Felsen mit saurem Boden. BZ April-Juni. Laubabwerfender, Ausläufer treibender, bis 60 cm hoher Strauch. Blätter bis 3,5 cm lang, kahl. Blüten 6-10 mm, weiß oder rosa getönt. Beeren blau, bläulichgrün bereift. Saurer Boden; Sonne oder Halbschatten. WH: bis −30°C und darunter. Frühling.

Vaccinium caespitosum Michx. (*Ericaceae*). Bh. in Nordamerika von Alaska bis Kalifornien und Colorado im Süden, bis Labrador und New Hampshire im Osten. Felsige oder kieshaltige Böschungen in lichten Wäldern und alpinen Gebüschen. BZ Mai-Juni. Laubabwerfender, bis 30 cm hoher Strauch. Früchte schwarz, bläulichgrün bereift. Saurer Boden; Sonne oder Halbschatten. WH: bis −30°C.

Vaccinium atrococcum (Gray) Keller (*Ericaceae*). Bh. in Nordamerika von New England, Ontario und Indiana bis Florida und Arkansas im Süden. Sümpfe, Seeufer, Kiefernödland und feuchte Wälder. BZ März-Mai, mindestens eine Woche vor *V. corymbosum*. Laubabwerfender, bis 2 m hoher Strauch. Blätter wollig, erscheinen nach den Blüten. Kelch nicht bläulichgrün. Beeren schwarz oder weißlich glänzend. Saurer, nasser Boden; Sonne oder Halbschatten. WH: bis −25°C. Vorfrühling.

Chamaedaphne calyculata Moench. (*Ericaceae*) Torfgränke. Bh. auf der nördlichen Halbkugel von Sibirien und Hokkaido bis British Columbia und Neufundland, südlich bis New Jersey und Illinois. Feuchte Moore und Kiefernödland. BZ April-Juni. Breitwüchsiger, immergrüner, bis 1,5 m hoher Strauch. Früchte: trockene Kapseln, 4 mm breit. WH: bis −25°C oder darunter. Frühling.

Illicium anisatum L. (syn. *I. religiosum* Sieb. & Zucc.) (*Magnoliaceae*). Bh. in Südchina, Japan und Taiwan. Gebüsche und Wälder in geringen Höhen. Kleiner, immergrüner Baum oder großer, 2-5 m hoher Strauch. Wird oft neben buddhistischen Schreinen und Tempeln gepflanzt. Jeder Boden; Sonne oder Halbschatten, geschützte Lage. WH: bis −10°C. Frühjahr.

Illicium henryi Diels (*Magnoliaceae*). Bh. in Hubei und Sichuan. Gebüsche in Schluchten und Felsen in 300-1000 m Höhe. BZ Mai-Juni. Immergrüner, bis 2 m hoher Strauch. Blüten duftend. Jeder Boden; Sonne oder Halbschatten. WH: bis −10°C in geschützter Lage.

Sambuccus racemosa L. (*Caprifoliaceae*). Traubenholunder. Bh. in Europa von Belgien und Spanien bis Sibirien; auch in Teilen Schottlands gut heimisch geworden. Wälder, vorwiegend im Gebirge. Blüten gelblich- bis grünlichweiß; Früchte rot. Laubabwerfender, bis 4 m hoher Strauch. ›**Tenuifolia**‹ hat tief eingeschnittene Blätter. ›**Plumosa Aurea**‹ hat goldgelbe, bis zur Mitte der Spreite eingeschnittene Blätter auf vegetativen Trieben. Jeder Boden; Sonne oder Halbschatten. WH: bis −25°C.

Ribes alpinum L. (*Grossulariaceae*) Alpenjohannisbeere. Bh. von Wales und Nordengland bis Rußland, Bulgarien und Marokko. Felsige Standorte im Gebirge; Kalkstein. BZ April-Juni. WH: bis −25°C.

24. April, Wisley

Prunus padus in Aberdeenshire

Spiraea media

Spiraea arcuata in China

Prunus padus L. (*Rosaceae*) Faulbaum. Bh. in Europa von Irland und Schottland, wo die Pflanze sehr verbreitet ist, ostwärts bis Sibirien, Korea und Hokkaido (Nordjapan), jedoch nicht im Mittelmeerraum. Wächst vorwiegend im Gebirge. BZ je nach Höhenlage zwischen Mai und Juni. In Europa sind zwei Unterarten anerkannt: subsp. *padus* ist baumartig, bis 27 m hoch und hat duftende Blüten und Früchte in hängenden Trauben; die Blätter sind bis auf die Haarbüschel in den Nervenachseln kahl. ›Watereri‹ ist ein bes. großer Klon dieser Unterart. Die Unterart *borealis* ist dagegen ein bis 3 m hoher Strauch mit auf der Unterseite behaarten Blättern und fast geruchlosen Blüten in aufrechten oder horizontalen Trauben; heimisch in Skandinavien, Finnland und in den Gebirgen von Mitteleuropa ostwärts. Leicht zu ziehen und für kühle Hochlandregionen gut geeignet. WH: bis −30° C. Spätfrühling.

Prunus padus L. **›Colorata‹**. Strauch oder kleiner Baum. Hat in der Jugend blaßrosa Blüten in lockeren, hängenden Trauben. Die purpurfarbenen Blätter und Stämmchen werden im Sommer dunkelgrün.

Prunus triloba Lindl. (syn. *P. triloba* ›Multiplex‹) (*Rosaceae*). Bh. in China und Nordkorea. In der hier gezeigten gefüllten Form schon lange in Kultur. Von Robert Fortune 1855 in Europa eingeführt. Gewöhnlich an Mauern gezogener, bis 3 m hoher Strauch. Sollte nach der Blüte bis auf 4-5 Knospen der letztjährigen Zweige zurückgeschnitten werden. Blätter abfallend, oft 3-lappig, jedoch nicht gelappt bei ›Petzoldii‹, einem Klon mit nur 10 Blütenblättern. Jeder Boden; Sonne oder leichter Schatten. WH: bis −20° C. Frühjahr.

Spiraea thunbergii Blume (*Rosaceae*) Thunbergs Spierstrauch. Bh. in Nordchina, jedoch auch in Japan weithin heimisch geworden. Felsige Berghänge. BZ März-April. Laubabwerfender oder halbimmergrüner, bis 1,5 m hoher Strauch. Der eleganteste und frühblühendste Spierstrauch dieser Gruppe. Blätter blaßgrün, schmal lanzettlich, kahl. Braucht in kühlen Klimaten warmen Herbst und geschützten Standort, um ordentlich zu blühen, denn die Blüten erscheinen nur auf gut gereiften, langen Trieben, die sich im Sommer gebildet haben. Jeder Boden. WH: bis −20° C.

Spiraea prunifolia Sieb. & Zucc. (syn. *S. prunifolia* ›Plena‹) (*Rosaceae*) Pflaumenblättriger Spierstrauch. Bh. in Ostchina, Korea und Taiwan. Sonnige Berghänge in Höhen bis 1845 m. Laubabwerfender, bis 2 m hoher Strauch. Zweige bogig, Blätter obovat, 3-6 Blüten pro Dolde. Jeder Boden. WH: bis −20° C. Frühjahr.

Spiraea × arguta Zab. (*Rosaceae*) Spitzblättriger Spierstrauch. Abstammung nicht gesichert, vermutlich jedoch eine Hybride zwischen *S. thunbergii* und *S. × multiflora* (*S. hypericifolia × S. crenata*), seit 1884 bekannt. Breitwüchsiger, feinzweigiger, bis 2,5 m hoher Strauch. Blätter schmal oblanzettlich. Blüten in vielblütigen Doldentrauben auf der Oberseite der bogigen Zweige. Das Zurückschneiden (kurz nach der Blüte) sollte vor allem darauf abzielen, verwelkte Blüten zu entfernen und das Wachstum starker Triebe unterhalb des blütentragenden Teils des Stämmchens zu fördern. Jeder Boden; Sonne. WH: bis −20° C. Frühjahr.

Spiraea arcuata Hook. fil (*Rosaceae*). Bh. im Himalaja von Nordwestindien bis Südwestchina. Niedrige Dickichte oder Gebüsche in 2000-4500 m Höhe. BZ Mai-Juli. Niedriger, laubabwerfender Strauch, bis 1,8 m hoch, normalerweise jedoch nur 1 m. Blüten 6-8 mm im Durchmesser, als Knospen rosa; Staubblätter länger als Blütenblätter. Blätter 5-15 mm lang, ganzrandig oder gelappt, stumpf gezähnt. Die hier abgebildete Pflanze wurde im Mai bei Lijiang, Yunnan, fotografiert. Jeder Boden; Sonne. WH: bis −20° C. Frühjahr.

Spiraea × cinera Zab. **›Grefsheim‹** (syn. *Spiraea* ›Arguta Compacta‹) (*Rosaceae*) Grauer Spierstrauch. Wahrscheinlich Hybride zwischen *S. hypericifolia* und *S. cana*, die in der norwegischen Baumschule Grefsheim gezogen und 1954 als Kulturpflanze eingeführt wurde. *S.* ›Arguta Compacta‹ ist ihr sehr ähnlich, wenn nicht sogar mit ihr identisch. Laubabwerfender, feinzweigiger, bis 1,5 m hoher Strauch. Blätter lanzettlich, unten seidig behaart. Jeder Boden; sonnige Lage. WH: bis −20° C. Frühjahr.

Prunus × cistena (Hansen) Koehne (*Rosaceae*). Hybride zwischen *Prunus* ›Pissardii‹ und *P. pumila* oder *P. besseyi*. Kurz nach 1900 von Dr. N. E. Hansen in der South Dakota State Experimental Station gezogen. Vielstämmiger, laubabwerfender, bis 2 m hoher Strauch. Blätter purpurrot, Früchte dunkelpurpurn. Jeder Boden; sonnige Lage. WH: bis −30° C. Frühjahr.

Amelanchier lamarckii F. N. Schroeder (syn. *A. × grandiflora* Rehder, *A. canadensis* hort.) (*Rosaceae*). Bh. in Nordamerika, heute als Wildpflanze jedoch nicht mehr vorkommend, obwohl eng verwandt mit *A. laevis* Wieg. In Europa seit dem 18. Jh. in Kultur und heute in Südengland, Holland, Deutschland und Schweden heimisch. Bevorzugt feuchte Wälder oder Gebüsche auf sandigem, saurem Boden. BZ April oder Mai. Laubabwerfender, breitwüchsiger Strauch oder Baum bis 10 m; treibt keine Ausläufer. Blätter erscheinen gleichzeitig mit den Blüten und sind kupferrot, in der Jugend auf der Unterseite seidig behaart, im Herbst rot oder orange. Blütenstände häufig überhängend. Blütenblätter 10-19 mm lang, oblanzettlich, kahl. Auf saurem oder neutralem Boden leicht zu ziehen. Reich fruchtend; Früchte werden von Vögeln gefressen. WH: bis −25° C. Frühjahr.

Amelanchier spicata (Lam.) K. Koch (*Rosaceae*) Ährenfelsenbirne. Bh. in Nordamerika, dort jedoch als Wildpflanze unbekannt. In Europa seit dem 18. Jh. in Kultur, heute von Belgien und Norwegen bis Rußland heimisch. Laubabwerfender, Ausläufer treibender, aufrechter Strauch bis 2 m; bildet Dickichte. Blütenstand aufrecht, dicht. Blütenblätter 6-10 mm lang, obovat, an der Blattspitze gewimpert. Jeder Boden; sonnige Lage. WH: bis −25° C. Frühjahr.

Spiraea media Franz Schmidt (*Rosaceae*) Karpatenspierstrauch. Bh. von Österreich bis Sibirien, Korea und Japan. Gebüsche auf felsigen Hängen. BZ April-Mai. Laubabwerfender, aufrechter, bis 2 m hoher Strauch. Blätter bis 5 cm lang, mit wenigen stumpfen Zähnen nahe der Blattspitze. Blüten in Trauben. Winterhart und auf jedem durchlässigen Boden leicht zu ziehen. Sonnige Lage. WH: bis −35° C. Frühjahr.

24. April., Wisley

Phillyrea latifolia L. (*Oleaceae*) Breitblättrige Steinlinde. Bh. in Portugal und im Mittelmeerraum. Wächst in immergrünen Wäldern und Gebüschen, häufig auf Kalkstein. BZ März-Mai. Immergrüner Strauch oder kleiner, bis 15 m hoher Baum, im Alter sehr elegant. Blätter lanzettlich bis oval, 20-70 cm lang. Blüten grünlich. Früchte blauschwarz, kugelig. Jeder Boden; sonnige Lage. WH: bis —20° C.

Osmanthus decorus (Boiss. & Bal.) Kasapligil (*Oleaceae*). Bh. in der Nordosttürkei und in Westgeorgien. Wächst in Mischwäldern und an den Wänden von Schluchten in 1000-1600 m Höhe. Blüht im Mai. Immergrüner, bis 4 m hoher Strauch. Blätter 4,5-17 cm lang. Blüten duftend, 5 mm lang. Früchte eiförmig, tief purpurrot; Gartenpflanzen oft reich fruchtend. Jeder Boden; Sonne oder Schatten. WH: bis —20° C.

Osmanthus × burkwoodii (Burkwood & Skipwith) P. S. Green (syn. *O. × osmarea* b.) (*Oleaceae*). Hybride zwischen *O. decorus* und *O. delavayi.* Vor 1928 von Burkwood & Skipwith, Kingston-on-Thames, Surrey, gezogen. Immergrüner Strauch bis 3 m. Blätter bis 5 cm lang. Blüten duftend. BZ April. Jeder Boden, kalkliebend; Sonne oder Schatten. WH: bis —20° C.

Osmanthus delavayi Franch. (*Oleaceae*). Bh. in Yunnan. Wächst an trockenen Abhängen in Gebüschen und Wäldern, oft auf Kalkstein. BZ April-Mai. Immergrüner, breitwüchsiger, bis 2,5 m hoher Strauch, oft breiter als hoch. Blätter eiförmig oder oval-eiförmig, 1-2,5 cm lang. Blüten bis 1,5 cm lang, duftend. Jeder durchlässige Boden; Sonne oder Halbschatten. WH: bis —15° C. ›**Latifolius**‹ wächst höher und hat größere, breitere Blätter.

Osmanthus yunnanensis P. S. Green (syn. *O. forrestii* Rehd.) (*Oleaceae*). Bh. in Yunnan und Sichuan. Wächst in 2500-3000 m Höhe an Flüssen, Waldrändern und in trockenen Gebüschen. Blüht im Februar. Immergrüner, großer Strauch oder kleiner Baum bis 10 m. Blätter 10-20 cm lang. Blüten in Büscheln von 15-20 in den Blattachseln stehend, 5 mm lang, Blütenblätter zurückgebogen, rahmweiß, süß duftend. Früchte bis 1,5 cm lang. Jeder Boden; Halbschatten, geschützte Lage. WH: bis —10° C.

Osmanthus heterophyllus (G. Don) P. S. Green (*Oleaceae*). Bh. auf Südhonshu, Kyushu und Taiwan. BZ Oktober-Dezember. Immergrüner, rundlicher Strauch, meist bis 3 m, als Wildpflanze selten bis 10 m hoch. Blätter variabel, bis 5 cm lang. Blüten weiß, 4-5 mm lang, süß duftend. Früchte bis 15 mm lang, schwarzpurpurn. Jeder Boden; Sonne oder Halbschatten. WH: bis —20° C. ›**Purpureus**‹ soll die winterhärteste Varietät sein.

Nothofagus antarctica (Forst.) Oerst. (*Fagaceae*) Scheinbuche. Bh. in den südchilenischen und argentinischen Anden. Wächst in subalpinen Höhen oberhalb des immergrünen Waldes, aber auch an tiefer gelegenen Orten mit Frost im Winter. Blüht im Frühjahr. Laubabwerfender Strauch oder Baum bis 35 m. Blätter aromatisch, in der Jugend klebrig, bis 3 cm lang. Feuchter Boden; Sonne oder Halbschatten. WH: bis —15° C. In Kultur sehr attraktiver kleiner Baum mit leuchtendgrünen Blättern.

Kerria japonica ›**Pleniflora**‹. Alte Gartenvarietät, in China und Japan schon lange in Kultur, 1805 nach Europa eingeführt. Größer als die ungefüllte Form, bis 3 m hoch. Blüht im Spätfrühling und oft noch einmal im Herbst.

Kerria japonica DC. (*Rosaceae*) Ranunkelstrauch. Bh. in Japan und China, von Westsichuan ostwärts. Wächst an Flüssen und auf Felsen in Bergschluchten. BZ April-Mai. Laubabwerfender, buschiger Strauch bis 2 m. Blätter bis 8 cm lang. Blütenblätter 2,5-5 cm breit. Jeder Boden; Sonne oder Halbschatten. WH: bis —20° C.

Orixa japonica Thunb. ›**Variegata**‹ (*Rutaceae*). Bh. auf Honshu, Shikoku und Kyushu, in Südkorea sowie in Nordchina östlich von Hubei. Wälder, Gebüsche und Felsen in Höhen bis 1000 m. BZ April-Mai. Laubabwerfender, buschiger Strauch bis 2 m. Blätter übelriechend, obovat bis oval, bis 12 cm lang. M. und w. Blüten auf verschiedenen Pflanzen. Jeder Boden; Sonne; Halbschatten. WH: bis —15° C. Die panaschierte Form wächst langsamer, 1,5 m hoch.

Sibiraea altaiensis (Maxim.) C. K. Schneider (syn. *S. laevigata* L. Maxim.) (*Rosaceae*) Blauspiere. Bh. an 6 Orten in Jugoslawien, von Ostkasachstan über 7500 km nach Osten bis Ostsibirien und südlich von Westsichuan. Kalkfelsen und felsige Hügel in Höhen bis 4500 m. BZ Mai und Juni. Laubabwerfender, bis 2 m hoher Strauch. Blätter bis 8 cm lang. Blütenblätter 2,5 mm. Jeder Boden; vollsonnige Lage. WH: bis —25° C und darunter.

Osmanthus delavayi in Kew

Nothofagus antarctica

Orixa japonica ›*Variegata*‹

Sibiraea altaiensis

Prunus bucharica in Amankutan, bei Samarkand, Zentralasien

Exochorda albertii bei Duschanbe

Exochorda serratifolia

Prunus bifrons

Prunus spinosissima

Atraphaxis pyrifolia

Prunus bucharica (Korsh.) Hand.-Mazz. (syn. *Amygdalus bucharica* Korsh.) (*Rosaceae*). Bh. in Zentralasien, in der Wüste Kysylkum, in den Gebirgen Tian Shan und Pamir, in der Alaikette sowie in Nordafghanistan. Felsige, kalkhaltige Hügel bis 2600 m. BZ März und April. Dorniger, laubabwerfender, bis 3 m hoher Strauch. Blätter oval-elliptisch oder eiförmig, 3-4 cm lang, etwas gräulich. Blüten rosa oder weiß, bis 4 cm im Durchmesser. Durchlässiger Boden; vollsonnige Lage. WH: bis −20° C.

Prunus spinosissima (Bunge) Franch. (syn. *Amygdalus spinosissima* Bunge) (*Rosaceae*). Bh. in der Kysylkum, im Tian Shan und Pamir, in der Alaikette, im Nordiran und in Afghanistan. Felsige Standorte in 700-2600 m Höhe. Blüht im April. Niedriger, dorniger, laubabwerfender Strauch bis 1 m, breiter als hoch. Blätter oval-obovat bis oblanzettlich, bis 2 cm lang. Blüten blaßrosa, 1,5-2 m breit. Früchte oval bis rundlich. Trockener, durchlässiger Boden; vollsonnige Lage. WH: bis −20° C.

Prunus bifrons Fritsch (syn. *Cerasus erythrocarpa* Nevski) (*Rosaceae*). Bh. von Kaschmir bis Afghanistan, im Tian Shan, im Pamir, in der Alaikette und im Kopet-Dax. Felsen und Felssimse in 1000-3000 m Höhe. BZ April und Mai. Sehr feinzweigiger, laubabwerfender Strauch bis 1,5 m. Blätter 1-1,5 cm lang. Blüten etwa 1,2 cm breit. Früchte rot. Karger, durchlässiger Boden; vollsonnige Lage. WH: bis −20° C. Frühsommer.

Exochorda albertii Regel (syn. *E. korolkowii* Lav.) (*Rosaceae*) Turkestanische Prunkspiere. Bh. im Pamiralai von Samarkand südwärts bis Duschanbe. Gebüsche an steilen Hängen. BZ April-Juni. Laubabwerfender, bis 4 m hoher Strauch. Blätter 4-7 cm lang, oval bis länglich. Blüten 3-4 cm breit. Guter, durchlässiger Boden; vollsonnige Lage. WH: bis −20° C. Frühsommer.

Exochorda serratifolia Moore (*Rosaceae*). Bh. in Korea und Nordostchina. Laubabwerfender, bis 2 m hoher Strauch. Blüht im Mai. Blätter 3-7 cm lang, oval, zur Blattspitze hin gezähnt. Blüten ca. 4 cm breit. Jeder durchlässige Boden; vollsonnige Lage. WH: bis −20° C. Frühsommer.

Atraphaxis pyrifolia Bunge (*Polygonaceae*). Bh. im Gebirge in Zentralasien, Afghanistan und Nordpakistan. Trockene Berghänge in 1500-2650 m Höhe. BZ Mai-Juli. Feinzweigiger, laubabwerfender Strauch bis 1 m. Blätter 1-2 cm lang, kurzstielig. Blüten ca. 7 mm lang. Trockener, durchlässiger Boden; vollsonnige Lage. WH: bis −20° C. Die meisten Atraphaxis-Arten sind niedrige Wüstensträucher mit rosafarbenen oder weißen Blüten auf fadendünnen Stielen. Sie brauchen trockenen Boden oder Wüstenklima.

Prunus und Chaenomeles

9. Mai, Kew

Prunus tenella Batsch. var. ***gesslerana*** Rehd. **›Firehill‹** (syn. *Amygdalus nana* L.) (*Rosaceae*) Zwergmandel. Bh. im Osten Österreichs und in der Tschechoslowakei, südwärts bis Bulgarien, ostwärts bis zum Kaukasus. Trockene Grassteppen. Blüht im Mai. Var. *gesslerana* ist eine prächtig gefärbte Form mit großen Blüten (bis 2,5 cm breit); auch eine weiße Form ist bekannt. Ausläufer treibender, laubabwerfender Strauch bis 1,5 m. Blätter lanzettlich, bis 7 cm lang. Jeder durchlässige Boden; vollsonnige Lage. WH: bis —25° C.

Prunus incana (Pallas) Batsch. (syn. *Cerasus incana* [Pallas] Spach) Graublättrige Zwergkirsche. Bh. im Norden und Süden der Türkei, im Kaukasus und im Nordwesten des Iran. Trockene, felsige, kalkhaltige Hänge und Felsen in 360-2400 m Höhe. BZ April-Juni. Laubabwerfender, bis 2 m hoher Strauch. Blätter oval bis schmal lanzettlich, bis 4 cm lang, weißlich, unten behaart. Blüten bis 17 mm breit; im Spätfrühling. Früchte dunkelrot, annähernd kugelförmig. WH: bis —20° C.

Prunus divaricata Ledebour. Kirschpflaume. Bh. in Südosteuropa von Jugoslawien bis Bulgarien, in der Türkei, in Syrien, im Kaukasus und in Zentralasien. Lichte Wälder und felsige Abhänge in Höhen bis 2450 m. BZ April-Mai. Blüten erscheinen mit den Blättern. Laubabwerfender Strauch oder kleiner Baum bis 10 m, manchmal dornig. Blätter eiförmig-oval bis obovat, ähnlich denen der Damaszenerpflaume; gelb, rot oder purpurfarben. Jeder Boden; sonnige Lage. WH: bis —25° C. Wildform der meist gezogenen purpurblättrigen Kirschpflaume *P. pissardii.*

Prunus incisa Thunb. (syn. *Cerasus incisa* [Thunb.] Loisel) Japanische Märzkirsche. Bh. auf Zentral- und Westhonshu. Bergwälder. BZ April-Juni. Laubabwerfender Strauch, selten kleiner Baum bis 10 m. Blätter obovat oder eiförmig, 3-5 cm lang. Jeder Boden; Sonne oder Halbschatten. WH: bis —20° C.

Exochorda × ***macrantha*** **›The Bride‹** (*Rosaceae*). Hybride zwischen *E. racemosa* und *E. korolkowii.* Um 1938 von Grootendorst gezogen. Breitwüchsiger, laubabwerfender Strauch bis 1,5 m, breiter als hoch. Zweige überhängend. Jeder Boden; Sonne oder Halbschatten, warmer Standort. WH: bis —20° C.

Chaenomeles speciosa (Sweet) Nakai. (*Rosaceae*). Bh. in Zentralchina, dort und in Japan jedoch schon so lange in Kultur, daß die natürliche Verbreitung unklar ist. Laubabwerfender, dorniger bis 2 m hoher Strauch, breiter als hoch. Blätter kahl. Blüten bis 3,5 cm breit, scharlachrot, rosa oder weiß. Blüht im Frühling. Jeder Boden; warmer Standort. WH: bis —20° C.
›Nivalis‹. Starkwüchsige Varietät, um 1880 von Lémoine gezogen.
›Phyllis Moore‹. In Knap Hill, Surrey, gezogen und nach der Gattin des Kurators des Glasnevin Botanic Garden benannt.
›Simonii‹. Niedrig wachsende Sorte; wird nur 80 cm hoch.
›Moerloosii‹. In der 50er Jahren von Moerloos in Belgien gezogen.

Chaenomeles × ***superba*** Rehd. Hybride zwischen *C. japonica* und *C. speciosa.* Kräftiger, meistens jedoch kleiner Strauch. Diese Kreuzung ist die Elternpflanze zahlr. Gartenhybriden, die heute gezogen werden.
›Boule de Feu‹. Von Barbier in Orléans 1913 gezogen. Bis 2,8 m hoher Strauch. Aus den Blüten entwickeln sich duftende Früchte.
›Rowallane‹. 1920 in Rowallane, County Down, gezogen. Bildet gewöhnlich einen niedrigen, breitwüchsigen Strauch, wird an einer Wand jedoch bis 1,3 m hoch.

Chaenomeles japonica (Thunb.) Lindl. (syn. *Cydonia japonica* Pers., *Pyrus japonica* Thunb.) Gebirgsscheinquitte. Bh. auf Honshu und Kyushu. Gehölze in niedrigen Gebirgslagen. Laubabwerfender, breitwüchsiger, bis 1 m hoher Strauch; breiter als hoch. Blätter blaßgrün, kahl. Blüten orange bis scharlachrot, 2,5 cm breit. Früchte 3 cm im Durchmesser. Jeder Boden; Sonne oder Halbschatten. WH: bis —20° C.

Chaenomeles × ***californica*** Weber **›Enchantress‹**. Sorte von *C.* × *californica.* W. B. Clarke aus Kalifornien kreuzte *C. cathayensis* mit *C.* × *superba* und erzielte dabei diese Hybride. Reichblühender, aufrechter Strauch.

Chaenomeles cathayensis C. K. Schneid. Bh. in Westhubei. Gebüsche und Hecken. Als Kulturpflanze verbreitet. BZ März-April. Laubabwerfender, bis 3 m hoher Strauch. Blätter fein und scharf gesägt, 3-11 cm lang, Unterseite in der Jugend feinhaarig. Blüten rosa. Jeder Boden; Sonne.

Prunus tenella ›Firehill‹ in Kew

C. speciosa ›Simonii‹

C. speciosa ›Moerloosii‹

C. × *california ›Enchantress‹*

Amelanchier und Pfirsichsorten

Amelanchier bartramiana

Amelanchier alnifolia

Parriotiopsis jacquemontiana

Elaeagnus multiflora

Amelanchier humilis

Prinsepia uniflora

Prunus persica 'Sagami Shidare'

Prunus persica 'Kurokawa-Yaguchi'

Prunus persica 'Stellata'

Prunus persica 'Sansetsu Shidare'

25. April, Kew

Prunus cerasus L. (*Rosaceae*) Sauerkirsche. Ursprüngliches Verbreitungsgebiet unbekannt, heute in ganz Europa und Asien als halbwilde Pflanze verbreitet. Laubabwerfender Strauch oder kleiner, bis 8 m hoher Baum; Ausläufer treibend. Wächst gewöhnlich in Hecken. Unterscheidet sich von *P. avium* L. durch spätere BZ (1-2 Wochen), breit glockige Blütenböden und gespreizte, nicht zurückgebogene Kelchblätter. Gewöhnlich ist ›Rhexii‹ in Kultur, eine Form mit gefüllten Blüten, die seit dem 16. Jh. bekannt ist. Jeder Boden; Sonne oder Halbschatten. WH: bis —20° C. Frühling.

Prunus lusitanica L. (*Rosaceae*) Portugiesische Lorbeerkirsche. Bh. in Südwestfrankreich, Spanien und Portugal; Unterarten auf den Azoren und den Kanarischen Inseln. Wächst in Wäldern. BZ April-Mai. Die Unterart *azorica* hat breitere Blätter und weniger Blüten pro Blütenstand; die Unterart *hixa* von den Kanarischen Inseln hat lang zugespitzte Blätter. Immergrüner Strauch oder kleiner Baum mit 8-13 cm langen Blättern. Gute Kulturpflanze, winterhärter und kalkverträglicher als *P. laurocerasus* und sehr gut als niedriger Windschutz geeignet. Jeder Boden; Sonne oder Halbschatten. WH: bis —20° C. Frühsommer.

Prinsepia uniflora Batalin (*Rosaceae*) Chinesische Dornenkirsche. Bh. im Norden der chinesischen Provinz Schaanxi, dort von Purdom und Farrer gesammelt. BZ April oder Mai. Laubabwerfender, bis 2 m hoher Strauch mit langen bogigen Zweigen und purpur- oder karmesinroten Früchten. Jeder Boden; Sonne. WH: bis —20° C. Frühjahr. *P. utilis* Royle (S. 32) ist von strafferem Wuchs und sehr dornig; die schwarzen, hängenden Früchte entwickeln sich aus den Herbstblüten und reifen im April und Mai.

Amelanchier bartramiana (Tausch) Roem. (*Rosaceae*). Bh. in Nordamerika von Labrador bis Minnesota und Pennsylvania. BZ April und Mai. Laubabwerfender, bis 2,5 m hoher Strauch, der sich von anderen Arten durch doldenartige Blütenstände mit nur 1-5 Blüten unterscheidet. Blütenblätter ca. 8 mm lang. Früchte schwarzpurpurn. Jeder Boden; Sonne oder Halbschatten. WH: bis —30° C.

Amelanchier alnifolia Nutt. (*Rosaceae*). Bh. von Saskatchewan bis Colorado und Idaho. Blüht im Mai. Niedriger, laubabwerfender Strauch bis 2 m. Blätter breit oval, dicht wollig behaart. Blütenblätter ca. 10 mm lang. Früchte schwarz. Jeder Boden; Sonne. WH: bis —20° C.

Amelanchier humilis Wieg. (*Rosaceae*). Bh. in Nordamerika von Vermont bis Alberta im Osten, bis New York und Iowa im Süden. Blüht im Mai. Ausläufer treibender, laubabwerfender Strauch bis 1,25 m; Dickichte bildend. Blätter 2,5 cm lang, bis unterhalb der Blattmitte grob gezähnt, 3-5 Zähne pro cm. Blütenblätter ca. 8 mm lang. Früchte schwarz. Jeder Boden; Sonne oder Halbschatten. WH: bis —25° C. Frühling.

Amelanchier ovalis Med. (*Rosaceae*) Gemeine Felsenbirne. Bh. in Europa von Belgien bis Portugal, öswärts bis in die Türkei und zum Kaukasus. Wächst gewöhnlich auf Kalkboden an felsigen Standorten und in Gehölzen. BZ April-Mai. Aufrechter, laubabwerfender, bis 3 m hoher Strauch, der sich von der amerikanischen Art durch kurze, ca. 1 mm lange, an der Basis nicht verwachsene Griffel unterscheidet. Blätter in der Jugend unten wollig. Nicht so elegant wie *A. lamarckii* (S. 77), dafür mit ausdauernderen Blüten und kompakterem, wolligem Blütenstand. Jeder durchlässige Boden; sonnige Lage. WH: bis —20° C. Frühjahr.

Prunus lusitanica in Longleat, Wiltshire

Amelanchier ovalis

Prunus cerasus

Parrotiopsis jacquemontiana (Decne.) (*Hamamelidaceae*) Scheinparrotie. Bh. im Westhimalaja von Afghanistan bis Nordwestindien. Unterholz von Wäldern in 1500-2100 m Höhe. Blüht im Mai. Großer Strauch oder Baum bis 8 m. Blätter abfallend, voll entwickelt 4-8 cm lang. Blüten sehr klein, von 4-6 großen weißen Hochblättern umgeben. Leicht zu ziehen, wird jedoch durch späten Frost leicht beschädigt. Trägt als Kulturpflanze bis zum Mittsommer durchgehend Blüten. Jeder Boden; Sonne oder Halbschatten. WH: bis —20° C. Frühjahr.

Elaeagnus multiflora Thunb. (*Elaeagnaceae*) Reichblütige Ölweide. Bh. in Japan und Nordchina von Jiangxi bis Westhubei und Sichuan. Gebüsche und lichte Wälder. BZ April-Mai. Laubabwerfender, bis 3 m hoher Strauch. Blätter oval bis lanzettlich, bis 6 cm lang, mit weißen und braunen Schuppen auf der Unterseite. Blüten in Gruppen von 1-3, Blütenstiele 1-5 cm lang, hängend, eßbar. Zweige braun, schuppig. Leicht zu ziehen, blüht aber nicht so prächtig wie *E. umbellata*. Jeder Boden; Sonne oder leichter Schatten. WH: bis —20° C. Frühjahr.

Prunus persica Batsch (*Rosaceae*) Pfirsich. Wahrscheinlich in Nordchina bh. und dort seit über tausend Jahren seiner Blüten und Früchte wegen in Kultur. Heute kann man ihn entlang der Straße sehen, die vom Flughafen nach Peking führt. Die japanischen Varietäten blühen ungemein prächtig. Sie sind vielleicht mit den Klonen identisch, die im 19. Jh. importiert und mit lateinischen Sortennamen versehen wurden. Andere blühende Klone wurden in Europa und Kalifornien gezüchtet.
›**Kurokawa-Yaguchi**‹ (rosa; halbgefüllt);
›**Sagami Shidare**‹ (dunkelrosa; halbgefüllt);
›**Sansetsu Shidare**‹ (weiß, halbgefüllt).
›**Stellata**‹ unterscheidet sich durch schmale Blütenblätter. Wenn er nicht außergewöhnlich gut blüht, wirkt er eher kurios als schön. Jeder nicht saure Boden; sonnige Lage und warmer Standort. WH: bis —20° C.

19. Mai, Kew und Wisley

Holboellia coriacea Diels (*Lardizabalaceae*). Bh. in China, bes. in Westhubei. Gebüsche und Schluchten in 600-1300 m Höhe. Blüht im Mai. Immergrüner Klimmer, windet sich bis 5 m hoch. M. und w. Blüten auf verschiedenen Blütenständen; m. weiß, w. rötlich, beide süß und schwer duftend, mit fleischigen Kelchblättern. An geschützter Wand leicht zu ziehen. Jeder Boden; Sonne oder Schatten. WH: bis —15°C. Frühjahr. *H. fargesii* Réaub. aus Westhubei, mit 5-9 Blättchen, wächst in größeren Höhen als *H. coriacea* und dürfte winterhärter sein.

Exochorda giraldii Hesse var. ***wilsonii*** Rehder (*Rosaceae*) Chinesische Prunkspiere. Bh. in Westhubei. Felsen in 600-1300 m Höhe. Blüht im Mai. Laubabwerfender, bis 3,25 m hoher Strauch, aufrecht oder leicht breitwüchsig. Blütenblätter etwa 2,5 cm lang. *E. giraldii* Hesse stammt aus Schaanxi und soll sich durch dünne rote Blattstiele unterscheiden. Beide Pflanzen brauchen durchlässigen Boden und Sonne. WH: bis —20°C. Spätfrühling.

Actinidia kolomikta Maxim. (*Actinidiaceae*) Kolomiktastrahlengriffel. Bh. in Nordost- und Westchina, Korea und Japan. Wächst in Nadelwäldern, windet sich bis 10 m hoch. BZ Mai-Juni. Blüten weiß, etwa 1 cm breit, süß duftend wie Maiglöckchen. WH: bis —25°C. Spätfrühling.

Actinidia chinensis Planch. (*Actinidiaceae*) Chinesischer Strahlengriffel od. Kiwistrauch. Fast in ganz China bh., am verbreitetsten in Westhubei, Südgansu und Westsichuan. Gebüsche und Eichenwälder in 200-2700 m Höhe. BZ Mai-Juni. Robuster, laubabwerfender Klimmer. Triebe dicht rötlich behaart. Blätter bis zu 20 cm im Durchmesser, breit herzförmig. Blüten beim Öffnen rahmweiß, später gelblich. M. und w. Blüten auf verschiedenen Pflanzen. Jeder Boden; Sonne oder Halbschatten. WH: bis —15°C. Sommer.

Dipelta ventricosa Hemsl. (*Caprifoliaceae*) Ohrdoppelschild. Bh. in Westsichuan. Wälder und Gebüsche in 1200-2700 m Höhe. BZ Mai-Juni. Laubabwerfender, bis 4 m hoher Strauch. Jeder Boden; Sonne oder Halbschatten. WH: bis —20°C. Frühjahr.

Zanthoxylum piperitum DC. (*Rutaceae*). Bh. in Nordchina, Korea und Japan. Gebüsche und Hecken im Gebirge. BZ April-Juni. Laubabwerfender, bis 2 m hoher Strauch. Früchte rötlich, mit schwarzen Samen, die in Japan als Pfeffer verwendet werden. Hier abgebildet sind die w. Blüten. Jeder Boden; warmer Standort. WH: bis —15°C.

Schisandra glaucescens Diels. (*Schisandraceae*). Bh. in Westhubei. Felsige Wälder und Gebüsche in 1600-2300 m Höhe. BZ Mai-Juni. Robuster, laubabwerfender Klimmer bis 6 m. Blätter sehr dünn, unten bläulichgrün. Blüten orange. Früchte scharlachrot. Spätfrühling.

Schisandra rubiflora (Franch.) Rehd. & Wils. (syn. *S. grandiflora* var. *rubiflora* Schneid.) (*Schisandraceae*). Bh. im Himalaja von Assam bis China. Gebüsche und Wälder in Höhen bis 3000 m. Blüht im Juni. Laubabwerfender Klimmer, bis 8 m oder höher windend. M. und w. Blüten auf verschiedenen Pflanzen. Sie sollten dicht beieinander gepflanzt werden, damit sich die hängenden Ähren gut entwikkeln; sie bestehen aus bis zu 80 scharlachroten Früchten. Fruchtblätter fleischig, mit zwei Samenanlagen. (S. 265). Jeder Boden; Sonne oder Schatten. WH: bis —15°C. Frühjahr.

Schisandra in den Lijiangbergen, Yunnan

Ponciris trifoliata Rafin. (syn. *Aegle sepiaria*) (*Rutaceae*) Bitterorange. Bh. in Nordchina und Korea. Breitwüchsiger, bis 3 m hoher Strauch mit grünen, dornigen Zweigen. BZ Frühling. Früchte gelb, wie kleine Orangen, bis 5 cm im Durchmesser. Reichblühend nur nach einem warmen Herbst. Blätter abfallend, dreiblättrig. Jeder Boden. WH: bis —15°C.

Akebia quinata Decne. (*Lardizabalaceae*) Fingerblättrige Akebie. Bh. in Japan, von Honshu südwärts, in China, westwärts bis Hubei, und in Korea. Gebüsche und Hecken im Gebirge. BZ April-Mai. Normalerweise immergrüner Klimmer bis 6 m. Blütenstände mit w. Blüten an der Basis und m. an der Spitze. Die Blütenstiele der w. Blüten stehen im spitzen Winkel zur Achse des Blütenstandes. Jeder Boden; Sonne oder Schatten. Wird gewöhnlich an Mauer oder Pergola gezogen. WH: bis —15°C.

Akebia trifoliata (Thunb.) Koidz. (syn. *A. lobata* Decne.) (*Lardizabalaceae*) Kleeblättrige Akebie. Bh. in Japan, von Hokkaido südwärts, und in China, westwärts bis Hubei und Westsichuan. Felsige Standorte und Gebüsche in Höhen bis 1800 m. BZ April-Mai. Laubabwerfender (oder halbimmergrüner) Klimmer, bis 10 m oder höher. Blättchen 3-zählig, flach gelappt. Früchte gurkenförmig, bis 12 cm lang, eßbar — sofern die Pflanze überhaupt Früchte hervorbringt. Leicht zu ziehen, vermutlich aber nicht so wh. wie *A. quinata*. WH: bis —10°C.

Akebia × pentaphylla Makino (*Lardizabalaceae*). Hybride zwischen *A. quinata* und *A. trifoliata*. Kommt in Japan wild vor. Merkmale zwischen denen der Elternpflanzen. Oft 5 Blättchen mit gewelltem Rand. Die Blütenstände sind *A. quinata* ähnlicher.

Stauntonia hexaphylla Decne. (*Lardizabalaceae*). Bh. in Japan, Korea und Taiwan. Wächst in Wäldern und wird mindestens 10 m hoch. M. und w. Blüten auf verschiedenen Blütenständen, süß duftend. Die purpurnen Früchte sind etwa 3 cm lang, süß und eßbar, werden aber nur in warmen Klimazonen produziert. Blätter mit 3 bis 7 lederartigen, immergrünen Blättchen. WH: bis —10°C.

Lardizabala biternata Ruiz & Pavon (*Lardizabalaceae*) Bh. in Mittelchile, an der Küste und im Landesinneren. Wächst in Wäldern. Klimmer, etwa 4 m hoch windend. Blätter mit 3-9 immergrünen Blättchen. M. und w. Blüten auf verschiedenen Pflanzen. Hier abgebildet sind die m. Blüten; die w. sind einzelstehend und produzieren unter günstigen Bedingungen gurkenförmige Früchte. WH: bis —10°C. Frühjahr.

Stauntonia hexaphylla

Actinidia chinensis (männlich)

Lardizabala biternata

Berberis heterophylla
B. buxifolia
B. empetrifolia
B. pallens
B. linearifolia
B. replicata
B. × stenophylla
B. darwinii
B. wardii
B. thunbergii
B. thunbergii 'Aurea'
B. thunbergii 'Atropurpurea Nana'

25. April, Kew

Berberis stenophylla ›Crawley Gem‹

Berberis heterophylla Juss. ex Poir (*Berberidaceae*). Bh. in Südchile. Immergrüner oder halbimmergrüner Strauch bis 1,5 m. Blätter bis 2,5 cm lang. Blüten bis 1,5 cm breit. Beeren blau, kugelig. Jeder Boden; sonnige Lage oder Halbschatten. WH: vielleicht bis —15°C. Frühling.

B. buxifolia Lam. Buchsblättrige Berberitze. Bh. in Südchile und Südargentinien. Unbewaldete Hänge und Gebüsche auf Hügeln. BZ November. Immergrüner, bis 2 m hoher Strauch. Zweige bogig. Blätter bis 1,7 cm lang, unten gräulich. Blüten 1,4-1,6 cm breit. Beeren kugelig, blau, bereift. Jeder Boden; sonnige Lage. WH: bis —15°C. Spätfrühling.

B. empetrifolia Lam. Krähenbeerberberitze. Bh. in Südchile und Südargentinen in Küstennähe. BZ November. Immergrüner Zwergstrauch, oft niedergestreckt, 60 cm hoch. Blätter 10-20 mm lang. Blüten ca. 1,5 cm breit. Beeren blau, bereift. Feuchter, durchlässiger Boden; sonnige Lage. WH: bis —15°C. Frühjahr.

B. pallens Franch. Bh. in Westyunnan. Wächst in 3300 m Höhe. BZ Mai. Laubabwerfender oder halbimmergrüner Strauch bis 2 m. Blätter 3-5 cm, Blüten ca. 12 mm im Durchmesser. Jeder Boden; vollsonnige Lage. WH: bis —15°C.

B. linearifolia Phil. Bh. in Chile und Zentralpatagonien. Feuchte, lichte Wälder in 1000-2000 m Höhe. BZ November. Immergrüner, aufrechter Strauch bis 3 m. Blätter bis 4 cm lang und 6 mm breit. Blüten 1,8 cm breit. Früchte schwarz, bereift, eiförmig. Feuchter Boden; vollsonnige Lage. WH: bis —10°C. Frühling.

›**Orange King**‹ hat größere Blüten von intensiverem Orange als die meisten anderen Sorten.

B. replicata W. W. Sm. Bh. in Westyunnan. Gebüsche in 1500-3300 m Höhe. BZ Dezember-Februar. Immergrüner, bis 2 m hoher Strauch. Blätter 2-3,5 cm lang. Blüten 6 mm breit, 4-12 pro Blütenstand. Beeren blauschwarz, bis 8 mm lang. Sonne oder Halbschatten. WH: bis —15°C. Frühling, oft frühblühend.

B.* × *stenophylla Lindl. Schmalblättrige Berberitze. Hybriden zwischen *B. empetrifolia* und *B. darwinii* wurden erstmals um 1860 gezüchtet. Immergrüne, bis 3 m hohe Sträucher mit zahlr. bogigen Zweigen. Blätter unterschiedlich. Blüten in Gruppen oder Trauben von 4-14, selten einzelstehend, bis 9 mm breit.

›**Crawley Gem**‹. Blüten außen rötlich, 10-14 pro Traube. Jeder Boden; sonnige Lage. WH: bis —15°C. Frühling. Sehr beliebt, weil leicht zu ziehen, wh. und reichblühend.

B. darwinii Hook. Darwins Berberitze. Bh. in den Bergen Patagoniens. BZ November. Starkverzweigter, immergrüner Strauch bis 1,5 m. Blätter 10-20 mm lang. Blüten 10-30 pro Traube, bis 1,4 cm breit. Beeren blau, bereift. Bevorzugt feuchten, sauren Boden. Sonnige Lage. WH: bis —15°C. Frühling.

B. wardii L. K. Schneid. Bh. in den Nagabergen in Assam. Gebüsche in etwa 3000 m Höhe. Immergrüner, dichter Strauch bis 1,5 m. Blätter 2-3 cm lang. Blüten in Gruppen von 2-5, ca. 1,4 cm breit, auf roten Blütenstielen. Jeder Boden; vollsonnige Lage. WH: bis —10°C. Frühling.

B. thunbergii DC. Bh. in Südjapan. BZ April. Niedriger, laubabwerfender, dorniger Strauch bis 1 m. Blätter bis 3,5 cm lang. Blüten 6 mm breit. Früchte rot, oval, 7-10 mm lang. Jeder Boden; sonnige Lage. WH: bis —25°C. Frühling. Schön auch im Herbst, wenn reich fruchtend. Zahlr. Varietäten sind in Kultur. Folgende sind abgebildet: ›**Aurea**‹. Zwergvarietät, bis 50 cm hoch mit gelblichen Blättern. ›**Atropurpurea Nana**‹ (syn. ›Crimson Pygmy‹). Beliebte, bis 40 cm hohe Varietät; 1942 gezogen. Andere Varietäten wie ›Pink Queen‹ und ›Rose Glow‹ haben rosa panaschierte Blätter.

Berberis montana

Berberis linearifolia ›Orange King‹

B. montana Gay. Bh. in Mittelchile und Mittelargentinien. Wächst in ca. 1000 m Höhe. BZ Januar und Februar. Aufrechter, vielzweigiger, laubabwerfender Strauch mit kräftigen dreiteiligen Dornen, bis 4 m hoch. Blätter 10-20 mm lang, obovat, ganzrandig. Blüten in Gruppen von 2-3, 1,5-2 cm breit. Beeren blau, bereift. Jeder Boden; vollsonnige Lage. WH: bis —15°C. Spätfrühling.

B. valdiviana Phil. Bh. in Chile von Concepçion bis Valdivia. Wächst in 200-800 m Höhe. BZ September (?). Immergrüner, bis 4 m hoher Strauch mit Dornen auf den Knoten. Blätter 2-7,5 cm lang, manchmal mit dornigen Zähnen. Bis zu 30 Blüten in hängenden Trauben (bis 7,5 cm lang). Früchte kugelig, purpurn. Kalkboden; Sonne oder Halbschatten. WH: bis —15°C. Spätfrühling.

Berberis valdiviana

Mahonia repens ›Rotundifolia‹

Berberis × ottawensis ›Superba‹

Mahonia × wagneri ›Undulata‹

Mahonia aquifolium

Mahonia nevinii

Mahonia fremontii

Mahonia aquifolium Nutt. (*Berberidaceae*) Gewöhnliche Mahonie. Bh. in Nordamerika von Nordkalifornien bis British Columbia und Idaho. Pseudotsuga- und gemischte Nadelwälder in Höhen bis 2000 m. BZ März-Mai. Immergrüner, Ausläufer treibender Strauch bis 2 m, meist jedoch nur etwa 1,5 m. Blätter 10-25 cm lang, mit 5-9 Blättchen, glänzend glatt; das unterste Paar ist 2-4 cm von der Basis des Blattstiels entfernt. Blüten 16 mm breit. Früchte blau, grau bereift. Jeder Boden; Sonne oder Schatten. WH: bis −20° C. Frühjahr.

Mahonia repens Lindl. **›Rotundifolia‹**. Klon oder Hybride von *M. repens.* Blättchen abgerundet, mit kleinen Randdornen. Kleiner, aufrechter, 1-1,5 m hoher Strauch. Wildform von *M. repens.* Bh. von British Columbia bis New Mexico am Ostrand der Sierren. Trockene, lichte Wälder. Ausläufer treibender Strauch mit aufrechten, bis 20 cm hohen Stämmchen. 5 Blättchen, oben mattgrün, unten mit 8-20 Borsten an jedem Rand. Blüten in kurzen, dichten, bis 8 cm langen Trauben. Jeder trockenere Boden; Sonne oder Halbschatten. WH: bis −15° C. Frühjahr.

***Mahonia* × *wagneri* ›Undulata‹**. *M.* × *wagneri* (Jouin) Rehd. ist der für Hybriden zwischen *M. pinnata* und *M. aquifolium* vorgeschlagene Name. ›Undulata‹ ist ein prächtiger Klon unbekannten Ursprungs, der wohl aus dieser Kreuzung hervorging. Aufrechter, immergrüner, bis 2 m hoher Strauch mit glänzenden, gewellten Blättern und leuchtendgelben Blüten. Das unterste Blättchenpaar sitzt wie bei *M. pinnata* nahe der Basis des Blattstiels. WH: bis −15° C. Frühling.

Mahonia nevinii. Bh. in Südkalifornien. Sandige oder steinige Standorte in Beifußgestrüpp oder im Chaparral. BZ März-April. Immergrüner, bis 4 m hoher Strauch. Als Wildpflanze groß und rundlich, in Nordeuropa von lockerem, hängendem Wuchs. Blätter 4-8 cm lang, mit 3-5 Blättchen. Blüten in lockerer Traube. Beeren rot bis orange. Durchlässiger Boden, warmer Standort; sonnige Lage. WH: bis vielleicht −10° C. Frühling.

Mahonia fremontii Torr. Bh. im Südosten Kaliforniens, ostwärts bis Utah, Colorado und Arizona. Wächst in Nußkiefer-, Wacholder- oder Yuccagehölzen auf trockenen Felsen in 1000-1500 m Höhe. BZ Mai-Juni. Straff aufrechter Strauch bis 2 m. Blätter mit 3-7 Blättchen, jedes mit steifen, dornigen Zähnen. 3-9 Blüten in lockerer Traube. Früchte rötlich, trocken, aufgetrieben und schwammig, wenn reif. Durchlässiger Boden; sonnige Lage und warmer Standort. WH: bis −10° C. Frühjahr.

Berberis* × *ottawensis Schneid. **›Superba‹** (*Berberidaceae*). Hybride zwischen *B. thunbergii*, vermutlich ›Atropurpurea‹, und *B. vulgaris.* Vor 1943 in Holland gezüchtet. Laubabwerfender, breitwüchsiger Strauch, bis 2 m hoch und breit. Blätter rötlich. Gelbe Blüten mit roter Zeichnung, jeweils 5-10 in hängendem Büschel. Jeder Boden; Sonne oder Halbschatten. WH: bis −25° C. Spätfrühling.

Berberis temolaica

Berberis dumicola bei Lijiang, Yunnan

Berberis temolaica Ahrendt. Bh. in Südosttibet. Gebüsche und unbewaldete, grasbewachsene Hänge in 4000-4500 m Höhe. BZ Juni. Laubabwerfender Strauch bis 2 m. Zweige bogig, in Kultur meist nur wenig verzweigt. Triebe in der Jugend bereift. Blätter 20-45 mm lang, an den Rändern oft verdornt, blaugrün, unten weiß. Blüten ca. 1,5 cm breit. Früchte rot, weiß bereift. Jeder Boden; Sonne oder Halbschatten. WH: bis —15°C. Spätfrühling. Die eingewöhnte Pflanze schneidet man am besten stark zurück, damit sie viele weiße Stämmchen hervorbringt. Unbeschnitten ein wuchernder Busch.

Berberis dumicola C. K. Schneid. Bh. in Nordwestyunnan. Gebüsche und lichte Kiefernwälder in 2000-3000 m Höhe. BZ April-Mai. Immergrüner Strauch bis 1,5 m. Junge Triebe rot. Blätter 5-9,5 cm, 20-40 Zähne, unten grün. Blüten in Gruppen von 10-30, ca. 1,2 cm breit. Beeren blau. Jeder Boden; Sonne oder Halbschatten. WH: bis —15°C. Frühjahr.

Berberis gyalaika Ahrendt. Bh. in Südosttibet, im Distrikt Pome. Trockene Hänge und lichte Gebüsche in 3000-3500 m Höhe. Blüte im Juli, Früchte im Oktober. Hier abgebildet ist der Typus von var. *maximiflora* Arendt, L. S. & E. 15826. Buschiger, laubabwerfender Strauch bis 3 m. Blätter obovat bis oval, sitzend, nicht verdornt, bis 3 cm. Rispen 8-16 cm lang. Blütenstiele 2-5 mm. Blüten ca. 8 cm breit. Beeren schwarz, bereift. Jeder Boden; Sonne oder Halbschatten. WH: bis —15°C.

Berberis chinensis Poir. Bh. im Kaukasus und verwandt mit *B. crataegina* DC aus der Türkei. Unbewaldete, felsige Standorte. BZ Mai-Juni. Laubabwerfender, bogiger, breitwüchsiger Strauch bis 3 m. Blätter oblanzettlich bis obovat, bis 4 cm lang, ganzrandig oder fein gezähnt. Früchte dunkelrot, 1 cm lang. Jeder Boden; Sonne oder Halbschatten. WH: bis —25°C. Frühjahr.

Berberis verruculosa Hemsl. & Wilson. Warzige Berberitze. Bh. in Westsichuan um Kangding (Tachiemlu). Wächst in 1200-4000 m Höhe. Immergrüner, dichter Strauch bis 1,5 m. Blätter 12-22 mm lang, mit 2-4 Randdornen, unten gräulich. Blütenstiele 4-7 mm lang. Blüten 2 cm breit. Jeder Boden; Schatten oder Halbschatten. WH: bis —20°C. Frühsommer.

Berberis ›Bunch o' Grapes‹ Hybride der Polyanthaeserie aus dem Himalaja. Früchte rötlich, kugelig, in großen Trauben. Laubabwerfender Strauch bis 2 m oder höher. Jeder Boden; sonnige Lage. WH: bis —20°C. Blüte im Sommer, Früchte im Herbst. ›Sibbertoft Coral‹ ist ihr relativ ähnlich.

Berberis gylaika

Berberis chinensis

Berberis verruculosa

Berberis ›Bunch o' Grapes‹

Paeonia suffruticosa, Sorte in Peking

Paeonia lutea var. ludlowii

Paeonia lutea × delavayi

Paeonia × lemoinei ›Argosy‹

Paeonia ›Anne Rosse‹

Paeonia suffruticosa Andrews. (*Paeoniaceae*) Strauchpäonie. Bh. in Gansu, wahrscheinlich auch in Nordsichuan und Schaanxi. Gebüsche im Gebirge. BZ Mai. Die hier abgebildete Form, **›Joseph Rock‹**, wurde von Rock aus dem Garten eines Lamaklosters in Südwestgansu eingeführt und soll aus dem Kalksteingebirge Min Shan stammen. In derselben Gegend, 65 km nordöstlich von Wudu, haben Farrer und Purdom die wilde Strauchpäonie entdeckt. Laubabwerfender, breitwüchsiger Strauch bis 2 m, breiter als hoch. BZ Frühsommer. Blüten ca. 12 cm breit. Humusreicher, durchlässiger Boden; kalkliebend. Warmer Standort. WH: bis —20°C. Es sind viele Sorten bekannt, die in China seit dem 4. Jh., aber auch in Japan und Bhutan gezogen werden. Die meisten haben gefüllte oder halbgefüllte Blüten; bis 30 cm im Durchmesser, dunkelrot bis rosa oder weiß.

P. × lemoinei Rehd. **›Argosy‹** Hybride zwischen *P. lutea* und *P. suffruticosa*. Von Professor A. P. Saunders, Clinton, New York, gezogen. Die 18 cm breiten Blüten sitzen gerne zwischen den Blättern. Diese Eigenschaft ist jedoch nicht so ausgeprägt wie bei den ersten Hybriden von *P. × lemoinei,* die in Frankreich gezogen wurden. Neuere Hybriden wie ›Tria‹ und ›Artemis‹ halten ihre Blüten besser.

P. lutea Franch. (*Paeoniaceae*). Bh. in Yunnan, bes. in den Bergen oberhalb von Dali. BZ Mai. Niedriger, laubabwerfender Strauch bis 1 m. Blüten 5-10 cm breit, bei der Wildpflanze oft gelb und rot. Durchlässiger, guter Boden; warmer Standort. WH: bis —15°C. Spätfrühling, Frühsommer.

P. lutea Franch. var. ***ludlowii*** Stern & Taylor (*Paeoniaceae*). Bh. in Südosttibet. Wächst in der Tsangposchlucht in 3000-3500 m Höhe. BZ Juni. Laubabwerfender Strauch bis 2,5 m. Blüten 10-13 cm breit. Kann leicht aus den Samen gezogen werden, die er im Überfluß produziert. Jeder Boden; vollsonnige und geschützte Lage. WH: bis —20°C. Spätfrühling.

P. lutea × delavayi. Wahrscheinlich Hybriden zwischen *P. lutea* und *P. delavayi,* die von George Forrest bei Lijiang wild gefunden wurden. Ihre unterschiedliche Färbung reichte von Gelb mit karmesinroten Flecken an der Basis bis Bräunlich-Orange. Ähnliche Hybriden gibt es auch in Kultur. Sie variieren im Verhältnis von Gelb zu Karmesinrot bei den Blüten. *P. lutea* var. *ludlowii* ist eine Elternpflanze der hier abgebildeten Hybriden.

***P.* ›Anne Rosse‹**. Hybride zwischen *P. delavayi* und *P. lutea* var. *ludlowii.* Vor 1961 vom Earl of Rosse gezogen. Robuster Strauch bis 2 m. Blüten 10 cm im Durchmesser. BZ April-Mai.

P. delavayi Franch. (*Paeoniaceae*). Bh. in Nordyunnan um Lijiang. Wächst in Gebüschen und an unbewaldeten, felsigen Standorten in etwa 3000 m Höhe; Kalkboden. BZ Mai. Laubabwerfender Strauch mit kahlen, schwachen Stämmchen, die von tief zerteilten Blättern überragt werden. Blüten 5-10 cm breit, tief purpurrot. Durchlässiger, guter Boden; sonnige Lage. WH: bis —20°C. Frühsommer.

P. potaninii Komar. f. ***alba*** F. C. Stern (*Paeoniaceae*). Bh. in Nordwestyunnan und Westsichuan. Felsige Berghänge in 3000-3600 m Höhe. BZ Juni. Die ursprüngliche Form, *P. delavayi* var. *angustiloba* Rehder & Wilson, hat tief purpurrote Blüten wie *P. delavayi.* In Kultur stärker verbreitet ist die hier abgebildete weiße Form. Von der gewöhnlichen *P. delavayi* scheint es keine weiße Form zu geben. Die gelbe Form von *P. potaninii* aus Yunnan heißt var. *trollioides* (Stapf) F. C. Stern. Niedriger, Ausläufer treibender Strauch bis 1 m, breite Dickichte bildend. Blätter bis 25 cm lang und 30 cm breit, mit schmaleren Segmenten als *P. delavayi.* Blüten ca. 5 cm im Durchmesser. Jeder durchlässige Boden; sonnige Lage. WH: bis —20°C. Frühsommer.

Paeonia suffruticosa ›Joseph Rock‹ in Kew

Paeonia delavayi bei Lijiang, Yunnan

Paeonia potaninii ›Alba‹ im Sandling Park

Paeonia lutea var. *lutea* im Sandling Park

Ginster

19. Mai, Kew

Sophora microphylla in Logan

Piptanthus tomentosus in Lijiang, Yunnan

Lygos sphaerocarpa

Piptanthus tomentosus

Teline linifolia

Piptanthus nepalensis (Hook) D. Don (syn. *P. laburnifolius* [D. Don] Stapf) (*Leguminosae*). Bh. im Himalaja von Nordindien bis Yunnan und Sichuan. Wächst in 2000-3600 m Höhe. BZ März-Mai. Laubabwerfender Strauch bis 2 m. Blätter dunkelgrün, glänzend; Blättchen 3-10 cm lang. Blüten 2,5-3 cm lang; erscheinen mit den Blättern. Hülsen bis 13 cm, flach, hängend. Jeder durchlässige Boden; Sonne oder Halbschatten. WH: bis —15°C, treibt jedoch oft neu aus der Basis, wenn zurückgefroren. Frühling.

Teline linifolia (L.) Webb. & Berth. (*Leguminosae*). Bh. im westlichen Mittelmeerraum, auf den Balearen, in Südfrankreich, Spanien und Nordafrika. Gehölze und Gebüsche; saurer Boden. BZ April-Mai. Immergrüner Strauch bis 1,5 m. Blättchen 10-15 mm, linealisch bis oblanzettlich, oben kahl, unten seidig behaart. Blüten in endständigen Köpfen, 10-18 mm lang. Durchlässiger, saurer Boden. WH: bis —10°C.

Lygos sphaerocarpa (L.) Heywood (*Leguminosae*). Bh. in Ostportugal, Mittel- und Südspanien sowie in Nordafrika. Gehölze und Gebüsche; saurer Boden. BZ April-Mai. Blattloser Strauch bis 2 m. Blüten in dichten Trauben, 5-8 mm lang. Hülse 7-9 mm, einsamig. Durchlässiger, im Sommer trockener Boden; vollsonnige Lage. WH: bis —10°C. Andere *Lygos*-Arten sind weißblühend.

Cytisus scoparius (L.) Link var. ***andreanus*** (Puissant) Dipp. (*Leguminosae*). Eine Varietät des Besenginsters mit karmesinroten Flügeln, als Wildpflanze um 1884 in der Normandie entdeckt. Viele prächtig gefärbte Sorten stammen von dieser Pflanze ab. Frühsommer.

Coronilla emerus L. (*Leguminosae*) Strauchwicke. Bh. in Südnorwegen und von der Tschechoslowakei bis Spanien, Griechenland und Kreta. Gebüsche und felsige, kalksteinhaltige Hügel. BZ März-Mai. Immergrüner, bis 2 m hoher Strauch. Blätter mit obovaten Blättchen, 2-4 Paar. Blüten 14-20 mm. Hülse 5-10 cm, auf schlankem, 2-5 cm langem Stiel. Jeder durchlässige Boden; vollsonnige Lage. WH: bis —20°C. Spätfrühling.

***Cytisus* × *praecox* ›Allgold‹**. Der erste Klon dieser Hybride zwischen *C. multiflorus* und *C. purgans* erwies sich als fruchtbar. Mehrere Sorten wurden aus ihm gezüchtet; ›Allgold‹ 1963 von A. G. Brand, Boskoop. Andere Sorten sind dunkelgelb, rosa und weiß. Frühsommer.

Cytisus emeriflorus Rchb. (*Leguminosae*). Bh. in der Südschweiz und in Norditalien. Wächst in den Alpen um den Comer und Luganer See. Laubabwerfender Strauch bis 60 cm. Blätter mit 3 Blättchen, 10-20 cm lang. Blüten in Gruppen von 1-4, 10-12 mm lang. Jeder durchlässige Boden; vollsonnige Lage. WH: bis —20°C.

Chamaecytisus purpurens (Scop.) Link (*Leguminosae*). Bh. in Südösterreich und von Nordwestitalien bis Jugoslawien und Albanien. Subalpine Kalkfelsen und Gebüsche. BZ Mai-Juni. Laubabwerfender, dornenloser, bis 30 cm hoher Halbstrauch mit bogigen Zweigen. Blätter 3-zählig, Blättchen obovat, 2 cm lang. Blüten 15-25 mm lang, in Gärten weiß bis dunkelpurpurrot. Jeder durchlässige, nicht zu trockene Boden; vollsonnige Lage. WH: bis —20°C. Diese Pflanze ist einer der beiden Partner der interessanten Chimäre *Laburnocytisus adami*. Spätfrühling.

Genista hispanica L. Siehe Seite 97. Zwergstrauch, gut auf einer sonnigen Mauer zu ziehen.

Piptanthus tomentosus Franch. (*Leguminosae*). Bh. in Yunnan. Lichte Wälder und Gebüsche in ca. 3000 m Höhe; Kalk. BZ Mai. Laubabwerfender Strauch bis 2 m. Unterscheidet sich von *P. nepalensis* durch stark seidig behaarte Blätter. Jeder Boden; Sonne oder Halbschatten. WH: bis —15°C.

Sophora tetraptera J. S. Miller (*Leguminosae*) Kowhai. Bh. auf der Nordinsel Neuseelands. Waldränder, lichte Wälder, feuchte oder felsige Standorte. BZ Juli-September. Laubabwerfender oder halbimmergrüner Strauch oder Baum bis 8 m. Blätter oft mit ovalen Blättchen, 10-20 Paare. Blüten mit Fahnen, die kürzer sind als die Flügel oder gleich lang. Jeder Boden. Geschützter Standort oder an Mauer in vollsonniger Lage. WH: bis —10°C. Das Foto zeigt die Kreuzung **›Otari Gnome‹** beim Knospen. Frühsommer.

Sophora microphylla Ait. (*Leguminosae*) Kowhai. Bh. auf beiden Inseln Neuseelands. Lichte Wälder und feuchte, felsige Standorte. BZ Juli-Oktober. Laubabwerfender Strauch. Blätter erscheinen mit den Blüten. Jeder Boden. Sonnige, geschützte Lage. WH: bis —10°C. Siehe auch S. 27. Frühsommer.

Chamaecytisus ratisbonensis (Schaeffer) Rothm. (*Leguminosae*). Bh. von Österreich bis Polen und Südrußland. Niedriger Strauch bis 45 cm. 3 Blättchen. Blüten 16-22 mm lang. Vollsonnige Lage. WH: bis —25°C.

Caragana tragacanthoides

Sophora mollis
im Botanischen Garten von Taschkent

Caragana tragacanthoides in Gerghana, Zentralasien

Caragana arborescens

Caragana brevispina

Caragana tragacanthoides (Pall.) Poir. (*Leguminosae*). Eh. in Nordwesttibet, Gansu, im Westen der Mongolei und in Nordpakistan (Karakorum). Geröllhalden und Felsen in 1800-3300 m Höhe. BZ Mai. Dorniger, breitwüchsiger Strauch bis 1 m. Zentrale Blattrippe verdornend. Blätter mit 2-3 Blättchenpaaren, bes. unten seidig behaart. Blüten 2-3 cm lang. Jeder trockene, durchlässige Boden; sonnige Lage. WH: vielleicht bis —25° C.

Caragana arborescens Lam. Bh. in Sibirien, in Zentralasien und in der nordwestlichen Mongolei. Wächst an Flüssen, felsigen Hängen oder Waldrändern. BZ Mai-Juni. Laubabwerfender Strauch bis 3 m, selten auch kleiner Baum bis 7 m. Blätter mit 4-7 Paaren ovaler oder eiförmiger Blättchen. Blattstiele 2-6 cm lang. Jeder durchlässige Boden; sonnige Lage. WH: bis —30° C oder darunter. Spätfrühling. Eine hängende Form wird oft hochstämmig veredelt und bildet dann einen ziemlich unansehnlichen Baum mit hängenden Zweigen.

Caragana brevispina Royle. Bh. von Kaschmir bis Zentralnepal. Gebüsche in 2400-3200 m Höhe. BZ Mai und Juni. Laubabwerfender, bis 3 m hoher Strauch. Blättchen 8-16, eiförmig bis länglich, 8-20 mm lang. Blüten oft orange überlaufen, 2-2,5 cm lang. Jeder durchlässige Boden; sonnige Lage. WH: bis —20° C.

Sophora mollis (Royle) Graham (*Leguminosae*). Bh. von der Alaikette bis Zentralnepal. Wächst auf Felsen in trockenen Tälern in 1200-2000 m Höhe. BZ März-April. Laubabwerfender, aufrechter Strauch bis 2 m. Blättchen eiförmig bis oval, ausgewachsen 1,2-2,5 cm lang. Blüten 1,2-2,5 cm lang. Hülsen geflügelt, 4-10 samig, zwischen den Samen eingeschnürt. Jeder durchlässige, trockene Boden; sonnige Lage. WH: bis —15°C.

Genista lydia Boiss. (*Leguminosae*). Bh. in Jugoslawien, Bulgarien, Griechenland und in der Türkei. Felsen und Geröllhalden. BZ April-Mai. Laubabwerfender Strauch bis 1 m. Zweige oft nach unten gebogen. Blätter 3-10 mm, linealisch-oblanzettlich. Blüten 10-12 mm lang, in kurzen Trauben auf Seitentrieben. Jeder durchlässige Boden; sonnige Lage. WH: bis —15°C.

Genista hispanica L. Spanischer Ginster. Bh. in Südwestfrankreich sowie Nord- und Ostspanien. Felsige Hügel und Gebüsche. BZ April-Mai. Laubabwerfender, breitwüchsiger Strauch bis 50 cm, rundliche Hügel bildend. Dornen auf kurzen Seitentrieben. Blätter 6-10 mm, einfach. Blüten 6-11 mm lang, in kurzen, dichten, endständigen Trauben. Jeder durchlässige Boden, sonnige Lage. WH: bis —20°C.

Anthyllis hermanniae L. (*Leguminosae*). Bh. im Mittelmeerraum von Korsika ostwärts. Felsige Hügel. BZ Mai-Juni. Laubabwerfender, feinzweigiger Strauch bis 50 cm. Blätter einfach oder dreizählig, 1-2 cm lang, oblanzettlich. Blüten ca. 5 mm lang. Jeder durchlässige Boden; sonnige Lage. WH: bis —10°C.

Ulex gallii Planchon (*Leguminosae*). Bh. an der europäischen Atlantikküste von Schottland und Irland bis Nordwestspanien. Sandige und felsige Heidelandschaften, saurer Boden. BZ Juli-September. Immergrüner, dorniger Strauch bis 1 m. Unterscheidet sich vom Stechginster, *U. europaeus,* durch späte BZ, dunkelgelbe Blüten und schmalere, 1,5 mm breite Hüllchen. Vom herbstblühenden *Ulex minor* Roth unterscheidet er sich durch längere Kelche (über 10 mm) und 12,5-16 mm lange Fahnen. Saurer Boden; sonnige Lage. WH: bis —15°C.

Ulex europaeus L. Stechginster. Bh. in Westeuropa von Schottland bis Spanien, Italien und Nordafrika. Sandige Heidelandschaften und Hügel. BZ April-Juni, aber immer wieder auch im Herbst und Winter blühend. Immergrüner Strauch bis 2,5 m. Blätter zu Schuppen oder kleinen Dornen verkümmert. Blüten 15-20 mm lang, süß und schwer duftend. Hülsen schwarz, behaart. Saurer oder neutraler Boden; sonnige Lage. WH: bis —20°C, neu aus der Basis treibend, wenn zurückgefroren.

Ononis speciosa Lag. (*Leguminosae*). Bh. in Süd- und Südostspanien und Nordafrika. Trockene Hänge und Gebüsche. BZ Mai. Drüsiger, klebriger, immergrüner Strauch bis 1 m. Blättchen 15-23 mm, oval bis rundlich. Blüten 15-20 mm lang. Jeder durchlässige, trockene Boden; sonnige Lage. WH: vielleicht bis —10°C.

Genista lydia

Ulex gallii auf dem Dartmoor

Genista hispanica

Anthyllis hermanniae

Ononis speciosa in Spanien

Ulex europaeus und *Cytisus scoparius* (von fern) in Schottland

Lonicera quinquelocularis
Kolkwitzia amabilis
Lonicera involucrata
Lonicera maackii var. podocarpa
Lonicera bracteolaris
Lonicera tomentella
Lonicera pyrenaica
Chionanthus virginicus
Chionanthus retusus

10. Juni, Kew

Lonicera korolkowii Milling House, Gloucestershire

Lonicera tartarica ›Hack's Red‹

Lonicera implexa in Südspanien

Lonicera japonica

Lonicera henryi

Kolkwitzia amabilis Graebn. (*Caprifoliacea*) Kolkwitzie. Bh. in Schaanxi und Westhubei; anscheinend seltene Pflanze. Laubabwerfender Strauch bis 2,5 m. Jeder Boden; sonnige Lage. WH: bis –20° C. Frühsommer.

Chionanthus retusus Lindl. & Paxton (*Oleaceae*) Chinesischer Schneeflockenstrauch. Bh. in China, Taiwan und Korea sowie auf Südhonshu. Wälder und Felsen. BZ April-Mai. Laubabwerfender, 2-3 m hoher Strauch. Blätter der jungen Pflanzen gezähnt. WH: bis –15° C. Spätfrühling.

Chionanthus virginicus L. (*Oleaceae*) Virginischer Schneeflockenstrauch. Bh. von Florida und Texas bis New Jersey, Ohio und Missouri. Feuchter Boden, Gehölze und Gebüsche. BZ April-Juni. Laubabwerfender, zweihäusiger Strauch oder kleiner, bis 9 m hoher Baum. Feuchter, nährstoffreicher Boden; sonnige Lage. WH: bis –25° C. Spätfrühling.

Lonicera tartarica L. (*Caprifoliacea*) Tartarische Heckenkirsche. Bh. vom Kaukasus bis zum Altai. Heimisch geworden in Westeuropa und im Osten Nordamerikas. Gebüsche und trockene Hügel. BZ Mai-Juni. Laubabwerfender, aufrechter Strauch bis 4 m. Jeder Boden; sonnige Lage. WH: bis –25° C. Unter den zahlr. Sorten ist ›Hack's Red‹ eine mit den dunkelsten Blüten.

Lonicera korolkowii Stapf. Korolkows Heckenkirsche. Bh. in Zentralasien, Afghanistan und Nordpakistan. Gebüsche auf trockenen Hügeln. BZ Juni-Juli. Laubabwerfender Strauch bis 3 m. Blüten 1,5 cm lang. Früchte rot. WH: bis –20° C.

Lonicera pyrenaica L. Pyrenäen Heckenkirsche. Bh. in den Pyrenäen, in Nordostspanien und auf den Balearen. Kalkfelsen. BZ Mai-Juni. Feinzweigiger, laubabwerfender Strauch bis 1 m. Blüten 12-15 mm (bis 20 mm bei var. *majoricensis*). Früchte rot. WH: bis –15° C.

Lonicera quinquelocularis Hardw. Durchsichtige Heckenkirsche. Bh. im Himalaja von Afghanistan bis Yunnan. Wälder, Gebüsche und Hecken in 1800-3000 m Höhe. BZ Mai-Juli. Großer Strauch oder kleiner, breitwüchsiger Baum bis 5 m. Früchte weißlich, durchscheinend, mit rötlichen Samen. WH: bis –15° C. Frühsommer.

Lonicera maackii Maxim. var. ***podocarpa*** Franch. Bh. in Westhubei und Zhejiang. Gebüsche und Hecken in 900-1500 m Höhe. BZ Mai-Juni. Laubabwerfender, breitwüchsiger Strauch bis 4 m. Jeder Boden; sonnige Lage. WH: bis –15° C.

Lonicera involucrata (Richards) Banks. Behüllte Heckenkirsche. Bh. in Nordamerika von Alaska bis Mexiko. Feuchte Standorte im Gebirge in 1800-3000 m Höhe. Unter 1000 m in Kalifornien und entlang der großen Seen bis Quebec anzutreffen; wächst dort gewöhnlich auf Kalkstein in Gehölzen am Wasser. BZ Juni-August. Laubabwerfender Strauch bis 1 m. WH: bis –25° C.

Lonicera tomentella Hook. f. & Thoms. Flaumheckenkirsche. Bh. in Sikkim. Ziemlich trockene Täler in 2500-3500 m Höhe. BZ Juni. Laubabwerfender, aufrechter Strauch bis 4 m. Früchte blauschwarz. WH: bis –15° C. Sommer.

Lonicera bracteolaris Boiss. & Bhuse. Bh. in Georgien. WH: bis –20° C.

Lonicera japonica Thunb. Japanisches Geißblatt. Bh. in China, westwärts bis Hubei, in Taiwan, Korea und Japan. Im Osten Nordamerikas heimisch geworden. Gebüsche und Gehölze. BZ Mai-Juli. Windender, bis 6 m hoher Strauch. Blüten 3-4 cm lang, duftend. Früchte schwarz. Jeder Boden; Halbschatten. WH: bis –20° C, ›Halliana‹ bis –15° C.

Lonicera henryi Hemsl. Henrys Geißblatt. Bh. in Westsichuan und Westhubei, dort sehr verbreitet. Gebüsche in 1200-2300 m Höhe. BZ Juni-Juli. Windender, immergrüner Strauch bis 4 m. Blüten 2 cm lang. Früchte schwarz. WH: bis –20° C.

Lonicera implexa Aiton. Verschlungenes Geißblatt. Bh. im gesamten Mittelmeerraum und in Portugal. Felsige Standorte und Gebüsche. BZ April-Juni. Immergrüner, windender Strauch bis 4 m. Blüten 2,5-4,5 cm lang. Früchte rosarot. WH: bis vielleicht –10° C.

20. Mai, Cambridge

Lonicera etrusca G. Santi (*Caprifoliaceae*) Etrurisches Geißblatt. Bh. in der Südschweiz und im östlichen Mittelmeerraum. Hecken und Gebüsche. BZ ab Juni. Laubabwerfender, kletternder Strauch bis 10 m. Obere Blätter verwachsen. Blüten 3,5-4,5 cm lang. Jeder Boden; Sonne oder Halbschatten. WH: bis —15°C.

Lonicera periclymenum L. (*Caprifoliaceae*) Waldgeißblatt. Bh. von Irland und Südschweden bis Nordafrika. Gehölze, Gebüsche und Hecken. BZ Juni-August. Laubabwerfender, kletternder Strauch bis 4 m. Alle Blätter stets frei. Sonne oder Halbschatten. WH: bis —20°C. **›Graham Thomas‹** ist eine sehr reich blühende Form. **›Belgica‹** war schon vor 1789 bekannt.

L.* × *tellmanniana Magyar. Hybride zwischen *L. tragophylla* und *L. sempervirens,* um 1920 in Budapest gezogen. Laubabwerfender Strauch bis 6 m. Blüten etwa 5 cm lang, gelb oder orange. Wächst und blüht gut im Schatten. WH: bis —10°C.

Lonicera tragophylla Hemsl. (*Caprifoliaceae*). Bh. in Westhubei. Gebüsche und Gehölze in 800-1800 m Höhe. BZ Juni-August. Laubabwerfender, windender Strauch bis 6 m. Blätter unten bläulichgrün, oberes Paar verwachsen. Blüten gelb, 7-8 cm lang. Jeder Boden; die Wurzeln sollten beschattet sein. WH: bis —20°C.

L.* × *brownii (Reg.) Carr. **›Fuchsioides‹**. Hybride zwischen *L. sempervirens* und *L. hirsuta,* vor 1850 gezogen. Eng verwandt mit *L. sempervirens,* jedoch laubabwerfend mit kurzen, sehr feindrüsigen Blüten. Blüten ca. 4 cm lang, von Spätfrühling bis Frühherbst. Jeder Boden; Halbschatten. WH: bis —15°C.

Lonicera caprifolium L. (Caprifoliaceae) Jelängerjelieber. Bh. von Österreich bis zur Türkei; in Westeuropa heimisch geworden. Hecken und Gebüsche. BZ Mai-Juni. Kletternder Strauch bis 3 m. Obere Blättchenpaare verwachsen. Jeder Boden; vollsonnige Lage. WH: bis —20°C.

Lonicera* × *americana (Mill.) K. Koch. Vermutlich Hybride zwischen *L. caprifolium* und *L. etrusca.* Weniger kletternd als beide Elternpflanzen. Feinzweigiger, windender Strauch bis 10 m. Obere 1-3 Blättchenpaare verwachsen. Jeder Boden; vollsonnige Lage. WH: bis —20°C. Spätfrühling.

Jasminum beesianum Forest & Diels (*Oleaceae*). Bh. in Yunnan und Westsichuan. Hecken, Grasböschungen und Schluchten in 1000-2000 m Höhe. Blüht im Mai-August. Laubabwerfender, windender Strauch bis 3 m. Blätter bis 5 cm lang. Blüten dunkel- bis blaßrosa. Jeder Boden; Sonne oder Halbschatten. WH: bis —15°C.

Abelia triflora R. Br. ex. Wall. (*Caprifoliaceae*). Bh. von Afghanistan bis Nepal. Gebüsche und Abhänge in 1500-4200 m Höhe. BZ Mai-Juli. Laubabwerfender Strauch bis 4 m. Jeder Boden; sonnige Lage. WH: bis —15°C.

Lonicera chaetocarpa Rehder (*Caprifoliaceae*). Bh. in Westsichuan, Gansu und Osttibet. Gebüsche in 2000-3500 m Höhe. BZ Juni-Juli. Laubabwerfender Strauch bis 2 m. Früchte orangerot, von blassen Deckblättern umgeben. Jeder Boden; sonnige Lage. WH: bis —25°C.

Dipelta floribunda Maxim. (*Caprifoliaceae*). Bh. in Westhubei und Schaanxi. Wälder und lichte Gebüsche in 1200-1800 m Höhe. BZ Mai-Juni. Laubabwerfender Strauch bis 5 m. Deckblätter schildförmig verbreitert, in ihrem Mittelpunkt angeheftet. Blüten 3 cm lang. Jeder Boden; Sonne oder Halbschatten. WH: bis —20°C.

Lonicera tragophylla, Spetchley Park

Lonicera × *tellmanniana*

Lonicera etrusca

L. periclymenum ›Graham Thomas‹

L. periclymenum ›Belgica‹

Abelia floribunda in Trebah, Cornwall

Dipelta yunnanensis in Lijiang

Abelia umbatellata, Crathes Castle

Abelia floribunda Decne. (*Caprifoliaceae*). Bh. in Mexiko. Wächst in etwa 3300 m Höhe. Immergrüner Strauch bis 2,5 m, in Kultur bis 6 m. Blätter eiförmig, glänzend, 2-4 cm lang. Blüten 3-5 cm lang, auf den vorjährigen Trieben. Jeder gute Boden; vollsonnige Lage. WH: in geschützter Lage bis —10° C. Frühsommer.

Abelia umbellata (Graeb. & Buch.) Rehd. Bh. in Westhubei und Ostsichuan. Wälder in 1200-1800 m Höhe. BZ Juni. Laubabwerfender, bis 3 m hoher Strauch mit steifhaarigen Zweigen. Blätter ziemlich lederartig, lanzettlich oder oval, 4-8 cm lang, gezähnt, Nerven auf der Unterseite manchmal behaart, Blattstiele an der Basis verbreitert. Kelchblätter ca. 17 mm. Blüten mit 15-18 cm langer Röhre und 3 mm breiten Lappen, duftend. Griffel so lang wie die Röhre. Jeder Boden; Sonne oder Halbschatten. WH: bis —15° C. Frühsommer. Ein seltener Strauch. Die hier abgebildete alte Pflanze gedeiht sehr gut im Crathes Castle Garden, Aberdeenshire. Bes. Merkmale: kleine Blüten in Gruppen von 5-7, Blattstiele an der Basis verbreitert, kurzer Griffel.

Dipelta yunnanensis Franch. (*Caprifoliaceae*). Bh. in Nordwestyunnan. Kiefernwälder und Gebüsche in 2500-3000 m Höhe. BZ Mai. Laubabwerfender Strauch bis 4 m, gewöhnlich etwa 2 m. Blätter eiförmig bis lanzettlich, lang zugespitzt, unten auf der Mittelrippe fein behaart, 5-12 cm lang. Blüten mit 2-5 cm langen Stielen, weißlich, rosa überlaufen, im Schlund orange, 2-2,5 cm; Deckblätter herzförmig (nicht so groß wie bei *D. ventricosa*). Jeder gute Boden; Sonne oder Halbschatten. WH: bis —15.° Spätfrühling.

Lonicera tangutica Maxim. (*Caprifoliaceae*) Tangutische Heckenrose. Bh. in Gansu, Westsichuan und Nordyunnan. Lichte Wälder, felsige Standorte in 1800-3300 m Höhe. BZ Mai-Juni. Breitwüchsiger, laubabwerfender, Strauch bis 2 m. Blätter obovat bis oval, 1,5-3 cm lang, gewimpert. Blüten in Paaren, an schlanken Stielen hängend, 1,5-3 cm lang. Hochblätter sehr schmal, etwa so breit wie die Fruchtknoten. Früchte rot. Jeder gute Boden; Sonne oder Halbschatten. WH: bis —15° C. Spätfrühling.

Weigela florida (Bge.) DC. **›Foliis Purpureis‹** (*Caprifoliceae*). Bräunlich-purpurnblättrige Form von *W. florida.* Entweder ›in Frankreich aus chinesischen Samen gezogen‹ (laut Bean, in der *Revue Horticole* zitiert) oder ›in Holland gefunden‹ (Krüssmann). Ziemlich niedrig wachsende Varietät von straff aufrechtem Wuchs, bis 1,5 m hoch. *W. florida* Liebliche Weigelie. Bh. auf Kyushu, in Korea und Nordostchina. Laubabwerfender Strauch bis 3 m oder höher. Blätter eiförmig bis obovat, lang zugespitzt, oben kahl, unten auf den Nerven behaart. Kelchabschnitte so lang wie die Röhre. Blüten ca. 3 cm lang. Jeder Boden; Sonne oder Halbschatten. WH: bis —20° C. Frühsommer.

Leycesteria crocothyrsos Airy Shaw (*Caprifoliaceae*). Bh. im Delei-Tal in Assam. Steile Felsen in geschützter Lage und Dickichte in 1800 m Höhe. BZ Mai. Laubabwerfender Strauch bis 2 m. Blätter 5-12,5 cm lang, eiförmig bis lanzettlich, lang zugespitzt, am Rand und auf der Unterseite behaart. Blüten 2 cm lang, gelb, in hängender, bis 18 cm langer Traube. Früchte etwas borstig. Jeder durchlässige Boden; Sonne oder Halbschatten. WH: bis —15° C. Sommer.

Lonicera tangutica in Lijiang, Yunnan

Leycesteria crocothyrsos

Weigela praecox

Weigela middendorfiana und Blätter von *Podophyllum emodi*

Weigela ›Gustave Mallet‹

Weigela florida ›Foliis Purpureis‹

Sambucus racemosa ›Tenuifolia‹

Sambucus nigra ›Pulverulenta‹

Weigela praecox (Lemoine) Bailey. Frühblütige Weigelie. Bh. in China und Nordostchina (Heilongjiang) sowie in Ostsibirien (am Ussuri). Breitwüchsiger oder aufrechter, laubabwerfender Strauch bis 2 m. Blätter oval bis obovat, 5-8 cm lang, lang zugespitzt, oben und unten behaart. Blüten etwas nickend, in Gruppen von 3-5 auf kurzen Seitentrieben. Kelchabschnitte behaart, lanzettlich, etwa so lang wie die Röhre. Jeder Boden; vollsonnige Lage. WH: bis —20°C. Spätfrühling.

Weigela middendorfiana (Trautv. & C. A. Mey) K. Koch. Gelbblütige Weigelie. Bh. in Nordchina und Ostsibirien, auf Hokkaido und Nordhonshu. Bildet im Gebirge niedrige Dickichte. BZ Juli. Laubabwerfender Strauch bis 1,5 m. Blätter länglich oder schmal eiförmig, spitz oder lang zugespitzt, unten behaart, 5-8 cm lang. Blüten in Paaren, in den Achseln der oberen Blätter; Kelch tief eingeschnitten, zwei Abschnitte. Blüten 3,5-4 cm lang, mit kurzer enger Röhre an der Basis, auf ca. 3 cm langen Stielen. Staubbeutel zusammenhaftend. Kapseln glatt. Jeder feuchte, durchlässige Boden; Sonne oder Halbschatten. WH: bis —20°C, aber empfindlich gegen Spätfrost. *W. maximowiczii* (S. Moore) Rehd. ist ziemlich ähnlich, jedoch größer, eleganter und hat kleinere, sitzende Blüten sowie eine lange schmale Röhre an der Basis der Blütenkrone. Sie kommt nur im Gebirge von Zentralhonshu vor.

***Weigela* ›Gustave Mallet‹**. Alte Sorte, 1868 von Billard in Fontenay-Aux-Roses gezogen; wahrscheinlich kreuzte er *W. coraiensis* mit *W. florida.* Aufrechter, laubabwerfender Strauch bis 2 m. BZ Frühsommer. WH: bis —20°C. Am besten in nährstoffreichem, feuchtem Boden zu ziehen. Sollte nach der Blüte beschnitten werden, um neue Triebe zu fördern. Ungefähr 170 Sorten von Rot über Rosa bis Weiß sind registriert. ›Dame Blanche‹ und ›Bristol Snowflake‹ sind schöne weiße Sorten, ›Eva Rathke‹ und ›Eva Supreme‹ schöne dunkelrote.

***Sambucus nigra L.* ›Pulverulenta‹** (syn. Albopunctata) (*Caprifoliaceae*). Bemerkenswerte Form des Schwarzen Holunders. Junge Blätter fast rein weiß, die älteren grün, grob weißgefleckt. In einem Gebüsch in West Dean, Sussex, fotografiert. Sehr eindrucksvoller, weißer Strauch bis 3 m; am schönsten im Mittsommer. In England seit 1740 bekannt.

***Sambucus racemosa* ›Tenuifolia‹** Form von *S. racemosa* mit sehr fein geschnittenen, in der Jugend purpurfarbenen Blättern. Bildet einen niedrigen Busch bis 1 m wie ein japanischer Ahorn, hat aber hellrote Beeren. Aus ›Plumosa‹ gezüchtet, die vor 1886 in Rußland entstanden ist.

25. März, Windsor

Rhododendron cyanocarpum (Franch.) W. Smith (SS. *Thomsonia*) (*Ericaceae*). Bh. in Westyunnan. Waldränder oberhalb von Dali, offene Wiesen, felsige Schluchten in 3000-4000 m Höhe. BZ Mai. Immergrüner Strauch bis 3,8 m. Feuchter, saurer Boden; leichter Schatten. WH: bis —15°C. Frühjahr.

R. stewartianum Diels (SS. *Thomsonia*) Forrest 21841 (rahmweiß); 26922 (blaßrosa); 24891 (rosa). Bh. in Westyunnan, Nordbirma und Südosttibet. Felsige Abhänge, Gebüsche und Bambus in 3000-4250 m Höhe. BZ Mai-Juni. Immergrüner Strauch bis 2,5 m. Feuchter, saurer Boden; leichter Schatten. WH: —10°C bis —15°C. Vorfrühling.

R. eclectum Balf. fil. & Forrest var. ***eclectum*** (SS. *Thomsonia*) Kingdon Ward 21006. Bh. in Südosttibet, Nordwestyunnan, Südwestsichuan und Nordbirma. Felsige Abhänge, Gebüsche und Bambusdickichte in 3000-4000 m Höhe. BZ Mai-Juni. Immergrüner Strauch bis 3 m. Feuchter, saurer Boden; leichter Schatten. WH: —10°C bis —15°C. Vorfrühling.

R. eclectum var. ***bellatulum*** Balf. fil. ex. Tagg (SS. *Thomsonia*) Forrest 21770. Standorte wie bei var. *eclectum*, wächst jedoch nur in Nordwestyunnan und hat längere Blattstiele (8-30 mm statt 4-10 mm) und breitere Blätter. Die Zwischenformen dieser beiden echten Varietäten haben Blüten in vielen Farbschattierungen und Kombinationen.

R. fulgens Hook fil. (SS. *Fulgensia*). Bh. im Himalaja von Ostnepal bis Bhutan, Nordostindien und Südtibet. Mischwälder und Gebüsche in 3200-4300 m Höhe. BZ Mai-Juni. Immergrüner Strauch bis 4,5 m. Rinde glatt, ablösend. Feuchter, saurer Boden; etwas Schatten. WH: —10°C bis —15°C. Vorfrühling.

R. meddianum Forr. (SS. *Thomsonia*) Forrest 24104. Bh. in Nordbirma und Westyunnan. Offene felsige Hänge und Gebüsche in 2700-3600 m. BZ Juni. Immergrüner Strauch bis 1,8 m. Var. *atrokermesinum* Tagg bildet größeren Strauch mit schöneren Blüten, ist in der Regel aber weniger wh. Feuchter, saurer Boden; leichter Schatten. WH: —10°C bis —15°C. Vorfrühling.

R. mallotum Balf. fil. & Kingdon Ward (SS. *Neriiflora*) Farrer 815. Bh. in Westyunnan und Nordost-Oberbirma, westlich des Saluën. Felsen, felsige Berghänge, Bambusdickichte in 3350-3650 m Höhe. BZ April-Mai. Immergrüner Strauch bis 6,5 m. Feuchter, saurer Boden; Halbschatten. WH: —10°C bis —15°C.

R. beanianum Cowan (SS. *Neriiflora*). Bh. in Nordost-Oberbirma, im Seingku- und Deleital an der Grenze zu Indien sowie in Tibet. Bambuswälder, geschützte Felsen und offene Gebirgshänge in 3000-3500 m Höhe. BZ Juni. Immergrüner Strauch bis 3 m. Blätter bis 9 cm lang, unten rotbraun, dicht samtig behaart. Feuchter saurer Boden; Halbschatten. WH: —10° bis —15°C. Vorfrühling.

R. haematodes Franch. (SS. *Neriiflora*). Bh. im Westyunnan. Felsige Gebirgshänge und Gebüsche in 3650-4450 m Höhe. BZ Mai-Juli. Immergrüner Strauch bis 1,5 m. Blätter rehbraun bis rotbraun, unten wollig. Feuchter, saurer Boden; etwas Schatten. WH: bis —15°C. Frühsommer.

R. pseudochrysanthum Hayata (SS. *Maculifera*). Bh. in Taiwan. Unterholz von Nadelwäldern und offene Abhänge in 1800-4000 m Höhe. Immergrüner Strauch bis 3 m, meist jedoch nur 1 m. Feuchter, saurer Boden; Sonne oder Schatten. WH: bis —15°C. Prächtiger, kompakter Strauch. Frühjahr.

R. mallotum, Wakehurst Place

R. beanianum, Nymans

R. haematodes

R. pseudochrysanthum

25. März, Windsor

R. pachytrichum in Boaxing, Sichuan

R. argyrophyllum subsp. nankingense ›Chinese Silver‹

R. bureavii in Inverewe

Rhododendron strigillosum Franch. (SS. *Maculifera*). Bh. in Sichuan und Nordostyunnan. Gebüsche, Wälder und Felsen in 2200-3350 m Höhe. BZ April-Juni. Immergrüner Strauch bis 2,5 m. Feuchter, saurer Boden; etwas Schatten. WH: $-10°$C bis $-15°$C. Vorfrühling.

R. uvariifolium Diels (SS. *Fulva*) L. S. & E. 15817. Bh. in Nordwestyunnan, Südosttibet und Südwestsichuan. Offene Abhänge mit Kalkfelsen, Gebüsche und Nadelwälder in 3000-4000 m Höhe. BZ Mai-Juni. Immergrüner Strauch bis 10 m. Saurer, kalkfreier Boden; leichter Schatten. WH: $-10°$C bis $-15°$C.

R. pachytrichum Franch. (SS. *Maculifera*) Wilson 1522. Bh. in Sichuan und Nordostyunnan. Gebüsche und lichte Nadelwälder in 2500-3600 m Höhe. BZ Mai. Immergrüner Strauch bis 6 m. Blätter bis 15 cm lang, verzweigte Haare auf der Mittelrippe und wenige gestielte Drüsen auf dem Blattstiel. Saurer Boden. WH: bis $-15°$C. Leichter Schatten. Vorfrühling.

R. fulvum Balf. fil. & W. W. Sm. (SS. *Fulva*) Forrest 24110. Bh. in Westyunnan, Südosttibet und Nordost-Oberbirma. Felsige Abhänge, Gebüsche und lichte Nadelwälder in 3000-4700 m Höhe. BZ Mai-Juni. Immergrüner Strauch bis 8 m oder höher. Feuchter, saurer Boden; Schatten. WH: $-10°$C bis $-15°$C. Vorfrühling.

R. barbatum Wall. ex. G. Don (SS. *Barbata*). 1862 von J. S. Smythe gesammelt. Bh. im Himalaja von Nordindien und Uttar Pradesch bis Bhutan und Südtibet. Wälder und Gebüsche in 2700-3700 m Höhe. BZ April-Juni. Immergrüner Strauch bis 9 m. Rinde gräulich, ablösend. Feuchter, saurer Boden; etwas Schatten. WH: $-10°$C bis $-15°$C. Vorfrühling.

R. lanigerum Tagg (SS. *Arborea*). Bh. im Tsangpotal, Südtibet, und im Deleital, Nordostindien. Nadel- und Bambuswälder in 2550-3350 m Höhe. BZ Mai. Immergrüner Strauch bis 6 m. Blätter weißlich bis blaßbraun, unten filzig. Feuchter, saurer Boden; leichter Schatten. WH: $-10°$C bis $-15°$C. Vorfrühling.

R. principis Bur. & Franch. (incl. *R. vellereum*) (SS. *Taliensia*) L. S. & E. 15831. Bh. in Osttibet, bes. verbreitet im Tsangpotal. Lichte Nadelwälder, trockene felsige Berghänge und Felsen, häufig Kalkstein, in 2900-3950 m Höhe. BZ Mai. Immergrüner Strauch bis 6 m. Feuchter, kalkfreier Boden; leichter Schatten. WH: bis $-15°$C. Vorfrühling.

R. argyrophyllum Franch. subsp. ***nankingense*** (Cowan) Chamberlain **›Chinese Silver‹** (SS. *Argyrophylla*). Bh. in Guizhou und Sichuan. Felsige Abhänge in etwa 1250 m Höhe. Immergrüner Strauch bis 12 m. Blätter in der Jugend silbrig. Saurer Boden; etwas Schatten. WH: bis $-15°$C. Andere Unterarten von *R. argyrophyllum* haben kleinere Blätter und Blüten. Spätfrühling.

R. bureavii Franch. (SS. *Taliensia*). Bh. in Nordyunnan. Lichte Nadelwälder und Gebüsche in 3350-4250 m Höhe. BZ Mai. Immergrüner Strauch bis 3 m. Blätter unten mit dichtem rotbraunem Filz. Feuchter, saurer Boden; etwas Schatten. WH: bis $-10°$C. Wird wegen seiner prächtigen Blätter geschätzt. Frühjahr.

R. bureavii

R. strigillosum

24. März, Windsor

R. lutescens Franch. (SS. *Triflora*). Bh. in Zentralsichuan. Gebüsche an Berghängen, Hecken und Waldränder in 1750-3000 m Höhe. BZ April-Mai. Immergrüner oder halbimmergrüner Strauch bis 6 m. Kalkfreier Boden; feucht in der Wachstumsphase. Sonne oder Schatten; verträgt Hitze und Trockenheit einigermaßen gut. WH: bis —10° C. Vorfrühling.

***R.* ›Golden Oriole Talavera‹** (*R. moupinense* × *R. sulfureum*). Vor 1947 von J. C. Williams gezogen. Immergrüner Strauch bis 1 m. Rinde rotbraun, ablösend. Feuchter, saurer Boden; Sonne oder Halbschatten. WH: bis —10°C. Vorfrühling.

***R.* ›Seta‹** (*R. moupinense* × *R. spinuliferum*). Um 1933 von Lord Aberconway gezogen. Immergrüner Strauch bis 1,5 m, breiter als hoch. Feuchter, saurer Boden; Sonne oder Halbschatten. WH: bis —10° C. Vorfrühling.

***R.* ›Nestor‹** (*R. barbatum* × *R. thomsonii*). Vor 1969 von Sir Edmund Loder gezogen. Immergrüner Strauch bis 3 m oder höher. Feuchter, saurer Boden; Halbschatten. WH: bis —10°C. Vorfrühling.

***R.* ›Silkcap‹** (*R. leucaspis* × *R. Cilpinense*). Vor 1951 in Windsor gezüchtet. Saurer Boden. WH: bis —10°C. Vorfrühling.

R. johnstoneanum Hutch. (SS. *Maddenia*). Bh. in Nordostindien. Wächst in lichten Gebüschen, an Waldrändern und als Epiphyt in 1850-3100 m Höhe. BZ April-Mai. Höhe bis 4,5 m. Blüten duftend. Saurer Boden; feucht in der Wachstumsphase. Sonnige Lage oder Schatten. WH: —5°C bis —10°C. Spätfrühling.

***R.* ›Praecox‹** (*R. dauricum* × *R. ciliatum*). Höhe bis 1,5 m, breiter als hoch. Um 1853 bei Liverpool von Isaac Davis gezogen. Saurer oder neutraler Boden; Sonne oder Halbschatten. WH: bis —15°C, Blüten jedoch sehr frostempfindlich. Vorfrühling.

***R.* ›Cilpinense‹** (*R. ciliatum* × *R. moupinense*). Höhe bis 1 m, breiter als hoch. Feuchter, saurer oder neutraler Boden; etwas Schatten. WH: bis —10°C, Blüten jedoch sehr frostempfindlich. Vorfrühling.

***R.* ›Choremia‹** (*R. arboreum* × *R. haematodes*). Vor 1933 von Lord Aberconway gezogen. Immergrüner Strauch bis 5 m. Saurer Boden; Halbschatten. WH: bis —15°C. Vorfrühling.

***R.* ›Portia‹** (*R. neriiflorum* × *R. strigillosum*). Vor 1935 von Lord Aberconway gezüchtet. Immergrüner Strauch bis 5 m. Saurer Boden; Halbschatten. WH: bis —15°C. Vorfrühling.

R. caucasicum Pallas. Kaukasusrhododendron (SS. *Pontica*). Bh. im Kaukasus und im Nordosten der Türkei und in Georgien. Bergwiesen in 2000-3000 m Höhe. BZ Mai-Juli. Immergrüner Strauch bis 1,5 m. Blätter bis 7,5 cm lang, unten bräunlich und samthaarig. Feuchter, saurer Boden; Sonne oder leichter Schatten. WH: bis —20°C. Frühjahr.

R. leucaspis Tagg (SS. *Boothia*). Bh. in der Tsangposchlucht in Südtibet. Grasbewachsene Hänge und Gebüsche in 2450-3050 m Höhe. Bis 1 m hoch. Feuchter, saurer Boden; etwas Schatten. WH: bis —10°C. Frühjahr.

***R.* ›Rosa Mundi‹** (*R. caucasicum* Hybride?). Bis 1 m hoch, sehr langsam wachsend. Sonst wie *R. caucasicum*. Feuchter, saurer Boden; sonnige Lage. WH: bis —20°C. Frühjahr.

***R.* ›Elizabeth‹** (*R. forrestii* var. *repens* × *R. griersonianum*). Höhe bis 2 m, Breite 3 m oder mehr. Blüten bis 7,5 cm im Durchmesser. Um 1933 von F. C. Puddle, Bodnant, gezogen. Feuchter, saurer Boden; Sonne oder Halbschatten. WH: bis —15°C. Frühjahr.

R. caucasicum am Berg Ellopus in Kaukasien

R. caucasicum

R. leucaspis

R. caucasicum

R. ›Rosa Mundi‹

R. ›Elizabeth‹

4 April, Valley Gardens, Windsor

R. calophytum in Boaxing, Sichuan

R. vernicosum in Lijiang auf Kalkboden

Rhododendron calophytum Franch. (SS. *Fortunea*). Bh. in Zentral- und Ostsichuan sowie in Nordostyunnan. Wälder, Gebüsche und bambusbewachsene Hänge in 1800-4000 m. BZ Mai-Juni. Großer, immergrüner Strauch oder Baum bis 12 m. Griffel mit großer, flacher Narbe. Var. *openshawianum* (Rehder & Wilson) Chamberlain hat weniger Blüten pro Blütenstand und kürzere, schmalere, bis 18,5 cm lange Blätter mit feinspitzer Blattspitze. Am Omei Shan kommen beide Pflanzen vor. Feuchter, saurer Boden; Schatten oder Halbschatten. WH: bis −20°C. Vorfrühling.

R. oreodoxa Franch (SS. *Fortunea*) Wilson 4245 Bergruhmrhododendron. Bh. in Sichuan, Nordwestyunnan, Gansu, Shaanxi und Hubei. Wächst in Wäldern, bes. auf Bergkämmen in 2650-4150 m. BZ Mai-Juni. Immergrüner Strauch bis 5 m. Fruchtknoten bei var. *oreodoxa* kahl; bei var. *fargesii* sind Blütenstiele und Fruchtknoten drüsig; var. *shensiense* hat drüsige Fruchtknoten und rötlich behaarte Blütenstiele. In Gärten oft sehr reich blühend. Feuchter, saurer, kalkfreier Boden; Sonne oder Halbschatten. WH: bis −20°C. Vorfrühling.

R. sutchuenense Franch. (SS. *Fortunea*). Bh. in Nordsichuan, Schaanxi, Hubei, Guizhou und Guangxi. Wälder in 1000-2500 m Höhe. BZ April-Mai. Immergrüner Strauch bis 5 m. Griffel mit kleiner Narbe. Feuchter, saurer Boden; etwas Schatten. WH: bis −20°C. Vorfrühling.

R. montroseanum Davidian (SS. *Grandia*). Bh. in Südtibet; sehr verbreitet im Regenwald der Tsangposchlucht in 2400-2700 m Höhe. BZ Mai. Immergrüner Strauch bis 15 m. Blätter 30 cm oder länger, unten silbrig. Feuchter, saurer Boden; schattige, geschützte Lage. WH: bis −10°C. Vorfrühling.

R. arboreum Smith var. ***roseum*** Lindl. (SS. *Arborea*). Bh. im Himalaja von Ostnepal bis Bhutan und Zentraltibet. Wälder und felsige Berghänge in 2750-3650 m Höhe. BZ März-Mai. Immergrüner Strauch bis 30 m, in der Regel baumartig. Blätter bis 11 cm lang, unten weiß oder rehbraun. Feuchter, saurer Boden; Schatten oder Halbschatten. WH: −10°C bis −15°C, normalerweise winterhärter als der rotblütige *R. arboreum*. Vorfrühling.

R. vernicosum Franchet (SS. *Fortunea*). Bh. in Nordyunnan, Südwestsichuan und Südgansu. Gebüsche, Nadel- und Mischwälder, unbewaldete felsige Berghänge in 2600-3650 m Höhe. BZ April-Juli. Sehr variable Art. Immergrüner Strauch bis 8 m, normalerweise jedoch kleiner und rundlich. Blüten 3,5-5 cm, blaßrosa bis rosa-purpurfarben. Feuchter, kalkfreier Boden; etwas Schatten. WH: −15°C bis −20°C. (siehe auch S. 143). Frühjahr.

R. orbiculare Decne (SS. *Fortunea*). Bh. in Süd- und Zentralsichuan um Boaxing und weiter südlich sowie in Nordostguangxi. Nadelwälder und Felsen in 2500-4000 m Höhe. BZ Mai-Juni. Immergrüner, bis 15 m hoher Strauch, bleibt jedoch lange ein rundlicher Busch bis 3 m. Blätter bis 10 cm lang und fast ebenso breit. Feuchter, saurer oder neutraler Boden; Sonne oder Halbschatten. WH: bis −15°C; Blütenstiele brechen allerdings bei starkem Wind leicht ab. Frühjahr.

R. oreodoxa in Boaxing

R. orbiculare

4. April, Sandling Park

Rhododendron **›Jane Hardy‹** (*R. nuttallii* [L. & S. 12117] × *R. lindleyi* [L. & S. 7244]). Von G. A. Hardy, Sandling Park, Kent, 1981 gezogen. Immergrüner Strauch bis 2 m oder höher. Durchlässiger, saurer Boden; Sonne oder Halbschatten. WH: bis −15°C. Frühjahr.

R. **›Countess of Haddington‹** (*R. ciliatum* × *R. dalhousiae* var. *dalhousiae*). Immergrüner Strauch bis 1,5 m. Blüten duftend. Durchlässiger, saurer Boden; etwas Schatten. WH: bis −7°C.

R. roseatum Hutch. (SS. *Maddenia*) inkl. die hier abgebildete *R. parryae* ›A. M. form‹. Bh. in Nordostbirma und Westyunnan. Wächst in Wäldern und epiphytisch auf Bäumen. Immergrüner Strauch bis 5 m. Rinde rötlich, ablösend. Blüten duftend. WH: bis −15°C. Frühjahr.

R. burmanicum Hutch (SS. *Maddenia*). Bh. in Westbirma. Wächst am Mount Victoria an Waldrändern und ungeschützten Standorten in ca. 3000 m Höhe. BZ März-April. Immergrüner Strauch bis 2 m. Blüten duftend. Hier abgebildet ist der Klon **›Elizabeth David‹**. Durchlässiger, saurer Boden; Sonne oder Halbschatten. WH: bis −10°C, jedoch nur kurzzeitig. Gedeiht gut um San Francisco, Kalifornien.

R. veitchianum Hooker (SS. *Maddenia*) (incl. *R. cubitti* Hutch). Hier abgebildet ist der Klon **›Ashcombe‹**, der für den wilden *R. veitchianum* nicht typisch ist. Bh. in Birma, Laos und Thailand. Als Ephiphyt oder auf Felsen in sommer- oder immergrünen Wäldern in 1200-2400 m Höhe. BZ März-Mai. Höhe bis 2 m. Blüten in der Regel duftend. BZ in Gärten von Vorfrühling bis Mittsommer. Verträgt Trockenheit, braucht jedoch Schatten. Kann in einem Kalthaus gut als Topfpflanze gezogen werden. WH: in geschützter Lage bis −5°C.

R. ciliicalyx Franch. (SS. *Maddenia*) Kingdon Ward 21081. Bh. in Nord- und Zentralyunnan, bes. um Dali. Felsige Berghänge in 2400 m Höhe. Blüht im Mai. Höhe bis 2 m. Blüten bis 6 cm, weiß oder rosa. Durchlässiger, saurer Boden. Solange der Strauch wächst, muß er gut gegossen werden. Sonne oder Halbschatten. WH: kurzzeitig bis −10°C. Frühling.

R. **›William Wright Smith‹** (*R. nuttallii* × *R. veitchianum*). Vor 1960 im Royal Botanic Garden, Edinburgh, gezogen. WH: bis −5°C.

R. pachypodum Balf. fil. Sm. (SS. *Maddenia*). Bh. in Nordostbirma und Yunnan. Steile grasbewachsene Abhänge, Felsen, Gebüsche und Waldränder in 1800-4000 m Höhe. BZ Mai-Juni. Immergrüner Strauch bis 7 m, oft jedoch nur ca. 1 m. Blüten bis 10 cm lang, manchmal duftend. Durchlässiger, kalkfreier, im Sommer feuchter Boden; braucht schattigen Standort, verträgt aber Hitze. WH: −5°C bis −10°C. Frühjahr bis Frühsommer.

R. dalhousiae Hooker fil. (SS. *Maddenia*). Bh. im Himalaja von Zentralnepal bis Bhutan und Südtibet. Wächst als Ephiphyt auf Bäumen oder auf bewaldeten Felsen in 1800-2450 m Höhe. BZ Mai. Immergrüner Strauch bis 3 m; schwachwüchsig. Kelchabschnitte nicht gewimpert (wie bei *R. lindleyi*). Blüten bis 10,5 cm lang (bei var. *rhabdotum* mit roten Linien). Sehr durchlässiger Boden. Verträgt an schattigem Standort Hitze und Trockenheit. WH: bis −5°C. Gedeiht in Cornwall und im Südwesten Schottlands gut im Freien. Frühjahr oder Sommer.

R. edgeworthii Hooker fil. (SS. *Edgeworthia*) syn. *R. bullatum* Franch. Bh. von Sikkim bis Yunnan. Wächst auf Bäumen und Felsen in 2000-3300 m Höhe. BZ April-Juni. Blätter auf der Unterseite mit dickem rötlichem Filz. Blüten duftend. Sehr durchlässiger, kalkfreier Boden; etwas Schatten. WH: −5°C bis −10°C. Frühling.

R. pachypodum oberhalb des Dalisees, Yunnan

R. edgeworthii in Bodnant

R. dalhousiae

R. pachypodum

23. April, Windsor Great Park

R. cinnabarinum in Minterne

R. *cinnabarinum* var. *roylei* in Crarae

R. cinnabarinum subsp. tamaense K. W. 21021

R. keysii

Rhododendron cinnabarinum Hooker fil. subsp. ***cinnabarinum*** (SS. *Cinnabarina*). Bh. im Himalaja von Ostnepal bis Südtibet. Wälder und Gebüsche in 2700-4000 m Höhe. BZ Mai-Juni. Immergrüner Strauch bis 7 m, meist nur etwa 3 m; lockerer Wuchs. Feuchter, saurer Boden; Schatten oder Halbschatten. WH: −10° C bis −15° C. Frühsommer.

R. cinnabarinum var. ***roylei*** (Hooker fil.) Hort. Blüten groß, tief karmesinrot. Gedeiht in Westschottland außergewöhnlich gut, z. B. in Benmore und Crarae. WH: bis −10° C.

R. cinnabarinum Hooker fil. subsp. ***tamaense*** (Daividian) Cullen Kingdon Ward 21021. Bh. in Nordbirma nahe der chinesischen Grenze. Gebüsche und Waldränder in 2750-3200 m Höhe. BZ Juni. Niedriger, halbimmergrüner oder sommergrüner Strauch bis 2 m. WH: bis −10° C.

R. cinnabarinum subsp. ***xanthocodon*** (Hutch.) Cullen (syn. *R. concatenans* Hutch.) L. S. & T. 6560. Bh. in Bhutan, Südtibet und Nordostindien. Berghänge und Wälder in 3050-3950 m Höhe. BZ April-Juni. Ist kompakter als subsp. *cinnabarinum* und hat breitere Blätter; Blüten weiter geöffnet, gelb bis orange oder purpurn. WH: bis −15° C.

R. cinnabarinum subsp. ***xanthocodon*** (Hutch.) Cullen var. ***purpurellum*** (Cowan) L. S. & T. 6349A. Die purpurblütige Form von subsp. *xanthocodon* aus Südtibet.

R. ›Alison Johnstone‹ (*R. cinnabarinum* subsp. *xanthocodon* × *R. yunnanense*). Um 1940 in Trewithen, Cornwall, gezogen. WH: bis −15° C.

R. russatum Balf. Fil. & Forr. (SS. *Lapponica*) Rock 18462. Bh. in Nordyunnan und Südwestsichuan. Waldränder und Bergwiesen in 3400-4300 m. BZ Juni. Immergrüner Strauch bis 2 m. Saurer Boden; sonnige Lage. WH: bis −20° C oder darunter. Spätfrühling.

R. racemosum Franch. (SS. *Scabrifolia*) Forrest 21965. Bh. in Yunnan und Südwestsichuan. Gebüsche, felsige Abhänge und Waldränder in 2750-4300 m Höhe; häufig Kalkboden. BZ Mai-Juni. Immergrüner Strauch bis 3 m, breiter als hoch. Feuchter, kalkfreier Boden; Sonne oder Halbschatten. WH: bis −10° C. Frühjahr.

R. ciliatum Hooker fil. (SS. *Maddenia*). Bh. im Himalaja von Ostnepal bis Südtibet. Wälder, Felsen und steile Abhänge in 2400-4000 m Höhe. BZ Mai-Juni. Immergrüner Strauch bis 2 m, breiter als hoch. Feuchter, kalkfreier Boden; Sonne oder Halbschatten. WH: bis −10° C. Frühjahr.

R. rubiginosum Franch. (SS. *Heliolepida*) Rock 24301. Bh. in Yunnan, Südwestsichuan, Südosttibet und Nordostbirma. Gebüsche, Felsen und lichte Wälder in 2500-3500 m Höhe. BZ Mai. Immergrüner Strauch bis 10 m oder höher. Saurer, kalkfreier Boden; verträgt etwas Trockenheit. Sonne oder Halbschatten. WH: −10° C bis −15° C. Frühjahr.

R. augustinii Hemsl. subsp. ***augustinii*** (SS. *Triflora*). Bh. in Ostsichuan und Hubei. Wächst an felsigen Standorten in vollsonniger Lage und an Waldrändern in 1300-3000 m Höhe. BZ Mai. Immergrüner Strauch bis 10 m. Blätter samthaarig auf der Unterseite. Saurer, eher trockener Boden. WH: −10° C bis −15° C; die blaßblütigen Formen sind gewöhnlich winterhärter. Frühjahr.

R. spinuliferum Franch. (SS. *Scabrifolia*). Bh. in Zentral- und Südyunnan, bes. um Kunming. Gebüsche und lichte Wälder in 1800-2500 m Höhe. BZ Februar-Mai. Immergrüner Strauch bis 2 m. Saurer oder Lateritboden; sonnige Lage. Hitzeresistent, aber frostempfindlich. WH: bis −10° C.

R. keysii Nutt. (SS. *Cinnabarina*). Bh. im Himalaja von Sikkim bis Bhutan (dort sehr verbreitet) sowie in Nordostindien und Südtibet. Wälder und Gebüsche in 2440-3650 m Höhe. BZ Juni-Juli. Immergrüner Strauch bis 6 m. Blüten 2,5 cm lang. Feuchter, saurer Boden. WH: −10° C bis −15° C. Spätfrühling bis Sommer.

23. April, Windsor Great Park

R. pentaphyllum im März

R. callimorphum var. *myiagrum*

R. quinquefolium

R. sanguineum var. *didymoides*

R. sanguineum var. *haemaleum*

Rhododendron albrechtii Maxim (S. *Azalea*) Albrechts Azalee. Bh. in Japan von Zentralhonshu bis Zentralhokkaido. Berge und Wälder in Höhen bis ca. 1000 m. BZ Mai-Juni. Laubabwerfender Strauch bis 3 m. Blätter bis 10 cm lang, obovat bis breit lanzettlich, unten spärlich behaart. Feuchter, saurer Boden; Sonne oder Halbschatten. WH: bis −20° C oder darunter. Frühjahr.

R. reticulatum D. Don ex G. Don (S. *Azalea*) Netzadrige Azalee. Bh. in Japan von Südhokkaido bis Kyushu. Gebüsche und lichte Wälder in 100-1800 m Höhe. BZ März-Juni. Laubabwerfender Strauch bis 8 m. Blätter 4-7 cm, breit eiförmig bis rhombisch, blaßgrün, unten fast kahl. Saurer Boden; Sonne oder Halbschatten. WH: bis −10° C; gedeiht am besten in Klimazonen mit warmen Sommern. Frühjahr.

R. pentaphyllum Maxim (S. *Azalea*) Nikkoazalee. Bh. in Japan von Zentralhonshu bis Shikoku und Kyushu. Laubwälder in 1000-2000 m Höhe. BZ April-Mai. Laubabwerfender Strauch bis 8 m. Zweige oft rotbraun. Blätter 2,5-4,5 cm lang, oval, spitz. Feuchter, saurer Boden; Sonne oder Halbschatten. WH: bis −15° C. Vorfrühling.

R. quinquefolium Bisset & Moore (S. *Azalea*). Fünfblättrige Azalee. Bh. in Japan von Zentralshikoku bis Nordhonshu. Berge und Wälder in Höhen bis 1000 m. BZ Mai-Juni. Laubabwerfender Strauch bis 6 m. Blätter 4-5 cm lang, rhombisch oder obovat bis oval, unten behaart. Feuchter, saurer Boden; Sonne oder Halbschatten. WH: bis −15° C. Frühjahr.

R. campylocarpum Hook. fil. subsp. ***campylocarpum*** (SS. *Campylocarpa*) Kingdon Ward 85256. Bh. im Himalaja von Ostnepal bis Bhutan, Südosttibet und Nordostindien. Lichte Mischwälder, Gebüsche und steinige Abhänge in 3000-4600 m Höhe. BZ Mai-Juni. Immergrüner Strauch oder kleiner Baum bis 4 m. Feuchter, saurer Boden; leichter Schatten. Gedeiht am besten an ungeschützten, kühlen Standorten. WH: −10° C bis −15° C. Frühjahr.

R. thomsonii Hooker fil. (SS. *Thomsonia*) L. S. & H. 21285. Bh. im Himalaja von Ostnepal bis Bhutan und Südosttibet (subsp. *lopsangianum*). Tannenwälder und Rhododendrengebüsche in 3000-3800 m Höhe. BZ Mai-Juni. Immergrüner Strauch oder kleiner Baum bis 3,5 m. Blüten wachsartig, bis 5 cm lang; Kelch gut entwickelt, grün oder rötlich. Feuchter, saurer Boden; Halbschatten. WH: bis −10° C. Frühjahr.

R. selense Franch. subsp. ***selense*** (SS. *Selensia*) var. ***selense*** Rock 11111 und var. ***probum*** Forrest 21878. Bh. in Nordwestyunnan und Südosttibet. Steinige Abhänge, lichte Nadelwälder und Gebüsche in 3350-4550 m Höhe. BZ Juni-Juli. Immergrüner Strauch bis 5 m. Blüten bis 4 cm, weiß bis rosa oder gelblich. Feuchter, saurer Boden; Sonne oder Halbschatten. WH: bis −15° C. Frühjahr.

R. neriiflorum Franch. (SS. *Neriiflora*) inkl. *R. euchaites* Balf. fil. & Forr. Forrest 6780. Bh. in Nordwestyunnan, Südosttibet und Nordost-Oberbirma. Kiefernwälder, Felsen und Gebüsche in 2750-3350 m Höhe. BZ Mai-Juni. Immergrüner Strauch oder kleiner Baum bis 6 m. Blüten wachsartig, bis 4,5 cm. Feuchter, saurer Boden; Schatten oder Halbschatten. WH: −10° C bis −15° C. Frühjahr.

R. callimorphum Balf. fil. & W. W. Smith var. ***myiagrum*** (Balf. fil. & Forr.) Chamberlain. Bh. in Westyunnan. Gebüsche, steinige Abhänge und Felsen in 3000-4000 m Höhe. BZ Juni. Immergrüner Strauch bis 2 m. Blätter blaugrün, mit kleinen Drüsen auf der Unterseite. Var. *callimorphum* unterscheidet sich nur durch rosa Blüten. Feuchter, saurer Boden; Sonne oder Halbschatten. WH: −10° C bis −15° C. Frühjahr.

R. williamsianum Rehd. & Wils. (SS. *Williamsia*). Bh. im Wa Shan, Zentralsichuan. Gebüsche auf Felsen in 2800 m Höhe. Seltene Pflanze. BZ Juni. Rundlicher, immergrüner Strauch bis 2 m, breiter als hoch. Feuchter, humusreicher, kalkfreier Boden; vollsonnige Lage oder Halbschatten. WH: −10° C bis −15° C, jedoch empfindlich gegen Spätfrost. Frühjahr.

R. sanguineum Franch. var. ***haemaleum*** (Balf. fil. & Forr.) Chamberlain (SS. *Neriiflora*). Bh. in Südosttibet und Nordwestyunnan. Felsige Abhänge, Wiesen und Gebüsche in 3000-4500 m Höhe. BZ Mai-August. Immergrüner Strauch bis 1,5 m oder höher. Blätter bis 8 cm, unten silbrig oder grau. Feuchter, kühler, saurer Boden; leichter Schatten. WH: bis −15° C. Ist von allen Rhododendronsorten eine mit den dunkelsten Blüten; var. *sanguineum* hat hellere, karmesinrote Blüten. Frühjahr.

R. sanguineum Franch var. ***didymoides*** (Tagg. & Forr.) Chamberlain (SS. *Neriiflora*). Hat im Unterschied zu var. *haemaleum* gelbe und rosafarbene oder nur rosafarbene Blüten und drüsige Fruchtknoten. Andere Varietäten haben weiße, gelbe oder rosa Blüten.

R. yunnanense zwischen Dali und Lijiang, Yunnan

Rhododendron yunnanense Franch. (SS. *Triflora*). Bh. in Nordostbirma, Westyunnan, Westsichuan und Guizhou. Gebüsche, lichte Wälder und Felsen in 2100-3950 m Höhe. BZ April-Mai. Eine prächtige Art, bei Dali und Lijiang (auf Kalkstein) häufig vorkommend. Immergrüner, laubabwerfender Strauch bis 6 m. Blüten weiß bis blaßrosa, in der Regel punktiert. Saurer oder leicht alkalischer Boden; Sonne oder Halbschatten. WH: —10°C bis —15°C. Frühjahr.

Taxillus tibetanus (*Loranthaceae*). Bh. in Yunnan. Wächst als Parasit auf *Rhododendron yunnanense*. BZ Mai. Immergrüner Strauch; Stämmchen bis 35 cm lang. Blüten in Dolden. Früchte orange, fleischig. Eine prächtige Mistel, die es wert wäre, kultiviert zu werden. Ähnliche Arten findet man auch im Himalaya und in Japan, meist auf Nadelbäumen.

R. oreotrephes W. W. Sm. (SS. *Triflora*). Bh. in Nordwestyunnan, wo sie sehr verbreitet ist, in Süd- und Südosttibet sowie in Südwestsichuan. Gebüsche, Wälder und felsige Abhänge in 2750-4250 m Höhe; manchmal auf Kalkstein. BZ Mai-Juni. Immergrüner oder halbimmergrüner Strauch bis 8 m. Blüten rosa bis blaßrosa. Saurer oder kalkfreier Boden; Sonne oder Halbschatten. WH: bis —15°C. Frühjahr.

R. polylepis Franch. (SS. *Triflora*). Bh. in Westsichuan. Wälder, Bambusdickichte in 2000 bis 3000 m Höhe. BZ Mai. Immergrün bis 6 m hoch. Blüten 2,5-3 cm breit. Saurer Boden; Sonne, Halbschatten. WH: bis —15°C. Frühjahr.

R. concinnum Hemsl. (SS. *Triflora*) inkl. *R. pseudoyanthinum* Balf. fil. ex Hutch. Bh. in Westhubei und Sichuan, dort sehr verbreitet. Felsen, Wälder und Gebüsche in 2300-4500 m Höhe. BZ Mai-Juli. Immergrüner Strauch bis 2 m. Blüten 2-3 cm, purpurn bis rötlich. Saurer Boden; Sonne oder Halbschatten. WH: bis —15°C. Frühjahr.

R. davidsonianum Rehd. & Wils. (SS. *Triflora*) Kulturvarietät **›Ruth Lyon‹**. Waldränder in 2000-3300 m Höhe. BZ Mai-Juni. Immergrüner Strauch bis 5 m. Blüten rosa bis lavendelfarben. Saurer, kalkfreier Boden; Sonne oder Halbschatten. WH: bis —15°C. Frühjahr.

R. ambiguum Hemsl. (SS. *Triflora*). Bh. in Zentralsichuan. Gebüsche und felsige Abhänge in 2600-4500 m Höhe. BZ auf dem Omei Shan im Mai, in größeren Höhen im Juni. Immergrüner Strauch bis 5 m. Blüten gelb, oft grünlich punktiert. Saurer oder kalkfreier Boden; Sonne oder Halbschatten. WH: bis —25°C.

R. keiskii Miq. (SS. *Triflora*). Bh. in Japan von Zentralhonshu bis Yaku-Shima. Wächst auf Hügeln, an felsigen Abhängen oder als Epiphyt in 600-1850 m Höhe. BZ April und Mai. Immergrüner Strauch bis 3 m, jedoch häufig als Zwergform in Kultur. Saurer Boden; Sonne, Halbschatten. WH: —15°C bis —20°C. Vorfrühling.

R. yunnanense

R. tibetanus

R. oreotrephes

R. polylepis in Boaxing, Sichuan

R. polylepis

R. concinnum

R. ambiguum in Benmore, Argyll

R. davidsonianum ›Ruth Lyon‹

R. keiskii

24. April, Windsor Great Park

R. taliense Franch. (SS. *Taliensia*) Ludlow & Sheriff 6612. Bh. in Westyunnan, im Gebirge um Dali. Bergwiesen, Gebüsche und Felsen in 3050-3650 m Höhe. BZ Mai-Juni. Immergrüner Strauch bis 4 m. Feuchter, saurer Boden; Halbschatten. WH: bis —15° C. Frühjahr.

R. irroratum Franch. subsp. ***irroratum*** (SS. *Irrorata*). Bh. in West- und Zentralyunnan sowie in Südwestsichuan. Gebüsche und Nadelwälder in 2500-3500 m Höhe. BZ April-Mai. Immergrüner Strauch bis 9 m. Blüten oft stark punktiert, bes. bei **›Polka Dot‹** (hier abgebildet) und ›Spatter Paint‹. Saurer Boden; Sonne oder Halbschatten. WH: —10° C bis —15° C. Vorfrühling bis Spätfrühling.

R. niveum Hooker fil. (SS. *Arborea*). Bh. im Himalaja, in Sikkim und Bhutan. Mischwälder mit Bambus und Hemlocktannen in 2900-3650 m Höhe. BZ Mai-Juni. Wild sehr selten. Immergrüner Strauch oder kleiner Baum bis 6 m. Feuchter, saurer Boden; Schatten oder Halbschatten. WH: —10° C bis —15° C. Frühjahr.

R. roxieanum Forrest (incl. var. *oreonastes* Balf. fil. & Forr.) (SS. *Taliensia*). Bh. in Südosttibet, Nordwestyunnan und Südwestsichuan. Kiefernwälder und felsige Abhänge in 3050-4250 m Höhe. BZ Juni-Juli. Immergrüner Strauch bis 2,5 m, oft kleiner. Blätter linealisch bis oval; bei extremem Formen wie der hier abgebildeten var. ***oreonastes*** sind sie 15mal so lang wie breit. Saurer Boden; Halbschatten. WH: bis —15° C. Frühjahr.

R. arboreum subsp. ***cinnamomeum*** (Wall. ex Lindl.) Tagg (syn. *R. campbelliae* Hooker fil.) (SS. *Arborea*). Bh. in Ostnepal, Nordbengalen und Sikkim. Lichte Wälder und felsige Berghänge in 2750-3650 m Höhe. BZ März-Mai. Immergrüner Strauch oder Baum bis 5 m. Feuchter, saurer Boden; Halbschatten. WH: bis —10° C. Frühjahr. Var. ***roseum*** unterscheidet sich durch seine Blätter: Sie sind schmaler, unten weißlich und haben keine rotbraune Samtbehaarung.

R. crinigerum Franch. (SS. *Glischra*) Rock 59067/10982. Bh. in Nordostyunnan, Südosttibet und Oberbirma. Lichte Kiefernwälder und felsige Berghänge in 3350-4000 m Höhe. BZ Juni-Juli. Immergrüner Strauch bis 5 m. Feuchter, saurer Boden; leichter Schatten. WH: —10° C bis —15° C. Frühjahr.

R. campanulatum D. Don (SS. *Campanulata*) Cooper 5736; Nepal 454. Bh. im Himalaja von Kaschmir bis Bhutan. Mischwälder und Gebüsche in 2700-3500 m Höhe. BZ April-Juni. Immergrüner Strauch bis 4,5 m. Feuchter, saurer Boden; Halbschatten. WH: —10° C bis —20° C. Vorfrühling bis Spätfrühling. Die in Bhutan und Sikkim heimische sowie in Ostnepal durch Zwischenformen vertretene subsp. *aeroginosum* hat auffallend bläuliche Blätter und stets lila oder purpurne Blüten. Wächst in 3800-4500 m Höhe. Zwergstrauch bis 2,5 m. WH: bis —20° C.

R. arboreum subsp. ***zeylanicum*** (Booth) Tagg (SS. *Arborea*). Bh. auf Sri Lanka, im Gebirge bei Nuwala Eliya und Adam's Peak. Wälder und Grasfluren in 2000-2500 m Höhe. BZ November. Immergrüner Strauch bis 12 m. Blätter 8-11 cm lang, unten mit schwammigem braunem Pelz. Feuchter, saurer Boden; Sonne oder Halbschatten. WH: —5° C bis —10° C. Frühjahr. Gedeiht gut im englischen Cornwall; vermutlich auch hitzeverträglich. Eine verwandte Unterart, subsp. *nilagiricum*, ist in den südindischen Nilgiri-, Anamalai- und Palnibergen heimisch, bes. bei Ootacamund und Kodaikanal. Wächst in Gebüschen auf Grasboden in ca. 2000 m Höhe.

R. venator Tagg (SS. *Venatora*). Bh. in Südosttibet, in der Tsangposchlucht bei Pemakochung. Gebüsche, feuchte Standorte und Felsen in ca. 2500 m Höhe. Immergrüner Strauch bis 3 m. Feuchter, saurer Boden; Schatten oder Halbschatten. WH: —10° C bis —15° C. Frühsommer.

R. aberconwayi Cowan (SS. *Irrorata*). Bh. in Nordostyunnan. Wächst auf Berggipfeln, blüht im Juni. Seltene, wenig gesammelte Art. Immergrüner Strauch bis 2,5 m. Blätter oval, steif, 3-6 × 1,1-2,2 cm, im Alter kahl. Feuchter, saurer Boden; Sonne oder Halbschatten. WH: bis —20° C und darunter. **›His Lordship‹** (hier abgebildet) ist weiß und hat rote Flecken.

R. micranthum Turcz. (SS. *Micrantha*). Bh. in Korea und Nordchina von Heilongjiang westwärts bis Gansu und Sichuan. Grasbewachsene Hänge und Gebüsche in 1000-2600 m Höhe. Immergrüner Strauch bis 2 m. Blüten 5-8 mm lang, mit kurzer Röhre (1-3 mm) an der Basis, einem Ledum ähnlicher als einem Rhododendron. BZ Spätfrühling bis Mittsommer. Saurer Boden; Sonne oder Halbschatten. WH: bis —20° C.

R. *arboreum* var. *roseum* in Windsor

subsp. zeylanicum in Neirara Eliya

R. venator

R. aberconwayi ›His Lordship‹

R. aberconwayi

R. micranthum

24. April, Windsor Great Park

R. macabeanum, Nymans K. W. 7724

R. lacteum in Windsor

Rhododendron rex Lévl. subsp. ***rex*** (SS. *Falconera*) Rock 03800. Bh. in Südsichuan und Nordostyunnan. Nadelwälder und schattige Abhänge in ca. 3500 m Höhe; Kalkstein. BZ Mai. Immergrüner Strauch oder kleiner Baum bis 12 m. Blätter 13-37 cm lang, unten grau oder rehbraun. Blüten weiß bis zartrosa, mit rotem Basalfleck, bis 4,5 cm lang. Feuchter, saurer, kalkfreier Boden; Schatten oder Halbschatten. WH: an geschütztem Standort bis —15°C. Frühjahr.

R. wightii Hooker fil. (SS. *Taliensia*). Bh. im Himalaja von Ostnepal bis Bhutan, Nordostindien und Südostibet. Gebüsche, Wälder und felsige Bergkämme in 3350-4450 m Höhe. BZ Mai-Juni. Immergrüner Strauch bis 4 m. Blätter 5-14 cm lang, unten braun, weich und samtig. Blüten bis 4,5 cm, blaßgelb, in Kultur normalerweise in asymmetrischen Doldentrauben, im Frühjahr. Feuchter, saurer Boden; Schatten oder Halbschatten. WH: bis —15°C.

R. macabeanum Watt. ex Balf. fil. (SS. *Grandia*). Bh. in Manipur und Nagaland, Nordostindien. Berggipfel und Mischwälder in 2500-3000 m Höhe. BZ Mai. Immergrüner Baum bis 15 m. Blätter 14-30 cm lang und bis 18,5 cm breit, rundlich, unten grauweiß und dicht wollig. Blüten blaßgelb bis leuchtend zitronengelb, bis 7,5 cm lang. Sehr schöne Pflanze, wenn in geschützer, sonniger Lage oder im Halbschatten gezogen. Saurer Boden. WH: —10°C bis —15°C. Frühjahr.

R. falconeri Hooker fil. (SS. *Falconera*). Bh. im Himalaja von Ostnepal bis Bhutan und Nordostindien. Misch- und Laubwälder in 2700 bis 3750 m Höhe. BZ April-Mai. Immergrüner, großer Strauch oder Baum bis 12 m. Blätter 20-35 cm lang, unten dicht rostrot filzig, oben runzelig, mit eingesenkten Nerven. Blüten bis 5 cm lang, rahmweiß bis blaßgelb, wachsartig. Feuchter, saurer Boden; Schatten oder Halbschatten. Vor kaltem Wind zu schützen. WH: —10°C bis —15°C. Frühjahr.

R. lacteum Franch. (SS. *Taliensia*). Bh. in Westyunnan, im Gebirge um Dali und weiter westlich. Nadelwälder, Gebüsche und felsige Berghänge in 3700-4000 m Höhe. BZ Mai. Immergrüner Strauch bis 7,5 m. Blätter 8-17 cm lang, unten graubraun und weich filzig. Blüten bis 5 cm lang. Schwer zu ziehen. Soll in warmer, halbschattiger und ziemlich trockener Lage am besten gedeihen; saurer, kalkfreier Boden. WH: bis —15°C. Frühjahr.

R. rex subsp. ***fictolacteum*** (Balf. fil.) Chamberlain (SS. *Falconera*) Forrest 22020. Bh. in Nordostbirma, Südosttibet und Westyunnan, dort sehr verbreitet. Nadelwälder und Rhododendrengebüsche in 3000-4000 m Höhe. BZ Mai. Unterscheidet sich von subsp. *rex* durch dicken, braunen bis rotbraunen (nicht rehbraunen) Flaum auf der Blattunterseite und etwas schmalere, bis 3 cm lange Blätter. Blüten bis 5 cm lang. Wo beide Unterarten wild wachsen, gibt es Zwischenformen. *Arizelum* (Balf. fil. & Forrest) Chamberlain, eine dritte Unterart mit breiteren Blättern und blaßgelben Blüten, ist im äußersten Westen Yunnans, in Südosttibet und Nordostbirma heimisch. WH: bis —15°C. Frühjahr.

R. semnoides Tagg & Forrest (SS. *Falconera*) Rock 25393. Bh. in Südosttibet und Nordwestyunnan. Rhododendrenwälder in 3700-4000 m Höhe. BZ Juni. Immergrüner Strauch bis 6 m. Blätter bis 24 cm lang, unten weißlich bis lederfarben. Etwa 15 Blüten pro Doldentraube, weiß bis blaßrosa, 4-5 cm lang. Sehr nahe verwandt mit *R. basilicum*, ist aber stark gewimpert und hat eher weiße als blaßgelbe Blüten. Feuchter, saurer Boden; geschützte, halbschattige Lage. WH: —10°C bis —15°C. Frühjahr.

R. hodgsonii Hooker fil. (SS. *Falconera*). Bh. im Himalaja von Ostnepal bis Bhutan und Südosttibet. Wächst in Tannenwäldern, Gebüschen und zwischen Bambus in größeren Höhen (3000-4000 m) als *R. falconeri*. BZ April-Mai. Immergrüner, großer Strauch oder Baum bis 11 m. Blätter bis 24 cm lang, unten silbrig bis bräunlich verfilzt. Blüten bis 4 cm lang, rosa bis purpurn oder rötlich, wachsartig. Feuchter, saurer Boden. Schattige Lage; sollte vor kaltem Wind geschützt werden. WH: bis —15°C. Vorfrühling.

R. semnoides

R. hodgsonii

R. ›Cornish Cross‹ in Windsor

R. ›Temple Bell‹

R. × loderi ›Pink Diamond‹

R. ›Pink Glory‹

Rhododendron **›Cornish Cross‹** (*R. thomsonii* × *R. griffithianum*). Um 1920 von Samuel Smith, Chefgärtner in Penjerrick, Cornwall, gezogen. Immergrüner Strauch bis 7 m. Rinde purpurfarben, ablösend. Blüten wachsartig, bis 13 cm im Durchmesser. Feuchter, saurer Boden; leicht schattige, geschützte Lage. WH: bis −12°C. Frühjahr.

R. **›Temple Belle‹** (*R. orbiculare* × *R. williamsianum*). Um 1916 im Royal Botanic Garden, Kew, gezogen. Rundlicher, immergrüner Strauch bis 1,5 m. Feuchter, saurer oder neutraler Boden; Halbschatten. WH: bis −20°C. Frühjahr.

R. **›Loderi‹ Pink Diamond** (*R. griffithianum* × *R. fortunei*). Um 1901 von Sir Edward Loder gezogen. Immergrüner Strauch bis 7 m. Blüten 15 cm im Durchmesser, duftend. Feuchter, saurer oder neutraler Boden; leicht schattige, geschützte Lage. WH: bis −15°C. Spätfrühling.

R. **›Pink Glory‹** (*R. irroratum* × *R.* ›Loderi‹). Vor 1937 in Leonardslee gezogen. Immergrüner Strauch bis 6 m. Feuchter, saurer Boden. WH: bis −15°C.

R. **›Moonshine Bright‹** (*R.* ›Adriaan Koster‹ × *R. wardii*). Von Francis Hanger, Wisley, 1946 gezogen. Immergrüner Strauch bis 2 m. Feuchter, saurer Boden, Halbschatten. WH: bis −20°C. Frühjahr.

R. **›Jocelyne‹** (*R. lacteum* × *R. calophytum*). Vor 1942 von Rothschild gezogen. Immergrüner Strauch bis 3 m. Blätter 20 cm lang, unten filzig. Feuchter, saurer Boden. WH: bis −20°C. Vorfrühling.

R. **›Crest‹** (*R.* ›Lady Bessborough‹ × *R. wardii* KW 4170). Vor 1940 von Lionel de Rothschild, Exbury, gezogen. Immergrüner Strauch bis 2 m. Feuchter, saurer Boden; Halbschatten. WH: bis −20°C. Frühjahr.

R. **›Roza Stevenson‹** (*R.* ›Loderi Sir Edmund‹ × *R. wardii* KW 5736). Vor 1968 von Ehepaar J. B. Stevenson, Tower Court, gezogen. Immergrüner Strauch bis 3 m. Feuchter, saurer Boden; Halbschatten. WH: bis −20°C. Frühjahr.

R. **›Carita‹** (*R.* ›Naomi‹ × *R. campylocarpum*) Vor 1935 von Rothschild, Exbury, gezogen. Immergrüner Strauch bis 5 m. Feuchter, saurer Boden; Halbschatten. WH: bis −15°C. Frühjahr.

R. **›Moonstone‹** (*R. campylocarpum* × *R. williamsianum*). Vor 1937 von J. C. Williams, Caerhays, gezogen. Rundlicher, immergrüner Strauch bis 5 m. Feuchter, saurer oder kalkfreier Boden; Halbschatten. WH: bis −20°C. Frühjahr.

R. **›Cowslip‹** (*R. williamsianum* × *R. wardii*). Vor 1937 von Lord Aberconway gezogen. Rundlicher, immergrüner Strauch bis 1 m. Feuchter, saurer oder kalkfreier Boden; Halbschatten. WH: bis −15°C. Frühjahr.

R. ›Moonshine Bright‹

R. ›Jocelyne‹

R. ›Carita‹

R. ›Crest‹

R. ›Roza Stevenson‹

R. ›Moonstone‹

R. ›Cowslip‹

R. ›Lady Rosebery‹ in Bodnant

R. ›Conroy‹

R. ›Conyan‹

R. ›Minterne Cinnkeys‹

R. ›Alison Johnstone‹

***Rhododendron* ›Lady Rosebery‹** (*R. cinnabarinum* × *R.* ›Royal Flush‹ [Rosa Form]). Vor 1931 von Rothschild gezogen. Aufrechter, immergrüner Strauch bis 2,5 m. Blätter bis 10 cm lang, schuppig. Blüten etwa 7,5 cm lang, wachsartig. Feuchter, saurer Boden; Halbschatten. WH: bis −10° C. Frühjahr. ›Lady Chamberlain‹ ist ähnlich, hat jedoch mehr orangefarbene Blüten. ›Salmon Trout‹ ist ein Klon dieser Kreuzung.

***R.* ›Conroy‹** (Gruppe *R. cinnabarinum roylei* × Gruppe *concatenas*). Vor 1937 von Lord Aberconway gezogen. Buschiger, immergrüner Strauch bis 2 m. Blätter bis 7,5 cm lang, schuppig. Blüten wachsartig, etwa 7 cm lang. Feuchter, saurer Boden; Halbschatten. WH: bis −15° C. Frühjahr.

***R.* ›Conyan‹** (*R. cinnabarinum* × *R. concinnum* var. *pseudoyanthinum*). Vor 1953 von J. B. Stevenson gezogen. Buschiger, immergrüner Strauch bis 2 m. Blätter bis 7,5 cm lang, schuppig. Blüten wachsartig, etwa 6,5 cm lang. Feuchter, saurer Boden; Halbschatten. WH: bis −15° C. Frühjahr. Von dieser Kreuzung gibt es drei registrierte Klone: ›Conyan Apricot‹, ›Conyan Pink‹ und ›Conyan Salmon‹.

***R.* ›Minterne Cinnkeys‹** (*R. cinnabarinum* × *R. keysii*). Von Lord Digby, Minterne, 1931 gezogen. Immergrüner Strauch bis 3 m. Blätter bis 12 cm lang, schuppig. Blüten ca. 3,5 cm lang, wachsartig, bis 30 in einem Büschel. Feuchter, saurer Boden; Halbschatten. WH: bis −15° C. Spätfrühling.

***R.* ›Alison Johnstone‹** (*R. yunnanense* × *R. cinnabarinum* subsp. *xanthocodon*). Vor 1945 von G. H. Johnstone gezogen. Immergrüner Strauch bis 2 m. Blätter blaugrün, bis 7,5 cm lang. Blüten 4 cm im Durchmesser. Feuchter, saurer Boden; Sonne oder Halbschatten. WH: bis −15° C. Frühjahr.

***R.* ›Electra‹** (*R. augustinii* subsp. *chasmanthum* × *R. augustinii* subsp. *augustinii*). Vor 1937 von Lionel de Rothschild gezogen. Immergrüner Strauch bis 4 m. Blätter bis 6,4 cm lang. Blüten 6 cm lang und breit. Saurer, durchlässiger Boden; Sonne oder Halbschatten. WH: bis −15° C. Frühjahr.

***R.* ›Saint Tudy‹** (*R. impeditum* × *R. augustinii*). Vor 1950 von E. J. P. Magor gezogen. Immergrüner Strauch bis 2 m. Blüten bis 5 cm im Durchmesser, etwa 14 pro Doldentraube. Saurer oder kalkfreier Boden; Sonne oder Halbschatten. WH: bis −20° C. Frühjahr.

***R.* ›Blue Diamond‹** (*R.* ›Intrafast‹ × *R. augustinii*). Vor 1935 von Crossfield gezogen. Immergrüner Strauch bis 2,5 m. Blätter bis 3,5 cm lang, unten schuppig. Blüten 5 cm im Durchmesser. Saurer oder kalkfreier Boden. WH: bis −20° C. Verschiedene Klone der gleichen Elternpflanzen heißen so.

***R.* ›Bo-Peep‹** (*R. lutescens* × *R. moupinense*). Vor 1934 von Rothschild gezogen. Immergrüner Strauch bis 1,5 m. Blüten 5 cm im Durchmesser. Saurer Boden; Sonne oder Halbschatten. WH: bis −15° C. Vorfrühling.

***R.* ›Fragrantissimum‹** (*R. edgeworthii* × *R. formosum*). Züchter unbekannt, vor 1868 gezogen. Immergrüner Strauch bis 1 m oder höher. Blätter 8,5 cm lang, unten behaart und schuppig. Blüten bis 10 cm im Durchmesser, sehr stark duftend. Saurer, durchlässiger Boden; Sonne oder Halbschatten. Kann im Kalthaus gezogen und im Sommer an einen halbschattigen Platz ins Freie gesetzt werden. WH: in geschützter Lage bis −10° C. Frühjahr.

R. ›St. Tudy‹

R. ›Blue Diamond‹

R. augustinii ›Electra‹ in Crarae

R. ›Bo-peep‹

R. ›Fragrantissimum‹

2. Juni, Sandling Park

***Rhododendron* ›Mrs E. C. Stirling‹** (*R. griffithianum* × unbekannt). Vor 1906 von J. Waterer gezogen. Immergrüner Strauch bis 3 m. Blüten 7 cm im Durchmesser. Saurer Boden; Sonne oder Halbschatten. WH: bis −20°C. Spätfrühling.

***R.* ›Professor Hugo de Fries‹** (*R.* ›Pink Pearl‹ × *R.* ›Doncaster‹). Vor 1958 von Major A. E. Hardy in Kent gezogen. Immergrüner Strauch bis 2 m oder höher. Saurer Boden; Sonne oder Halbschatten. WH: bis −20°C. Spätfrühling.

***R.* ›Bulstrode Park‹** (Hybride von *R. griffithianum* × *R.* ›Sefton‹). Von C. B. van Nes & Söhne, Holland, gezogen. Immergrüner Strauch bis 2 m. Saurer Boden; Halbschatten. WH: bis −20°C.

***R.* ›Cynthia‹** (syn. ›Lord Palmerston‹) (*R. catawbiense* × *R. griffithianum*). Vor 1856 von Standish und Noble gezogen. Immergrüner Strauch bis 10 m. Blätter 16 cm lang. Blüten 7,5 cm im Durchmesser. Saurer Boden; Sonne oder Halbschatten. WH: bis −25°C.

***R.* ›Snow Queen‹** (*R.* ›Halopeanum‹ × *R.* ›Loderi‹). Vor 1934 von Sir Edmund Loder gezogen. Immergrüner Strauch bis 2 m oder höher. Knospen tiefrosa. Saurer Boden; Sonne oder Halbschatten. WH: bis −15°C.

***R.* ›Loder's White‹** (*R.* [›Album Elegans.‹ × *R. griffithianum*]) × *R.* ›White Pearl‹). Vor 1884 von Mangles gezogen. Immergrüner Strauch bis 5 m. Blätter bis 18 cm lang. Blüten 10 cm breit, Knospen blaßrosa. Saurer Boden; Sonne oder Halbschatten. WH: bis −15°C.

***R.* ›Britannia‹** (*R.* ›Queen Wilhelmina‹ × *R.* ›Stanley Davis‹). Vor 1921 von C. B. van Nes & Söhne gezogen. Immergrüner Strauch bis 1,2 m. Blätter bis 27 cm lang, blaßgrün. Blüten 7,5 cm breit. WH: bis −20°C.

***R.* ›Lord Roberts‹** (Abstammung unbekannt). Wahrscheinlich vor 1900 von den Herren Fromow, Chiswick, gezogen. Immergrüner Strauch bis 2 m. Blätter wellig. Blüten 5 cm breit. WH: bis −25°C.

***R.* ›Daydream‹** (*R.* ›Lady Bessborough‹ × *R. griersonianum*). Vor 1936 von L. de Rothschild gezogen. Immergrüner Strauch bis 2 m. Blüten 7,5 cm im Durchmesser, beim Öffnen karminrosa, beim Verblühen gelblich verblassend. Saurer Boden; Halbschatten. WH: bis −15°C.

***R.* ›Goldsworth Yellow‹** (*R.* ›Jacksonii‹ oder *R. caucasium* × *R. campylocarpum*). Vor 1917 von W. C. Slocock gezogen. Immergrüner Strauch bis 1,5 m. Blätter gelbgrün, 12 cm lang. Blüten 6,5 cm breit. WH: bis −25°C.

***R.* ›Pink Pearl‹** (*R.* ›George Hardy‹ × *R.* ›Broughtonii‹ oder vielleicht ›Cynthia‹). Vor 1896 von T. Waterer & Söhne gezogen. Immergrüner Strauch bis 3 m. Blätter 12,5 cm lang. WH: bis −20°C. Spätfrühling.

***R.* ›Alice‹** (*R. griffithianum* × unbekannt). Vor 1920 von J. Waterer gezogen. Immergrüner Strauch bis 3 m. Blätter unten kahl. Blüten 9,5 cm breit. WH: bis −20°C.

***R.* ›Queen Elizabeth II‹** (*R.* ›Idealist‹ × *R.* ›Crest‹). Vor 1967 in Windsor gezogen. Immergrüner Strauch bis 3 m. Blätter 14 cm lang, unten kahl. Blüten 11,5 cm im Durchmesser. Saurer Boden; Halbschatten. WH: bis −20°C.

***R.* ›Mrs A. T. de la Mare‹** (› Sir Charles Butler‹, eine Form von *R. fortunei* × ›Halopeanum‹ [*maximum* × *griffithianum*] oder ›White Pearl‹). Vor 1958 von C. B. van Nes gezogen. Kompakter, immergrüner Strauch bis 1,5 m. Blüten 7,5 cm im Durchmesser, duftend; Knospen blaßrosa. Saurer Boden; Sonne oder Halbschatten. WH: bis −25°C.

14. Mai, Eccleston Square

***R.* ›Beauty of Littleworth‹** (unbekannt × *R. griffithianum*). Vor 1884 von J. H. Mangles gezogen. Immergrüner Strauch bis 4 m oder höher. Blätter bis 20 cm lang. Blüten 12 cm im Durchmesser, 15-18 in großer Doldentraube; Knospen mauve schattiert. Saurer Boden; leicht schattige, geschützte Lage. WH: bis −20°C.

***R.* ›May Day‹** (*R. haematodes* × *R. griersonianum*). Vor 1932 von A. M. Williams gezogen. Immergrüner Strauch bis 1,5 m. Blätter bis 15 cm lang, unten hellbraun filzig behaart. Blüten 7,5 cm breit, wachsartig. Feuchter, saurer Boden; Halbschatten. WH: bis −15°C.

***R.* ›Mount Everest‹** (*R. campanulatum* × *R. griffithianum*). Vor 1930 von W. C. Slocock gezogen. Immergrüner Strauch bis 4 m. Blätter bis 15 cm. Blüten 7 cm breit, schwach duftend. Sehr reich blühend. In Wisley eine der besten weißen Hybriden. WH: bis −15°C.

***R.* ›The Honourable Jean Marie de Montague‹** (*R. griffithianum* × unbekannt). Vor 1958 von C. B. van Nes & Söhne gezogen. Kompakter, immergrüner Strauch bis 1,5 m. Blätter oblanzettlich, bis 22 cm lang, dunkelgrün. Blüten 7 cm breit. WH: bis −20°C.

***R.* ›Goldfort‹** (*R.* ›Goldsworth Yellow‹ × *R. fortunei*). Vor 1937 von Slocock gezogen. Immergrüner Strauch bis 2 m. Blätter blaßgrün, bis 15 cm lang. Blüten 7,5 cm breit, etwa 12 pro Doldentraube. WH: bis −25°C.

***R.* ›Sun of Austerlitz‹** (*R. arboreum* × unbekannt). Unbekannten Ursprungs, seit 1868 bekannt. Saurer Boden; Sonne oder Halbschatten. WH: bis −20°C.

2. Juni, Sandling Park

***Rhododendron* ›Arthur Bedford‹** (*R. ponticum* × blaßrosa Sämling.) Vor 1936 von Th. Lowinsky gezogen. Immergrüner Strauch bis 2 m. Saurer Boden; Sonne oder Halbschatten. WH: bis −25° C. Frühsommer.

***R.* ›Mrs Lionel de Rothschild‹**. Vor 1931 von A. Waterer gezogen. Immergrüner Strauch bis 2 m. Blüten als Knospen blaßrosa, ganz geöffnet weiß, bis 9 cm im Durchmesser. Saurer Boden; Sonne oder Halbschatten. WH: bis −15° C.

***R.* ›G. A. Sims‹**. Vor 1938 von Waterer gezogen. Immergrüner Strauch bis 2 m, breitwüchsig. Blätter bis 18 cm lang. Blüten 6,5 cm im Durchmesser, bis 16 pro Doldentraube. WH: bis −20° C.

***R.* ›Anthony Waterer‹**. Vor 1900 von A. Waterer gezogen. Immergrüner Strauch bis 2 m. Saurer Boden; Sonne oder Halbschatten. WH: bis −20° C.

***R.* ›Thunderstorm‹** (*R.* ›Doncaster‹ × unbekannt). 1930 von W. C. Slocock gezogen. Immergrüner Strauch bis 3 m. Blätter bis 17,5 cm lang. Blüten dunkelrot, mit weißen Staubfäden und Staubbeuteln. Saurer Boden; Sonne oder Halbschatten. WH: bis −20° C.

***R.* ›Sappho‹**. Vor 1867 von Waterer gezogen. Immergrüner Strauch bis 3 m. Blätter bis 17 cm. Blüten etwa 7,5 cm breit. Saurer Boden; Sonne oder Halbschatten. WH: bis −20° C.

***R.* ›Mrs Davies Evans‹**. Vor 1915 von A. Waterer gezogen. Immergrüner Strauch bis 3 m. Blüten bis 7,5 cm im Durchmesser, 16-20 in dichter Doldentraube. Saurer Boden; Sonne oder Halbschatten. WH: bis −20° C.

***R.* ›Frank Galsworthy‹** (*R. ponticum* × unbekannt). Vor 1900 von A. Waterer gezogen. Immergrüner Strauch bis 2 m, breiter als hoch. Blätter etwa 15 cm lang. WH: bis −20° C.

***R.* ›Sigismund Rucker‹**. Vor 1872 von A. Waterer gezogen. Immergrüner Strauch bis 3 m. Blüten ca. 6 cm im Durchmesser. Blüht von Ende Mai bis Anfang Juni. Saurer Boden; Sonne oder Halbschatten. WH: bis −20° C.

***R.* ›Mrs Furnival‹** (Hybride von *R. griffithianum* × Hybride von *R. caucasicum*). Vor 1920 von A. Waterer gezogen. Immergrüner Strauch bis 2 m. Blätter bis 10 cm lang. Blüten 7,5 cm breit, 10-14 pro Doldentraube. WH: bis −20° C.

***R.* ›Purple Splendour‹** (*R. ponticum* × unbekannt). Vor 1900 von A. Waterer gezogen. Immergrüner Strauch bis 2 m. Blätter bis 15 cm lang. Blüten 7,5 cm breit, bis 15 pro Doldentraube. WH: bis −20° C. Spätfrühling.

***R.* ›Susan‹** (*R. campanulatum* × *R. fortunei*). Vor 1948 von J. C. Williams in Caerhays Castle gezogen. Immergrüner Strauch bis 4 m. Blätter 14 cm lang. Blüten 9 cm im Durchmesser. WH: bis −20° C. Spätfrühling.

***R.* ›Nick Skelton‹**. Immergrüner Strauch bis 2 m. Saurer Boden; Sonne oder Halbschatten. WH: bis −20° C. Spätfrühling.

***R.* ›W. F. H.‹** (R. *haematodes* × *R.* ›Tally Ho‹). Von Whittaker 1941 gezogen und nach W. F. Hamilton, Chefgärtner im Pylewell Park, Hants, benannt. Immergrüner Strauch bis 2 m. Blüten ca. 5,5 cm lang. Feuchter, saurer Boden; Halbschatten. WH: bis −15° C.

***R.* ›Scarlet O'Hara‹** (*R. thomsonii* × *R.* ›Langley Park‹). Um 1932 von Sir James Horlick gezogen. Immergrüner Strauch bis 2 m. Blüten wachsartig, ca. 6 cm lang. Feuchter, saurer Boden, Halbschatten. WH: bis −15° C.

***R.* ›Cunningham's White‹** (*R. caucasicum* × *R. ponticum* f. *album*). 1830 von Cunningham gezogen. Buschiger, immergrüner Strauch bis 3 m. Blüten 5 cm im Durchmesser. Saurer, kalkfreier Boden, soll jedoch in feuchten Gebieten gut auf Kalkstein gedeihen. Sonne oder Halbschatten. WH: bis −25° C.

***R.* ›Mrs G. W. Leak‹** (*R.* ›Coombe Royal‹ × *R.* ›Chevalier Felix de Sauvage‹). Um 1916 von M. Foster & Söhne gezogen. Immergrüner Strauch bis 2 m. Blätter etwa 20 cm lang. Blüten 9 cm im Durchmesser. Saurer Boden; Sonne oder Halbschatten. WH: bis −20° C. Spätfrühling.

***R.* ›Crest‹** (Syn. ›Hawk Crest‹) (*R. wardii* × *R.* ›Lady Bessborough‹). Um 1940 von Lionel de Rothschild gezogen. Immergrüner Strauch bis 2 m. Blüten 10 cm im Durchmesser. Feuchter, saurer oder neutraler Boden; Halbschatten. WH: bis −20° C. Spätfrühling.

14. Mai, Hillier Arboretum

R. ›*Cynthia*‹ (S. 129)

18. Mai, Valley Gardens, Windsor

Kurumeazaleen im Sandling Park

›*Vuyk's Scarlet*‹

›*John Cairns*‹

›*Jeanette*‹

›*Mother's Day*‹

Immergrüne Azaleen sind fast immer niedrige, breitwüchsige Sträucher bis maximal 2 m; breiter als hoch. Sie haben kleine dunkelgrüne, eiförmige Blätter und hell gefärbte Blüten von Rot über Mauve bis Weiß. Viele wurden im 19. Jh. von Japanern aus *R. kiusianum* und *R. kaempferi* sowie deren Hybriden selektiert; diese sind als Kurumeazaleen bekannt. Fünfzig der schönsten führte Wilson 1918 in Amerika ein. Mitte des 20. Jh. wurden zahlr. Hybriden von der Plant Introduction Station in Glenn Dale, Maryland, gezogen, und auch heute noch züchtet man vor allem im Südosten der USA neue Hybriden.

›**Chanticleer**‹. Immergrüne Azaleenhybride komplexer Abstammung, von B. Y. Morrison aus Glenn Dale, Maryland, nach 1935 gezogen. Dichter Wuchs, sehr reich blühend. WH: bis –25° C.

›**Blue Danube**‹. Immergrüne Azaleenhybride unsicherer Abstammung, um 1921 von A. Vuyk in Boskoop gezogen. WH: bis –20° C.

›**Hatsugiri**‹ Kurumeazalee, um 1915 aus Japan eingeführt. Niedriger Wuchs bis 1 m. WH: bis –20° C.

›**Katsura-no-hama**‹ (Wilson Nr. 27). Kurumeazalee, 1918 von Wilson aus Japan eingeführt. WH: bis –20° C.

›**Day Spring**‹. Immergrüne Azaleehybride komplexer Abstammung, vor 1961 in Glenn Dale, Maryland, gezogen. WH: bis –25° C.

›**Hinamoyo**‹ (fälschlicherweise oft ›Hinomayo‹ geschrieben). Kurumeazalee, 1910 von Japan nach Holland eingeführt. Buschiger Wuchs bis 1,5 m. Eine der schönsten und reichblühendsten immergrünen Azaleen. WH: bis –20° C.

›**Hershey's Red**‹. Kurumeazaleenhybride, von Ralph Hershey in Gap, Pennsylvania, gezogen. Kronen ineinanderstechend. WH: bis –25° C.

›**Eddy**‹. Immergrüne Azaleenhybride. Abstammung: *R. kaempferi* × ›Apollo‹ (Indica). Vor 1944 von Lionel de Rothschild in Exbury gezogen. Hoher Wuchs bis 2 m. WH: bis –15° C.

›**Ho-o**‹ (Wilson Nr. 9, syn. ›Apple Blossom‹). Kurumeazalee, 1918 von E. H. Wilson aus Japan eingeführt. WH: bis –20° C.

›**Orange Beauty**‹. Immergrüne Azaleenhybride. Abstammung: Kurumeazalee ›Hinode Giri‹ × *R. kaempferi*. Vor 1945 von C. B. van Nes gezogen. Buschiger Wuchs bis 1 m. WH: bis –20° C.

›**Kure-no-Yuki**‹ (Wilson Nr. 2, syn. ›Snow Flake‹). 1918 von E. H. Wilson aus Japan eingeführt. Buschiger Wuchs bis 1 m. WH: bis –20° C.

›**Iro-Hayama**‹ (Wilson Nr. 8, Syn. ›Dainty‹). Kurumeazalee, 1918 von E. H. Wilson aus Japan eingeführt. Buschiger Wuchs bis 1,5 m. WH: bis –20° C.

›**Palestrina**‹. Immergrüne Azaleenhybride. Abstammung: *R. kaempferi* × ›Malvaticum‹. Vor 1926 von A. Vuyk in Boskoop gezogen. Wuchs bis 1,1 m. Blätter ziemlich blaß. Sehr reich blühend. WH: bis –20° C.

›**Mother's Day**‹. Immergrüne Azaleenhybride. Wahrscheinlich Kreuzung zwischen der Kurumeazalee ›Hinode Giri‹ und einer Indicaazalee. Vor 1970 von van Hecke in Belgien gezogen. Niedriger, breiter Wuchs bis 1,5 m. WH: bis –20° C.

›**Jeanette**‹. Immergrüne Azaleenhybride. Abstammung: *R. kaempferi* × ›Malvaticum‹. Vor 1920 in Holland gezogen. WH: bis –20° C.

›**Vuyk's Scarlet**‹. Immergrüne Azaleenhybride unsicherer Abstammung, vor 1954 von A. Vuyk in Boskoop gezogen. Niedriger Wuchs bis 1 m. WH: bis –20° C.

›**John Cairns**‹. Immergrüne Azaleenhybride. Abstammung: ›Malvaticum‹ × *R. kaempferi*. Um 1920 in Holland gezogen. WH: bis –20° C.

›**Didpa**‹. Immergrüne Azaleenhybride. Abstammung unbekannt.

›**Mimi**‹. Immergrüne Azaleenhybride. Abstammung unbekannt.

13. Mai, Windsor Great Park

R. luteum an einer Straße in Georgien

R. microphyton bei Kunniang, Yunnan

R. sinense

R. amagianum

Rhododendron schlippenbachii Maxim. (S. *Azalea*) Schlippenbachs Azalee. Bh. in Nordostchina von der Inneren Mongolei bis Heilongjiang, sowie in Korea und Ostsibirien. Wächst auf Berghängen und bildet in 300-1845 m Höhe Unterholz in Wäldern. BZ Mai bis Juni. Laubabwerfender Strauch bis 5 m. Blätter dünn, obovat, 5-9 cm lang. Saurer Boden; leichter Schatten; braucht Schutz vor spätem Frost. WH: bis —30°C. Frühjahr.

R. scabrum D. Don (S. *Azalea*). Bh. auf den Riukiuinseln, bes. auf Okinawa. Gebüsche, Grasfluren und lichte Kiefernwälder. BZ März-April. Immergrüner Strauch bis 2 m. Saurer oder kalkfreier Boden; verträgt Sonne und Hitze. WH: bis —10°C. Frühjahr.

R. kiusianum Makino (S. *Azalea*). Bh. auf Kyushu, bes. auf dem Mount Kirishima in 600-1700 m Höhe. Wächst auf Wiesen und zwischen Zwergkiefern. Bildet niedrige Dickichte. BZ Mai-Juni. Niedriger, immergrüner oder halbimmergrüner Strauch bis 1 m. Blüten mauve bis rosa oder weiß. Saurer Boden; Sonne oder Halbschatten. WH: bis —15°C. Frühjahr.

R. vaseyi A. Gray (S. *Azalea*) Vaseyazalee. Bh. im Westen Nordcarolinas. Schluchten und Berghänge in 1000-1800 m. BZ Mai. Laubabwerfender Strauch bis 5 m. Blätter oval, oder oval-länglich, 5-12 cm lang. Feuchter oder sogar nasser, saurer Boden; Sonne oder leichter Schatten. WH: bis —25°C. Frühjahr.

R. kaempferi Planch. (S. *Azalea*) (syn. *R. obtusum* var. *kaempferi* Wilson). Bh. auf Hokkaido, Honshu, Shikoku und Kyushu. Lichte Wälder und Gebüsche, sonnige, grasbewachsene Abhänge und Bergflanken in Höhen bis 1600 m. BZ April-Juni. Immergrüner, in kühlen Regionen laubabwerfender Strauch bis 3 m. Saurer Boden; Sonne oder leichter Schatten. WH: bis —20°C. Frühjahr. Hier abgebildet ist der Klon **›Semperflorens‹**.

R. kiyosumense Makino (S. *Azalea*). Bh. auf Zentralhonshu. Bergwälder. BZ April und Mai. Laubabwerfender Strauch bis 2 m. Blätter breit rhombisch, 3-6 cm lang. Saurer Boden; Sonne oder leichter Schatten. WH: bis —15°C. Frühjahr.

R. canadense (L.) Torr. (S. *Azalea*) Rhodora. Bh. in Ostquebec und Neufundland, südlich von Nord-New-Jersey und Nordostpennsylvania. Sümpfe, nasse Abhänge, felsige Hügel. BZ März-Juli. Laubabwerfender Strauch bis 1 m, selten bis 2 m. Verträgt sauren, feuchten, sogar sumpfigen Boden; Sonne oder leichter Schatten. WH: bis —30°C. F. ***albiflorum*** Rehder ist eine prächtige weißblütige Form.

R. luteum Sweet (S. *Azalea*) Pontische Azalee. Bh. in Polen und Österreich, von Jugoslawien bis zur Türkei und zum Kaukasus. Bergwiesen, Birken- oder lichte Nadelwälder in Höhen bis 2200 m; manchmal auf Kalkboden. BZ April-Juli. Laubabwerfender Strauch bis 3,5 m. Blüten süß duftend, mit klebrigen Drüsen. Saurer oder kalkfreier Boden; verträgt Trockenheit, wenn unter Bäumen gezogen. WH: bis —30°C. Frühsommer.

R. sinense Maxim. (syn. *R. molle* Sieb. & Zucc.) (S. *Azalea*) Chinesische Azalee. Bh. in Japan von Südwesthokkaido bis Shikoku und Zentralkyushu. Berge, lichte Wälder, Gebüsche und feuchte Moore. BZ Mai-Juni. Laubabwerfender Strauch bis 3 m. Blätter bis 10 cm lang, oben behaart, unten oft grauweiß. Blüten normalerweise orange bis rot, manchmal auch rosa, scharlachrot oder dunkelgelb; duftend. Saurer oder kalkfreier Boden; Sonne oder Halbschatten. WH: bis —30°C. Frühsommer.

R. microphyton Franch. (S. *Azalea*). Bh. in Yunnan und Südwestsichuan. Lichte Kiefernwälder, Felsen und Gebüsche in 1800-3000 m Höhe. BZ April-Mai. Kleiner, immergrüner Strauch. Blätter bis 5 cm lang. Blüten bis 2 cm im Durchmesser, rosa bis weiß, rot punktiert. Saurer Boden. WH: bis —10°C. Frühjahr.

R. amagianum Makino (S. *Azalea*). Bh. in Japan, im Amagi- und Higanegebirge auf der Isuhalbinsel südwestlich von Tokio. BZ Juni-Juli. Laubabwerfender Strauch bis 5 m. Blätter 5-8 cm lang, rhombisch, in Dreiergruppen auf den Zweigenden. Saurer Boden; Halbschatten. WH: bis —15°C.

25. Mai, Windsor Great Park

Rhododendron flammeum (Michx.) Sarg. (syn. *R. speciosum* [Willd.] Sweet) (S. *Azalea*). Bh. in Südcarolina und Georgia. Schattige Felshänge, lichte Wälder, Sandhügel. BZ Ende April und Mai. Laubabwerfender Strauch bis 2 m. Saurer Boden; Sonne oder leichter Schatten. WH: bis —15° C. Frühsommer.

R. prinophyllum (Small) Millais (S. *Azalea*) (syn. *R. roseum* Rehder & Wilson). Bh. von Südwestquebec und Vermont bis Südwestvirginia und Westtennessee. Wächst in trockenen Wäldern, an felsigen Abhängen und am Rande von Sümpfen. BZ Mai-Juni. Hat im Unterschied zu *R. periclymenoides* dicht behaarte Ästchen und gewöhnlich hellrosa Blüten, die intensiv duften.

R. occidentale A. Gray (S. *Azalea*). Bh. von Südkalifornien bis Oregon. Wächst an Flußufern, an feuchten Stellen in Nadelwäldern zwischen Douglasien und Mammutbäumen sowie in immergrünen Mischwäldern bis 2700 m. BZ April-August. Laubabwerfender Strauch bis 3 m. Sehr variabel. Die großblütigsten Formen kommen in Küstennähe vor. Var. ***sonomense*** aus der Gegend von Napa, Nordkalifornien, hat kleinere Blätter (2-2,5 cm lang) und rosa Blüten mit lachsrosa Fleck. Feuchter, saurer oder kalkfreier Boden. WH: bis —20° C.

R. atlanticum (Ashe) Rehder (S. *Azalea*). Bh. vom südlichen New Jersey bis Südcarolina. Nasses Kiefernödland und sandige, lichte Wäldern in der Küstenebene. BZ April bis Anfang Juni. Ausläufer treibender, laubabwerfender Strauch bis 1 m. Blüten weiß bis rosa, purpurn oder gelblich, sehr stark duftend. Saurer, feuchter oder sogar nasser Boden; Sonne oder leichter Schatten. WH: bis —25° C.

R. periclymenoides (Michx.) Sleumer (Syn. *R. nudiflorum* [L.] Torr.) (S. *Azalea*). Bh. in New York und Pennsylvania, östlich bis Ohio, südlich bis Nordcarolina. Trockene, lichte Wälder und Flußufer. BZ März-Mai. Laubabwerfender Strauch bis 2 m. Nasser oder trockener, saurer Boden; Sonne oder leichter Schatten. WH: bis —25° C.

R. minus Michx. var. ***minus*** (SS. *Caroliniana*) incl. *R. carolinianum* Rehder. Bh. in Georgia, Alabama, Nord- und Südcarolina und Tennessee. Wälder und Berghänge. BZ Mai. Breitwüchsiger, immergrüner Strauch bis 2 m und höher. Blüten weiß bis rosa-purpurfarben. Saurer Boden; Sonne, leichter Schatten. WH: bis —25° C. *R. carolinian* wurde traditionell als die kleinere Bergpflanze angesehen, R. minus als die größere Flachlandpflanze. Frühsommer.

R. minus Michx. var. ***chapmannii*** (A. Gray) Duncan & Pullen (SS. *Caroliniana*). Bh. in Florida. Lichte, sandige Kiefernwälder und trockene Böschungen an Bächen. BZ April. Aufrechter, immergrüner Strauch bis 2 m. Saurer Boden; Sonne oder leichter Schatten. WH: —10° C bis —15° C. Frühsommer.

R. bakeri Lemm. & McKay (S. *Azalea*) ›Camps Red‹ (Syn. *R. cumberlandense* E. L. Br.). Bh. in Ostkentucky, Tennessee, Nordgeorgia und Alabama, bes. verbreitet auf der Cumberland-Hochebene. Eichenwälder. BZ Juni-Juli. Laubabwerfender Strauch bis 2 m. Blüten erscheinen nach den Blättern. Saurer Boden; leichter Schatten. WH: bis —25° C.

R. albiflorum Hooker (S. *Candidastrum*). Bh. von Alberta bis British Columbia, südlich bis Oregon, westlich bis Westmontana. Nasse Wälder und alpine Gebüsche in 1200-2200 m Höhe. BZ Juni-August. Laubabwerfender Strauch bis 2 m, häufig mit horizontal wachsenden Zweigen. Blüten 1,5-2 cm, nach Zitronen duftend. Saurer, durchlässiger Boden; leichter Schatten. WH: bis —25° C und darunter.

R. bakeri in Windsor

R. albiflorum in der Kaskadenkette

R. arborescens

R. arborescens (Pursh.) Torr. (S. *Azalea*) Süßduftende Azalee. Bh. von Pennsylvania bis Ostkentucky, südlich bis Georgia und Alabama, bes. verbreitet in den Appalachen. Flußufer und Sümpfe. BZ Juni-Juli. Laubabwerfender Strauch bis 3 m, selten bis 6 m. Blüten weiß, stark duftend. Saurer Boden; leichter Schatten. WH: bis —20° C oder darunter. Sommer.

R. viscosum (L.) Torr. var. ***glaucum*** Torr. (S. *Azalea*) Sumpfazalee. Bh. in Massachusetts, südlich bis Virginia. Wächst in der Küstenebene verstreut zwischen der Hauptform (S. 142). Blüten weiß, außen rot überlaufen, bes. die Knospen, oder rot. Feuchter, saurer Boden; Sonne oder leichter Schatten. WH: bis —25° C. Sommer.

R. viscosum var. glaucum

25. Mai, Sandling Park und Windsor Great Park

›Berry Rose‹

Mollis-Azaleen im Sandling Park

›Spek's Orange‹

›George Reynolds‹

Mollis-, Knap-Hill- und Exbury-Azaleen
Die frühen Mollis-Azaleen wurden Mitte des 19. Jh. aus *R. japonicum* und *R. molle* gezüchtet, insbes. in Belgien und Holland, wo sie den viktorianischen Gewächshäusern im Winter Farbe geben sollten. Ihre Blüten waren recht klein, duftend und glockenförmig, gelb bis orangerot. Bis heute bilden sie in alten Gärten duftende Gebüsche. Einige der blasseren, stark duftenden Varietäten haben möglicherweise *R. viscosum* im Stammbaum.
Knap-Hill-Azaleen haben leuchtendere Farben, und ihre Blüten sind größer und weiter geöffnet. Sie wurden über vierzig Jahre lang bis etwa 1939 von der Familie Waterer in der Baumschule Knap Hill, Sussex, gezüchtet. Die Waterers kreuzten *R. molle* mit verschiedenen amerikanischen Arten, darunter *R. calendulaceum, R. viscosum* und *R. arborescens.* Weitere Züchtungen dieser Art nahm Lionel de Rothschild in Exbury vor; anfangs verwendete er in Knap Hill gezogene Azaleen.
Mollis-, Knap-Hill- und Exbury-Azaleen sind auf saurem oder neutralem Boden leicht zu ziehen; Sonne oder Halbschatten; im Sommer hitzeverträglich. WH: bis −20° C. Laubabwerfende Sträucher mit schöner Herbstfärbung. Nach einigen Jahren werden sie bis 3 m hoch.

***Rhododendron* ›Satan‹**. Laubabwerfende Azalee, von den Waterers in der Knap Hill Nursery vor 1925 gezogen, jedoch erst nach 1945 von W. C. Slocock & Söhne benannt. Kompakter Wuchs bis 1,5 m. Blätter in der Jugend grün. Frühsommer.

***R.* ›Klondyke‹**. Laubabwerfende Knap-Hill-Azalee, von Lionel de Rothschild 1947 in Exbury gezogen.

***R.* ›Bright Straw‹**. Laubabwerfende Knap-Hill-Azalee, 1934 in Exbury gezogen.

***R.* ›Brazil‹**. Laubabwerfende Knap-Hill-Azalee, vor 1934 von Lionel de Rothschild in Exbury gezogen.

***R.* ›Balzac‹**. Laubabwerfende Knap-Hill-Azalee, vor 1934 von Lionel de Rothschild in Exbury gezogen.

***R.* ›Persil‹**. Laubabwerfende Azalee, vor 1925 von den Waterers in der Knap Hill Nursery gezogen, jedoch erst nach 1945 von W. C. Slocock & Söhne benannt.

***R.* ›Toucan‹**. Laubabwerfende Azalee, vor 1931 in der Knap Hill Nursery gezogen, 1941 benannt.

***R.* ›Strawberry Ice‹** Laubabwerfende Knap-Hill-Azalee, von Lionel de Rothschild in Exbury gezogen und 1947 von den Waterers, Bagshot, auf den Markt gebracht. ›Cecile‹ ist ihr sehr ähnlich.

***R.* ›George Reynolds‹**. Laubabwerfende Azalee, vor 1936 in der Baumschule Knap Hill gezogen. Elternpflanze zahlr. Knap-Hill-Azaleen der Exburylinie. Bes. auffallend durch ihre großen Blüten und dicken Blütenblätter.

***R.* ›Sunte Nectarine‹**. Laubabwerfende Knap-Hill-Azalee, vor 1934 von Lionel de Rothschild in Exbury gezogen.

***R.* ›Corringe‹**. Laubabwerfende Knap-Hill-Azalee, vor 1934 von Lionel de Rothschild in Exbury gezogen.

***R.* ›Samuel Taylor Coleridge‹**. Laubabwerfende Mollis-Azalee, von Kersbergen in Boskoop gezogen.

***R.* ›Anthony Koster‹**. Laubabwerfende Mollis-Azalee, in Holland gezogen und 1892 von Koster & Söhne eingeführt.

***R.* ›Christopher Wren‹** (syn. ›Goldball‹). Mollis-Azalee, von L. J. Endtz & Co. in Boskoop gezogen.

***R.* ›Jeanne Oosthock‹** (syn. ›Merrouw G. van Noordt‹). Laubabwerfende Mollis-Azalee, von P. van Noordt & Sohn in Boskoop gezogen.

***R.* ›Queen Emma‹** (syn. ›Koningin Emma‹, ›Dr Nolans‹). Laubabwerfende Mollis-Azalee, von K. Weselenburg & Söhne in Hazerswonde, Holland, gezogen.

***R.* ›Oxydol‹**. Laubabwerfende Knap-Hill-Azalee, um 1947 in Exbury gezogen.

***R.* ›Koster's Brilliant Red‹**. Laubabwerfende Mollis-Azalee, um 1918 von Koster & Söhne in Holland gezogen. Ursprünglich gab man diesen Namen einer Linie gleichfarbiger Sämlinge, die durch Handbestäubung erzielt worden waren; sie ist eine Vorläuferin der modernen Linien der F1-Hybriden. Blüten nur schwach duftend. Aufrechter Wuchs bis 1,8 m.

***R.* ›Spek's Orange‹**. Laubabwerfende Mollis-Azalee, vor 1948 von Jan Spek gezogen.

***R.* ›Berry Rose‹**. Laubabwerfende Knap-Hill-Azalee, vor 1934 von Lionel de Rothschild in Exbury gezogen.

25. Mai, Sandling Park

›Freya‹ im Sandling Park

›Coccinea Speciosa‹

›Glory of Littleworth‹

R. vaseyi ›*White Find*‹

Laubabwerfende Azaleen
Die ersten Azaleenhybriden wurden in den zwanziger Jahren des letzten Jahrhunderts durch Kreuzung des osteuropäischen *R. luteum* mit amerikanischen Arten wie *R. calendulaceum* und *R. periclymenoides* erzielt. Im allgemeinen größer als Mollis- und Knap-Hill-Azaleen. Blüten kleiner und blasser, jedoch eleganter in der Form und süß duftend. Offene, laubabwerfende, 3 m hohe und ebenso breite Sträucher, allgemein unter dem Namen ›Ghent‹-Hybriden bekannt. Ghent-Hybriden mit gefüllten Blüten, die teilweise aus Kreuzungen mit Mollis-Azaleen hervorgegangen sind, nennt man ›Rusticas‹.
Eine andere Gruppe, die sogenannten ›Occidentale‹-Hybriden, wurden in Knap Hill durch Kreuzung von Ghent-Azaleen mit dem kalifornischen *R. occidentale* erzielt. Sie haben meist blasse Farben und sind spätblühend. Koster & Söhne kreuzten *R. occidentale* auch mit Mollis-Azaleen. Dabei entstanden ebenfalls blaßblütige Azaleen, die allerdings früher blühen. Hybriden, die *R. occidentale* im Stammbaum haben, dürften Hitze und Trockenheit gut vertragen.

›**Norma**‹. Rustica-Azalee, 1888 von C. Vuylsteke gezogen. Blüten gefüllt, duftend. Ghent- × Mollis-Azalee. Kompakter, laubabwerfender Strauch bis 1,5 m. WH: bis —25°C.
›**Narcissiflora**‹. Gefüllte Ghent-Azalee, vor 1871 von L. van Houtte gezogen. Blüten duftend. Aufrechter Wuchs bis 2,5 m. WH: bis —25°C.
›**Phoebe**‹. Gefüllte Ghent-Azalee. Aufrechter Wuchs bis 2,5 m. WH: bis —25°C.
›**Corneille**‹. Gefüllte Ghent-Azalee, um 1890 von C. Vuylsteke gezogen. Blüten duftend. Aufrechter Wuchs bis 2,5 m. WH: bis —25°C.
›**Freya**‹. Rustica-Azalee, um 1888 von C. Vuylsteke gezogen. Blüten gefüllt, duftend. Ghent- × Mollis-Azalee. Kompakter Wuchs bis 1,5 m. WH: bis —25°C.
›**Flora**‹. Ghent-Azalee, seit 1875 bekannt. Bis 1,5 m hoch. WH: bis —25°C.
›**Murillo**‹. Rustica-Azalee, 1888 von C. Vuylsteke gezogen. Blüten gefüllt, duftend. Ghent- × Mollis-Azalee. Kompakter Wuchs bis 1,5 m. WH: bis —25°C.
›**Double Damask**‹. Laubabwerfende Azalee, von den Waterers in der Knap Hill Nursery gezogen. Blüten duftend. Höhe bis 2 m. WH: bis —20°C.
›**Solion**‹. Gefüllte, laubabwerfende Azalee. Abstammung unbekannt. WH: bis —20°C.
›**Glory of Littleworth**‹. Vor 1908 von Henry Mangles gezogener *Azaleodendron*. Abstammung unbekannt, vermutlich aber eine Kreuzung zwischen einer gelben, laubabwerfenden Azalee und einem wh.en, immergrünen Rhododendron. Aufrechter, laubabwerfender Strauch bis 2 m. Feuchter, saurer Boden; vollsonnige Lage oder Halbschatten. WH: bis —20°C.
›**Fanny**‹ (syn. ›Pucella‹). Laubabwerfende Ghent-Azalee unbekannter Abstammung. Buschiger Wuchs bis 2,5 m. WH: bis —25°C.
›**Pallas**‹. Laubabwerfende Ghent-Azalee, vor 1875 in Belgien gezogen. Buschiger Wuchs bis 2,5 m.
Gloria Mundi‹. Laubabwerfende Ghent-Azalee, 1846 von L. Seneclause gezogen. Buschiger Wuchs bis 2,5 m. WH: bis —25°C.
›**Nancy Waterer**‹. Laubabwerfende Azalee, vor 1867 von den Waterers in der Knap Hill Nursery gezogen. Vermutlich Kreuzung zwischen einer Ghent-Azalee und *R. molle*. Die erste Knap-Hill-Azalee, die benannt wurde. WH: bis —20°C.
›**Irene Koster**‹. Laubabwerfende Azalee, 1901 von Koster & Söhne gezogen. Hybride zwischen *R. occidentale* und einer Mollis-Azalee. Blüten duftend. Höhe bis 2,5 m. WH: bis —20°C.
›**Exquiseta**‹. Laubabwerfende Azalee, 1901 von Koster & Söhne gezogen. Hybride zwischen *R. occidentale* und einer Mollis-Azalee. Blüten duftend. Höhe bis 2,5 m. WH: bis —20°C.
›**Coccinea Speciosa**‹. Eng mit *R. calendulaceum* verwandt und in England schon vor 1843 bekannt. Nur schwach duftend. In Etagen wachsend, bis 2,5 m hoch. Gilt allgemein als eine frühe Ghent-Azalee.
R. vaseyi ›**White Find**‹. Klon von *R. vaseyi* (S. 135), in Nordcarolina in freier Natur gesammelt. Weiße, grün punktierte Blüten; schöne gelbe Herbstfärbung. WH: bis —25°C. Reinweiß blühende Pflanzen, f. *album*, waren ebenfalls unter den im Arnold Arboretum und in Kew gezogenen Sämlingen.

19. Juni, Windsor Great Park

R. vernicosum Yu. T. T. 13961 in Benmore

R. fortunei subsp. discolor in Windsor

R. vernicosum

R. glaucophyllum

R. auriculatum

Rhododendron viscosum (L.) Torr. (S. *Azalea*) Sumpfazalee. Bh. von Maine bis Südcarolina und Georgia. Sümpfe und feuchtes Kiefernödland in der Küstenebene. BZ Juni-August. Laubabwerfender Strauch bis 5 m. Blüten weiß bis rosa, duftend. Feuchter oder nasser saurer Boden; Sonne oder Halbschatten. WH: bis —20° C oder darunter. Sommer.

R. griersonianum Balf. fil. & Forr. (SS. *Griersoniana*). Bh. in Westyunnan und Nordost-Oberbirma. Nadel- und Mischwälder, Gebüsche in 2150-2700 m. BZ Juni. Immergrüner Strauch bis 3 m. Junge Triebe und Blütenstiele mit klebrigen, behaarten Drüsen. Saurer Boden; verträgt mehr Sonne und Trockenheit als die meisten anderen Arten. WH: bis —10° C. Sommer.

R. brachyanthum Franch. subsp. ***hypolepidotum*** (Franch.) Cullen (SS. *Glauca*) Rock 11172. Bh. in Nordostbirma, Nordwestyunnan und Südosttibet. Wächst an felsigen Berghängen und in Gebüschen in 2050-4000 m Höhe, manchmal auch als Epiphyt. BZ Juli. Immergrüner Strauch bis 2 m. Blätter aromatisch, unten blaugrün, mit hellen und dunklen Schuppen (keine oder wenige Schuppen bei subsp. *brachyanthum* aus der Umgebung von Dali, Yunnan). Saurer, bes. durchlässiger Boden; Sonne oder Halbschatten. WH: bis —20° C. Sommer.

R. brachycarpum D. Don ex G. Don subsp. ***brachycarpum*** (SS. *Pontica*). Bh. in Korea (dort hauptsächlich durch subsp. *fauriei* vertreten) sowie in Japan von Hokkaido bis Zentralhonshu und Shikoku. Nadelwälder und subalpine Gebüsche, meist in Höhen über 2000 m. BZ Juni-August. Immergrüner Strauch bis 3 m. Blätter unten graufilzig (außer bei subsp. *fauriei*). Saurer Boden; Sonne oder Halbschatten. Eine der winterhärtesten Arten: bis —25° C, bei einigen Formen auch darunter. Sommer.

R. wardii W. W. Sm. (incl. *R. litiense* Balf. fil. & Forr.) (SS. *Campylocarpa*) Forrest 19467. Bh. in Südosttibet, Nordostyunnan und Südwestsichuan. Kiefernwälder, Gebüsche und unbewaldete Bergflanken, manchmal auch Sümpfe oder Kalkfelsen in 3000-4300 m Höhe. BZ Juni-Juli. Immergrüner Strauch bis 8 m. Blüten gelb bis weiß (var. *puralbum*). Saurer oder kalkfreier Boden; Halbschatten. WH: bis —20° C bei den winterhärtesten Formen. Früh- bis Mittsommer.

R. heliolepis Franch. (SS. *Heliolepida*) Forrest 15933. Bh. in Yunnan, Südwesttibet und Nordostbirma. Gebüsche und Wälder in 2500-3700 m Höhe. BZ Juli-August. Immergrüner Strauch bis 3 m. Blüten weiß oder rosa, selten purpurn. Saurer Boden; Sonne oder Halbschatten. WH: bis —20° C. Spätsommer.

R. ponticum L. (SS. *Pontica*) Pontischer Rhododendron. Bh. im westlichen Kaukasus, in der Nordtürkei und im Libanon, in Bulgarien, Südwestspanien und Südportugal (vor der letzten Eiszeit auch in Westirland). Tannen- und Buchenwälder, Kiefernwälder (im Libanon) und Gebüsche in Höhen bis 1800 m. BZ Mai-Juli. Immergrüner Strauch bis 5 m. Saurer oder neutraler Boden; Sonne oder Schatten. WH: bis —15° C. Sommer.

R. decorum Franch. (SS. *Fortunea*) KW 4487. Bh. in Nordostbirma und Yunnan, Sichuan und Westguizhou. Lichte Wälder und Gebüsche in 2500-3600 m. BZ Mai-Juni. Immergrüner Strauch bis 6 m. Blüten duftend. Kalkfreier Boden; Sonne oder Halbschatten, verträgt gut Hitze und Trockenheit. WH: bis —15° C, bei den winterhärtesten Formen auch darunter. Sommer.

R. vernicosum Franch. (SS. *Fortunea*) Yu. T. T. 13961? Loch Eck. Bh. in Yunnan, Südwestsichuan und ?Gansu. Nadel- und Mischwälder, Gebüsche und felsige Abhänge, in 2600-3650 m Höhe. BZ April-Juli. Sehr variabel (siehe S. 111). Immergrüner Strauch bis 8 m, normalerweise jedoch niedriger. Blüten blaßrosa bis purpurrosa, selten weiß, duftend. Feuchter, kalkfreier Boden; leichter Schatten. WH: —15° C bis —20° C. Spätfrühling.

R. fortunei Lindl. subsp. ***discolor*** (Franch.) Chamberlain (SS. *Fortunea*). Bh. in China von Sichuan ostwärts. Gebüsche und lichte Wälder in 1100-2100 m Höhe. BZ Mai-Juni. Immergrüner Strauch oder kleiner Baum bis 10 m. Blüten weiß bis rosa, duftend. Saurer Boden; Halbschatten. WH: bis —20° C. Sommer.

R. glaucophyllum Rehd. (SS. *Glauca*). Bh. im Himalaja von Ostnepal bis Bhutan und Südtibet. Felsige Abhänge und lichte Wälder in 2750-3650 m Höhe. BZ Mai. Immergrüner Strauch bis 2 m, normalerweise nur 1 m. Blätter unten bläulichgrün. Saurer Boden; Halbschatten. WH: bei Schutz vor kaltem Wind bis —20° C. Frühjahr.

R. auriculatum Hemsl. (SS. *Auriculata*). Bh. in Ostsichuan, Westhubei und Ostguizhou. Lichte Wälder, Bergkämme und felsige Abhänge in 500-2300 m Höhe. BZ Juli. Immergrüner, großer Strauch oder Baum bis 6 m. Blüten weiß oder blaßrosa, im Schlund grünlich, duftend. Saurer Boden; geschützte Lage im Schatten oder Halbschatten,. WH: bis —15° C, gut hitzeverträglich. Spätsommer.

19. Juni, Windsor Great Park

›***Rhododendron*** ›**Amor**‹ (*R. griersonianum* × *R. thayerianum*). Von J. B. Stevenson 1927 gezogen. Immergrüner Strauch bis 2 m. Saurer Boden; Sonne oder Halbschatten. WH: bis —15°C. Mittsommer.

R. ›**Lascaux**‹ (*R.* ›Fabia‹ × *R. wardii*, Gruppe *Litiense*). Von Francis Hanger in Wisley, Surrey, 1947 gezogen. Immergrüner Strauch bis 1,5 m. Saurer Boden; Sonne oder Halbschatten. WH: bis —15°C. Mittsommer.

R. ›**Romany Chal**‹ (*R.* ›Moser's Moroon‹ × *R. facetum*). Vor 1932 von Lionel de Rothschild gezogen. Immergrüner Strauch bis 3 m. Feuchter, saurer Boden; leichter Schatten. WH: bis —15°C. Mittsommer.

R. ›**Biscuit Box**‹ (*R. fortunei* subsp. *discolor* × *R. elliottii*). Vor 1960 von Francis Hanger in Wisley gezogen. Immergrüner Strauch bis 3 m oder höher. Saurer Boden; Halbschatten. WH: bis —15°C. Mittsommer.

R. ›**Jalisco Goshawk**‹ (*R.* ›Dido‹ × *R.* ›Lady Bessborough‹). Um 1942 von Lionel de Rothschild gezogen. Immergrüner Strauch bis 2 m. Blüten mit kleinem Kelch, der im Unterschied zu anderen Klonen von ›Jalisco‹ nicht blütenblattartig ist. Saurer Boden; Halbschatten. WH: bis —15°C. Mittsommer.

R. ›**Kilimanjaro**‹ (*R. elliottii* × *R.* ›Dusky Maid‹). Vor 1942 von Lionel de Rothschild gezogen. Immergrüner Strauch bis 2 m. Saurer Boden; Halbschatten. WH: bis —15°C. Mittsommer.

R. ›**Grosclaude**‹ (*R. haematodes* × *R. facetum*). Von Lionel de Rothschild 1941 gezogen. Kompakter Strauch bis 1,5 m. Feuchter, saurer Boden; leichter Schatten. WH: bis —15°C. Mittsommer.

R. ›**Tensing**‹ (*R.* ›Fabia‹ × .*R.* ›Romany Chai‹). Vor 1953 von Francis Hanger in Wisley gezogen. Immergrüner Strauch bis 1,5 m. Saurer Boden; geschützte Lage im Halbschatten. WH: bis —15°C. Nahe verwandt mit *R. griersonianum*, von dem beide Elternpflanzen abstammen. Frühsommer.

R. ›**Tally Ho**‹ (*R. griesonianum* × *R. facetum*). Vor 1933 von J. J. Crossfield gezogen. Immergrüner Strauch bis 2,5 m. Saurer Boden; Halbschatten. WH: bis —10°C. Frühsommer.

R. ›**Polar Bear**‹ (*R. diaprepes* × *R. auriculatum*). Vor 1926 von J. B. Stevenson gezogen. Immergrüner Strauch bis 9 m. Blätter 20 cm oder sogar 30 cm lang. Blüten 11 cm im Durchmesser, duftend. Saurer Boden; Halbschatten. WH: bis —20°C. Spätsommer.

R. ›**Rothenberg**‹ (*R.* ›Diane‹ × *R. williamsianum*). Vor 1972 von J. Bruns gezogen. Kompakter, immergrüner Strauch bis 1,5 m. Blätter stark glänzend. Saurer oder kalkfreier Boden; Halbschatten. WH: bis —20°C. Hybride mit sehr schönen Blättern und Blüten.

R. ›**Joanita**‹ (*R. lacteum* × *R. campylocarpum* subsp. *caloxanthum*). Vor 1942 von Lionel de Rothschild gezogen. Kompakter, immergrüner Strauch bis 1,5 m. Saurer Boden; leichter Schatten. WH: bis —15°C. Frühsommer.

R. ›**Queen's Wood**‹ (*R. souliei* × *R. aberconwayi*). Vor 1972 von T. H. Findlay in Windsor gezogen. Immergrüner Strauch bis 2 m. Blätter breit oval. Saurer Boden; leichter Schatten. WH: bis —20°C. Frühsommer.

R. ›**Vintage Rose**‹ (*R. yakushimanum* × [›Eclipse‹ × ›Fusilier‹]). Vor 1975 von Waterer, Söhne & Crisp gezogen. Niedriger, breitwüchsiger, immergrüner Strauch bis 1 m. Saurer Boden; Sonne oder Halbschatten. WH: bis —15°C. Frühsommer.

R. ›*Polar Bear*‹ in Wakehurst, im August

R. ›*Rothenberg*‹

R. ›*Joanita*‹

R. ›*Queen's Wood*‹

R. ›*Vintage Rose*‹

19. Juni, Windsor Great Park

R. yakushimanum in Windsor

R. souliei in Windsor

R. cerasimum

R. maximum ›Summer Time‹

Rhododendron dichroanthum Diels. subsp. ***scyphocalyx*** (Balf. fil. & Forrest) Cowan, inkl. subsp. ***herpesticum*** (Balf. f. & Ward) Cowan (SS. *Neriiflora*) Forrest 27051. Bh. in Nordost-Oberbirma und Westyunnan. Felsige Abhänge und Bambusgestrüpp in 3600-4550 m Höhe. BZ Juli. Immergrüner Strauch bis 2 m. Blüten wachsartig, 3,5-5 cm lang. Feuchter, saurer Boden; Halbschatten. WH: bis —15°C. Sommer.

***R.* ›Moonstone‹** (*R. campylocarpum* × *R. williamsianum*). Vor 1933 von J. C. Williams gezogen. Immergrüner, rundlicher Strauch bis 1,5 m. Blüten ca. 6,5 cm im Durchmesser, 3-5 pro Doldentraube. Saurer oder kalkfreier Boden; Halbschatten. WH: bis —20°C. Frühjahr bis Sommer.

R. wardii W. W. Sm. (SS. *Campylocarpa*) L. S. & E. 15764 (siehe auch S. 143). Dieser Klon mit schlüsselblumengelben Blüten und dunklem Basalfleck hieß ›Meadow Pond‹, als er von den Crown Estate Comissioners aus Windsor vorgestellt wurde. *R. wardii* ist als Wildpflanze sehr weit verbreitet und sehr variabel. Blüten von glockenförmig bis fast eben, manchmal ohne Fleck. Im Unterschied zu dem ebenfalls gelbblütigen *R. campylocarpum* hat er drüsige Griffel und gut entwickelte, 5-15 mm lange Kelche.

R. ponticum L. (SS. *Pontica*) (siehe auch S. 143) Pontischer Rhododendron. In den drei wichtigen Verbreitungsgebieten hat *R. ponticum* verschiedene Namen erhalten: subsp. *ponticum* am Schwarzen Meer, subsp. *baeticum* in Spanien und Portugal und var. *brachycarpum* Boiss. im Libanon. Doch die morphologischen Unterschiede der drei haben sich als unerheblich oder unbeständig erwiesen.

R. triflorum Hooker fil. (SS. *Triflora*). Bh. im Himalaja von Ostnepal bis Bhutan und Südtibet (dort sehr verbreitet). Gebüsche, Wälder und Bergflanken in 2400-3650 m Höhe. BZ April-Mai. Wuchernder, immergrüner Strauch bis 7 m; Rinde rotbraun, ablösend. Blüten blaßgelb, manchmal (in Südtibet) mit dunkelroten Punkten, 4-5 cm im Durchmesser. Saurer Boden. WH: bis —15°C. Frühsommer.

R. souliei (SS. *Campylocarpa*). Bh. in Westsichuan und Nordostyunnan. Felsige Berggipfel und Wälder in 2700-4500 m Höhe. BZ Juni. Immergrüner Strauch bis 5 m. Blüten fast eben, 5-7,5 cm im Durchmesser, blaßrosa oder weiß bis zartrosa. Durchlässiger, saurer Boden; Sonne oder Halbschatten. WH: bis —20°C. Frühsommer.

R. yakushimanum Nakai (SS. *Pontica*) (syn. *R. metternichii* var. *yakushimanum* Ohwi). Bh. auf Yaku-Shima und Südkyushu. Wächst in 1200-1800 m Höhe als Epiphyt auf alten Kryptomerien im Regenwald, auf Granitfelsen und am Rand von Sphagnummooren. BZ Mai. Immergrüner Strauch bis 2,5 m, in ungeschützten Lagen kleiner. Blüten 3-4 cm lang, blaßrosa bis fast rein weiß. Saurer Boden; Sonne oder Halbschatten. WH: bis —25°C. Spätfrühling. Sehr leicht zu ziehen, obwohl als Wildpflanze wenig verbreitet. Eltenpflanze zahlr. neuer Zwerghybriden.

R. cerasinum Tagg (SS. *Thomsonia*) Kingdon Ward 11011. Bh. in Nordost-Oberbirma und Südosttibet. Nadelwälder und dichte Gebüsche in 3000-3800 m Höhe. BZ Juni. Immergrüner Strauch bis 3,7 m. Blüten hängend, auf 15-25 mm langen Stielen, wachsartig, karmesin- bis scharlachrot oder weiß mit rosa Rand, 3,5-4,5 cm lang, mit dunklen Nektarien. Feuchter, saurer Boden; leichter Schatten. WH: bis —15°C. Spätfrühling.

R. smirnowii Trautv. (SS. *Pontica*) Smirnows Rhododendron. Bh. in der Nordosttürkei bei Artvin. Wächst auf saurem und basischem Vulkangestein an Berghängen und in Fichtenwäldern in 1525-2200 m Höhe. BZ Juni-Juli. Immergrüner Strauch bis 4 m. Blätter unten wollig. Blüten rosa bis zartrosa, 3,4 cm im Durchmesser. Saurer oder kalkfreier Boden, Sonne oder Halbschatten. WH: bis —25°C. Spätfrühling.

R. maximum L. (SS. *Pontica*) **›Summer Time‹** Riesenrhododendron. Bh. von Neuschottland bis Georgia und Alabama. Feuchte Standorte an Flüssen, Sumpfrändern, Seeufern und Berghängen bis 900 m. BZ Juni-Juli. Immergrüner Strauch bis 10 m. Blüten 3,5-4 cm im Durchmesser, blaßrosa oder weiß bis purpurfarben. Feuchter, saurer Boden; Sonne oder Halbschatten. WH: bis —30°C und darunter. Sommer.

1. Juni, Sandling und Windsor

Gaultheria shallon und *Davidia involvata*

Enkianthus cernuus f. *rubens*

Vaccinium ovatum

Agapetes serpens

Arctostaphylos patula

Enkianthus cernuus (Sieb. & Zucc.) Makino (*Ericaceae*) Nickende Prachtglocke. Bh. auf Südosthonshu, Kyushu und Shikoku. Bergwälder. BZ Mai-Juni. Laubabwerfender Strauch bis 3 m. Blätter obovat. Blüten weiß oder rot wie bei der hier abgebildeten f. ***rubens*** (Maxim.) Ohwi. Saurer Boden; Halbschatten. WH: bis −20°C. Frühsommer.

Enkianthus campanulatus (Miq.) Nichols (*Ericaceae*) Glockige Prachtglocke. Bh. auf Südosthokkaido, Honshu (dort im Südosten selten) und Shikoku (var. *sikokianus* Palib.). BZ Juni-Juli. Laubabwerfender Strauch bis 5 m. Blätter oval-obovat bis obovat, unten an den Nervenachseln behaart, oben manchmal borstig, Herbstfärbung rot und orange. Blüten 8-12 mm lang, von blaß grünlich mit rosa Adern bis rötlich wie bei var. ***palibinii*** (Craib) Bean aus Zentralhonshu und var. *sikokianus*. Wird von Wespen bestäubt. Fruchtknoten kahl.

Enkianthus chinensis Franch. (*Ericaceae*). Bh. in Westhubei, Sichuan, Yunnan und Nordostbirma. Wälder und Felsen in 1600-2000 m Höhe. BZ Mai-Juni. Laubabwerfender Strauch bis 6 m. Blätter kahl, ansonsten jedoch kaum ein Unterschied zum japanischen *E. campanulatus*. Blüten in der Regel gelblich mit rosa Adern, Kronenabschnitte zurückgeschlagen. Die hier abgebildete blasse Form wurde von Kingdon Ward in Nordbirma gesammelt. Saurer Boden; Halbschatten. WH: bis −10°C. Frühsommer.

Menziesia ciliicalyx (Miq.) Maxim. var. *purpurea* Makino (syn. *M. multiflora* var. *purpurea* [Makino] Ohwi) (*Ericaceae*) (siehe auch S. 75). Diese prächtige Varietät ist nur im Distrikt Hakone südöstlich von Tokio heimisch. Var. *multiflora* (Maxim.) Makino hat blaßrosa Blüten mit langen, breiten, gewimperten Kelchblättern (4-6 mm lang); auf Hokkaido, Honshu und Shikoku verbreitet, in Gärten jedoch selten.

Gaultheria hookeri C. B. Clark (*Ericaceae*). Bh. von Ostnepal bis Yunnan. Wälder in 2700-3000 m Höhe. BZ Mai-Juni. Immergrüner Strauch bis 1 m, Zweige borstig behaart. Blüten ca. 4 mm lang. Saurer Boden; Schatten. WH: bis −10°C.

Vaccinium corymbosum L. (*Ericaceae*) Amerikanische Strauchheidelbeere. Bh. von Neuschottland und Quebec bis Wisconsin, Alabama und Florida. Sümpfe, nasse Wiesen, Kiefernödland und Bergwälder. BZ Mai-Juni. Früchte von Juni-August. Laubabwerfender Strauch bis 4,5 m. Früchte tiefblau, gräulich bereift. Saurer Boden; Sonne oder Halbschatten. WH: bis −25°C. Spätfrühling.

Vaccinium ovatum Pursh. (*Ericaceae*). Bh. von Kalifornien bis British Columbia. Trockene, felsige Abhänge und sandiges Heideland an der Küste in Höhen bis 800 m. BZ März-Mai. Niedriger, starkverzweigter, immergrüner Strauch bis 2,5 m. Blüten 5-7 mm lang. Früchte 6-9 mm, schwarz. WH: bis −15°C. Frühsommer.

Leucothoë fontanesiana (Steud.) Sleumer (syn. *L. editorum* Fern. & Schub., *L. catescaei* Gray) (*Ericaceae*). Bh. in Virginia, Georgia und Tennessee. Feuchte Bergwälder. BZ Mai. Immergrüner Strauch bis 1,5 m, wuchernd, stets bis zum Boden bezweigt, Triebe bogig überhängend. Häufig in Kultur ist ›Rainbow‹ mit rosa, gelb und orange gefleckten Blättern. Saurer Boden. WH: bis −20°C.

Arctostaphylos patula Greene (*Ericaceae*). Bh. von Kalifornien bis Oregon, Nevada und Utah. Lichte Standorte in gemischten Nadelwäldern. BZ April-Juni. Immergrüner Strauch bis 2 m; Rinde, glatt, rötlich; verbreiterter, feuerfester Wurzelstock. Blätter nicht filzig behaart, dunkel- oder hellgrün, rundlich. Durchlässiger, im Sommer trockener Boden. WH: bis −10°C oder darunter. Frühjahr.

Agapetes serpens (Wight) Sleumer (*Ericaceae*). Bh. von Ostnepal bis Bhutan und Nordassam. Wächst auf bemoosten Böschungen in Wäldern oder als Epiphyt in 1500-3000 m Höhe. BZ Februar-Juni. Immergrüner Strauch mit verholzter Knolle. Lockerer Wuchs. Zweige ausgebreitet, überhängend, bis 2 m lang. Blüten 2,5 cm, weißlich bei ›Nepal Cream‹ (von Roy Lancaster eingeführt). Feuchter, saurer Boden; Schatten. WH: bis −5°C. Frühjahr.

Gaultheria shallon Pursh. (*Ericaceae*) Salal (siehe S. 151).

Berberis calliantha Mulligan (*Berberidaceae*). Bh. in der Tsangposchlucht bei Pemakochung, Südosttibet. Sumpfland in 2500 m Höhe. Immergrüner, dichter Strauch bis 1 m. Blüten bis 2,5 cm im Durchmesser. WH: bis −10°C. Frühsommer.

Berberis hookeri Lem. (*Berberidaceae*) Farrer 1030 und Schilling 1089. Bh. im Himalaja von Nepal bis Bhutan. Hemlocktannen- und Rhododendrenwälder in 3000-3500 m Höhe. BZ April-Juni. Immergrüner, buschiger Strauch bis 1,5 m. WH: bis −15°C. Frühsommer.

19. Juni, Windsor und Wisley

Fothergilla in Windsor

Lyonia ovalifolia in Dali, Yunnan

Gaultheria shallon Pursh .(*Ericaceae*) Salal. Shallonscheinbeere. Bh. von Santa Barbara in Kalifornien bis British Columbia. Sequoienwälder und andere Gehölze oder Gebüsche in Höhen bis 800 m. BZ April-Juli. Ausläufer treibender, immergrüner, niedriger Strauch, in der Regel bis 1 m hoch. Frucht von fleischigem Kelch eingeschlossen, purpurn. Saurer Boden; Halbschatten oder Schatten. WH: bis —20°C.

× ***Gaulneettya wisleyensis*** Marchant (*Ericaceae*) **›Wisley Pearl‹**. Hybride zwischen *Gaultheria shallon* und *Pernettya mucronata*, vor 1929 im verwilderten Garten in Wisley wildwachsend gefunden. Die hier abgebildeten Pflanzen stammen vom Fundort des Typus. Immergrüner Strauch bis 1,5 m, Ausläufer treibend. Blätter 3,7 cm lang, zäh, mit eingesenkten Nerven. Früchte rosa bis purpurn, fleischig. Feuchter, saurer Boden. WH: bis —20°C. Sommer.

Pernettya mucronata (L.) Guad. (*Ericaceae*) Torfmyrte. Bh. in Südchile und Südargentinien. Wächst als Zwergstrauch auf feuchtem, saurem Boden. BZ Oktober-Dezember. Immergrüner, buschiger Strauch bis 2 m. Blätter bis 2 cm lang, mit dorniger Spitze. Blüten 5 mm lang weiß oder rosa getönt. Beeren in unterschiedlichen Farben: weiß, rot oder purpurn, im Winter sehr dekorativ. Feuchter, saurer Boden; Sonne oder Halbschatten. WH: bis —20°C. Frühsommer.

Zenobia pulverulenta (Bartr.) Pollard (*Ericaceae*) Bestäubte Zenobie. Bh. von Südostvirginia bis Südcarolina. Sandiges oder torfhaltiges feuchtes Heideland und Kiefernödland. BZ Juni. Laubabwerfender Strauch bis 3 m. Blätter 2-7 cm lang, mit pulverigem Schmelz überzogen. Blüten auf den letztjährigen Trieben, 6-8 mm lang, sehr wohlriechend. Feuchter, saurer Boden; Sonne oder Halbschatten. WH: bis —10°C. Frühsommer

Kalmia latifolia L. (*Ericaceae*) Breitblättriger Berglorbeer. Bh. in Neuengland und Quebec, im Staat New York und in Ohio, südlich bis Louisiana und Westflorida. Wächst auf saurem Boden in Laubwäldern, häufig zwischen Felsblöcken. BZ im Norden Mai-Juli. Immergrüner Strauch bis 3 m, selten bis 10 m. Blätter oblanzettlich, bis 10 cm lang. Blüten bis 2,5 cm im Durchmesser, in der Regel blaßrosa, gelegentlich auch karmesinrot, rotbraun oder weiß. Saurer Boden; Halbschatten, in kälteren Klimazonen vollsonnige Lage. WH: bis —30°C. Sommer. Wahrscheinlich werden viele Sorten aus Nordamerika bei uns bald häufiger vertreten sein, da sie sich in Gewebekulturen vermehren.

Kalmia angustifolia L. **›Rubra‹** (*Ericaceae*) Schaflorbeer. Bh. in Labrador, Manitoba und Neufundland, südlich bis Virginia und Georgia, dort im Gebirge. Saure Moore, Heideland, lichte Wälder und Kiefernödland. BZ Ende Mai bis August (im Norden). Kleiner, lockerer, immergrüner Strauch bis 1 m. Blätter länglich bis oval-lanzettlich, bis 5 cm lang. Blüten bis 13 mm im Durchmesser, in der Regel tiefrosa oder karminrot, selten weiß. Feuchter, saurer Boden; Sonne; Halbschatten. WH: bis —30°C. ›Rubra‹ ist eine häufig gezogene dunkelrosa Form.

Vaccinium stamineum L. (*Ericaceae*). Bh. in Massachusetts, Ontario und Indiana, südlich bis Missouri, Florida und Louisiana. Trockene Wälder und Gebüsche. BZ März-Mai. Laubabwerfender Strauch bis 3 m. Blätter in Form und Größe variabel, bis 10 cm lang. Blüten weiß, grünlich, oder purpurfarben, mit vorragenden Staubbeuteln. Früchte grün, blaßorange, purpurn oder blau; reifen zwischen Juli und September. Saurer Boden; Halbschatten. WH: bis —25°C. Sommer.

Leucothoë davisiae Torr. (*Ericaceae*). Bh. von Mittel- und Nordkalifornien bis Oregon. Moore und Sümpfe in 1000-2500 m Höhe. BZ Juni-August. Immergrüner Strauch bis 1,5 m. Blätter kahl, 3-6 cm lang. Feuchter, saurer Boden; Sonne oder Halbschatten. WH: bis —20°C. Sommer.

Lyonia ovalifolia (Wall.) Drude (*Ericaceae*). Bh. im Himalaja von Pakistan bis Yunnan, Sichuan und Hubei; in Japan auf Honshu, Shikoku und Kyushu; in Taiwan. Sonnige Standorte auf Hügeln, Gebüsche, Eichen- und Kiefernwälder, Rhododendrengehölze. BZ April-Juni. Laubabwerfender oder halbimmergrüner Strauch oder kleiner Baum bis 10 m; häufig jedoch nur 1 m hoch wie die hier abgebildete Pflanze. Rinde in vertikalen Streifen ablösend. Blätter 8-15 cm lang, in der Jugend oft unten behaart. Blüten 8-10 mm, in 5-14 cm langen Trauben. Kapsel 4-5 mm im Durchmesser. Saurer Boden; Sonne oder Halbschatten. WH: bis —10°C.

L. glandulosum subsp. *columbianum*

Fothergilla major (Sims.) Lodd. (*Hamamelidaceae*). Bh. in Georgia. BZ Mai. Laubabwerfender Strauch bis 3 m. Blätter 5-10 cm lang, oben kahl, unten weißlich (wie bereift), sternhaarig, im Herbst orangegelb. Blüten in langen Ähren (bis 5 cm), mit auffälligen weißen Staubblättern (bis 14 mm lang). Saurer Boden; Sonne oder Halbschatten. WH: bis —20°C. Frühsommer.

Ledum glandulosum Nutt. subsp. ***columbianum*** (Piper) C. L. Hitchk. (*Ericaceae*). Bh. von Nordkalifornien bis Washington. Feuchte Standorte mit Torfboden in Küstennähe und lichte Kiefern- und Sequoienwälder unter 1000 m. BZ Mai-Juni. Immergrüner Strauch bis 2 m. Blätter 3-6 cm lang, unten weißlich. Blütenstand rundlich, dicht; Blüten 1,2-1,8 cm im Durchmesser. Saurer Boden; Sonne oder Halbschatten. WH: bis —15°C. Frühsommer.

10. Juni, Cannington

Ceanothus ›Concha‹ in Cannington, Somerset

Ceanothus purpureus

Ceanothus in Nordkalifornien

Ceanothus (*Rhamnaceae*) Säckelblume. In ganz Nordamerika heimisch, doch die meisten und prächtigsten Arten findet man an der kalifornischen Küste. Leicht zu ziehen. Blüht im Spätfrühling oder Frühsommer, ist im Sommer jedoch empfindlich gegen Nässe und sollte deshalb nicht bewässert werden. Raschwüchsig, aber kurzlebig, auch wenn er nicht in kalten Wintern eingeht.

C. integerrimus Hook. & Arn. Bh. von Südkalifornien bis Washington. Wächst in Kiefernwäldern auf trockenen Hängen und Hügeln sowie in immergrünen Mischwäldern der Küstenkette in 300-2000 m Höhe. BZ Mai-Juni. Halbimmergrüner Strauch bis 4 m. Blütenbüschel 4-15 cm lang, weiß bis rosa oder dunkelblau. WH: bis —10° C.

C. griseus (Trel.) McMinn. Bh. in Kalifornien, Santa Barbara County bis Mendocino County. Kiefernwälder und Gebüsche in der Küstenkette. BZ März-Mai. Immergrüner Strauch bis 3 m. Blüten in dichten, 2-5 cm langen Büscheln. WH: —5° C bis —10° C. Eine Form aus Yankee Point, var. *horizontalis,* bildet einen weit ausgebreiteten Strauch mit blaßblauen Blüten.

C. incanus Torr. & Greene. Bh. in Kalifornien, Santa Cruz County bis Siskyiou County. Lichte Standorte in Sequoien- und Mischwäldern im westlichen Teil der Küstenkette bis 1000 m. BZ April-Mai. Immergrüner Strauch bis 4 m, Zweige dornig und feinfilzig. Blüten weiß, in dichten, 3-6 cm langen Büscheln. WH: bis —10° C.

C. arboreus Greene **›Trewithen Blue‹**. Bh. auf den Inseln Santa Cruz, Santa Rosa und Santa Catalina vor der kalifornischen Südküste. Wächst in Gebüschen auf Hügeln. BZ Februar-Mai. Immergrüner, großer Strauch oder kleiner Baum bis 7 m. Blätter bis 8 cm lang. Blütenbüschel bis 12 cm lang, bei Wildpflanzen blaßblau. WH: bis —5° C.

C. impressus Trel. Bh. in Südkalifornien, Santa Barbara County bis San Luis Obispo County. Wächst in immergrünen Gebüschen. BZ März-April. Dichter, immergrüner Strauch bis 2 m. Blütenbüschel schmal, bis 2,5 cm lang. Blüten tiefblau. WH: bis —10° C.

***C.* ›Puget Blue‹**. Manchmal als Form von *C. impressus* verzeichnet, von dem er sich durch schmalere, bis 2 cm lange Blätter mit 48 drüsigen Zähnen unterscheidet, was auf eine Verwandtschaft mit *C. papillosus* hindeutet. Dichter, immergrüner Strauch, gestützt bis 5 m hoch. Sehr reich blühend. Jeder Boden, verträgt auch Lehm; vollsonnige Lage. WH: bis —10° C.

C. foliosus Parry. Bh. in Kalifornien, von Santa Cruz County bis Humboldt County, in San Diego County und als var. *medius* südwärts bis San Luis Obispo County. Immergrüne Gebüsche in der Küstenkette bis 1200 m. Immergrüner Strauch bis 1 m. Blütenbüschel einfach, bis 2,5 cm lang, oder zusammengesetzt und länger. WH: bis —5° C.

C. rigidus Nutt. Bh. auf der kalifornischen Halbinsel Monterey. Sandige Hügel und Täler. BZ Februar-April. Buschiger, feinzweigiger Strauch bis 2 m, breiter als hoch. Wenige Blüten pro Dolde. WH: bis —5° C. In Kalifornien ist auch die weißblütige Form ›Snowball‹ in Kultur.

C. divergens Parry. Bh. im Napatal bei Calistoga, Kalifornien. Gebüsche und lichte Wälder. BZ Februar-März. Subsp. *confusus* (J. T. Howell) Abrams ist in Sonoma County und Lake County stärker verbreitet. Niedriger, immergrüner, bis 1,5 m Strauch mit bogigen Zweigen. Blüten in Dolden. WH: bis —10° C.

C. purpureus Jeps. Bh. in der Gegend um Napa, Kalifornien. Felsige, trockene Hügel in Höhen bis 500 m. BZ Februar-April. Immergrüner Strauch bis 2 m. Blüten tiefblau bis purpurn, in Dolden. WH: bis —5° C.

C. spinosus Nutt. Bh. in Kalifornien, von San Luis Obispo County nach Süden. Berge in Küstennähe, trockene Hänge und Gebüsche in Höhen unter 1000 m. BZ Februar-Mai. Großer, immergrüner Strauch bis 6 m. Rinde grün, Zweige dornig. Blüten blaßblau bis weiß, in großen, zusammengesetzten, bis 15 cm langen Büscheln. WH: bis —5° C.

***C.* ›Edinburgh‹**. Hybride zwischen *C. griseus* und vielleicht *C. papillosus.* Stammt aus dem Botanischen Garten in Edinburgh. WH: bis —10° C.

***C.* ›Blue Mound‹**. Niedriger, breitwüchsiger, immergrüner Strauch, vermutlich Hybride zwischen *C. thyrsiflorus* var. *repens* und *C. papillosus.*

***C.* ›Cascade‹**. Form oder Hybride von *C. thyrsiflorus* mit bogigen Zweigen. WH: bis —10° C.

***C.* ›Southmead‹**. Vielleicht Hybride zwischen *C. griseus* und *C. dentatus.* Immergrün, bis 3 m.

***C.* ›Percy Picton‹**. Vielleicht Hybride zwischen *C. impressus* und *C. papillosus.* Dichter, immergrüner Strauch bis 3 m.

***C.* ›Ray Hartmann‹**. Immergrüner Strauch oder kleiner Baum bis 6 m. Hybride von *C. arboreus.* WH: bis —10° C.

***C.* ›Concha‹**. Dichter, immergrüner Strauch, bis 2 m hoch und mindestens ebenso breit. Blätter 2,5 cm lang. Blütenknospen rötlich, Blütenblätter tiefblau. WH: bis —10° C.

C. × mendocinensis McMinn. Hybride zwischen *C. velutinus* und *C. thyrsiflorus,* bis 4 m hoch.

C. × veitchianus Hook. Vermutlich Hybride zwischen *C. griseus* und *C. rigidus,* in der Nähe von Monterey gesammelt. Immergrün, bis 3 m.

10. Juni, Cannington

Wisteria × *formosa* in Cannington

Wisteria floribunda ›*Alba*‹

Caesalpinia decapetala

Mucuna sempervirens

Wisteria floribunda (Willd.) DC. f. ***macrobotrys*** (Neubert) Rehd. & Wils. (*Leguminosae*) Japanische Wisterie. Bh. in Japan auf Honshu, Shikoku und Kyushu. Wächst in Dickichten, Gehölzen und an Flüssen im Gebirge. BZ Mai-Juli. Der Name *macrobotrys* wird für Kulturformen mit bes. lange Blütentrauben verwendet — manchmal bis 150 cm lang. Verholzter Kletterstrauch, bis 20 m hoch, alleinstehend ca. 2 m hoch, im Uhrzeigersinn windend. 11-19 Blättchen. Blütentrauben bei der Wildform bis 60 cm lang. Blüten 2 cm im Durchmesser, duftend. Jeder gute Boden; vollsonnige Lage. Braucht in kälterem Klima warmen Platz an einer Mauer. WH: bis —20°C. Frühsommer.

W. floribunda **›Rosea‹**. Seit 1903 bekannte blaßrosa Form. Trauben bis 45 cm lang.
W. floribunda **›Alba‹**. Blüten weiß oder sehr blaß malvenfarbig. Trauben 30-40 cm lang.
W. floribunda **›Issai‹**. Form von *W. floribunda*, möglicherweise auch Hybride von *W. sinensis* oder *W. venusta*. Blüht in der Jugend gut. Trauben etwa 30 cm lang. Unter diesem Namen wurden laut Bean (8. Aufl.; siehe Bibliographie) mehrere Klone von K. Wada aus Japan eingeführt. Im Uhrzeigersinn windend.

Wisteria sinensis Sweet (*Leguminosae*) Chinesische Wisterie. Bh. in Westhubei, Ostsichuan und wahrscheinlich auch in anderen Gegenden Chinas. Felsen und Gehölze. BZ April-Mai. Verholzter, laubabwerfender Kletterstrauch bis 40 m; überrankt große Bäume, wenn man ihn läßt; gegen den Uhrzeigersinn windend. 7-13 Blättchen. Blütentrauben 16-30 cm lang, blaulila. Blüht in Gärten im Frühsommer, häufig auch ein zweites Mal in den folgenden Monaten, dann aber mit weniger Blüten. Die diesjährigen Triebe sollte man im Spätsommer auf etwa 5 cm zurückschneiden. Spatzen und andere Vögel fressen gerne die jungen Knospen; bei eingewöhnten Pflanzen ist dies die häufigste Ursache für eine spärliche Blüte. Jeder Boden; vollsonnige Lage oder Halbschatten. WH: bis —15°C. Frühsommer.

W. sinensis **›Black Dragon‹**. Sorte mit gefüllten, dunkel purpurfarbenen Blüten.

Wisteria × ***formosa*** Rehder. Hybride zwischen *W. sinensis* und *W. floribunda*, bei der sich alle Blüten einer Traube gleichzeitig öffnen. Bei der ursprünglichen Kreuzung im Jahr 1905 wurde *W. floribunda* ›Alba‹ verwendet. Die erzielte Hybride hatte 9-15 Blättchen und 25 cm lange Trauben mit blaßvioletten, 2 cm langen Blüten.

Wisteria venusta Rehd. & Wils. (*Leguminosae*). Weißblühende Sorte, in Japan schon lange gezogen. Merkmale: Blätter seidig behaart; Blütentrauben kurz und breit, 10-15 cm lang; Blüten 2,5-3 cm im Durchmesser, gleichzeitig öffnend. Die Wildform, var. *violacea* Rehder, syn. *W. brachybotrys* Sieb. & Zucc., mit purpurnen Blüten ist ziemlich selten. Sie wächst auf Bergen und Hügeln auf Westhonshu, Shikoku und Kyushu. BZ Mai-Juli. Gegen den Uhrzeigersinn windend. Verholzter, laubabwerfender Kletterstrauch bis 10 m oder höher. Jeder gute Boden; sonnige Lage. WH: bis —20°C.

Caesalpinia decapetala (Roth.) Alston (Syn. *C. sepiaria* Roxb.) (*Leguminosae*). Bh. im Himalaja von Pakistan bis China, Südostasien und Japan (var. ***japonica***). Gebüsche, felsige Abhänge, Schluchten bis 2200 m. Laubabwerfender, schwach kletternder Strauch bis 7 m (var. ***japonica*** bis 2 m). Zweige mit zurückgebogenen Stacheln. Blätter bis 38 cm lang, doppelt gefiedert, 5-10 Fiedern mit je 8-12 Blättchenpaaren. Blüten 2-3 cm breit, in aufrechten, bis 40 cm langen Trauben. BZ Frühsommer. WH: bis —10°C.

Mucuna sempervirens Hemsl. (*Leguminosae*). Bh. in Westhubei und Sichuan, dort sehr verbreitet, in anderen Teilen Chinas und auf Kyushu, dort aber sehr selten. Wächst in Schluchten und auf Felsen bis 300 m oder klettert an Bambus empor. BZ April. Wuchernder, immergrüner Klimmer bis 12 m oder höher. 3 Blättchen mit hervortretenden netzartigen Adern; endständiges Blättchen 7-15 cm lang. Blüten hauptsächlich am alten Holz, übelriechend, wachsartig, reich an Nektar, mit gebogenem, 6-8 cm langem Kiel. Hülsen 40 cm lang, 7-samig, samtig behaart. Jeder Boden; warmer Standort mit Stütze. WH: bis —5°C.

Syringa vulgaris
S. vulgaris 'Aurea'
S. oblata var. oblata
S. microphylla 'Superba'
S. × chinensis
S. laciniata
S. persica 'Alba'
S. 'William Judd'
S. × henryi

30. Mai, Kew

Syringa oblata Lindl. (*Oleaceae*) Rundblättriger Flieder. Bh. in Nordchina. Robert Fortune führte ihn 1856 von dort ein. Laubabwerfender Strauch bis 4 m. Blüten duftend, in langen Rispen (bis 12 cm). Blätter in der Jugend bronzefarben, im Herbst rot. Jeder gute Boden; Sonne oder Halbschatten. WH: bis —25° C. Spätfrühling.

S. microphylla Diels **›Superba‹**. Beheimatet in Nordhubei, China; ›Superba‹ wurde 1934 in Frankreich selektiert. Rundlicher Busch bis etwa 2 m. Sehr reich blühend. Blüten duftend, ca. 1 cm lang. Jeder Boden; vollsonnige Lage. WH: bis —25° C. Spätfrühling, oft ein zweites Mal im Spätsommer.

S.* × *chinensis Willd. (Syn. ›Rouen lilac‹). Hybride zwischen *S. laciniata* und *S. vulgaris*. Um 1777 im Botanischen Garten von Rouen gezogen, etwa 20 Jahre später in Großbritannien eingeführt. Bis 5 m hoher Busch. Jeder gute Boden; vollsonnige Lage. WH: bis —35° C. Spätfrühling.

S.* × *persica **›Alba‹**. Weiße Form von *S. persica*, 1770 gezogen. Bis 2 m hoch. Blätter manchmal gefiedert oder gelappt. Blüten duftend. Jeder Boden; vollsonnige Lage. WH: bis —25° C. Spätfrühling.

S. laciniata Miller. Bh. in Gansu, jedoch in Kabul, Afghanistan, schon lange gezogen. Wird manchmal mit *S. afghanica* Schneid. verwechselt, die ganzrandige Blätter hat. Möglicherweise eine der Elternpflanzen von *S.* × *persica*. Laubabwerfender, buschiger Strauch bis 2 m. Blätter unterschiedlich gefiedert mit 3-9 Lappen. Blüten in breiten Rispen. Jeder Boden; vollsonnige Lage. WH: bis —25° C. Spätfrühling.

S.* × *diversifolia Rehder **›William H. Judd‹**. Hybride zwischen *S. oblata* var. *giraldii* und *S. pinnatifolia*. Mittelgroßer Strauch mit weißen, duftenden Blüten in langen Rispen (bis 11 cm).

S.* × *henryi C. K. Schneider. Hybride zwischen *S. villosa* und *S. josikaea*. Louis Henry züchtete sie 1896 in Paris. Bis 3,5 m hoher Strauch. Spätfrühling.

S. reflexa C. K. Schneider Hängeflieder. Bh. in Westhubei. Wächst in 1500-3000 m Höhe. Von E. H. Wilson 1910 eingeführt. Laubabwerfender Strauch bis 4 m. Blüten in schmalen, bis 20 cm langen Rispen. Jeder gute Boden; vollsonnige Lage. WH: bis —20° C. Spätfrühling.

S.* × *josiflexa **›Guinevere‹**. Miss Isabell Preston aus Ottawa zog 1920 eine Gruppe von Hybriden aus der Kreuzung *S. josikaea* × *S. reflexa*. ›Guinevere‹ war die erste dieser Hybriden. Mittelgroßer Busch mit duftenden Blüten im Spätfrühling.

S. julianae C. K. Schneider (syn. *S. verrucosa* Schneid.) Julianes Flieder. Bh. in Westhubei. Berggipfel bis 2500 m. BZ Juni. Von E. H. Wilson 1910 eingeführt. Laubabwerfender Strauch bis 2 m. Blüten sehr stark duftend, in langen Rispen (bis 10 cm). Jeder gute Boden; vollsonnige Lage. WH: bis —20° C. Spätfrühling.

S. sweginzowii Koehne & Lingelsh. Bh. in Westsichuan. Schluchten in ca. 2400 m Höhe. BZ Juni. Von E. H. Wilson 1904 gesammelt. Laubabwerfender, bis 4 m hoher Strauch von kräftigem Wuchs. Blätter eiförmig bis länglich, 5-10 cm lang. Rispen bis 20 cm lang. Blüten 13 mm lang, blaßrosa mit rotem Schlund. Jeder Boden; vollsonnige Lage. WH: bis —15° C. Frühsommer.

S. vulgaris L. Gewöhnlicher Flieder. Bh. in Nord- und Mittelrumänien, Jugoslawien, Bulgarien, Mittelalbanien und Nordostgriechenland. Gebüsche und felsige Hügel. BZ April-Mai. Laubabwerfender Strauch bis 4 m. Blätter 4-8 cm lang. Blüten blaß malvenfarben oder weiß bei der Wildpflanze (f. ***alba***). **›Aurea‹** ist eine Varietät mit gelblichen Blättern.

Syringa reflexa in Kildrummy, Schottland

Syringa reflexa

S. × *josiflexa* ›Guinevere‹

S. sweginzowii

S. julianae

'John Dunbar'
'Lucie Baltet'
'Charles Joly'
'Volcan'
'Sensation'
'Mme Florent Stepman'
'Edith Cavell'
'Mme Felix'
'Mme A. Buchner'
'Mrs Edward Harding'
'Primrose'
'Firmament'
'Hugo Koster'
'Katherine Havemeyer'

30. Mai, Kew

30. Mai, Kew

Syringa ›*Lucie Baltet*‹

Syringa vulgaris-Sorten. Es gibt Hunderte von Gartenvarietäten des Gewöhnlichen Flieders. Die hier abgebildeten Pflanzen tragen, wenn nicht anders vermerkt, im Spätfrühling duftende Blüten und gedeihen am besten in vollsonniger Lage. Sie lieben guten, durchlässigen Boden und wachsen gut auf Kalk. Allzu sauren Boden vertragen sie nicht. Regelmäßiges Beschneiden ist nicht erforderlich. In Gärtnereien gezogene Flieder brauchen nach dem Verpflanzen 2-3 Jahre, bis sie sich eingewöhnt haben. In der Regel nehmen sie erst dann die richtige Farbe und Form an.

›**John Dunbar**‹. In den USA vermutlich aus einem Sämling von Thunberg gezogen und nach John Dunbar vom Department of Parks in Rochester, New York, benannt.
›**Lucie Baltet**‹. Im späten 19. Jh. von Baltet im französischen Troyes gezogen, heute selten. Sehr wohlriechend.
›**Charles Joly**‹. Aufrechter Strauch, 1896 von Lémoine gezogen. Reichblühend; stark duftende Blüten ab Mittsommer.
›**Volcan**‹. Von Lémoine 1899 in Nancy gezogen.
›**Mme Felix**‹. Kreuzung zwischen ›Marie Legraye‹ und einem namenlosen Sämling, 1924 von Felix und Dykhuis in Holland gezogen. Reichblühend; wird als Treibsorte und Schnittblume verwendet.
›**Mme Antoine Buchner**‹. Hoher Strauch, 1909 von Lémoine gezogen. Ziemlich ›lichter‹ Wuchs. Blüten mittelspät, sehr stark duftend.
›**Sensation**‹. Ungewöhnlicher Flieder, 1938 von De Maarse in Boskoop gezogen. Ziemlich lockerer Wuchs. Blüht im Mittsommer; Blüten schlagen manchmal in ein reines Weiß zurück.
›**Edith Cavell**‹ Von Lémoine 1916 in Nancy gezogen und in Frankreich eingeführt.
›**Mme Florent Stepman**‹. Von F. Stepman-De Messemaeker aus Brüssel 1908 eingeführte Kreuzung zwischen ›Dr Lindley‹ und ›Marie Legraye‹.
›**Mrs Edward Harding**‹. Hoher Strauch, 1923 von Lémoine gezogen. Ziemlich lockerer Wuchs. Reichblühend im Spätsommer; Blüten duftend, ziemlich bald nach dem Erscheinen rosa verblassend.
›**Primrose**‹. Spielart von ›Marie Legraye,‹ um 1949 von De Maarse, Holland, eingeführt. Kompakter Strauch, reichblühend im Sommer.
›**Firmament**‹. Mittelgroßer Busch, 1932 von Lémoine eingeführt. Duftende Blüten im Frühsommer.
›**Hugo Koster**‹. 1914 von Koster aus Boskoop, Holland eingeführt. Reichblühend und sehr süß duftend. Als Treibsorte geeignet.
›**Katherine Havemeyer**‹. Von Lémoine 1922 eingeführt. Kompakter Strauch mit sehr stark duftenden, zum Verblassen neigenden Blüten. Sommer.
›**Maréchal Foche**‹. Großer Strauch von kräftigem Wuchs, 1924 von Lémoine gezogen. Große Blütenköpfe im Frühsommer.
›**Maud Notcutt**‹. Von Notcutt in Suffolk, England, 1956 gezogen. Kräftiger, ziemlich aufrechter Wuchs. Große Blütenköpfe (bis 30 cm lang) im Sommer.
›**Souvenir d'Alice Harding**‹. Von Lémoine 1938 gezogen. Blüht im Frühsommer.

***S.* × *hyacinthiflora* ›Blue Hyacinth**‹. *S.* × *hyacinthiflora* ist eine Hybride zwischen *S. oblata* und *S. vulgaris*. Von Lémoine, Frankreich, 1876 erstmals gezüchtet. In jüngerer Zeit hat W. B. Clarke, Kalifornien, die Kreuzung wiederholt und mehrere Klone erzielt, darunter ›Blue Hyazinth‹. Blüht im Frühjahr.

***S.* × *hyacinthiflora* ›Buffon**‹. Von Lémoine 1921 gezogene Form von *S.* × *hyacinthiflora*. Schwach duftende Blüten im Frühjahr.

Artemisia arborescens ›Powis Castle‹

Cotinus coggyria

Cotinus coggyria ›Notcutt's Variety‹

Phlomis fruticosa L. (*Labiatae*). Bh. im Mittelmeerraum, Sardinien bis Südwesttürkei. Felsen und felsige Kalksteinhügel bis 1000 m. BZ April-Juli. Immergrüner Strauch, wild bis 1,3 m, in Kultur bis 2 m hoch. Blätter 3-9 cm lang. Blüten in 1-2 Quirlen. Hochblätter obovat oder lanzettlich, nicht drüsig. Trockener, durchlässiger Boden; im Sommer nicht oder wenig gießen. Vollsonnige Lage. WH: bis —10°C.

Phlomis bourgaei Boiss. (*Labiatae*). Bh. im Südwesten der Türkei. Gebüsche, lichte Kiefernwälder, Kalk- oder Serpentinfelsen bis 1000 m. BZ April-August. Immergrüner Strauch bis 1,5 m. Blätter oben grünlich, unten gräulich, 3-16 cm lang. 12-20 Blüten in 1-2 Quirlen. Unterscheidet sich von *P. fruticosa* durch nadelartige, sternhaarige, klebrig drüsige Hochblätter. Trockener, durchlässiger Boden. Im Sommer nicht gießen, verträgt Trockenheit im Sommer. Vollsonnige Lage. WH: bis —10°C.

Euphorbia dendroides L. (*Euphorbiaceae*). Bh. im Mittelmeerraum von der südfranzösischen Iles d'Hyères bis Israel. Felsige Hänge, meist Kalkstein, und Klippen in Küstennähe bis 400 m. BZ März-Mai. Immergrüner Strauch bis 2 m. Blätter 2-6,5 cm lang, drüsig. Samen 2,5-3 mm, blaßgrau. Trockener, durchlässiger Boden, im Sommer nicht gießen. Vollsonnige Lage. WH: bis —5°C.

Euphorbia mellifera Aiton (*Euphorbiaceae*). Bh. auf Madeira sowie im Norden von Teneriffa und Las Palmas. Lorbeerwälder in 500-1000 m Höhe. BZ Februar-April. Als Wildpflanze heute fast ausgestorben. Immergrüner Strauch oder kleiner Baum bis 15 m. Blätter bis 10 cm lang. Blüten mit bräunlichen Drüsen. Durchlässiger, humusreicher Laubboden; Sonne oder Halbschatten. WH: bis —10°C. Spätfrühling.

Cotinus coggyria Scop. (*Anacardiaceae*) Perükkenstrauch. Bh. in Europa von Südostfrankreich bis zur Ukraine, von der Türkei bis zum Himalaja, in Zentralchina (var. *pubescens* Engler) und in Ostchina um Qingdao (Tsingtau) (var. *cineraea* Engler). Wächst auf felsigen Hängen und Kalkfelsen, am häufigsten im Vorgebirge bis 1300 m. BZ April-Juli; prächtige Herbstfärbung. Laubabwerfender Strauch bis 5 m. Blätter 3-8 cm lang, eiförmig oder obovat, blaugrün oder purpurfarben in der Jugend bei var. *purpureus;* dunkelpurpurn bei ›Foliis Purpureis‹ und dunkelrot bis purpurn bei der hier gezeigten **›Notcutt's Variety‹** (syn. ›Royal Purple‹). Blüten etwa 3 mm im Durchmesser, mit 5 winzigen Blütenblättern. Blütenstände stark verzweigt, mit langen purpurfarbenen Haaren. Trockener, durchlässiger Boden. Vollsonnige Lage. WH: bis —20°C.

Paliurus spina-christi Miller (*Rhamnaceae*) Christusdorn. Bh. von Frankreich bis Zentralasien und Nordchina. Trockene Hügel und bis 3 m hohe Hecken. BZ April-Juli; auffällige Früchte August-Oktober. Laubabwerfender, bis 3 m hoher Strauch mit gekrümmten Zweigen. Blätter 2-4 cm lang, eiförmig, mit Stipulardornen. Blüten mit 5 Blütenblättern. Früchte 1,8-3 cm im Durchmesser, mit gewelltem Flügelsaum. Trockener Boden; verträgt sommerliche Trockenheit; vollsonnige Lage. WH: bis —15°C.

Euphorbia acanthothamnos Heldr. & Sart. (*Euphorbiaceae*). Bh. im östlichen Mittelmeerraum, in Griechenland, auf Kreta, in der Türkei und auf den dortigen Inseln. Felsige Abhänge bis 300 m, Kalk- und Serpentinböden. BZ März-Mai. Laubabwerfender, rundlicher Strauch bis 35 cm, dornig wegen der verhärteten Strahlen der vorjährigen Blütenstände. Blätter 0,5-2 cm lang. Wurzel knollig. Blüten nach Honig duftend. Trockener, durchlässiger Boden. Im Sommer nicht gießen, im Winter und Frühjahr feucht halten. Vollsonnige Lage. WH: bis —10°C.

Artemisia arborescens L. **›Powis Castle‹** (*Compositae*). Bh. im Mittelmeerraum, Südportugal bis Südtürkei. Wächst auf Klippen und felsigen Abhängen bis 800 m, gerne auf Kalkstein. BZ Mai-September. Immergrüner Strauch bis 1 m, breiter als hoch. Blätter aromatisch, mit 1-3 Fiedern. Blütenköpfe 6-7 mm im Durchmesser, in großen, stark verzweigten Blütenständen. Durchlässiger Boden; vollsonnige Lage. WH: bis —10°C. ›Powis Castle‹, siehe Abbildung, wächst auf einer Stützmauer des terrassenförmig angelegten Gartens in Powis. Außergewöhnlich wh.e Form, vielleicht eine Hybride von *absinthum.* Blätter mit 1-3 Fiedern. Blüht nur in warmen Sommern. Jeder Boden; vollsonnige Lage. Am winterhärtesten auf kargem, durchlässigem Boden. WH: —10°C bis —15°C.

Phlomis fruticosa in Monemvasia, Südgriechenland

Paliurus spina-christi

Euphorbia dendroides

Euphorbia mellifera

Paliurus bourgaei in der Türkei

Euphorbia acanthothamnos in der Südtürkei

Euphorbia mellifera in Kerdalo

20. Juni, Chelsea Physic Garden

Cistus × skanbergii Lojac. (*Cistaceae*). Hybride zwischen *C. monspeliensis* und *C. parviflorus*. Auf Lampedusa zuerst gefunden. Immergrüner Strauch bis 60 cm. Blätter graugrün. Blüten etwa 3 cm breit, verzweigte Trugdolden. Durchlässiger Boden; vollsonnige Lage. Verträgt Trockenheit im Sommer. WH: bis —10° C.

Cistus salviifolius L. (*Cistaceae*). Bh. in Portugal, Südwestfrankreich und in der Südschweiz, ostwärts bis in die Türkei. Trockene Hügel, Gebüsche und lichte Wälder bis 500 m; Kalkboden. BZ März-Mai. Immergrüner Strauch bis 50 cm, breiter als hoch. Blüten einzelstehend oder bis 4 in einer Trugdolde, 3-5 cm breit. 5 Kelchblätter, äußeres Paar größer. Jeder durchlässige Boden; vollsonnige Lage. Verträgt Trockenheit im Sommer. WH: bis —10° C. Frühsommer.

Cistus creticus L. (*Cistaceae*) (syn. *C. incanus* subsp. *creticus* [L.] Heywood). Bh. im östlichen Mittelmeerraum. Gebüsche und lichte Wälder auf trockenen Hügeln bis 1000 m. BZ März-Juni. Immergrüner Strauch bis 1 m. Blüten 1-7 pro Trugdolde, 3-5 cm breit, mit 5 Kelchblättern. Durchlässige Böden; Sonne. Verträgt Trockenheit im Sommer. WH: bis —15° C. Sommer.

***Cistus* ›Anne Palmer‹**. Hybride zwischen *C. crispus* und *C.* ›Paladin‹ (*C. palhinhae × C. ladanifer*). Vor 1960 von Captain Collingwood Ingram in Benenden, Kent, gezogen. Jeder durchlässige Boden; vollsonnige Lage. WH: in geschützter Lage bis —10° C.

Cistus × corbariensis Pourr. Hybride zwischen *C. populifolius* und *C. salviifolius*, in freier Natur gefunden. Immergrüner Strauch bis 1 m. Blätter eiförmig, herzförmig, 2-5 cm lang. Blüten 3-5 cm im Durchmesser. Durchlässiger Boden; vollsonnige Lage. Schutz vor kaltem, trockenem Wind. WH: bis —15° C.

Cistus palhinhae Ingram (*Cistaceae*). Bh. in Südwestportugal. Kalksteinklippen. BZ Februar-April. Immergrüner Strauch bis 50 cm, breiter als hoch; die Wildpflanze bildet einen kompakten Wall. Blätter 2-6 cm lang, sehr klebrig, oben dunkelgrün. Blüten 7-10 cm im Durchmesser, in der Regel nicht punktiert, mit drei Kelchblättern; Fruchtknoten mit 6-10 Fächern. Jeder durchlässige Boden; vollsonnige Lage. WH: bis —5° C. Frühsommer.

Cistus × purpureus Lam. Hybride zwischen *C. creticus* und *C. ladanifer*, seit 1790 bekannt. Immergrüner Strauch bis 2,5 m. Blüten 6-8 cm breit. Durchlässiger Boden; volle Sonne. Schutz vor kaltem, trockenem Wind. WH: bis —10° C.

***Cistus × purpureus* ›Betty Taudevin‹** (syn. ›Betty Tandeville‹). Verbesserte Sorte von *C. × purpureus*. Vor 1952 von den Herren Taudevin in Willaston, Cheshire, gezüchtet. Blüten von dunklerem Rosa als die ursprüngliche Form. Purpurfarbene Stämmchen. Vermutlich winterhärter.

Cistus × pulverulentus Pourr. (syn. *C. crispus* hort. non L.). Hybride zwischen *C. albidus* und *C. crispus*, in freier Natur gefunden. Immergrüner Strauch bis 1 m. Durchlässiger Boden; vollsonnige Lage. Schutz vor kaltem, trockenem Wind. WH: bis —10° C.

Cistus × anguilari Pau. Hybride zwischen *C. ladanifer* und *C. populifolius*, in freier Natur gefunden. Immergrüner Strauch bis 2 m. Blüten bei der zuerst als Kulturpflanze eingeführten Form nicht punktiert, bei der um 1936 aus der punktierten Form von *C. ladanifer* gezüchteten *C. × anguilari* ›Maculatus‹ dagegen punktiert. Durchlässiger Boden; vollsonnige Lage. Schutz vor kaltem, trockenem Wind. WH: bis —10° C.

Cistus libanotis L. (*Cistaceae*). Bh. im Südwesten Portugals und Spaniens. Wächst auf sandigem Boden unter Kiefern in Küstennähe. BZ März. Immergrüner, buschiger Strauch bis 1,5 m. Blütenstiele und Kelchblätter relativ kahl und klebrig. Bis 12 Blüten in Trugdolden, 2-3 cm breit, 3 Kelchblätter. Durchlässiger Boden; vollsonnige Lage. WH: bis —10° C. Frühjahr.

Cistus parviflorus Lam. (*Cistaceae*). Bh. von Südostitalien und Griechenland bis Zypern, auch in der Südtürkei. Gebüsche auf Hügeln bis 100 m; Kalkboden. BZ März-April. Immergrüner Strauch bis 1 m, breiter als hoch. Blüten 1-6 pro Trugdolde, 2-3 mm im Durchmesser, mit kurzem Griffel. Jeder durchlässige Boden; vollsonnige Lage. WH: bis —10° C. Frühsommer.

Cistus crispus L. (*Cistaceae*) Bh. im westlichen Mittelmeerraum und Portugal. Gebüsche auf trockenen Hügeln und lichte Kiefernwälder bis 1000 m. BZ März-April. Immergrüner Strauch bis 60 cm, breiter als hoch. Blüten 3-4 cm breit, gekräuselte Blütenblätter und 5 behaarte Kelchblätter. Durchlässige Böden; Sonne; verträgt Trockenheit im Sommer. WH: bis —10° C. Frühsommer.

Cistus crispus in Südostspanien; am Horizont Gibraltar

Cistus libanotis

Cistus crispus

Cistus parviflorus

21. Juni, Wisley

Halimium atriplicifolium bei Ronda, Südspanien

Cistus populifolius bei Ronda

Halimium ocymoides

Halimium lasianthum subsp. *formosum*

Cistus* × *purpureus Lam. ›**Alan Fradd**‹. Form von *C.* × *purpureus* (S. 163), nach einem Gärtner aus Sussex benannt. WH: bis −10° C.

Cistus populifolius L. (*Cistaceae*). Bh. in Südfrankreich, Spanien, Portugal und Nordwestafrika. Trockene, felsige Hügel bis 1000 m; Kalkstein oder saures Gestein. BZ April-Juni. Immergrüner Strauch bis 2,5 m, leicht aromatisch und klebrig. Blätter eiförmig, herzförmig, bis 10 cm lang. Blüten überhängend, 4-6 cm im Durchmesser; Kelchblätter bei den Knospen rot. Durchlässiger Boden, vollsonnige Lage. WH: bis −15° C. Sommer.

× ***Halimocistus wintonensis*** O. & E. F. Warb. ›**Merrist Wood Cream**‹. Hybride zwischen *Haliminum ocymoides* und *cistus salviifolius,* 1970 im Merrist Wood Horticultural College, Guilford, gezogen. Niedriger, breitwüchsiger, immergrüner Strauch bis 50 cm. Blüten etwa 5 cm im Durchmesser. BZ Mai-Juni. Durchlässiger Boden; vollsonnige Lage. WH: bis −10° C.

Halimium ocymoides (Lam.) Willk. (*Cistaceae*). Bh. in Spanien, Portugal und Marokko. Heideland, sandige Stellen und lichte Kiefernwälder. BZ April-Juni. Immergrüner Strauch bis 1 m. Blätter auf sterilen, silbrigen Trieben, obovat bis 1,5 cm lang; auf blühenden Schößlingen obovat bis lanzettlich, 1,2-3 cm lang, grün. Blüten 2,5-3,5 cm im Durchmesser. Durchlässiger Boden; vollsonnige Lage. WH: bis −15° C. Spätfrühling.

Halimium lasianthium (Lam.) Spach, subsp. ***formosum*** (Curtis) Heywood (*Cistaceae*). Bh. in der Algarve, Südportugal. Lichte Wälder und Gebüsche. BZ April-Mai. Immergrüner Strauch bis 1 m. Blätter gräulich, bis 4 cm lang. Blüten 4-6 cm im Durchmesser. Durchlässiger Boden; vollsonnige Lage. WH: bis −15° C. Spätfrühling.

Cistus monspeliensis L. (*Cistaceae*). Bh. in Südeuropa von Portugal bis Griechenland, in Nordafrika und auf Kanarischen Inseln. Gebüsche auf trockenen Hügeln. BZ März-Mai. Immergrüner Strauch bis 1,5 m. Blüten 2-3 cm im Durchmesser; 5 Kelchblätter, äußeres Paar an der Basis keilförmig. Durchlässiger Boden; vollsonnige Lage. WH: bis −10° C. Sommer.

Cistus albidus L. (*Cistaceae*). Bh. in Südwesteuropa von Portugal bis Norditalien sowie in Nordwestafrika. Gebüsche und lichte Kiefernwälder. BZ April-Juni. Immergrüner Strauch bis 1,5 m. Blätter hellgrau, 2-5 cm lang. Blüten 4-6 cm im Durchmesser. Durchlässiger Boden; vollsonnige Lage. WH: bis −15° C. Sommer.

***Cistus* ›Silver Pink‹**. Vermutlich Hybride zwischen *C. creticus* und *C. laurifolius.* Stammt von einem um 1910 in der Baumschule Hillier zufällig entstandenen Sämling ab. Immergrüner Strauch bis 1 m. Blätter graugrün, lanzettlich, bis 7,5 cm lang. Blüten etwa 4 cm im Durchmesser. Durchlässiger Boden; vollsonnige Lage. WH: bis −15° C. Soll auf nährstoffreichem, saurem Boden besser gedeihen und winterhärter sein als auf kargem Boden. Sommer.

Cistus laurifolius L. (*Cistaceae*). Lorbeerblättrige Zistrose. Bh. im Mittelmeerraum von Portugal bis Italien, Nordgriechenland sowie im westlichen Teil der Türkei. Berge und lichte Kiefernwälder bis 1200 m. BZ Mai-Juli. Immergrüner Strauch bis 3 m. Blätter lederartig. Blüten 3-6 cm im Durchmesser. Durchlässiger Boden; vollsonnige Lage. WH: bis −20° C. Sommer.

Cistus ladanifer L. (*Cistaceae*). Bh. in Südfrankreich, Spanien, Portugal und Nordafrika. Trokkene Stellen auf Hügeln bis 1000 m; normalerweise auf Granit. BZ April-Juni. Immergrüner Strauch bis 2,5 m. Blätter und Zweige sehr klebrig und aromatisch. Blüten 5-10 cm im Durchmesser, einzelstehend, manchmal mit purpurnem Basalfleck. Fruchtknoten mit 10 Fächern. Durchlässiger Boden; vollsonnige Lage. WH: bis −10° C. Sommer.

Halimium atriplicifolium (Lam.) Spach. Bh. in Süd- und Mittelspanien. Lichte Pinienwälder und Felsen bis 1000 m. BZ April-Mai. Höhe bis 1,5 m. Blätter silbrig, 1-4 cm lang. 3 Kelchblätter. Blüten 4-5 cm breit, an der Basis gewöhnlich gefleckt. Durchlässiger Boden; vollsonnige Lage. WH: bis −10° C.

21. Juni, Wisley

Lupinus arboreus, Salt Point, Nordkalifornien

Adenocarpus complicatus (L.) Gray (*Leguminosae*). Bh. in Nordwestfrankreich und auf Madeira, in Nordafrika, Italien, Sizilien, Griechenland und in der Türkei. Lichte Gehölze, Gebüsche und Abhänge. BZ April-Juni. Laubabwerfender Strauch bis 4 m, ohne Dornen. Jeder durchlässige Boden; vollsonnige Lage oder Halbschatten. WH: bis —10° C. Sommer.

Genista tournfortii Spach (*Leguminosae*). Bh. in Spanien, Portugal und Nordafrika. Heideland und lichte Kiefernwälder. BZ Mai. Niedriger, stark verzweigter, immergrüner Strauch. Durchlässiger Boden; vollsonnige Lage. WH: bis —15° C. Sommer.

Genista florida L. (*Leguminosae*). Bh. in Marokko, Spanien und Nordportugal. Erika- und Zistrosengebüsche sowie lichte Wälder bis 1000 m. BZ Mai-Juni. Immergrüner Strauch bis 3 m. WH: bis —15° C. Die marokkanischen Pflanzen sollen silbriger als die europäischen sein. Sommer.

Genista tenera (Jacq.) O. Kuntze (syn. *G. virgate* [Ait.] Link non Willd.) (*Leguminosae*). Bh. auf Madeira und Teneriffa. Trockene sonnige Felsen und Klippen bis 1200 m. BZ März-Juli. Laubabwerfender Strauch bis 4 m. WH: bis —10° C.

Genista lydia Boiss. (*Leguminosae*). Bh. in Jugoslawien und Bulgarien, in der Türkei, südwärts bis Syrien. Felsige Hügel; Kalkboden. BZ April-Juni. Breitwüchsiger, immergrüner Strauch bis 1 m. Blätter einfach, 3-10 mm lang, auf Trieben ohne Flügelkanten. Durchlässiger Boden; sonnige Lage. Gedeiht am besten, wenn die Zweige herunterhängen können. WH: bis —15° C. Frühsommer.

Genista cinerea (Vill.) DC. (*Leguminosae*). Bh. in Südfrankreich, Portugal und Nordafrika, ostwärts bis Italien. Wälder und Gebüsche an Abhängen, in Südspanien bis 1800 m. BZ Mai-Juni. Aufrechter Strauch bis 3,5 m. WH: bis —15° C. Sommer.

Genista radiata (L.) Scop. (*Leguminosae*) Strahlenginster. Bh. in den französischen Alpen, ostwärts bis Westjugoslawien, sowie in Südwestrumänien und Griechenland. Hügel; Kalkboden. BZ Mai-Juni. Laubabwerfender, buschiger Strauch bis 1 m. WH: bis —15° C. Sommer.

Spartium junceum L. (*Leguminosae*) Spanischer Ginster Bh. in Portugal und im Mittelmeerraum, ostwärts bis Israel. Gebüsche an Abhängen und Straßenrändern; in der Regel auf Kalkboden. BZ Mai-August. Bis 3 m hoher Strauch. Zweige zylindrisch, grün, mit feinen weißlichen Streifen. Jeder Boden; vollsonnige Lage; warmer Standort. WH: bis —10° C.

Cytisus scoparius (L.) Link. (syn. *Sarothamnus scoparius* [L.] Wimmer ex. Koch) (*Leguminosae*). Besenginster. Bh. in Westeuropa von Irland bis Portugal, nordwärts bis Südschweden, ostwärts bis zur Ukraine, sowie in Nordafrika. Lichte Wälder, Heideland, Hügel und Flußufer; in der Regel saurer, sandiger Boden. BZ Mai-Juni. Bis 2 m hoher Strauch mit dunkelgrünen, kantigen, rutenförmigen Zweigen. Blüten 1,6-1,8 cm lang, goldgelb, bei der Wildpflanze gelegentlich auch blaßgelb oder rötlich, bei vielen Gartenformen fast weiß bis dunkelrot, duftend. Hülsen in der Reife schwarz; platzen in heißer Sonne auf. Durchlässiger, saurer oder kalkfreier Boden; vollsonnige Lage. WH: bis —20° C.

Petteria ramentacea (Sieber) C. Presl. (*Leguminosae*) Petterie. Beheimatet in Südjugoslawien und Nordalbanien. Gebüsche im Gebirge. BZ Mai. Laubabwerfender Strauch bis 2 m. WH: bis —15° C. Frühsommer.

Cytisus battandieri Maire (*Leguminosae*). Bh. in Marokko, im Mittleren Atlas um Azrou und Ifrane, sowie im Er-Rif in 1500-2000 m Höhe. Wächst auf sandigem, saurem Boden in Eichen- und Zedernwäldern. BZ Juni. Halbimmergrüner Strauch bis 4 m, in der Regel ziemlich lang- und dünnzweigig, oft an Mauern gezogen. Blüten duften ananasartig. Durchlässiger, leichter Boden; vollsonnige Lage. WH: bis —15° C.

Genista aetnensis (Biv.) DC. (*Leguminosae*). Bh. auf Sizilien und Sardinien. Trockene Hügel bis 1800 m. BZ Juni. Großer Strauch oder kleiner Baum, wild bis 5 m, in Kultur bis 10 m. Zweige hängend, binsenartig. Blüten etwa 12 mm im Durchmesser. WH: bis —15° C. Sehr prächtiger und eleganter spätblühender Strauch.

Lupinus arboreus Sims (*Leguminosae*). Bh. an der Pazifikküste von Südkalifornien bis Oregon. Wächst auf Sanddünen, in Gebüschen und in Kiefernwäldern unter 30 m. BZ März-Juni. Heimisch geworden an der südenglischen und irischen Küste. Immergrüner, feinverzweigter Strauch bis 2,5 m. Blüten weiß (›Snow Queen‹) oder blau schattiert. Durchlässiger Boden; Volle Sonne. Gedeiht in küstennahen Gärten. WH: bis —15° C. Sommer. Pflanzen an der Küste haben weniger seidig behaarte Blätter und längere Blütentrauben als die hier abgebildete Wildform.

Colutea arborescens L. (*Leguminosae*). Gewöhnlicher Blasenstrauch. Bh. von Frankreich und Österreich bis Nordafrika. Wälder, Gebüsche und trockene Hügel; Kalkboden. BZ Mai-Juli. Laubabwerfender Strauch bis 6 m. Blättchen 4-5 Paare, breit oval, eiförmig oder obovat, bis 3 cm lang. Blüten gelb, 16-20 mm lang; Hülsen aufgeblasen, 5-7 × 3 cm. Durchlässiger Boden; vollsonnige Lage oder Halbschatten. WH: bis —20° C. Sommer.

Colutea* × *media Willd. (*Leguminosae*) Bastardblasenstrauch. Hybride zwischen *C. arborescens* (siehe oben) und *C. orientalis* Miller, einer orangeblütigen Art aus dem Kaukasus. Variabler Strauch bis 3 m. Blätter in der Regel gräulich, mit 11-13 eher abgerundeten Blättchen. Blüten normalerweise orangegelb, Kelchabschnitte schmal lanzettlich. Durchlässiger Boden; vollsonnige Lage oder Halbschatten. WH: bis —20° C.

Indigofera amblyantha Craib (*Leguminosae*). Bh. in Westhubei, dort sehr verbreitet. Gebüsche auf Abhängen in 1000-1800 m Höhe. BZ Mai-Juli und bis in den Herbst hinein. Laubabwerfender Strauch bis 2 m. 7-11 Blättchen. Blüten blaßrosa bis rötlich, 6-7 mm lang, in aufrechten Blütenständen; wachsen und blühen den ganzen Sommer über. Durchlässiger Boden; sonnige Lage und warmer Standort. Muß im Sommer gegossen werden. WH: bis —20° C.

Sesbania punicea Benth. (*Leguminosae*). Bh. in Brasilien; heimisch geworden von Florida bis Südtexas und in einigen Gegenden Afrikas. Wächst auf Brachland; nährstoffreicher Boden. BZ April-Mai, zweite Blüte im Herbst. Immergrüner Strauch bis 3 m. Blüten bis 2 cm im Durchmesser, in hängenden Trauben. Hülsen auffällig vierfach geflügelt. WH: bis —10° C, am besten im Kalthaus zu ziehen.

Amicia zygomeris DC. (*Leguminosae*). Bh. in Westmexiko und in den westlichen Kordilleren. Wächst in Gehölzen und an Flußufern in 1800-2500 m Höhe. Laubabwerfender Halbstrauch bis 2 m oder höher. Blätter mit 4 ca. 6 cm langen Blättchen, in der Regel mit purpurnen, 2 cm breiten Nebenblättern. Blüten 2 cm lang, gelb, purpurn geädert. Jeder Boden; vollsonnige Lage; warmer, geschützter Standort. Friert im Winter zurück, wächst aber schnell wieder aus dem Wurzelstock nach. WH: bei abgedecktem Wurzelstock bis —10° C. Spätsommer.

Genista aetnensis bei Goatcher's Nurseries, Washington, Sussex

Colutea arborescens

Colutea × media

Amicia zygomeris

Sesbania punicea

Indigofera kirilowii im Botanischen Garten der Universität Cambridge

Indigofera hetherantha

Sophora davidii

Indigofera kirilowii Maxim. (*Leguminosae*) Kirilows Indigostrauch. Bh. in Nordostchina, Korea und auf Nordkyushu. Grasfluren und Gebüsche. BZ Mai-Juli. Laubabwerfender, bis 1,5 m hoher Strauch mit ausgebreiteten Zweigen. 7-11 Blättchen, auf beiden Seiten fein behaart, kreisrund bis obovat oder oval, stachelspitz, 1-3 cm lang. Blüten ca. 2 cm lang, in dichten, bis 12 cm langen Trauben, Blütenstiele länger als Blattstiele. Jeder Boden; vollsonnige Lage. WH: bis −20° C. Sommer.

Indigofera hetherantha Wall. ex Brandis (syn. *I. gerardiana* Baker). Bh. im Himalaja von Afghanistan bis Westchina. Trockene, sonnige Abhänge in 1000-3000 m Höhe. BZ Mai-Juni. Laubabwerfender, vielzweigiger Strauch bis 2,5 m. Blätter mit 13-21 kleinen, 1-1,5 cm langen Blättchen, variabel, meist jedoch gerundet bis ausgerandet, mit wenigen angedrückten Haaren auf beiden Seiten. Blüten in dichten, aufrechten, kurzstieligen, 7-15 cm langen Trauben mit winzigen Hochblättern. Jeder Boden; vollsonnige Lage. WH: bis −15° C. Blüht nur, wenn im Winter bis zur Basis zurückgeschnitten. Mitt- bis Spätsommer.

Sophora davidii (Franch.) Skeels (syn. *S. viciifolia* Hance) (*Leguminosae*). Bh. in Westhubei, Westsichuan und Yunnan. Trockene, felsige Stellen und trockene Täler; Vielzweigiger, aufrechter, laubabwerfender Strauch bis 2,5 m. Blätter 2-6 cm lang, 13-19 Blättchen. Blüten 1,6-2 cm lang, 6-12 pro Traube, blaßblau bis dunkel blauviolett. Jeder durchlässige, trockene Boden; kalkliebend; vollsonnige Lage. WH: bis −20° C. Frühsommer. Braucht Schutz durch eine Mauer, um gut zu blühen, hat aber in Kew neben dem großen *Pinus pinea* einen prachtvollen buschigen Strauch gebildet.

Campylotropus polyantha (Franch.) A. K. Schindl. (*Leguminosae*). Bh. in Yunnan und Sichuan. Gebüsche auf trockenen Bergflanken in 1500-2600 m Höhe. BZ Mai. Laubabwerfender, ziemlich aufrechter oder bogiger Strauch bis 2 m. Blätter mit 3 ca. 1 cm langen Blättchen. Blüten in kurzen, aufrechten Trauben. Jeder Boden; vollsonnige Lage. WH: bis −10° C. Spätfrühling.

Desmodium tiliaefolium (D. Don) G. Don (*Leguminosae*). Bh. im Himalaja, ostwärts bis Westsichuan. Wächst in Gebüschen und zwischen Felsblöcken an Flüssen. BZ Mai-August. Laubabwerfender Halbstrauch bis 2 m. Treibt lange Triebe aus der Basis. 3 Blättchen; das endständige ist obovat bis rhombisch eiförmig und 5-10 cm lang. Blüten etwa 1,2 cm lang, karmesinrot bis purpurn, blaß malvenfarbig oder rosa. Hülse 5-7 cm lang, 6-9samig. Jeder Boden; sonnige, geschützte Lage. WH: bis −15° C. Treibt aus der Basis und blüht innerhalb eines Jahres. Spätsommer bis Herbst. *D. praestans* Forrest aus Yunnan und Sichuan bildet einen größeren Strauch, dessen Blätter normalerweise ein Blättchen haben, das größer ist als die anderen.

Lespedeza bicolor Turcz. (*Leguminosae*). Bh. in Japan, Korea, Ostsibirien und Nordchina. Grasbewachsene Standorte und Gebüsche. BZ Juli-Oktober. Laubabwerfender, bis 1,8 m hoher Halbstrauch mit einjährigen, bogigen Stämmchen. 3 Blättchen, oval, bis 4 cm lang. Blüten in schlanken Trauben, 12-17 mm lang. Jeder Boden; Halbschatten. WH: bis −25° C. Herbst. Die sehr ähnliche *L. thunbergii* (DC.) Nakai hat oft schmalere Blättchen, und der unterste Kelchzahn ist länger als die Kelchröhre (bei *L. bicolor* ist er kürzer). Elegante, spätblühende, ginsterartige Pflanze für feuchte oder trockene Standorte im Schatten.

Campylotropus polyantha in Lijiang

Desmodium liliaefolium in Boaxing, Sichuan

Lespedeza bicolor im Oktober in Japan

Ononis fruticosa

Dorycnium hirsutum

Carmichelia flagelliformis

Ononis fruticosa L. (*Leguminosae*) Strauchige Hauhechel. Bh. in Nordafrika, Spanien, in den Pyrenäen und Cevennen (Frankreich). Trockene, felsige Stellen; meist Kalkboden. BZ Mai-August. Bis 1 m hoher Zwergstrauch, klebrige Blätter. 3 Blättchen, 7-25 mm lang. Blüten 1-2 cm lang. Durchlässiger Boden; vollsonnige, geschützte Lage. WH: bis —15°C. Sommer.

Carmichelia flagelliformis Colenso (*Leguminosae*). Bh. auf beiden Inseln Neuseelands. In Gebüschen, an trockenen felsigen Flußböschungen und an Waldrändern. BZ Oktober-November. Immergrüner, meist blattloser, aufrechter Strauch bis 2 m. Zweige rundlich, nicht flach. Blätter winzig, mit 3-5 Blättchen. Blüten ca. 3 mm breit. Boden durchlässig; volle Sonne. WH: bis —10°C. Frühjahr. Die meisten Arten von *Carmichelia* haben flache Stämmchen und kleine, duftende Blüten (bis 6 mm bei *C. grandiflora* Benth. & Hook fil.). Normalerweise frostempfindlich. *C. petriei*, *C. enysii* und *C. grandiflora* sollen am winterhärtesten sein. *C. williamsii* T. Kirk unterscheidet sich von anderen durch gelbliche, braungeäderte, bis 2,5 cm lange Blüten, die einzeln oder zu wenigen beisammen stehen. Wächst an der Nordostküste der Nordinsel und auf den Inseln, die der Küste vorgelagert sind.

Dorycnium hirsutum (L.) Ser. Bh. in Südportugal und in der Südtürkei. Trockene felsige Hügel und Böschungen. BZ Juni-August. Immergrüner Strauch bis 6 m, bedeckt mit langen weißen Haaren. Blüten 10-12 mm breit. Hülsen 6-12 mm lang, rötlich. Durchlässiger Boden; vollsonnige Lage. WH: bis —15°C.

Robinia hispida

Amorpha canescens

Erythrina christa-galli

Robinia kelseyi im Botanischen Garten der Universität Cambridge

Amorpha fruticosa

Robinia viscosa

Erythrina christa-galli L. (*Leguminosae*). Bh. in Brasilien. Bildet in sehr mildem Klima Strauch oder kleinen, bis 5 m hohen Baum mit Stamm und dicken Zweigen. Blüht bei uns aus den diesjährigen Trieben, wenn die verholzte Basis der Pflanze vor Frost geschützt wird. Blüten bis 5 cm lang, in langen Blütenständen (30 cm und mehr). Jeder Boden; vollsonnige Lage. Muß in kühlem Klima durch eine Mauer geschützt werden. WH: in geschützter Lage bis —10° C. Sommer.

Amorpha canescens Pursh. (*Leguminosae*) Bleipflanze. Bh. in Innern Nordamerikas. Sandiger Boden in Gehölzen und an Flußufern. Laubabwerfender Strauch bis 1,1 m. Blätter ohne Stiele; 15-45 Blättchen, 7-20 mm lang. Zahlr. Blüten. Sonne oder Halbschatten. WH: bis —25° C und darunter. Spätsommer.

Amorpha fruticosa L. Gemeiner Bastardindigo. Bh. im mittleren und östlichen Nordamerika. Feuchte Stellen in Gebüschen, an Flußböschungen und in periodisch überschwemmten Gebieten. Laubabwerfender Strauch bis 4 m. Blättchen in Größe und Form variabel, bis 6 cm lang. Jeder sandige Boden; Sonne oder Halbschatten. WH: bis —25° C. Sommer.

Asimina triloba (L.) Dunal (*Annonaceae*) Papau. Bh. im mittleren und östlichen Nordamerika. Auf nährstoffreichem, feuchtem Boden in Tälern. BZ April-Mai. Laubabwerfender Strauch oder kleiner Baum bis 12 m. Blüten 4-5 cm breit. Früchte länglich, braun oder schwarz, süß, wohlschmeckend, wie bei der verwandten Gattung *Annona*. Jeder feuchte Boden; Sonne; Halbschatten. WH: bis —20° C. Frühsommer.

Asimina triloba

Aesculus parviflora, Wakehurst Place, Sussex

Robinia viscosa Vent. (*Leguminosae*) Klebrige Robinie. Bh. von Westvirginia bis Alabama, aber selten. Trockene lichte Wälder und Gebüsche bis 1200 m. Laubabwerfender Strauch oder Baum bis 9 m. Zweige und Blattstiele klebrig. 6-10 Blüten in dichten Trauben. Durchlässiger Boden; Sonne; Halbschatten. WH: bis —25° C. Frühsommer.

Robinia hispida L. Borstige Robinie. Bh. in Virginia und Tennessee, südwärts bis Alabama. Trockene Gehölze und Gebüsche auf Hügeln. Laubabwerfender, bis 3 m hoher Strauch mit braunen, borstigen Zweigen. Kelch borstig. 3-8 Blüten in lockeren Trauben. Hülse borstig. Jeder durchlässige Boden; vollsonnige Lage. WH: bis —20° C. Frühsommer.

Robinia kelseyi Hutchins. Kelseys Robinie. Bh. in Nordcarolina. Bewaldete Hügel und Bergkämme. Laubabwerfender Strauch oder Baum bis 3 m. 5-8 Blüten in lockeren Trauben. Hülsen mit purpurnen Haaren bedeckt. Durchlässiger Boden; vollsonnige Lage. WH: bis —15° C. Frühsommer.

Aesculus pavia L. (*Hippocastanaceae*) Pavie. Bh. im Südosten Nordamerikas. Feuchte Gehölze und Flußufer. Laubabwerfender Strauch oder kleiner Baum bis 6 m, Blätter 18-32 cm lang, mit 5-7 dünnen Blättchen. Blüten rot. Früchte glatt. Jeder Boden; Sonne oder leichter Schatten. WH: bis —15° C. Frühsommer.

Aesculus parviflora Walt. Strauchroßkastanie. Bh. von Georgia und Alabama bis Florida. Bewaldete Steilufer und fruchtbare Wälder an Flüssen. Ausläufer treibender, laubabwerfender Strauch bis 4 m; bildet mit der Zeit eine große Gruppe. 5-7 Blättchen, bis 20 cm lang. Blütenstand bis 30 cm lang. Sonne oder Halbschatten. WH: bis —20° C. Sommer.

Aesculus californica (Spach.) Nutt. Bh. in Mittelkalifornien. Wächst in Gebüschen, am Rand von Eichen- und Kiefernwäldern in der Küstenkette (bis 1000 m) und im Vorgebirge der Sierra Nevada. Laubabwerfender Strauch bis 7 m. 5-7 Blättchen, bis 15 cm lang. Blütenstände bis 20 cm lang, mit blaßrosa oder weißen Blüten. Früchte bräunlich, birnenförmig, nicht dornig. Samen sehr groß. Jeder durchlässige, im Sommer trockene Boden; vollsonnige Lage. WH: bis —10° C. Sommer.

Cephalanthus occidentalis L. (*Rubiaceae*) Knopfblume. Bh. in Kanada, Nord-, Mittelamerika und Kuba. Sümpfe und nasse Standorte. BZ Juni-August. Bis 6 m hoher Strauch. Blätter gegenständig oder zu 3 in Quirlen. Blüten 15 mm lang, ungestielt, duftend, in kugeligen Köpfchen. Feuchter oder nasser Boden; vollsonnige Lage. WH: bis —25° C.

Aesculus californica in Nordkalifornien

Cephalanthus occidentalis

Aesculus pavia

Rubus odoratus

Rubus × ›Tridel Benenden‹

Rubus odoratus × ›Tridel‹

Rubus neo-mexicanus

Rubus deliciosus

Rubus odoratus L. (*Rosaceae*) Zimmerhimbeere. Bh. in Südquebec und Ontario, südwärts bis Georgia und Tennessee. Feuchte Gehölze und Gebüsche. BZ Juni-September. Ausläufer treibender, laubabwerfender Strauch bis 2 m. Blätter 3-5 lappig, 10-30 cm im Durchmesser. Blüten 3-6 cm im Durchmesser, mit drüsigem Kelch. Früchte rot, ziemlich trocken. Jeder feuchte Boden; Schatten oder Halbschatten. WH: bis —30°C. Mitt- bis Spätsommer.

***Rubus odoratus* × ›Tridel‹**. Diese Hybride wächst wie *R. odoratus,* hat aber größere, blaßrosa Blüten.

***Rubus* ›Tridel Benenden‹**. Hybride zwischen *R. trilobus,* einer mexikanischen Gebirgsart, und *R. deliciosus.* 1950 von Captain Collingwood Ingram in Benenden, Kent, gezüchtet. Laubabwerfender Strauch bis 4 m, mit rötlichen, bogigen Stämmchen. Blätter bis 9 cm lang. Blüten bis 5 cm breit. Jeder gute Boden; Sonne oder Halbschatten. WH: bis —20°C. Frühsommer.

Rubus neo-mexicanus Gray (*Rosaceae*). Bh. in New Mexico, Arizona und Nordmexiko (Sonora). Wächst in Canyons im Gebirge. Aufrechter, laubabwerfender Strauch bis 2 m, nahe verwandt mit *R. deliciosus,* Blätter jedoch mit spitzen endständigen Lappen, tiefer 3-5lappig und unten behaart. Blüten bis 5 cm im Durchmesser. WH: bis —15°C.

Rubus deliciosus Torr. (*Rosaceae*) Coloradohimbeere. Bh. in den Rocky Mountains, in New Mexico, Oklahoma, Colorado und Wyoming. Gebüsche und felsige Abhänge. BZ Mai-Juni. Laubabwerfender, bis 3 m hoher Strauch mit bogigen Stämmchen. Blätter nicht gelappt oder mit abgerundeten Lappen, im Alter unten kahl. Blüten 3,8-6 cm breit. Früchte dunkelrot, 1,5 cm im Durchmesser. Durchlässiger Boden; vollsonnige Lage. WH: bis —20°C. Sommer.

Rubus spectabilis Pursh. (*Rosaceae*) Prächtige Himbeere. Bh. von Nordwestkalifornien bis Alaska. Feuchte Gehölze und Sequoienwälder. BZ März-Juni. Laubabwerfender, bis 4 m hoher Strauch mit aufrechten, sich verzweigenden Stämmchen. Blätter dreizählig, endständiges Blättchen 4-10 cm lang. Blüten zu 1-4 beisammen, 1,5-2 cm lang. Früchte rot, orange oder gelb. Feuchter Boden und Halbschatten. WH: bis —25°C. Sommer. Die gefüllte Form wächst im Garten von Crashes Castle, Aberdeenshire.

Pyracantha rodgersiana Chitt. (*Rosaceae*). Bh. in Westsichuan. Gebüsche und Hecken in 2500 m Höhe. BZ Mai. Immergrüner oder halbimmergrüner Strauch bis 4 m. Blätter obovat bis länglich, stumpf, unten kahl, 1,5-3,5 cm lang, feingesägt. Blütenstände unbehaart. Früchte 6 mm lang, rötlich-orange (siehe S. 263). Jeder gute Boden; vollsonnige Lage. WH: bis —15°C. Spätfrühling. Trägt den ganzen Winter Früchte.

Neillia thibetica Franch. (*Rosaceae*). Bh. in Westsichuan. Wächst in Gebüschen und zwischen Felsblöcken an Flüssen in 1600-2600 m Höhe. BZ Mai-Juli. Laubabwerfender, bis 2 m hoher Strauch mit bogigen Stämmchen. Blätter 5-8 cm lang, unten behaart, gesägt und klein gelappt. Blüten 8 mm lang, in dichten, 4-8 cm langen Trauben. Die nahe verwandte *N. longiracemosa* Hemsl. hat ungelappte, unten kahle Blätter und bis 15 cm lange Trauben. Jeder Boden; Sonne oder Halbschatten. WH: bis —20°C. Sommer.

Rubus tricolor Focke. (*Rosaceae*). Bh. in Yunnan und Sichuan. Steile Böschungen und Gebüsche in 1000-2000 m Höhe. BZ Juni-Juli. Kriechender, halbimmergrüner Strauch; bedeckt große Flächen, wächst 1 m pro Jahr. Stämmchen rötlich, borstig. Blätter 6-10 cm lang. Blüten 2,5 cm im Durchmesser. Feuchter Boden; Halbschatten. WH: bis —15°C. Sommer.

Rubus spectabilis

Pyracantha rodgersiana bei Lijang, Yunnan

Rubus spectabilis

Neillia thibetica

Rubus tricolor

Rubus biflorus Buch.-Ham. (*Rosaceae*) Zweiblütige Himbeere. Bh. im Himalaja von Nordpakistan bis Sichuan und Gansu. Gebüsche und Waldränder in 1800-2100 m Höhe. BZ Mai. Laubabwerfender, bis 3,5 m hoher Strauch mit bogigen, weiß bereiften Stämmchen. Blätter mit 3-5 Blättchen, unten weiß. 2-8 Blüten in lockeren Büscheln, 2-2,5 cm im Durchmesser, überhängend. Früchte gelb oder orange. Jeder Boden; Sonne oder Halbschatten. WH: bis vielleicht −15°C. Frühjahr. Im Winter wegen seiner weißen Stämmchen attraktiv.

Rubus amabilis Focke (*Rosaceae*). Bh. von Nepal bis Westsichuan, Hubei und Gansu. Wächst kriechend auf Waldboden in 1300-3800 m Höhe. BZ Mai-Juni. Laubabwerfender, bis 2 m langer Strauch. Blätter 10-20 cm lang, 7-11 Blättchen. Blüten einzelstehend, überhängend, 4-5 cm im Durchmesser. Früchte rot. Feuchter Laubboden; Halbschatten. WH: bis −20°C. Frühling bis Sommer.

Rubus biflorus in Lijiang

Rubus amabilis in Boaxing

Viburnum carlesii 'Aurora'

Viburnum buddleifolium

Viburnum 'Park Farm'

Viburnum 'Anne Russel'

Viburnum lantanoides

Viburnum furcatum

Viburnum × carlcephalum

Viburnum carlesii 'Diana'

Viburnum carlesii var. bitchiuense

14. Mai, Hillier Arboretum

Viburnum lantanoides in Windsor

Xanthoceras sorbifolium

Viburnum buddleifolium Wright (*Caprifoliaceae*) Buddleiablättrige Schlinge. Bh. von Zentralchina bis Westhubei. Gebüsche. BZ Mai. Laubabwerfender, aufrechter Strauch bis 2 m. Blätter länglich bis lanzettlich, 8-15 cm lang, unten gräulich. Blüten 8 mm breit, Kronenabschnitte länger als Kelchröhre. Jeder Boden; volle Sonne. WH: bis —20° C. Frühsommer.

Viburnum carlesii Hemsl. Koreanischer Schneeball. Bh. in Korea und auf der Inselgruppe Tsushima (Kyushu). Gebüsche. BZ April bis Mai. Laubabwerfender, rundlicher Strauch bis 1,5 m. Blätter breit eiförmig, 3-10 cm lang, unten dicht feinbehaart, mit 5-7 Nervenpaaren. Blüten 1-1,4 cm im Durchmesser, duftend, in halbkugeligen, 5-7 cm breiten Trugdolden. Jeder Boden; Sonne oder Halbschatten. WH: bis —20° C. Spätfrühling. Leslie Slinger von der Baumschule Slieve Donard, Nordirland, zog aus koreanischen Samen drei Sorten und benannte sie: ›**Aurora**‹ mit rosa Blüten; die kräftigere, ebenfalls rosablütige ›**Diana**‹; und ›**Charis**‹ mit weißen Blüten (nicht abgebildet).

Viburnum carlesii var. ***bitchiuense*** (Mak.) Nakai. Bh. in Korea und in einigen Gegenden auf Honshu und Shikoku. Wächst in Gebüschen. BZ April-Mai. Unterscheidet sich von var. *carlesii* durch schmalere Blätter mit längeren Blattstielen (4-8 mm zu 3-5 mm) und kleinere Blüten mit längerer Kelchröhre. Höhe bis 2,5 m. WH: bis —20° C.

***Viburnum* ›Anne Russel‹.** Rückkreuzung zwischen *V.* × *burkwoodii* und *V. carlesii*, von L. R. Russel in Windlesham, Surrey, 1951 gezogen. Im Wuchs aufrechter als *V. carlesii.* Duftende Blüten, 16 mm breit. Vorfrühling.

***Viburnum* × *burkwoodii* ›Park Farm‹.** Hybride zwischen *V. carlesii* und *V. utile.* Um 1925 gezogen. Der Klon ›Burkwoodii‹ hat blassere Blüten in etwas kleineren Büscheln. Laubabwerfender Strauch bis 2,5 m. Blätter eiförmig bis lanzettlich. Blüten duftend, 12 mm im Durchmesser; erscheinen im Frühjahr. Jeder Boden; vollsonnige Lage. WH: bis —20° C. WHr und raschwüchsiger als *V. carlesii.*

Viburnum* × *carlcephalum Burkw. Hybride zwischen *V. carlesii* und *V. macrocephalum.* Laubabwerfender Strauch bis 2 m. Blüten in großen, kugeligen, bis 13 cm breiten Ständen; als Knospen rosa, geöffnet weiß, schwach duftend. WH: bis —20° C. Robuster als *V. carlesii,* aber nicht so prächtig.

Viburnum* × *juddii Rehd. Hybride zwischen *V. carlesii* var. *carlesii* und var. *bitchiuense.* Ist var. *carlesii* sehr ähnlich, hat aber länglichere Blätter, größere, eher lockere Blütenstände mit kleineren Blüten und den für Hybriden typischen kräftigen Wuchs. Rundlicher Strauch bis 2 m. Blüten ca. 6 mm im Durchmesser, im Frühjahr duftend.

Viburnum lantanoides Michx. (syn. *V. alnifolium* Marsh.). Bh. in Ontario und auf der Prince-Edward-Insel, südwärts bis Georgia und Tennessee. Schattige Täler und feuchte Gehölze im Gebirge. BZ Mai-Juni. Laubabwerfender Strauch bis 3 m, bildet mit seinen Absenkern häufig Dickichte. Ähnelt *V. furcatum,* hat aber fruchtbare Blüten mit abgerundeten Kronabschnitten und längeren Staubblättern. Feuchter, nach Möglichkeit saurer Boden; Schatten oder Halbschatten. WH: bis —30° C. Frühsommer.

Viburnum furcatum Bl. Bh. in Taiwan, Japan, Korea und auf Sachalin. Feuchte Gehölze und Gebüsche im Gebirge. BZ Mai; Früchte im Oktober. Aufrechter, laubabwerfender Strauch bis 2 m. Blätter 7-15 cm lang, mit 7-10 Nervenpaaren. Blütenstände flach, 7-15 cm im Durchmesser, fruchtbare Blüten mit spitzen Kronabschnitten, Staubblätter kurz. Saurer Boden; Halbschatten. WH: bis —25° C. Frühsommer. (Früchte siehe S. 259.)

Viburnum davidii Franch. Davids Schneeball. Bh. in Westsichuan. Gehölze in 1800-2600 m Höhe. BZ Mai; Früchte im Oktober. Immergrüner, bis 1 m hoher Strauch mit aufsteigenden Zweigen; bildet einen Wall. Blätter oval, 5-14 cm lang, 3-nervig. Blüten klein, schmutzigweiß, in flachen, 5-8 cm breiten Blütenständen. Früchte blau, 6 mm lang. Jeder Boden; Sonne oder Halbschatten. WH: bis —15° C. Nur schön, wenn er sehr gut wächst. ›Femina‹ ist eine reich fruchtende Zuchtwahl.

Xanthoceras sorbifolium Bunge (*Sapindaceae*) Gelbhorn. Bh. in Nordchina. Laubabwerfender, aufrechter Strauch bis 6 m. Blätter gefiedert, bis 20 cm lang, mit 9-17 gezähnten, 4-6,5 cm langen Blättchen. Blüten 2,5-3 cm im Durchmesser, mit den Blättern erscheinend; 5 Blütenblätter, an der Basis zunächst gelblich, dann rötlich, in langen Rispen (bis 20 cm). Jeder Boden; volle Sonne; warmer, trockener Standort. WH: bis —20° C. Frühsommer. Gedeiht am besten in Gebieten mit warmem Sommer und trockenem Frühling ohne späte Fröste.

Symplocos paniculata (Thunb.) Miq. (*Symplocaceae*) Rechenblume. Bh. im Himalaja von Pakistan bis China, in Korea und Japan, in Südostasien bis zu den Philippinen. Gebüsche und Gehölze bis 2700 m. BZ April-Juni. Laubabwerfender Strauch bis 4 m. Blätter 4-7 cm lang, mit eingesenkten Nerven. Blüten 8-10 mm im Durchmesser. Früchte in der Regel blau, manchmal weiß. Saurer Boden; vollsonnige Lage. WH: bis —10° C. Frühsommer. Früchte reifen im Herbst und verbleiben an blätterlosen Zweigen.

Symplocos paniculata

Viburnum davidii

Viburnum × *juddii*

11. Juni, Wisley

Staphylea bumalda (Thunb.) Miq. (*Staphyleaceae*) DC. Japanische Pimpernuß. Bh. in Japan, Korea und China. Gehölze und Flußufer bis 1300 m. BZ Mai-Juni. Strauch bis 2,5 m. 3 Blättchen. Blüten erscheinen nach den Blättern. Früchte 2-lappig, mit zurückgebogenen Spitzen. Jeder Boden; Sonne oder Halbschatten. WH: bis —25° C. Frühsommer.

Euonymus hamiltonianus Wall. (*Celastraceae*). Bh. im Himalaja von Afghanistan bis Nordbirma; Varietäten in China, Ostsibirien und Japan. Gebüsche und Wälder bis 2700 m. BZ April-Juli. Sehr variabel, manchmal kleiner Baum bis 5 m oder höher. Blätter bis 10 cm lang. Blüten 7-8 mm im Durchmesser, mit vier Abschnitten. Früchte 4-lappig, rot. Jeder Boden; Sonne oder Halbschatten. WH: bis —15° C. Bestimmte Klone (wie ›Red Elf‹) wurden ausgewählt, weil sie reich fruchten und eine schöne Herbstfärbung haben.

Euonymus verrucosus Scop. Warzenspindelstrauch. Bh. von Norditalien bis zum Kaukasus. Gebüsche und Wälder. BZ Mai-Juni. Laubabwerfender, bis 3 m hoher Strauch mit grünen, warzigen Zweigen. Blätter bis 6 cm lang. Blüten mit 4 Abschnitten. Samen schwarz, nur teilweise von orangefarbenem Arillus bedeckt. Jeder Boden; sonnige Lage. WH: bis —25° C.

Sinojackia rehderiana Hu (*Styracaceae*). Bh. in Guangdong, Hunan und Jiangxi. BZ April. Laubabwerfender Strauch oder kleiner Baum bis 6 m. Blätter 6-9 cm lang. Blüten 8-12 mm lang. Früchte walzenförmig, geschnäbelt, 2,5 cm lang. Jeder Boden; vollsonnige Lage. WH: bis —10° C. Frühsommer.

Viburnum sargentii Koehne (syn. *V. opulus* var. *calvescens* [Rehd.] Hara) (*Caprifoliaceae*). Bh. in Ostsibirien, Nord- und Westchina und Japan. Gebüsche, Wälder und Flußufer. BZ Juni-Juli. Ähnelt *V. opulus*, Blätter jedoch mit längerem Stiel und breiterem Mittellappen; unten häufig feinbehaart. Jeder feuchte Boden; Sonne oder Halbschatten. WH: bis —30° C. Sommer.

Viburnum plicatum Thunb. var. ***tomentosum*** (Thunb.) Miq. Bh. in Japan, Taiwan und Westchina. Gebüsche bis 1800 m. BZ April-Juni. Laubabwerfender Strauch bis 3 m. Blätter 4-10 cm lang. Blütenstände 6-10 cm breit. Früchte zuerst rot, später schwarz. Jeder feuchte Boden; Sonne oder Halbschatten. WH: bis —25° C. Frühsommer.

Viburnum plicatum Thunb. **›Mariesii‹**. Zuchtwahl von *V. plicatum*. Niedriger im Wuchs; Zweige horizontaler ausgebreitet; Blütenstände größer, mit sterilen Blüten (bis 4,5 cm breit). ›Lanarth‹ ist stärker im Wuchs; ›Rowallane‹ und ›Cascade‹ sind schwachwüchsiger, haben aber ähnlich große Blütenstände. Halbschatten; auf gutem, feuchtem Boden. WH: bis —20° C. Frühsommer. Spärlich fruchtend.

Viburnum plicatum Thunb. **›Pink Beauty‹**. Kleine, niedrigwachsende Varietät. Blüten beim Öffnen weiß, bald in Rosa übergehend. Reich fruchtend.

Viburnum plicatum Thunb. var. ***plicatum*** (syn. *V. tomentosum* Thunb. var. *sterile*) Japanischer Schneeball. Sterile Form von *V. plicatum*, in Japan und China schon lange gezogen und 1844 von Robert Fortune in Europa eingeführt.

Viburnum opulus L. Gewöhnlicher Schneeball. Bh. von England und Irland bis Algerien und Sibirien. Wächst in Hecken an Flußufern. BZ Juni-Juli. Laubabwerfender Strauch bis 4 m. Blätter 3-lappig, unten feinbehaart oder kahl. Die sterilen Blüten haben große Blütenblätter; die fruchtbaren sind 4-7 mm im Durchmesser. **›Sterile‹** (var. *roseum* L.) hat nur sterile Blüten in runden Büscheln. Jeder feuchte Boden; kalkliebend. WH: bis —30° C. Sommer. Rote Beeren in Herbst und Winter.

Viburnum sieboldii Miq. Stinkende Schlinge. Bh. in Japan, von Honshu südwärts. Gebüsche auf niedrigen Hügeln. BZ April-Mai. Laubabwerfender Strauch bis 10 m. Blätter 6-12 cm lang, oben glänzend; übelriechend, wenn man sie zerreibt. Blütenstand 7-10 cm im Durchmesser, Blüten 8 mm breit. Früchte ca. 1 cm lang, anfangs rot, später schwarz. Jeder feuchte Boden; Halbschatten. WH: bis —15° C. Frühsommer.

Viburnum lentago L. Kanadische Schafsbeere. Bh. von der Hudson Bay (Kanada), bis Georgia, Missouri und Colorado. Waldränder und Flußufer. BZ Mai-Juni. Laubabwerfender Strauch bis 10 m. Blätter 5-10 cm lang, Blütenstände 6-12 cm breit. Beeren schwarz. Jeder feuchte Boden; Sonne oder Halbschatten. WH: bis —30° C. Frühsommer.

Viburnum cotinifolium D. Don. Bh. im Himalaja von Afghanistan bis Bhutan. Gebüsche, Wälder und Flußufer in 1800-3600 m Höhe. BZ April-Mai. Laubabwerfender Strauch bis 4 m. Blätter unten weiß wollig, 5-12 cm lang. Blüten ca. 8 mm im Durchmesser, nicht duftend. Jeder Boden, auch kalkhaltiger; vollsonnige Lage. WH: bis —15° C. Frühjahr.

Discaria discolor Dusen (*Rhamnaceae*). Bh. in den südlichen Anden. BZ November-Dezember. Dorniger Strauch bis 2 m, breit wie hoch. Blätter gegenständig, 5-18 mm lang. Blüten duftend. Jeder durchlässige Boden; vollsonnige Lage. WH: bis —15° C. Frühsommer.

Viburnum plicatum ›Mariesii‹

Viburnum plicatum var. *plicatum*

Viburnum plicatum ›Pink Beauty‹

Viburnum opulus ›Sterile‹

Viburnum cotinifolium

Styrax wilsonii, Ende Mai in Boaxing, Sichuan

Styrax limpritchii

Styrax serrulatus

Wattakaka sinensis (Hemsl.) Stapf. (*Asclepiadaceae*). Bh. in Westhubei, Sichuan und Yunnan. Gebüsche an felsigen Stellen in 30-2400 m Höhe. BZ Mai-Juli. Laubabwerfender Klimmer bis 2,5 m. Blätter unten weich behaart. Blüten 1,5 cm im Durchmesser, rosa oder weiß, in rundlichen, 8-9 cm breiten Blütenständen. Hülsen bis 7 cm lang. Jeder Boden; vollsonnige Lage. WH: bis −15° C. Sommer.

Styrax wilsonii (*Styracaceae*). Bh. in Westsichuan. Gebüsche, felsige Abhänge und Flußufer in 1300-1700 m Höhe. BZ Mai. Laubabwerfender Strauch bis 3 m. Blätter: 1,5-3 cm auf den blühenden Trieben, auf den anderen größer. 3-5 Blüten pro Traube, 1,3-1,5 cm lang. Jeder Boden; volle Sonne. WH: bis vielleicht −15° C. Spätfrühling.

Styrax limpritchii Lingelsh. (syn. *S. lankongensis* W. W. Sm.). Bh. in Yunnan und Sichuan. Gebüsche und felsige Abhänge in 1300-2000 m Höhe. BZ Mai-Juni. Laubabwerfender Strauch bis 3 m. Blätter 3-6,5 cm. 2-6 Blüten in kurzer Traube. Jeder Boden; vollsonnige Lage. WH: bis vielleicht −10° C.

Halesia carolina L. (*Styracaceae*) Carolina-Maiglöckchenbaum. Bh. von Westvirginia bis Osttexas. Feuchte Wälder an Wasserläufen im Gebirge. BZ April-Mai. Laubabwerfender Strauch bis 10 m (oder Baum bis 24 m bei var. *monticola*). Blätter 7-15 cm lang. Blüten 1,2-2,5 cm lang. Früchte 4-flügelig. Jeder feuchte Boden; Sonne; Halbschatten. WH: bis −25° C. Frühjahr.

Bauhinia brachycarpa Wall. ex Benth. (syn. *B. faberi* Oliv., *B. densiflora* Franch.) (*Caesalpiniaceae*). Bh. in West- und Zentralchina. Gebüsche auf trockenen Hügeln in 200-3900 m Höhe. BZ Mai-Juli. Laubabwerfender Strauch bis 3 m, oft niederliegend wie die abgebildete Pflanze. Blüten in ca. 2,5 cm breiten Büscheln. Jeder Boden; vollsonnige Lage. WH: bis −10° C oder vielleicht bis −15° C. Sommer.

Pterostyrax hispida Sieb. & Zucc. (*Styracaceae*) Epaulettenbaum. Bh. in Westhubei und Westsichuan sowie in Japan. Wälder bis 2300 m. BZ Juni. Laubabwerfender Strauch oder Baum bis 5 m. Blätter 10-20 cm lang, unten behaart. Blüten 6-8 mm lang in hängenden, 10-20 cm langen Rispen. Feuchter, saurer Boden; Halbschatten. WH: bis −20° C. Sommer.

Styrax officinalis L. Bh. von Südfrankreich bis Israel sowie in Kalifornien, in der Küstenkette und im Vorgebirge der Sierra Nevada. Trockene, felsige Abhänge unter 1500 m; häufig auf Kalk. BZ März-Mai. Laubabwerfender Strauch oder kleiner Baum bis 7 m. Blüten 3,5 cm lang. Blüten 12-18 mm lang. Durchlässiger Boden; warmer, im Sommer trockener Standort. WH: bis −10° C. Frühjahr. Eine der ganz wenigen in Europa und Kalifornien bh.en Arten — vielleicht sogar die einzige.

Styrax serrulatus Roxb. Bh. von Nepal bis Birma sowie in Nordthailand. Wächst in 300-1200 m Höhe. Laubabwerfender, vielzweigiger Strauch bis 3 m. Blätter fein gesägt. Kleine Blüten in lockeren Rispen. Jeder Boden; Sonne oder Halbschatten. WH: bis −10° C. Sommer.

Reevesia pubescens Mast. (*Sterculiaceae*) Bh. im Osthimalaja von Sikkim bis Guizhou und Westsichuan. Gebüsche und Wälder in warmen Tälern in 1200-3300 m Höhe. Kleiner immer grüner Strauch oder Baum bis 6 m, als Wildpflanze Baum bis 20 m. Blätter 6-10 cm lang, unten behaart. Blüten mit Griffel 2,5 cm lang. Jeder Boden; sonnige Lage. WH: in geschützter Lage bis −10° C. Sommer.

Wattakaka sinensis in Boaxing, Sichuan

Pterostyrax hispida in Wisley

Styrax officinalis in der Südtürkei

Halesia carolina

Reevesia pubescens in Wakehurst

Styrax obassia

Cornus kousa var. chinensis
Physocarpus opulifolius 'Dart's Gold' see p.41
Stewartia serrata
Trochodendron aralioides
Styrax japonica var. fargesii
Cornus rugosa
Cornus kousa
Cornus mas 'Variegata'
Cornus mas var. aurea
Cornus controversa 'Variegata'
Cornus sanguinea see p. 271

19. Juni, Kew

Cornus alternifolia ›*Argentea*‹, Savill Gardens, Windsor

Cornus florida in New Jersey

Cornus ›*Ormonde*‹

Cornus ›*Eddie's White Wonder*‹

Cornus capitata

Cornus nuttallii

Stewartia serrata Maxim. (*Theaceae*). Bh. in Japan. Bergwälder. BZ Juni-Juli. Laubabwerfender Strauch oder Baum bis 10 m. Blätter 3-7 cm lang. Blüten 5-6 cm breit, Fruchtknoten und Kapseln unbehaart. Saurer Boden; Halbschatten. WH: bis –15°C. Frühsommer.

Styrax japonicus Sieb. & Zucc. (*Styracaceae*) Japanischer Storaxbaum. Bh. in ganz Japan, in Korea, China, Taiwan und auf den Philippinen. Wächst in Gehölzen und Gebüschen sowie an Wasserläufen im Gebirge. BZ April-Juni. Laubabwerfender Strauch oder Baum bis 10 m. Blüten an den horizontal wachsenden Zweigen hängend. Mit var. ***fargesii*** bezeichnet man chinesische Pflanzen.

Trochodendron aralioides Sieb. & Zucc. (*Trochodendraceae*). Bh. in Japan, Taiwan und Korea. Wächst normalerweise als Epiphyt am unteren Teil des Stammes von Japanzedern. BZ Mai-Juni. Immergrüner Baum bis 20 m oder höher, in Kultur meist Strauch bis 3 m. Blüten 1,5 cm im Durchmesser, 5-10 lappig. WH: bis –10°C. Spätfrühling.

Cornus rugosa Lam. (*Cornaceae*) Rundblättriger Hartriegel. Bh. von Quebec bis Manitoba, südwärts bis Virginia und Illinois. Trockene Laubwälder und Gebüsche auf felsigen Abhängen. BZ Ende Mai bis Juli. Laubabwerfender Strauch bis 3 m. Früchte hellblau oder blaß grünlich.

Cornus controversa Hemsl. **›Variegata‹**. Bh. in ganz Japan und Korea sowie in China, westwärts bis Yunnan. Wälder, Gebüsche und Hecken im Gebirge, in Westchina bis 2000 m. BZ Mai-Juni. Großer, laubabwerfender Strauch oder Baum bis 16 m. Zweige horizontal, in Etagen. Blätter wechselständig, bis 12 cm lang. ›Variegata‹ wurde 1896 von Barbier in Frankreich eingeführt. WH: bis –20°C.

Cornus mas L. Kornelkirsche. Siehe auch S. 37.

Cornus kousa Buerg. ex Hance. Japanischer Blütenhartriegel. Bh. in Japan, dort bes. auf Honshu und weiter südlich verbreitet, in Korea sowie in Zentral- und Westchina bis Sichuan. Gehölze und Gebüsche im Gebirge. BZ Juni-Juli. Laubabwerfender Strauch oder kleiner Baum bis 6 m. Zweige in Etagen. Jeder kalkfreie Boden; Sonne oder Halbschatten. WH: bis –20°C. Sommer. Var. ***chinensis*** Osborn. Unterscheidet sich von der japanischen Varietät (wenn überhaupt) durch die fehlende braune Behaarung auf den Nervenachseln an der Unterseite der Blätter.

Cornus nuttallii Audub. Bh. von Kalifornien bis British Columbia, ostwärts bis Idaho. Lichte Mischwälder und Gebüsche im Gebirge bis 1800 m. Blüht von April-Juli, manchmal ein zweites Mal im September. Laubabwerfender Strauch oder kleiner Baum bis 25 m. Blüten mit 4-7 weißen oder rosafarbenen, 3-6 cm langen Hochblättern. WH: bis –15°C. Frühjahr und Herbst. Früchte s. S. 271.

Cornus florida L. Blütenhartriegel. Bh. von Ontario bis Maine, südwärts bis Florida und Osttexas. Laubwälder und Felder bis 1500 m. BZ April-Juni. Laubabwerfender Strauch oder kleiner Baum bis 10 m, auf freiem Feld niedriger. Blüten bis 10 cm im Durchmesser; Hochblätter weiß oder rosa. Saurer Boden; Sonne oder Halbschatten. WH: bis –25°C. Früchte S. 271.

Cornus capitata Wall. Bh. im Himalaja von Nordwestindien bis Sichuan und Hubei. Wälder und Gebüsche in 1200-3400 m Höhe. BZ Mai-Juli. Laubabwerfender Strauch oder Baum bis 9 m. Blätter ledrig, bis 7,5 cm lang, unten kahl. 4-5 Hochblätter, bis 4,5 cm lang. Früchte halbkugelig. Jeder Boden; sonnige Lage. WH: bis –10°C. Sommer.

Cornus **›Eddie's White Wonder‹**. Hybride zwischen *C. florida* und *C. nuttallii*, vor 1965 von H. M. Eddie & Söhne in Vancouver gezogen. Hochblätter bes. groß. Leichter zu ziehen als *C. nuttallii*. WH: bis –15°C.

Cornus **›Ormonde‹**. Form oder Hybride von *C. nuttallii*, in den Royal Botanic Gardens, Kew, entstanden. Reichblühender Strauch bis 4 m.

Cornus alternifolia L. **›Argentea‹**. Die grünblättrige Normalform (Wechselblatthartriegel) ist in Nordamerika beheimatet. Trockene Laubwälder und felsige Abhänge. WH: bis –25°C.

Staphylea pinnata

Stewartia malacodendron

Stephanandra tanakae

Stewartia pseudocamellia

Diervilla sessilifolia

Calycanthus occidentalis

Elaeagnus angustifolia

Carpenteria californica

4. Juli, Kew

Stapylea pinnata L. (*Staphyleaceae*) Gemeine Pimpernuß. Bh. in Frankreich und Italien, ostwärts bis Polen, Rumänien, Türkei; in England heimisch geworden. Gebüsche und Wälder. BZ Mai-Juni. Laubabwerfender Strauch bis 5 m. Blütenblätter 6-10 mm lang, rosa; Kelchblätter grünlich weiß. WH: bis —20° C. Frühsommer.

Staphylea holocarpa Hemsl. **›Rosea‹**. Bh. in Westhubei, Sichuan und Yunnan. Gebüsche und Waldränder in 1300-2500 m Höhe. Blüht im Mai, bevor sich die Blätter entfalten. Laubabwerfender Strauch oder kleiner Baum bis 10 m. WH: bis —25° C. Spätfrühling.

Staphylea colchica Stev. Kolchische Pimpernuß. Bh. im Südwesten Transkaukasiens, in der Adscharischen und Abchasischen Republik. Wälder bis 1200 m. BZ Mai. Laubabwerfender Strauch bis 4 m. Blättchen 4-6 cm lang; an den Blütentrieben nur 3, sonst 5. WH: bis —20° C. Spätfrühling.

Stewartia malacodendron L. (*Theaceae*). Bh. in Virginia, Tennessee und Arkansas, südwärts bis Florida und Westlouisiana. Feuchte Gehölze. BZ Juni. Laubabwerfender Strauch oder kleiner Baum bis 10 m. Blüten 8-10 cm im Durchmesser, Griffel verwachsen. Feuchter, saurer Boden; Halbschatten. WH: bis —15° C. Spätsommer.

Stewartia pseudocamellia Maxim. Bh. auf Honshu, Shikoku und Kyushu. Bergwälder. BZ Juli. Laubabwerfender Strauch oder kleiner Baum bis 10 m. Rinde in großen Stücken ablösend. Blüten 6-7 cm im Durchmesser, becherförmig vertieft. WH: bis —20° C. Spätsommer.

Stewartia ovata (Car.) Großblütige Stewartie. Bh. in Virginia und Kentucky, südwärts bis Georgia und Alabama. Wälder und Flußufer. BZ Mai-August. Laubabwerfender Strauch oder kleiner Baum bis 5 m. Blüten 6-7,5 cm im Durchmesser (bis 10 cm bei var. *grandiflora* aus Georgia); 4 Griffel, nicht verwachsen. WH: bis —20° C. Spätsommer.

Stewartia monadelpha Sieb. & Zucc. Einmännige Stewartie. Bh. auf Südhonshu, Shikoku, Kyushu und Cheju. Japanzedernwälder im Gebirge. BZ Juli-August. Laubabwerfender Strauch oder kleiner Baum bis 25 m. Rinde glatt, ablösend. Blüten 2-3,5 cm im Durchmesser. WH: bis —15° C. Spätsommer.

Elaeagnus commutata Bernh. (*Elaeagnaceae*) Silberölweide. Bh. von Quebec bis Alaska, südwärts bis Utah, Süddakota und Minnesota. Trockene Abhänge; Kalk. BZ Juni-Juli. Laubabwerfender Strauch bis 4 m, bildet mit seinen Ausläufern Dickichte. Blätter am Rand gewellt, auf beiden Seiten silbrig, 2-10 cm lang. Jeder trockene Boden; vollsonnige Lage. WH: bis —15° C. Spätsommer.

Elaeagnus angustifolia L. Schmalblättrige Ölweide. Bh. in Zentralasien, in vielen Ländern jedoch gerne als Hecke gezogen; in Nordamerika, Süd- und Osteuropa, von der Türkei und bis Pakistan heimisch geworden. Wächst häufig an Wasserläufen. BZ April-Juni. Laubabwerfender Strauch oder breitwüchsiger Baum bis 7 m. Blätter 8-10 mm, stark und süß duftend. WH: bis —40° C.

Calycanthus occidentalis Hook. & Arnott. (*Calycanthaceae*) Gewürzstrauch. Bh. im nördlichen Teil der kalifornischen Küstenkette und im Vorgebirge der Sierra Nevada. Wächst an Wasserläufen, Teichen und feuchten Stellen unter 1200 m. BZ April-August. Laubabwerfender, rundlicher Strauch bis 3 m. WH: bis —15° C.

Stewartia monadelpha, High Beeches, Sussex

Staphylea colchica

Staphylea holocarpa ›Rosea‹

Elaeagnus commutata

Carpenteria californica Torr. (*Saxifragaceae*). Bh. in Kalifornien, zwischen dem San Joaquin und dem King River, Fresno County. Trockene Granithügel. BZ Mai-Juli. Immergrüner Strauch, bis 4 m hoch oder wuchernd. Blüten 5-8 cm im Durchmesser. WH: bis —15° C. Sommer.

Diervilla sessilifolia Buckl. (*Caprifoliaceae*) Stiellose Dierville. Bh. in Virginia und Tennessee, südwärts bis Georgia und Alabama. Bergwälder. BZ Juni-August. Ausläufer treibender, laubabwerfender Strauch bis 1,5 m. Zweige bogig. WH: bis —25° C.

Stephanandra tanakae Fr. & Sav. (*Rosaceae*) Tanaka. Kranzspiere. Siehe S. 207

Stewartia ovata var. *grandiflora*

D. × hybrida 'Mont Rose'

D. discolor

D. gracilis

D. gracilis 'Grandiflora'

D. scabra 'Candidissima'

D. × elegantissima 'Fasciculata'

D. longifolia 'Veitchii'

D. × elegantissima 'Rosealind'

21. Juni, Wisley

Deutzia glomeruliflora Franch. (*Saxifragaceae*). Bh. in Sichuan und Yunnan. Feuchte Gebüsche und schattige Felsen in 1800-3500 m Höhe. BZ Mai-Juni. Laubabwerfender, bis 3 m hoher Strauch mit bogigen Zweigen. Blätter 1,5-4 cm lang. Jeder gute, feuchte Boden; vollsonnige Lage ober Halbschatten. WH: bis —20°C. Hier abgebildet: var. ***forrestiana*** Zaikonn. Die rundlichen Blütenstände sind typisch für diese Varietät.

D. × ***hybrida*** Lémoine ›**Mont Rose**‹. Hybride zwischen *D. longifolia* und *D. discolor*, vielleicht auch *D. purpurascens*. 1925 eingeführt. Aufrechter Strauch bis 1,5 m. WH: bis —20°C.

D. discolor Hemsl. (syn. *D. longifolia* var. *ferreri* Airy-Shaw). Bh. in Südgansu, Südshaanxi und Westhubei. Wächst in 1150-2400 m Höhe. BZ Mai-Juni. Laubabwerfender Strauch bis 1,5 m. Blätter 6-9 cm lang. Blüten weiß. WH: bis —15°C.

D. gracilis Sieb. & Zucc. Zierliche Deutzie. Bh. in Japan auf Südhonshu, Shikoku und Kyushu. Gebüsche im Gebirge. BZ Mai-Juni. Laubabwerfender, bis 1 m hoher Strauch mit bogigen Zweigen. Blütenblätter ca. 10 mm lang. Jeder Boden; Sonne oder Halbschatten. WH: bis —20°C, wird jedoch wie andere Arten manchmal durch späte Fröste beschädigt und bringt dann nur winzige Blüten hervor. Spätfrühling. ›**Grandiflora**‹ ist eine größere Form, vielleicht identisch mit *D.* × *candelabrum* (Lémoine) Rehd.; vermutlich Hybride zwischen *D. gracilis* und *D. sieboldiana.*

D. scabra Thunb. ›**Candidissima**‹ (syn. *D. crenata* Sieb. & Zucc.). Von Froebel 1868 eingeführt. Blüten reinweiß, rosettenartig.

D. × ***elegantissima*** (Lémoine) Rehd. ›**Fasciculata**‹. Hybride zwischen *D. purpurascens* und *D. sieboldiana,* 1911 von Lémoine gezogen. Aufrechter Strauch bis 2 m.

D. × ***elegantissima*** ›**Rosealind**‹. Vor 1926 in der Slieve Donard Nursery gezogen. Aufrechter Strauch bis 1,5 m. Die Blüten haben innerhalb dieser Gruppe das dunkelste Rosa.

D. longifolia Franch. Bh. in Westsichuan, dort häufig in Gebüschen in 1500-2750 m Höhe. BZ Juni. Laubabwerfender Strauch bis 1,5 m. Blüten rosa. Kelchabschnitte lanzettlich. Hier abgebildet ist der Klon bzw. die Varietät ›**Veitchii**‹, eine großblütige Zuchtwahl. Jeder Boden; Sonne oder Halbschatten. WH: bis —15°C. Sommer.

D. calycosa Rehd. Bh. in Yunnan. Gebüsche und lichte Wälder in 2700 m Höhe. BZ Mai-Juni. SBEC 435 scheint zur var. ***longisepala*** Zaikonn zu gehören, die in den Shangchangbergen gefunden und beschrieben wurde. Laubabwerfender, aufrechter Strauch bis 2 m. Blätter unten gräulich. Jeder Boden; Sonne oder Halbschatten. WH: bis —15°C. Spätfrühling.

D. mombeigii W. W. Sm. Bh. in Yunnan. Lichte Gebüsche in 3300 m Höhe. BZ Juni-Juli. Laubabwerfender Strauch bis 2 m. Blätter unten weiß, mit dichten, vielstrahligen Sternhaaren. Jeder Boden; volle Sonne. WH: bis —15°C. Sommer. Siehe auch S. 187.

D. grandiflora Bunge. Bh. in Hebei südlich von Peking, in Schaanxi, Hubei und in der Inneren Mongolei. Bildet auf trockenen Hügeln niedrige Dickichte. BZ April-Mai. Ausläufer treibender Strauch bis 1,5 m. Blüten zu 1-3 beisammen, 2,5-3 cm im Durchmesser. Durchlässiger Boden; vollsonnige Lage. WH: bis —20°C. Frühjahr.

D. ningpoensis Rehd. (syn. *D. chunii* Hu). Bh. in Anhui und Zhejiang, in den Bergen bei Ningpo in 150-1500 m Höhe. BZ Juni-Juli. Eleganter Strauch bis 2 m. Bes. Merkmale: schmale Blätter (bis 16 mm), kleine Blüten (bis 6 mm lang), Blüte im Spätsommer.

Deutzia glomeruliflora bei Lijiang, Yunnan

Deutzia calycosa SBEC 435

Deutzia mombeigii

Deutzia grandiflora

Deutzia ningpoensis

Deutzia glauca
D. scabra
'Flore Pleno'
Philadelphus 'Dame Blanche'
Deutzia scabra
Philadelphus intectus
Deutzia mombeigii
Deutzia
setchuenensis
Deutzia pulchra
Philadelphus 'Burfordensis'
Philadelphus 'Virginal'

28. Juni, Kew

Jamesia americana Torr. & Gray (*Saxifragaceae*). Bh. von New Mexico bis Kalifornien und Wyoming. Wächst in Canyons und an Wasserläufen in 2200-3600 m Höhe. BZ Mai-Juni. Laubabwerfender, vielstämmiger Strauch bis 1,5 m. Blüten 1,5 cm breit, selten rosa. Vollsonnige Lage. WH: bis −20° C. Frühsommer.

Philadelphus intectus Beadle (*Saxifragaceae*). Bh. in Kentucky, Tennessee und Oklahoma. Felsige Abhänge. BZ Juni. Laubabwerfender Strauch bis 5 m. Blüten 3 cm im breit. Vollsonnige Lage. WH: bis −15° C. Sommer.
›**Dame Blanche**‹. Von Lémoine 1920 gezüchtet. Niedriger Wuchs. Zweige bogig. Blüten 8 mm lang, wohlriechend. Guter Boden; vollsonnige Lage. WH: bis −25° C. Sommer.
›**Virginal**‹. Um 1909 von Lémoine gezogen. Aufrechter, steifer Strauch bis 2,5 m. Blüten gefüllt, duftend, 4-5 cm im Durchmesser.
›**Burfordensis**‹. Vermutlich in Burford Court, Surrey, gezogene Spielart von ›Virginal‹. Hoher, robuster, aufrechter und laubabwerfender Strauch bis 3 m. Blüten 7,5 cm im Durchmesser, zu 5-7 beisammenstehend.

Deutzia glauca Cheng (*Saxifragaceae*). Bh. in Ostchina, Anhui und Jiangxi. Gebüsche auf Hügeln in 300-1000 m Höhe. BZ Mai. Laubabwerfender Strauch bis 2 m. Blätter 5-8 cm, Blüten 10-17 mm lang. Jeder Boden; vollsonnige Lage. WH: bis vielleicht −15° C.

Deutzia scabra Thunb. (Syn. *D. crenata* Seib. & Zucc.). Rauhblättrige Deutzie. Bh. in Japan, Korea und Ostchina. Gebüsche und Waldränder. BZ Mai-Juli. Laubabwerfender Strauch bis 3 m, Rinde ablösend. Blütenblätter ca. 15 mm lang. Blätter rauh. Jeder Boden; Sonne oder Halbschatten. WH: bis −20° C.
›**Flore Pleno**‹. Von Robert Fortune 1861 aus Japan eingeführt. Blüten gefüllt, außen rosa.

Deutzia mombeigii W. W. Smith. Siehe S. 185. Blätter oft lanzettlich, 1,5 cm lang.

Deutzia setchuenensis Franch. Bh. in Sichuan und in Westhubei. Gebüsche in 900-1500 m Höhe. Laubabwerfender Strauch bis 2 m. Blüten 1 cm breit. Guter Boden; Sonne oder Halbschatten. WH: bis −15° C. Sommer.

Deutzia pulchra Vidal. Bh. auf Nordluzon und in Taiwan. Wächst im Gebirge. Laubabwerfender Strauch oder kleiner Baum. Blüten 12 mm lang. WH: bis −15° C.

Deutzia compacta Craib (syn. *D. hookerana* [Schneid.] Airy-Shaw). Bh. im Himalaja von Nepal bis Westsichuan. Laubabwerfender Strauch bis 2 m. Blüten ca. 15 mm im Durchmesser. WH: bis −15° C. Sommer.

Deutzia corymbosa R. Br. Bh. im westlichen Himalaja. Gebüsche in 2000-3000 m Höhe. BZ Juni-Juli. Laubabwerfender Strauch bis 3 m. Blüten ca. 15 mm im Durchmesser. Staubbeutel groß, gelb. WH: bis −15° C. Sommer.

Deutzia × kalmiiflora Lémoine. Hybride zwischen *D. purpurascens* und *D. parviflora*. Um 1900 von Lémoine, Nancy, gezüchtet.

Fendlera wrightii (Gray) Hell. (*Saxifragaceae*). Bh. von Westtexas bis Arizona und Mexiko. Canyons und Felsvorsprünge in 1000-2200 m Höhe. BZ Mai-Juni. Laubabwerfender, bis 2 m hoher Strauch mit bogigen Zweigen. Blüten ca. 2 cm breit. Durchlässiger Boden; vollsonnige Lage. WH: bis −20° C. Frühsommer.

Philadelphus coronarius L. (*Saxifragaceae*) Gartenjasmin. Bh. in Südösterreich und Italien. Felsige Hügel und Geröllhalden. BZ Mai-Juni. Laubabwerfender Strauch bis 2 m. Blüten duftend. WH: bis −25° C. Frühsommer.

Jamesia americana

Deutzia compacta

Deutzia corymbosa

Deutzia × kalmiiflora

Fendlera wrightii

Philadelphus coronarius Crashes Castle, Aberdeenshire

P. × lemoinei ›Avalanche‹

P. ›Beauclerk‹

P. ›Bicolore‹

P. ›Sibylle‹

P. ›Conquête‹

P. microphyllus Gray. Bh. in den Rocky Mountains von Utah bis Colorado, westwärts bis Kalifornien, südwärts bis Arizona und New Mexico. Sonnige, felsige Canyons und Kiefern-Wacholder-Gehölze in 1200-3000 m Höhe. BZ Mai-August. Zierlicher, feinzweigiger, rundlicher Strauch bis 1,5 m. Blätter bis 2 cm lang. Blüten 2-2,5 cm im Durchmesser, duftend. Jeder trockene Boden; vollsonnige Lage. WH: bis —20°C. Sommer.

P. tomentosus Wall. ex G. Don. Filziger Pfeifenstrauch. Bh. von Kaschmir bis Südosttibet. Gebüsche und lichte Wälder in 1800-3300 m Höhe. BZ Mai-Juli. Aufrechter, laubabwerfender Strauch bis 3 m. Blätter behaart, unten dicht graufilzig, selten kahl. Jeder Boden; sonnige Lage. WH: bis —15°C. Sommer.

P. delavayi L. Henry. Bh. in Yunnan, Südosttibet, Südwestsichuan und Nordostbirma. Wächst in Gebüschen und an Wasserläufen in 700-3800 m. BZ Juni. Aufrechter, laubabwerfender Strauch bis 3 m. Blätter bis 10 cm lang. Blüten bis 4 cm breit, duftend. Bei der hier abgebildeten var. ***calvescens*** Rehd. (syn. f. *melanocalyx* oder ›Nyman's Variety‹) sind Zweige und Kelch purpurn. WH: bis —15°C. Frühsommer.

P. subcanus var. ***magdalenae*** (Koehne) S. Y. Hu. Bh. in Yunnan und Westsichuan. Hecken und Gebüsche in 1500-3000 m Höhe. BZ Mai-Juni. Aufrechter, laubabwerfender, bis 4 m hoher Strauch mit bogigen Zweigen. Blätter mit kurzen, angedrückten Haaren, unten dichter. Fruchtknoten und Kelchblätter außen bräunlich. Jeder Boden; vollsonnige Lage. WH: bis —15°C. Frühsommer.

P. incanus Koehne. Grauhaariger Pfeifenstrauch. Bh. in Westhubei, Schaanxi und Westhonan. Gebüsche und Flußufer in 600-2300 m Höhe. BZ Juni-Juli. Großer, lichter, laubabwerfender Strauch bis 3,5 m mit dichten, angedrückten Haaren. Blüten duftend, ca. 2,5 cm im Durchmesser. Jeder Boden. WH: bis —20°C. Spätsommer.

P. purpurascens (Koehne) Rehder. Bh. in Westsichuan, Südosttibet und Nordyunnan. Gebüsche im Gebirge in 2750-3200 m Höhe. BZ Juni-Juli. Breitwüchsiger Strauch bis 2 m. Blätter klein, bis 5 cm lang, unten auf den Blattrippen behaart. Blüten bis 2,7 cm im Durchmesser. WH: bis —15°C. Frühsommer.

P.* × *lemoinei Lémoine **›Avalanche‹**. Kreuzung zwischen *P. coronarius* und *P. microphyllus*, 1896 von Lémoine erzielt. Laubabwerfender, bis 2 m hoher Strauch mit bogigen Zweigen. Blüten duftend, 2,5 cm im Durchmesser, in der Regel zu 7 beisammen. Jeder gute Boden; Sonne oder Halbschatten. WH: bis —15°C. Sommer.

***P.* ›Conquête‹**. 1913 von Lémoine gezogen. Ausgebreiteter, laubabwerfender Strauch bis 1 m. Blüten einfach bis etwas gefüllt.

***P.* ›Sybille‹**. 1913 von Lémoine gezogen. Ausgebreiteter Strauch bis 1 m. Blüten 4-5 cm im Durchmesser, duftend.

***P.* ›Beauclerk‹**. Kreuzung zwischen ›Sybille‹ und ›Burfordensis‹ (Pollen), 1938 von Lewis Palmer erzielt. Ausgebreiteter, laubabwerfender Strauch bis 2 m, breiter als hoch. Blüten duftend, 7,5 cm im Durchmesser; Blütenblätter zurückgebogen, nur an der Basis rötlich.

***P.* ›Bicolore‹** (Gruppe *P.* × *purpureo-maculatus*). 1918 von Lémoine in Nancy gezogen. Ausgebreiteter, laubabwerfender Strauch bis 1 m. Blüten einzelstehend oder zu 3 beisammen, becherförmig, 4,5-5 cm im Durchmesser, duftend.

P. subcanus var. *magdalenae* im Mai oberhalb von Dali, Yunnan

P. tomentosus

P. incanus bei Nymans

P. subcanus var. *magdalenae*

P. delavayi var. *calvescens*

P. microphyllus

P. purpurascens, Crashes Castle, Aberdeenshire

19. Mai, Eccleston Square und Kew

Clematis montana bei Lijiang, Yunnan

C. chrysocoma var. *sericea* in Sichuan

Clematis alpina

C. chrysocoma in Yunnan

Clematis alpina (L.) Miller (*Ranunculaceae*) (syn. *Atragene alpina* L.) Alpenrebe. Bh. in den Alpen und europäischen Mittelgebirgen von Frankreich bis Rumänien und Bulgarien. Felsen (normalerweise Kalkstein) und subalpine Gehölze in 1000-2400 m Höhe. BZ Juni-August. Laubabwerfender Klimmer bis 2,5 m. Blüten bläulich, selten reinweiß. Kelchblätter 2,5-4 cm lang, mittlere Staminoiden etwa halb so lang. Jeder durchlässige Boden; Halbschatten oder beschattete Wurzeln. WH: bis −25°C. Kein Rückschnitt erforderlich. Spätfrühling.

***C. alpina* ›Ruby‹**. Um 1937 von Markham gezogene rötliche Form von *C. alpina* (siehe oben).

C. macropetala Ledeb. **›Markham's Pink‹**. Varietät von *C. macropetala* (siehe S. 199), die etwa 3,5 m hoch wird. Die Blüten sind etwa 8 cm breit. Jeder gute Boden; jede Lage. Kein Rückschnitt erforderlich. WH: bis −25°C. Spätfrühling.

***C. alpina* ›Grandiflora‹**. Großblütige Form von *C. alpina* (siehe oben).

***C. alpina* ›Inshriach Form‹**. In der Jack Drake's Nursery bei Aviemore, Invernesshire, gezogen.

***C. alpina* ›Pauline‹**. Von Washfield Nurseries, Sussex, 1970 eingeführt. Die langen Staminoiden lassen eine Hybride von *C. macropetala* vermuten.

C. montana (Buch.-Ham.) DC. (*Ranunculaceae*) Bergwaldrebe. Bh. im Himalaja von Afghanistan bis Südwest- und Mittelchina, ostwärts bis Hubei. Wälder und Gebüsche in 1800-4000 m Höhe; sehr häufig vorkommend. BZ April-Juni. Sehr variable Pflanze. Laubabwerfender Klimmer bis 6 m oder höher. Blätter mit 3 Blättchen, bis 7,5 cm lang. Blüten weiß oder blaßrosa. Kein Rückschnitt erforderlich. Jeder Boden; Standort sollte nach Norden liegen. WH: bis −15°C. Spätfrühling.

***C. montana* ›Elizabeth‹**. Varietät von *C. montana,* 1958 von Jackman in Woking gezogen. Blüten schwach duftend.

***C. montana* ›Mayleen‹**. Form von *C. montana* mit blaßrosa Blüten.

***C. montana* ›Pink Perfection‹**. Zuchtwahl von *C. montana* var. *rubens*. Blüten 6-8 cm im Durchmesser. Kein Rückschnitt erforderlich. WH: bis −15°C.

***C. montana* ›Tetrarose‹**. Tetraploid von *C. montana,* durch Behandlung mit Kolchizin 1960 in Boskoop erzielt. Blätter bronzefarben. Blüten bis 8 cm im Durchmesser.

C. montana var. ***rubens*** Wilson. Bh. in Westhubei und Westsichuan. Dickichte und felsige Standorte in 1300-3000 m Höhe. BZ Mai-Juni. Nur geringer Rückschnitt erforderlich. Hat im Unterschied zu var. *montana* purpurfarbenes Laubwerk und rosa oder weiße Blütenblätter mit rosa Rückseite.

C. chrysocoma Franch. (*Ranunculaceae*). Bh. in Yunnan um Dali und Lijiang. Bergflanken und Gebüsche in 2800-3000 m Höhe. BZ ab Mai. Wild ein niedriger, schwachwüchsiger Strauch bis 1 m, nur an der Basis verholzt, nicht kletternd. Blüten rosa. Blättchen obovat, keilförmig, stumpf, oben mit eingesenkten Nerven, seidig behaart. Jeder durchlässige Boden; Sonne oder Halbschatten. WH: bis −10°C. Spätfrühling bis Sommer.

C. chrysocoma var. ***sericea*** (Franch.) C. K. Schneid. (syn. *C. spooneri* Rehd. & Wilson). Bh. in Westsichuan. Gebüsche, Wälder und Felsen in 1600-2600 m Höhe. BZ Mai-Juni. Laubabwerfender, klimmender oder kriechender, 3-6 m hoher Strauch. Blättchen eiförmig, in der Regel mit einem Zahn auf jeder Seite, gelblich seidig behaart. Kelchblätter obovat bis kreisrund, 3-4 cm lang. WH: bis −15°C. Spätfrühling.

Clematis* × *vedrariensis Vilm. Hybride zwischen *C. montana* var *rubens* und *C. chrysocoma,* um 1914 von Vilmorin in Frankreich gezogen. Blätter behaart. Blüten 5-6 cm breit. WH: bis −15°C.

Clematis tangutica var. *obtusiuscula*

Clematis ›Orange Peel‹

Clematis potaninii in Brodick

C. orientalis L. (*Ranunculaceae*) Orientalische Waldrebe. Bh. auf Tinos, Kos, Rhodos, in der Nordtürkei, in Südrußland und auf der Krim, ostwärts bis Zentralasien und Westpakistan. Heiße trockene Täler, bes. Gebüsche und Felsen an Flüssen in Höhen bis 3000 m. BZ Juli-September. Kletternder oder kriechender, laubabwerfender Strauch bis 2 m. Blätter gräulich, gelappt, manchmal gezähnt. Kelchblätter 10-14 mm lang, spitz, seidenhaarig auf beiden Seiten, gespreizt, zurückgebogen. Früchte mit federigen Griffeln. WH: bis —15° C. Spätsommer.

Clematis Ludlow and Sherriff 13342 oder L. S. & T. 13342 oder L. S. E. 13372 **›Orange Peel‹** Diese in Südtibet gesammelte Form hat zarte, weiche und grüne Blätter. Kelchblätter dick, steif, horizontal wachsend; ihr lebhaftes Gelb geht beim Verblühen in Orange über (daher der englische Name). Gilt allgemein als Form von *C. orientalis,* ist aber *C. glauca* Willd. oder *C. tangutica* var. *obtusiuscula* ähnlicher. Viele der heute in Kultur befindlichen Pflanzen sind wahrscheinlich Hybriden von *C. tangutica.*

C. tangutica Korsh. Mongolische Waldrebe. Bh. im Tian Shan, im Pamir und in der Alaikette (Zentralasien), ostwärts bis Nordchina und Sibirien. Häufig auf grobem Kies an Flüssen zu finden. Die hier abgebildete var. *obtusiuscula* Rehd. & Wilson wurde in Westsichuan bei Kangding und in Westgansu in 2600-3300 m Höhe gefunden. *C. tangutica* unterscheidet sich von *C. orientalis* durch lang zugespitzte, bis 4 cm lange, innen kahle Kelchblätter und gröbere grüne Blätter. Bei var. *obtusiuscula* sind die Kelchblätter 2,5-3 cm lang, stumpf an der Basis und stachelspitzig. Robuster Klimmer bis 3 m. WH: bis —15° C.

C. potaninii Maxim. (syn. *C. fargesii* var. *souilei* Finet. & Gagnep.) Bh. in Yunnan, Westsichuan, Gansu und Shaanxi. Gehölze und Waldlichtungen in 1400-4000 m Höhe. BZ Juni-Juli. Laubabwerfender Klimmer bis 6 m. Feuchter Laubboden; Halbschatten. WH: bis —20° C. Mitt- bis Spätsommer.

C. alpina subsp. **sibirica** (L.) O. Kuntze. Bh. in Norwegen, im Gebirge Zentralasiens und in Sibirien. Felsen und subalpine Wälder. BZ Mai-Juni. Kriechender Strauch bis 2 m. Unterscheidet sich von *C. alpina* (S. 191) durch blaßgelbe Blüten mit schmaleren Kelchblättern und Staminodien sowie durch gröber gezähnte Blätter. Jeder gute Boden; Halbschatten. WH: bis —40° C. Frühjahr.

C. armandii Franch. Bh. in Yunnan, Guizhou, Westhubei und Westsichuan. Gebüsche und Flußböschungen in 60-2400 m Höhe. BZ April bis Mai. Immergrüner Klimmer bis 5 m. Blüten 3-6 cm im Durchmesser, duftend, weiß oder rosa (8 cm bei f. *farquhariana* aus Westhubei). Jeder Boden; Sonne oder Halbschatten. WH: bis —10° C. Frühjahr.

C. barbellata Edgew. Bh. im Himalaja von Pakistan bis Zentralnepal. Gebüsche und Wälder in 2100-4000 m Höhe. BZ Juni-Juli. Laubabwerfender Klimmer bis 2 m. Blätter mit 3 Blättchen, 4-10 cm lang. Blüten bis 2,5 cm lang, innen und außen behaart, mit sehr stark behaarten Staubblättern. Feuchter Laubboden; Halbschatten. WH: bis —15° C. Sommer.

C. armandii

C. alpina subsp. *sibirica* bei Alma Ata in Asien

C. orientalis in der Nordwesttürkei

C. barbellata in Kew

C. cirrhosa bei Ronda in Spanien

C. phlebantha in Ventnor, Isle of Wight

3. Juli, Treasure Nursery

Clematis ›**Sylvia Denny**‹. Trägt im Frühsommer mittelgroße Blüten (bis 10 cm im Durchmesser). Gedeiht am besten in Sonne oder Halbschatten. Nur geringer Rückschnitt erforderlich. WH: bis −20° C.

C. ›**Maureen**‹. Hybride von ziemlich buschigem Wuchs, großblumig, reichblühend ab Mittsommer. Sonne oder Halbschatten. Nur geringer Rückschnitt erforderlich. WH: bis −20° C.

C. ›**Prince Heinrich**‹ (Syn. ›Prins Henrik‹). Ziemlich frostempfindliche Hybride, am besten in einem Gewächshaus oder im Freien an einer Mauer zu ziehen. Starker Rückschnitt erforderlich. Sehr großblumig. Blüht im Mittsommer, ein zweites Mal im Spätsommer. WH: bis −20° C.

C. ›**Gypsy Queen**‹. Kräftige Hybride, ausgewachsen bis 5 m hoch. Blüten 13 cm im Durchmesser; reichblühend von Mittsommer bis Herbst. Mit zunehmendem Alter verfärben sich die Kelchblätter ein wenig. Extrem schattige Lage möglichst vermeiden. Starker Rückschnitt erforderlich. WH: bis −20° C.

C. ›**Lawsonia**‹. Kräftige Hybride. Sehr großblumig (bis 20 cm im Durchmesser). Blüht im Mittsommer, manchmal ein zweites Mal im Spätsommer. Gedeiht gut in jeder Lage. Starker Rückschnitt erforderlich. WH: bis −20° C.

C. ›**Nellie**‹ (oder ›**Nelly**‹) ›**Moser**‹. Eine der bekanntesten und beliebtesten Hybriden. Wird etwa 3,5 m hoch. Großblumig (bis 18 cm im Durchmesser) und reichblühend im Frühsommer; zweite Blüte im Spätsommer. Sollte an schattigem Standort gepflanzt werden, um ein Ausbleichen der Blüten zu vermeiden. Nur geringer Rückschnitt erforderlich. WH: bis −20° C.

C. ›**Barbara Jackman**‹. Ziemlich kräftige Hybride. BZ Spätsommer bis Frühherbst. Blüten etwa 15 cm im Durchmesser. Ihre Farbe verblaßt nach dem Öffnen, daher möglichst nicht der prallen Sonne aussetzen. Nur geringer Rückschnitt erforderlich. WH: bis −20° C.

C. ›**Miss Crawshay**‹. Alte, recht kräftige Hybride. BZ Frühling bis Spätfrühling. Blüten bis 14 cm im Durchmesser. Sonne oder Halbschatten. Nur geringer Rückschnitt erforderlich. WH: bis −20° C.

C. ›**Mrs Cholmondely**‹. Alte, kräftige Hybride. BZ Spätfrühling. Außergewöhnlich reichblühend, sehr großblumig (bis 20 cm im Durchmesser). Blüten mit zunehmendem Alter verblassend. Gedeiht gut in jeder Lage. Nur geringer Rückschnitt erforderlich. WH: bis −20° C.

C. ›**Lord Nevill**‹. Kräftige Sorte, wird bis 6 m hoch. Blätter in der Jugend bronzefarben. BZ Mittsommer bis Frühherbst. Blüten bis 18 cm im Durchmesser. Nur geringer Rückschnitt erforderlich. WH: bis −20° C.

C. ›**Mrs Spencer Castle**‹. Nicht bes. kräftige Pflanze der Gruppe *viticella*. Große Blüten im Frühsommer, kleine ungefüllte im Herbst am jungen Holz. Nur geringer Rückschnitt erforderlich. WH: bis −20° C.

C. ›**Beauty of Richmond**‹. Kräftige Sorte. Blüten bis 16 cm im Durchmesser, ab Mittsommer. Gedeiht gut in jeder Lage. Nur geringer Rückschnitt erforderlich. WH: bis −20° C.

C. ›**Jackmanii Rubra**‹. Ziemlich kräftige Form von *C.* × *jackmanii* (S. 199). Halbgefüllte Blüten im Mittsommer, danach bis zum Frühherbst einfache Blüten. Nur geringer Rückschnitt erforderlich. WH: bis −20° C.

C. ›**The President**‹. Kräftig wachsende Pflanze (bis 3,5 m lang) mit bronzefarbenen Blättern in der Jugend. Blüten bis 18 cm breit und schwach becherförmig, wodurch die blasse Unterseite der Kelchblätter sichtbar wird. Reichblühend von Mittsommer bis Frühherbst. Gedeiht gut in jeder Lage. Nur geringer Rückschnitt erforderlich. Wird seit 1876 gezogen. WH: bis −20° C.

3. Juli, Treasure Nursery

C. ›**Beauty of Worcester**‹. Nicht so starkwüchsig wie andere Sorten. Ab Frühsommer gefüllte Blüten am alten Holz, bis Frühherbst einfache Blüten am jungen Holz. Bevorzugt sonnige Lage. Nur geringer Rückschnitt erforderlich. WH: bis −20° C.

C. ›**Belle of Woking**‹. Nicht bes. kräftige alte Hybride, die im späten Frühling große Blüten hervorbringt (bis 15 cm im Durchmesser). Bevorzugt sonnige Lage. Nur geringer Rückschnitt erforderlich. WH: bis −20° C.

C. ›**Proteus**‹. Mäßig wachsende alte Hybride, zunächst unter dem Namen ›The Premier‹ eingeführt. Gefüllte Blüten im Frühsommer; blüht ein zweites Mal mit einfachen Blüten gegen Ende des Sommers. Nicht in vollsonniger oder extrem schattiger Lage pflanzen. Nur geringer Rückschnitt erforderlich. WH: bis −20° C.

C. ›**Vyvyan Pennell**‹. Kräftige Hybride bis 3,5 m. Bringt von Spätfrühling bis Frühsommer große gefüllte Blüten hervor; bis 20 cm im Durchmesser. Blassere Blüten im Herbst am jungen Holz. Nicht geeignet für extrem schattige Lage. Nur geringer Rückschnitt erforderlich. WH: bis −20° C.

3. Juli, Treasure Nursery

C. × *jackmanii* ›*Superba*‹, Eccleston Square, an einem Baum gezogen

Clematis **›Ernest Markham‹**. Kräftig wachsende Pflanze, bis 2 m hoch. Blüten großblumig, bis 15 cm im Durchmesser. Nach leichtem Rückschnitt beginnt die Blüte im Mittsommer, nach starkem Rückschnitt im Spätsommer; dauert bis zum Frühherbst. WH: bis —15° C.

C. **›Carnaby‹**. Blüten mittelgroß, im Frühsommer. Nicht in vollsonniger Lage pflanzen und stark zurückschneiden. WH: bis —15° C.

C. **›Corona‹**. Mäßig wachsende Hybride mit großen Blüten, bis 14 cm im Durchmesser. BZ Frühsommer. Bevorzugt Sonne oder Halbschatten. Nur geringer Rückschnitt erforderlich. WH: bis —15° C.

C. **›Serenata‹**. Ungewöhnliche, erst kürzlich eingeführte Hybride mit langer BZ (Frühsommer bis Frühherbst). Eine der wenigen purpurblütigen Hybriden von *Clematis*, die im Frühsommer blühen. Gedeiht in jeder Lage. Nur geringer Rückschnitt erforderlich. WH: bis —15° C.

C. **›Edouard Desfosse‹**. Mäßig wachsende, alte Hybride mit großen, bis 15 cm breiten Blüten. BZ Frühsommer. Möglichst in sonniger oder halbschattiger Lage pflanzen, auch wenn die Blüten beim Öffnen leicht verblassen. Nur geringer Rückschnitt erforderlich. WH: bis —15° C.

C. **›Ville de Lyon‹**. Alte, kräftige Hybride, bis 5 m hoch. Blüten bis 14 cm im Durchmesser. BZ Mittsommer bis Frühherbst. Die unteren Blätter dieser Hybride werden im Sommer oft braun. Dabei handelt es sich nicht etwa um eine Krankheit, sondern um das normale Absterben der frühen Blätter. Bevorzugt Sonne oder Halbschatten. Starker Rückschnitt erforderlich. WH: bis —15° C.

C. **›Kathleen Wheeler‹**. Sehr großblumige Hybride (Blüten bis 16 cm im Durchmesser). BZ Mittsommer bis Frühherbst. Gedeiht in jeder Lage. Nur geringer Rückschnitt erforderlich. WH: bis —15° C.

C. **›Ascotiensis‹**. Kräftig wachsende, großblumige Pflanze. Blüten bis 13 cm Durchmesser. BZ Mitt- bis Spätsommer. Gedeiht gut in jeder Lage. Starker Rückschnitt erforderlich. WH: bis —15° C.

C. **›Richard Pennell‹**. Erst kürzlich eingeführt, großblumig. BZ Spätfrühling bis Mittsommer. Relativ starker Rückschnitt erforderlich. WH: bis —15° C.

C. **›Countess of Lovelace‹**. Relativ kräftige alte Hybride mit großen Blüten (bis 15 cm im Durchmesser), die leicht verblassen. BZ Spätfrühling bis Frühsommer; zweite Blüte im Herbst mit einfachen Blüten. Bevorzugt Sonne oder Halbschatten. Nur geringer Rückschnitt erforderlich. WH: bis —15° C.

C. **×** ***jackmanii*** **›Superba‹**. Hat wie *C. jackmanii* relativ dunkle Blüten, jedoch breitere Kelchblätter. BZ Mitt- bis Spätsommer. Bevorzugt Sonne oder Halbschatten. Starker Rückschnitt erforderlich. WH: bis —20° C.

C. **›Royalty‹**. Varietät mit gefüllten Blüten. Abstammung unbekannt.

C. **›Dr Ruppel‹**. Von Fisk 1975 eingeführt. Höhe 2,5-4 m. Kein Rückschnitt erforderlich. Sommer und Frühherbst.

C. **›Niobe‹**. Von Fisk 1975 eingeführt. Starker Rückschnitt erforderlich. Blüht im Spätsommer.

Clematis ›Dr Ruppel‹

Clematis ›Niobe‹

3. Juli, Treasure Nursery

Clematis ›Etoile Rose‹

Clematis campaniflora

C. × durandii

Clematis viticella

C. viticella (*Ranunculaceae*) Italienische Waldrebe. Bh. in Italien und auf dem Balkan, in der Türkei, im Nordwestiran und in Westsyrien. Gebüsche und Hecken in Küstennähe bis 900 m. Blätter gefiedert, mit 3 häufig tief gelappten Blättchen. Blüten 2,5-4,5 cm lang, dunkelpurpurn, überhängend. Griffel bei den Früchten nicht seidig behaart. Durchlässiger Boden; vollsonnige Lage. WH: bis –15° C.

C.›Gravetye Beauty‹. Kräftiger, halbstrauchiger Klimmer, in England ziemlich kurzlebig. Glokkige Blüten, etwa 8 cm im Durchmesser. Bevorzugt Sonne oder Halbschatten. Stark zurückschneiden. Hybride von *C. texensis*. Sommer.

C. ›Etoile Rose‹. Relativ kräftiger, halbstrauchiger Klimmer bis 3,5 m, 1903 von Victor Lémoine & Söhne in Nancy gezogen. Hybride von *C. texensis*. BZ Spätsommer. Überhängende Blüten, etwa 5 cm lang und breit. Warmer Standort in vollsonniger Lage. Jeder Boden. WH: bis –20° C.

C. florida ›Alba Plena‹ (syn. *C. florida* ›Plena‹). Heute ziemlich seltene, alte Gartenvarietät von *C. florida*. Vermutlich im 18. Jh. aus Japan eingeführt, im 19. Jh. häufig kultiviert. Gedeiht am besten in sonniger Lage. Starker Rückschnitt erforderlich. WH: bis –15° C.

C. heracleifolia DC. var. **stans** (Sieb. & Zucc.) Kuntze. Großblättrige Waldrebe. Bh. auf Honshu, Shikoku und Kyushu. Unbewaldete Stellen in den Bergen. BZ August-September. Stämmchen krautig, bis 1 m lang, manchmal an der Basis verholzt. Blüten 15-20 mm lang, m. und w. in der Regel auf verschiedenen Pflanzen. WH: bis –20° C.

C. ›Etoile Violette‹. Kräftige Hybride von *C. viticella*, von Morel gezogen. Höhe bis 3,5 m. Reichblühend von Mitt- bis Spätsommer. Blüten bis 10 cm im Durchmesser. Gedeiht gut in jeder Lage. Starker Rückschnitt erforderlich. WH: bis –20° C.

C. × jackmanii T. Moore. Diese berühmte Hybride wurde 1860 in der Baumschule Jackman in Woking gezogen und ist die Elternpflanze vieler bekannter großblumiger Hybriden. Laubabwerfender Klimmer bis etwa 3,5 m. Blätter etwa 11 cm lang. Blüten bis 13 cm im Durchmesser. Gedeiht gut in jeder Lage. WH: bis –25° C. Sommer bis Herbst. Stark zurückschneiden.

C. florida Thunb. **›Sieboldii** (syn. *C. florida* var. *bicolor* Lendl.). Bh. in Westhubei bei Ichang, schon lange in Kultur. Höhe bis 2,5 m. Blüten bis 8 cm im Durchmesser, Staubbeutel zu purpurnen Staminodien umgebildet. Gedeiht am besten in sonniger, relativ geschützter Lage. Das alte blütentragende Holz muß entfernt werden. WH: bis –15° C. Mitt- bis Spätsommer.

C. viticella ›Purpurea Plena Elegans‹. Siehe S. 201.

C. integrifolia L. (*Ranunculaceae*) Ganzblättrige Waldrebe. Bh. von Österreich bis Bulgarien, im Kaukasus und in Zentralasien. Wächst auf Grasland. BZ Juni-August. Staudige, mehrjährige Pflanze bis 1 m, manchmal an der Basis verholzt. Jeder gute Boden; vollsonnige Lage. WH: bis –25° C. Sommer.

C. ›Venosa Violacea‹. Alte Hybride, seit 1860 bekannt. Abstammung nicht gesichert. Wahrscheinlich Hybride zwischen *C. viticella* und *C. patens*.

C. macropetala Ledeb. (*Ranunculaceae*). Bh. in Sibirien und Nordchina. Felsige Standorte im Gebirge. BZ Mai-Juni. Laubabwerfender, kletternder Strauch bis 3 m. Blätter doppelt 3-zählig, bis 15 cm lang. Blüten bis 5 cm lang, bläulich, mit 4 großen Kelchblättern und zahlr. schmalen Blütenblättern. Früchte mit seidigen Griffeln. Jeder Boden; Sonne oder Halbschatten. WH: bis –25° C. Frühsommer. Kein Rückschnitt erforderlich.

C. scottiae Porter & Coult (syn. *C. douglasii* var. *scottiae; C. hirsutissia*). Bh. von British Columbia und Washington bis Montana und Wyoming. Trockenes Grasland, Beifußgestrüpp und lichte Kiefernwälder. Büschelige, staudige, mehrjährige Pflanze bis 1 m, treibt viele Stämmchen aus der verholzten Basis. Vollsonnige Lage und trockener Boden. WH: bis –20° C. Sommer.

C. campaniflora Brot. (*Ranunculaceae*). Bh. in Portugal, Süd- und Westspanien. Wächst meist in Hecken und Gebüschen. BZ Mai-Juni. Laubabwerfender Klimmer bis 8 m. Blätter gefiedert. Blüten bis 3 cm im Durchmesser, blaßviolett, duftend. Jeder Boden; vollsonnige Lage oder Halbschatten. WH: bis –15° C. Sommer. Im Frühjahr stark zurückschneiden. Üppig wuchernder Klimmer, gut an Baum oder hoher Mauer zu ziehen.

Clematis × durandii A. Kuntze. Hybride zwischen *C. × jackmanii* und *C. integrifolia*. Um 1870 gezüchtet. Sich ausbreitender, bis 2,5 m hoher Strauch. Wächst am besten zwischen anderen Pflanzen, die er als Stütze braucht. Blätter bis 12 cm lang. Blüten etwa 11 cm im Durchmesser. Jeder Boden; Sonne oder Halbschatten. WH: bis –15° C. Spätsommer. ›Pallida‹ hat blassere, rosa getönte Blüten.

22. Juli, Eccleston Square Gardens, London SW1

Clematis viticella ›Alba Luxurians‹

Clematis viticella ›Abundance‹

Clematis ›Huldine‹

Clematis rehderiana

***Clematis* ›Margaret Hunt‹.** Kräftige Hybride bis 4,8 m. BZ Sommer.

***C.* ›Comtesse de Bouchaud‹.** Kurz nach 1900 von F. Morel gezogen. Starkwüchsig (bis 3,6 m), sehr reich blühend im Sommer. Starker Rückschnitt erforderlich.

***C.* ›Daniel Deronda‹.** Relativ kräftige Hybride. BZ Spätfrühling bis Spätsommer. Blüten bis 17 cm im Durchmesser; die frühen sind in der Regel gefüllt oder halb gefüllt, die späteren einfach. Nur geringer Rückschnitt erforderlich.

***C.* ›Mme Edouard André‹.** Nur etwa 2 m hoch. BZ Mitt- bis Spätsommer. Blüten bis 12 cm im Durchmesser. Gedeiht gut in sonniger oder halbschattiger Lage. Starker Rückschnitt erforderlich.

***C.* ›Perle d'Azur‹.** Kräftige Hybride von *jackmanii*, 1885 von Morel gezogen. Höhe bis 4,5 m. BZ Mitt- bis Spätsommer. Reichblühend mit prächtigen, 15 cm breiten Blüten. Gedeiht gut in sonniger oder halbschattiger Lage. Nur geringer Rückschnitt erforderlich.

***C. viticella* ›Purpurea plena Elegans‹** (syn. *C.v.* ›Plena Elegans‹). Sehr alte Hybride, 1629 von Parkinson verzeichnet, um 1945 von Graham Thomas wiederentdeckt und verbreitet. Kräftiger, bis 2,8 m hoher Klimmer. BZ Mittsommer bis Frühherbst. Blüten bis 5 cm im Durchmesser. Starker Rückschnitt erforderlich.

***C.* × *triternata* DC. ›Rubra-Marginata‹.** *C.* × *triternata* ist eine Kreuzung zwischen *C. flammula* und *C. viticellis.* Die Sorte ›Rubra-Marginata‹ ist seit 1880 bekannt (wird übrigens manchmal unter *C. flammula* aufgeführt). Starkwüchsig (bis 4 m hoch) und reichblühend. Starker Rückschnitt erforderlich.

***C.* ›Rouge Cardinal‹.** Relativ kräftige Hybride. Höhe bis 6 m. BZ Mittsommer. Blüten anfangs rötlich getönt, später purpurn. Starker Rückschnitt erforderlich.

***C.* ›Kermesina‹** (syn. *C. viticella* ›Rubra‹). Kräftige Hybride von *viticella,* von Lémoine gezogen. Höhe bis 6 m. BZ Mittsommer; sehr reich blühend. Starker Rückschnitt erforderlich.

***C. viticella* ›Minuet‹.** Kräftige Varietät. Höhe bis 8 m. BZ Mitt- bis Spätsommer. Blüten bis 5 cm im Durchmesser. Starker Rückschnitt erforderlich.

***C. viticella* ›Mme Julia Correvon‹.** Kräftige Varietät. BZ Mittsommer bis Frühherbst; reichblühend. Blüten bis 13 cm im Durchmesser. Starker Rückschnitt erforderlich.

***C.* ›Violuceau‹** (syn. ›Voluceau‹). Von Girault gezogene Hybride. BZ Mitt- bis Spätsommer. Blüten bis 10 cm breit. Starker Rückschnitt erforderlich.

***C. viticella* ›Margot Koster‹.** Kräftige Pflanze. BZ Spätsommer. Blüten bis 10 cm breit. Starker Rückschnitt erforderlich.

***C.* ›Huldine‹.** Kräftige, aber ziemlich launische Hybride, die in vollsonniger Lage gut gedeiht. BZ Mittsommer bis Herbst; meistens reichblühend. Blüten bis 10 cm im Durchmesser. Manchmal wächst die Pflanze sehr stark und bringt keinerlei Blüten hervor — warum, ist nicht bekannt. Starker Rückschnitt wird empfohlen.

***C. viticella* ›Alba Luxurians‹.** Kräftige Sorte. BZ Mittsommer bis Frühherbst. Blüten bis 8 cm im Durchmesser. Oft sind die ersten Blüten vollkommen grün; die späteren sind weiß und haben manchmal Kelchblätter mit grünen Spitzen.

***C. viticella* ›Abundance‹.** Von Jackman benannte, wahrscheinlich aber um die Jahrhundertwende von Morel gezogene Sorte. Starkwüchsig. BZ Mittsommer bis Frühherbst; sehr reich blühend. Blüten bis 5 cm im Durchmesser.

C. rehderiana Craib (*Ranunculaceae*). Bh. in Westsichuan um Kangding. Gebüsche im Gebirge in 2300-3300 m Höhe. BZ Juni-September. Laubabwerfender Klimmer bis 8 m. Blätter gefiedert, mit 7-9 Blättchen. Blüten blaßgelb, duftend, bis 1,5 cm lang. Früchte mit langen seidigen Griffeln. Jeder Boden; vollsonnige Lage. WH: bis —15°C. Spätsommer.

RHS Garden, Wisley und Chelsea Physik Garden

Lavandula angustifolia Mill (*Labiatae*) Echter Lavendel. Bh. im Mittelmeerraum von Jugoslawien bis Spanien und Nordafrika. Trockene Hügel. BZ Mai-Juni. Blütenähren 2-8 cm lang, unterste Hochblätter 3-9 mm, breit obovat, lang zugespitzt. Blüten 10-12 mm lang. Durchlässiger Boden; vollsonnige Lage. WH: bis —15°C. Sommer.

L. **›Loddon Pink‹**. Frühblühend; Höhe 60-75 cm.

L. **›Nana Alba‹**. Frühblühend; Höhe bis 30 cm.

L. **›Hidcote‹**. Frühblühend; Höhe 60-80 cm. Blüten dunkelviolett. Beliebte, häufig kultivierte Pflanze.

L. **›Munstead‹**. Frühblühend, 60-75 cm hoch. Blüten bläulich violett.

L. **›Ariele‹**. Spätblühend, bis 1,2 m hoch. Blätter breit. Blütenähren oft zusammengesetzt. Vermutlich Hybride zwischen *L. angustifolia* und *L. latifolia*. Ähnlichkeit mit ›Vera‹.

L. latifolia Medicus. Spiklavendel. Bh. im Mittelmeerraum von Spanien und Nordafrika bis Jugoslawien. Wächst auf trockenen Hügeln, meist auf Kalkstein. BZ Mai-Juni. Unterscheidet sich von *L. angustifolia* durch grauere, stärker behaarte Blätter, linealisch-lanzettliche Hochblätter und kleinere, 8-10 mm lange Blüten. Viele in Gärten gezogene Lavendel sind Hybriden dieser beiden Arten.

L. lanata Boiss. Bh. in Spanien. Wächst auf felsigen Kalksteinbergen bis 1800 m. BZ Mai-Juni. Niedriger, sehr weißer, wolliger Halbstrauch bis 50 cm. Blätter 35-50 mm lang. Blüten 8-10 mm, in 10 cm langer Ähre, unterste Hochblätter 4-8 mm, linealisch oder lanzettlich. WH: bis —15°C. Sommer.

L. dentata L. Bh. auf den Balearen sowie in Süd- und Ostspanien. Trockene Hügel. BZ März-Mai. Immergrüner, gräulicher Strauch bis 1 m, in Kultur ziemlich schlaff herabhängend. Blätter 15-35 mm, gezähnt oder gelappt. Ähren 2,5-5 cm. Blüten 8 mm lang, purpurn, selten weißlich. Vollsonnige Lage. WH: bis —10°C.

L. stoechas L. subsp. ***stoechas***. Bh. im gesamten Mittelmeerraum. Wächst auf Kalkstein und Granit in lichten Kiefernwäldern, Gebüschen und auf trockenen Hügeln bis 700 m. BZ März-Juni. Immergrüner Strauch bis 50 cm. Blüten klein, sehr dunkel malvenfarbig, in kurzstieligen Ähren. Vollsonnige Lage. WH: bis —10°C. Subsp. ***pedunculata*** (Mill.) Samp. ex Roseira. Bh. in Mittelspanien und Portugal. Wächst im Gebirge. Langstielige Blütenähren. Ganz ähnlich ist subsp. *cariensis* aus der Türkei.

L. multifida L. Bh. in Italien, auf Sizilien, in Portugal und Nordafrika. Trockene, sandige und felsige Hügel. BZ ab März. Immergrüner, rundlicher Strauch bis 1 m. Blüten 12 mm, tief purpurfarben, in schlanker, 2-7 cm langer Ähre. WH: bis vielleicht —10°C. Bei subsp. ***canariensis*** von den Kanarischen Inseln sind die Blätter weniger stark gelappt und meistens grün. WH: bis —5°C.

L. pinnata L. Bh. auf den Kanarischen Inseln. Trockene Hügel. Blätter einfach gefiedert. WH: bis —5°C.

Santolina neapolitana Jord. **›Edward Bowles‹** (*Compositae*). Bh. in Mittelitalien. Trockene felsige Abhänge in Küstennähe. BZ Mai-Juni. Immergrüner, gräulicher Strauch bis 50 cm. Blätter mit über 2,5 mm langen Lappen. Blütenstiele oben verbreitert. Blätter gelb. WH: bis —15°C.

Santolina pinnata Viv. Bh. in Nordwestitalien. Grasbewachsene Kalksteinhänge in etwa 1000 m Höhe. BZ Juli. Immergrüner Strauch bis 25 cm. Blätter mit 2,5-7 mm langen Lappen, grün. Blüten weiß. WH: bis —25°C.

Lavandula stoechas var. *stoechas* in Südspanien

Lavandula lanata

Lavandula multifida

Lavandula ›Loddon Pink‹

Santolina pinnata

4. Juli, Wisley

Potentilla fruticosa L. (*Rosaceae*) Fingerstrauch. Bh. auf der gesamten nördlichen Halbkugel: in Europa, England und Irland, südwärts bis zu den Pyrenäen; im Himalaja von Pakistan bis Yunnan; in Japan; in Nordamerika südwärts bis Kalifornien und New Mexico. Wächst im Gebirge, oft an feuchten Stellen. BZ Mittsommer. WH: bis —25°C, oder darunter. Liebt kühles Wetter und feuchten, durchlässigen Boden.

P. fruticosa L. aus dem County Clare. Diese Form ist im County Clare bh., wo sie auf periodisch überschwemmtem Kalkstein wächst.

P. fruticosa var. ***dahaurica*** Nestl. f. ***rhodocalyx.*** Von Forrest in Yunnan gefundene Form mit bes. Merkmalen.

P. fruticosa var. ***rigida*** (Wall. ex Lehm.) Wolf (syn. *P. arbuscula* D. Don.). Bh. in Nordindien, Nepal, Bhutan und Westchina. Häufig in Höhen zwischen 2700 und 4300 m zu finden.

***P.* ›Tangerine‹**. Um 1955 in der Slieve Donard Nursery gezüchtet. Blätter 3 cm im Durchmesser. Farrer sammelte 1920 die Samen einer ›roten Form‹ im Grenzgebiet zwischen Birma und Yunnan. ›Tangerine‹ entstand aus diesen Samen. Das Rot ist um 1975 bei ›Red Ace‹ wieder zum Vorschein gekommen.

***P. fruticosa* ›William Purdom‹**. 1911 in Gansu gesammelt.

***P.* ›Tilford Cream‹**. Hybride, vermutlich zwischen var. *dahurica* und einer gelben Zwergvarietät.

***P.* ›Katherine Dykes‹**. Um 1925 in Mr. W. R. Dykes Garten gefunden.

***P.* ›Elizabeth‹** (syn. in den USA ›Sutter's Gold‹). Aufrechter, buschiger Strauch bis etwa 1 m. Um 1950 in Hillier's Nursery gezogen. Wahrscheinlich Hybride zwischen var. *rigida* und ›Manchu‹.

***P.* ›Mrs Brunshill‹**. Varietät unbekannten Ursprungs mit blaßorangen Blüten. Ähnelt var. *rigida*.

***P.* ›Primrose Beauty‹**. Hybride von dichtem, breitem Wuchs, in Holland gezogen.

***P.* ›Pink Form‹**. Orange-rosafarben blühender Sämling

***P.* ›Goldfinger‹**. Von Knol in Holland gezogene Form.

***P.* ›Sunset‹**. Spielart von ›Tangerine‹ (siehe oben).

P. fruticosa var. ***davurica* ›Manchu‹**. Dichter, niedriger Strauch bis etwa 1 m.

***P.* ›Grandiflora‹** (syn. ›Jackman's Variety‹). Kräftiger Strauch. Blüten bis 5 cm breit.

P. fruticosa var. ***parvifolia***. Varietät mit sehr kleinen, seidig behaarten Blättern. Sie ist typisch für die in Nepal gefundenen Pflanzen.

***P.* ›Beesii‹** (syn. *P. rigida* var. *albicans, P.* ›Nana Argentea‹). Langsamwüchsiger Zwergstrauch bis 60 cm. Blätter außergewöhnlich silbrig. Wurde aus Samen gezogen, die Kingdon Ward in Südtibet gesammelt hatte.

***P.* ›Vilmoriniana‹**. Kräftiger, bis etwa 1,8 m hoher Strauch. Vilmorin zog ihn aus Samen, die er sich aus Sichuan hatte schicken lassen.

***P.* ›Princess‹**. Wertvoller rosa Klon.

***P.* ›Abbotswood‹**. Breitwüchsiger Zwergstrauch (60 cm hoch und 90 cm breit).

***P.* ›Red Ace‹**. Kleiner, schwachwüchsiger Busch bis etwa 60 cm, breiter als hoch. Blüten verblassen bei heißem, trockenem Wetter.

Potentilla fruticosa, County Clare, Irland

P. fruticosa var. *dahurica f. rhodocalyx*

P. ›*Beesii*‹

P. ›*Vilmoriniana*‹

P. ›*Princess*‹

P. ›*Abbotswood*‹

P. ›*Red Ace*‹

15. Juli, Wisley

Sorbaria arborea in Cambridge

Spiraea salicifolia

Spiraea japonica ›*Little Princess*‹

Nevieusia alabamensis

Physocarpus monogynus

Nevieusia alabamensis Gray (*Rosaceae*) Schneelocke. Bh. in Alabama. Wächst auf Felsen, bes. häufig am Black Warrior River bei Tuscaloosa. Laubabwerfender Strauch bis 2 m. Blüten etwa 2,5 cm im Durchmesser, ohne Blütenblätter, jedoch mit 5 blütenblattartigen Kelchblättern und langen Staubblättern. Früchte fleischig. Jeder Boden; volle Sonne. WH: bis —20° C. Sommer.

Physocarpus monogynus (Torr.) Coult. (*Rosaceae*) Wenigblütige Blasenspiere. Bh. in South Dakota und Wyoming, südwärts bis Texas und New Mexico. Lichte Kiefernwälder und felsige, sonnige Stellen in 1200-3200 m Höhe. BZ Mai-Juli. Laubabwerfender Strauch bis 2 m, wild in der Regel kleiner, mit bogigen Zweigen. Früchte mit zwei blasig aufgetriebenen Fruchtbälgen. WH: bis —25° C.

Sorbaria arborea C. K. Schneid. (*Rosaceae*) Baumartige Fiederspiere. Bh. in Westhubei und Westsichuan. Gebüsche und Wälder in 1500-3100 m Höhe. BZ Juli-August. Laubabwerfender Strauch bis 6 m. Blätter unten oft fein sternhaarig. Blütenstand zusammengesetzt (bei *S. sorbifolia* aufrecht). WH: bis —20° C. Sommer.

Stephanandra tanakae Fr. & Sav. (*Rosaceae*) Tanakakranzspiere. Bh. auf Zentralhonshu. Gebüsche im Gebirge. BZ Mai-Juni. Eleganter, anmutiger, laubabwerfender Strauch bis 2 m. Blüten mit 15-20 Griffeln (10 bei *S. incisa*). Herbstfärbung scharlachrot bis gelb. WH: bis —20° C.

Spiraea douglasii Hook. (*Rosaceae*) Douglasspierstrauch. Bh. in Nordkalifornien und British Columbia. Sequoien- und Nadelwälder unter 1800 m; an feuchten Standorten Dickichte bildend. BZ Juni-September. Heimisch geworden auch in Schottland und anderswo in Nordeuropa. Ausläufer treibender, laubabwerfender Strauch bis 2 m. Blätter unten weiß filzig. Blüten ca. 4 mm im Durchmesser. WH: bis —25° C.

S. salicifolia L. Weidenblättriger Spierstrauch. Ähnlichkeit mit *S. douglasii*, Blätter jedoch unten kahl. Bh. in Österreich und Polen, ostwärts bis Japan. In vielen anderen Gebieten heimisch geworden.

Spiraea* × *watsoniana Zab. Hybride zwischen *S. douglasii* und *S. densiflora*, einer anderen nordamerikanischen Art mit flachen Doldentrauben. Seit 1890 in Kultur, in Oregon jedoch wild vorkommend. Laubabwerfender Strauch bis 1,2 m. WH: bis —25° C.

Spiraea* × *sanssouciana K. Koch. Spierstrauch von Sanssouci. Hybride zwischen *S. douglasii* und *S. japonica*, seit 1857 bekannt. Laubabwerfender Strauch bis 1,5 m. Blüten blaßrosa; sonstige Merkmale zwischen denen der Elternpflanzen. BZ Juli-August.

S. japonica L. fil. Japanischer Spierstrauch. Bh. in Japan, dort im Gebirge verbreitet. BZ Mai-August. Auch westlich von Yunnan, China, gibt es Varietäten. Laubabwerfender, aufrechter Strauch bis 1,5 m (var. *fortunei* aus China wird bis 2 m hoch und hat größere, zusammengesetzte, flache Doldentrauben). Jeder gute Boden; Sonne oder Halbschatten. WH: bis —20° C. Sommer.

›Macrophylla‹. Mutation mit charakteristischen Blättern. Vor 1866 in der Baumschule Simon-Louis entstanden.
›Rosea Superba‹. Blaßrosa Form unbekannten Ursprungs.
›Little Princess‹. Sorte einer Zwergform von *S. japonica*. Höhe bis 1 m.
›Anthony Waterer‹. Diese Sorte entstand als Spielart von *S. japonica* ›Bumalda‹, deren Blätter im allgemeinen weißgerandet oder buntblättrig sind. Auch ›Anthony Waterer‹ ist häufig buntblättrig und hat rosa oder weiße Triebe, doch die Blüten sind schöner gefärbt als die der ursprünglichen ›Bumalda‹.

Spiraea canescens D. Don. Grauer Spierstrauch. Bh. im Himalaja von Pakistan bis Yunnan und Südwestsichuan. Gebüsche und Hecken in 1500-3000 m Höhe. BZ Mai und Juni. Laubabwerfender Strauch bis 5 m, in der Regel jedoch nur 2 m, mit bogigen Zweigen. Blätter 1-2 cm, unten gräulich. Blüten 4-6 mm im Durchmesser. WH: bis —25° C. Sommer.

13. September, Chelsea Physic Garden

Buddleia globosa

Buddleia alternifolia in Wisley

Buddleia officinalis

Buddleia alata

Buddleia auriculata Benth. (*Buddleiaceae*). Bh. in Südafrika. Wächst zwischen Felsblöcken an Bächen und Flüssen. BZ Juni-August. Immergrüner Strauch, gestützt bis 6 m hoch. Blätter dünn, bis 10 cm lang. Blüten 6-8 mm lang, süß duftend. Jeder gute, durchlässige Boden; Sonne oder Halbschatten. WH: bis —10°C. BZ Herbst und Winter. Wird hauptsächlich wegen seines süßen Duftes im Winter gezogen.

B. lindleyana Fortune. Bh. von Ostchina bis Westsichuan. Flußufer, Straßenränder und Gebüsche bis 1300 m. BZ Juni-Juli. Im Südosten Nordamerikas heimisch geworden. Laubabwerfender Strauch bis 2 m. Blüten in langer Ähre (ca. 20 cm), 1,5 cm lang, mit gebogener Kronröhre; nur wenige öffnen sich jeweils gleichzeitig. Jeder Boden; vollsonnige Lage. WH: bis —20°C. Spätsommer.

B. fallowiana Balf. fil. & W. W. Sm. var. ***alba*** Sabourin. Bh. in Yunnan. Trockene, felsige Stellen in Gebüschen in 2400-3300 m Höhe. BZ August. Laubabwerfender Strauch bis 3 m, treibt jedoch innerhalb eines Jahres bis 1,5 m hoch aus dem Boden. Blüten in schmaler, wolliger, bis 35 cm langer Rispe, duftend, lavendelfarben oder weiß, 1 cm lang; Staubblätter in der Mitte der Kronröhre angeheftet. Jeder Boden; vollsonnige Lage. WH: bis —10°C. Spätsommer.

B. crispa Benth. Bh. im Himalaja von Afghanistan bis Yunnan. Gebüsche und unbewaldete Bergflanken in 1200-4000 m Höhe. BZ April-Juni, oft bevor sich die Blätter entfalten. Laubabwerfender Strauch bis 3 m oder höher. Blüten ca. 8 mm lang, in schmalen, pyramidalen Rispen, duftend. Jeder durchlässige Boden; vollsonnige Lage. In kühlem Klima an einer Mauer ziehen. WH: bis —10°C. Blüht im Frühling, wenn nicht zurückgeschnitten, bei Rückschnitt im Frühjahr von Sommer bis Herbst.

***B.* ›Lochinch‹**. Hybride zwischen *B. fallowiana* und vielleicht *B. davidii*. In Lochinch, Wighton, Südwestschottland, gezogen und 1959 eingeführt. Stärker behaart als *B. davidii*. Blüten blau-malvenfarbig. WHr als *B. fallowiana*, bis —15°C.

B. nivea Duthie. Bh. in Westsichuan und Yunnan. Gebüsche in 1300-3600 m Höhe. BZ Juli-August. Laubabwerfender Strauch bis 3 m. Unterseite der Blätter und Stämmchen weiß wollig. Blätter oval-lanzettlich, 10-25 cm lang. Blüten in schmaler, bis 15 cm langer Ähre oder Rispe, jeweils 6 mm lang; Staubblätter unmittelbar unter der Rohröffnung angeheftet. Var. *yunnanensis* (Dop) Rehd. & Wils. hat ein dünneres Indumentum von kräftigerem Gelb und größere Blüten (Kelchabschnitte bis 5 mm im Durchmesser). Jeder Boden; vollsonnige Lage. WH: bis —15°C. Spätsommer.

B. davidii var. ***wilsonii*** Rehd. & Wils. Bh. in Westhubei. Wächst in 1600-2000 m Höhe. BZ August. Unterscheidet sich von var. *davidii* (S. 211) durch lockere, zierliche Rispen, schmale Blätter und große, an den Rändern der Kronabschnitte zurückgebogene Blüten. WH: bis —15°C.

B. globosa Hope. Bh. in Chile, Argentinien und Peru. Wächst in Höhen bis 2000 m. Häufig als Heilpflanze kultiviert. Immergrüner Strauch bis 5 m. Blätter, unten braun wollig. Blüten in kugeligen, ca. 2 cm breiten Köpfchen, duftend. Jeder Boden; vollsonnige Lage. WH: bei Schutz vor kaltem, trockenem Wind bis —15°C. Gedeiht gut in Küstennähe. Frühsommer.

B. alternifolia Maxim. Schmalblättrige Buddleia. Bh. in Südostgansu. Trockene Abhänge und Hecken. BZ Mai-Juni. Laubabwerfender Strauch oder kleiner Baum bis 6 m, mit übergebogenen Zweigen. Blüten in dichten, 2,5 cm breiten Büscheln, 8 mm lang, alle an den vorjährigen Trieben. Jeder Boden; kalkliebend. Vollsonnige Lage. WH: bis —20°C. Frühsommer. Nur *nach* der Blüte zurückschneiden, nicht im Frühjahr wie andere Buddleias.

B. officinalis Maxim. Bh. in Westhubei und Sichuan. Gebüsche und Felsen bis 1000 m. BZ Februar-März. Immergrüner Strauch bis 2,5 m. Blätter lanzettlich, weich behaart, unten grau, bis 15 cm lang. Blüten in kegelförmigen, endständigen Rispen, duftend, 8 cm lang. Jeder Boden; vollsonnige Lage. WH: bis —10°C. Vorfrühling. Sehr schöner, winterblühender Strauch für das Gewächshaus. Blüht eingetopft als kleine Pflanze, übersteht jedoch nur in den wärmsten Klimazonen den Winter im Freien.

B. alata Rehd. & Wils. Bh. in Westsichuan. Felsige Täler in ca. 1300 m Höhe. BZ August. Laubabwerfender Strauch bis 2 m. Stämmchen 4kantig, mit Flügelsaum. Blätter lanzettlich, lang zugespitzt, 14-28 cm lang, unten grauwollig behaart. Blüten in schmalen, 10-20 cm langen Rispen, außen behaart, 5 mm lang. Jeder Boden; vollsonnige Lage. WH: bis —10°C.

Buddleiensorten

12. September, Kew

B. **›Dartmoor‹**. Robuste Hybride, vermutlich zwischen *B. davidii* und var. *nanhoensis.* Blüten purpurn, in zusammengesetzten Ähren. Blätter lang und schmal. Bekannt seit 1971.

B. davidii **›Royal Red‹**. Beliebte Sorte, von Good und Reese gezüchtet und 1941 eingeführt. Es gibt zwei buntblättrige Formen dieser Sorte: ›**Variegata**‹ und ›Harlequin‹, eine Spielart von niedrigerem Wuchs.

Buddleia davidii Franchet (*Buddleiaceae*) Schmetterlingsbusch, Sommerflieder. Bh. in Ost- und Westsichuan und Westhubei. Wächst auf Kies an Bächen und Flüssen, an felsigen Straßenböschungen und in Gebüschen in 1300-2600 m Höhe. BZ Juni-August. Laubabwerfender Strauch bis 2,5 m oder höher. Blätter lanzettlich, gegenständig. Blüten rosa- bis violettpurpurn oder weiß, duftend. Als Wildpflanze variabel. In Europa häufig kultiviert und heimisch geworden, bildet Kolonien auf Kalkfelsen und Ruinengrundstücken. Weit verbreitet auch in Kalifornien und im östlichen Nordamerika, nordwärts bis Maryland. Viele Sorten sind registriert. Alle gedeihen gut auf durchlässigem Kalkboden in vollsonniger Lage und müssen im Frühjahr stark zurückgeschnitten werden, da sie an kräftigen, jungen Trieben am besten blühen. Die duftenden Blüten, bes. die weißen, ziehen Schmetterlinge an. Im Spätsommer sind sie am schönsten. WH: bis —15°C, kommt in der Saison jedoch auch dann zur Blüte, wenn im Winter bis auf den Boden zurückgefroren.

B. davidii **›Fortune‹**. Bis 2 m hoher Strauch von ziemlich ›offenem‹ Wuchs. Von Schmidt 1936 eingeführt. Rispen bis 40 cm lang.

B. davidii **›Black Knight‹**. Eine der besten Sorten von *B. davidii.* Von Ruys 1959 gezüchtet.

B. davidii Franch. var. ***nanhoensis*** (Chittenden) Rehd. **›Nanho Blue‹**. Bh. in Gansu. Kleiner (bis 1,5 m) und eleganter als var. *davidii.* Hat kleinere Blätter und kürzere Blütenähren. Zwei Klone sind weit verbreitet: ›Nanho Purple‹ und ›Nanho Blue‹. Auch eine seltene weißblühende Form ist in Kultur.

B. × ***weyeriana*** **›Golden Glow‹**. Hybride zwischen *B. globosa* (S. 209) und *B. davidii* var. *magnifica.* 1914 von Van de Weyer in Dorset gezogen. Halbimmergrüner Strauch bis 3 m. Blüten unterschiedlich gefärbt: rahmweiß oder gelb bis orange, oft purpurn schattiert. Fünf weitere registrierte Klone sind in Kultur.

B. davidii **›White Cloud‹**. Bis 3 m hohe Sorte. Blüten in kleinen, aber dichten Rispen.

B. davidii **›White Bouquet‹**. Seltene Sorte von ziemlich niedrigem Wuchs, 1942 von Tarnok gezüchtet.

B. davidii **›Ile de France‹**. Kräftige, bis 3 m hohe Varietät, 1930 von Nonin gezüchtet.

B. japonica Hemsl. Bh. auf Honshu und Shikoku. Sonnige Hügel und Gebüsche im Gebirge. BZ Juli-Oktober. Blüten 15-20 mm lang, leicht gebogen, blaßpurpurn, außen braun behaart. Durchlässiger Boden; vollsonnige Lage. WH: bis —20°C.

B. forrestii Diels. Bh. in Nordwestyunnan, oberhalb von Dali. Gebüsche und trockene Felsen in 2000-3000 m Höhe. BZ Juni-Juli. Laubabwerfender Strauch bis 3 m, in Kultur normalerweise jedoch nur ca. 2 m. Blätter 20-30 cm lang. Blüten 8-10 mm lang, mit breiter Kronröhre (3,5 mm), in lockeren Trauben, beim Öffnen blaßpurpurn, später gelb und bräunlich verblassend. Durchlässiger Boden; vollsonnige, geschützte Lage. WH: bis —10°C. Spätsommer.

Buddleia ›Dartmoor‹

Buddleia forrestii

B. ›Dartmoor‹

B. ›Ile de France‹

Buddleia japonica

4. Juli, Wisley

Richea scoparia, Royal Botanic Gardens, Edinburgh

Hebe cupressoides

Hebe ›Ettrick Shepherd‹

Hebe macrantha

Hebe albicans (Petrie) Ckn. (*Scrophulariaceae*). Bh. in Neuseeland, im Gebirge der Nordinsel. Immergrüner Busch, 30-60 cm hoch, 1 m breit. Blüten weiß, in ca. 6 cm langen Trauben. WH: bis —15°C. ›**Sussex Carpet**‹ ist eine Form mit niedergestreckten Stämmchen, die 15-30 cm hohe und über 1 m breite Matten bilden. Sie hat graue, stiellose Blätter und wurde um 1985 benannt.

Hebe matthewsii (Cheesem.) Ckn. Bh. in Neuseeland, im Gebirge der Südinsel. Immergrüner Strauch bis 1,2 m. Blätter klein, dunkelgrün. BZ Sommer. Blüten in ungewöhnlich langen Trauben (bis 10 cm), weiß oder blaß malvenfarbig. Die ovale Samenkapsel ist leicht behaart. WH: bis —10°C.

***Hebe* ›Autumn Glory‹**. Um 1900 in Nordirland gezogen, vermutlich *H. × franciscana × H. pimeleoides.* Kleiner, ziemlich lichter Busch, ca. 60 cm hoch und breit. Blätter breit, grün, purpurn schimmernd. Bringt im Spätsommer dunkelpurpurne Blüten hervor. WH: bis —10°C.

***Hebe* ›County Park‹**. Winterharte, recht kompakte und niedrig wachsende Pflanze. Bildet eine 20 cm hohe und 45-60 cm breite Matte. Wurde aus einer guten Form von *H. pimeleoides* gezogen, von der sie sich hauptsächlich durch ihren kompakteren Wuchs unterscheidet. Blätter gräulich, mit rotem Rand. BZ Frühsommer. Blüten violett, in Ähren. 1974 eingeführt. WH: bis —15°C.

***Hebe* ›McEwanii‹**. Graublättriger Strauch von niedrigem Wuchs, wahrscheinlich Hybride von *H. pimeleoides,* seit 1941 bekannt. Das abgebildete Exemplar ist etwas kümmerlich — gewöhnlich hat der Blütenstand 3 Seitenachsen. WH: bis —10°C.

***Hebe* ›Midsummer Beauty‹**. Hübscher großer Busch, bis 2 m hoch und breit, vor 1950 gezogen. Bringt ab Frühsommer mehrere Monate lang hellviolette Blüten hervor. Eine der winterhärtesten, großblättrigen Heben. WH: bis —10°C.

Hebe pimeleoides (Hook. fil.) Ckn. & Allan. Bh. in Neuseeland, im Gebirge der Südinsel. Fast alle Pflanzen haben dunkle Stämmchen, blaugrüne Blätter (häufig rotrandig) und hellviolette Blüten. Dagegen sind sie im Wuchs sehr variabel und haben unterschiedlich große Blätter (siehe auch ›County Park‹). WH: bis —15°C.

Hebe × franciscana (Eastwood) Souster ›**Blue Gem**‹. Hybride zwischen *H. elliptica* und *H. speciosa,* 1888 gezüchtet. Es ist allerdings zweifelhaft, ob die heute unter diesem Namen gezogenen Pflanzen mit der Stammform identisch sind. Buschige, 2-3 m hohe Pflanze mit relativ großen, rotvioletten, schwach duftenden Blüten. Wird in Küstengebieten häufig als Hecke gepflanzt. WH: bis —5°C.

Hebe anomala (J. F. Armstr.) Ckn. Kuriose Pflanze, in der manche eine in der Natur entstandene Hybride sehen. Aus Rakaia auf der Südinsel Neuseelands eingeführt. Kompakter Busch bis 1 m. WH: bis —15°C.

Hebe rakaiensis (J. F. Armstr.) Ckn. Bh. auf der Südinsel Neuseelands. Felsige Standorte in geringen Höhen. Niedriger, kuppelförmiger Busch mit blaßgrünem Laubwerk, 60-100 cm hoch und 1-1,5 m breit (Wildpflanze manchmal höher). WH: bis —15°C.

***Hebe* ›Trixie‹**. 1970 eingeführter Sämling von *Hebe albicans.* Hat im Unterschied zur Elternpflanze schmalere, spitzere und eher grüne als blaugrüne Blätter. WH: bis —10°C.

Hebe cupressoides (Hook. fil.) Ckn. & Allan. Bh. in Neuseeland, Südinsel. Flußtäler bis 1500 m. Bildet einen etwa 2 m hohen und 1,5 m breiten Busch. Von allen Peitschenschnurheben am stärksten nadelholzartig. Blätter duften bei heißem Wetter harzig. WH: bis —15°C. Die Sorte ›Boughton Dome‹ wird nur 30-45 cm hoch.

***Hebe* ›Ettrick Shepherd‹**. Seit 1953 bekannt, Abstammung nicht gesichert. Blüten beim Öffnen purpurn oder magentarot, jedoch rasch weiß verblassend; Trauben deshalb oft zweifarbig. WH: bis —10°C.

Hebe macrantha (Hook. fil.) Ckn. & Allan. Bh. in Neuseeland; Gebirgsregionen im Norden der Südinsel. BZ Sommer. Leicht zu erkennen an den großen, reinweißen Blüten (2-6 pro Traube). WH: bis —15°C.

Richea scoparia Hook. fil. (*Epacridaceae*). Bh. in Tasmanien. Wächst im Gebirge in Höhen bis über 4000 m. Dichter, immergrüner Busch, in Kultur etwa 1 m, wild bis über 2 m hoch. BZ Sommer. Blüten in dichten Ähren, in der Farbe variabel: Es gibt Wildpflanzen mit roten, rosa oder weißen Blüten. Feuchter, saurer Boden. WH: bis —15°C.

11. September, Goatcher's Nursery

***Hebe* ›Margery Fish‹** (syn. ›Primley Gem‹) (*Scrophulariaceae*). Vor 1966 im Paignton Zoo, Devon, entstanden. Niedriger, etwa 60 cm hoher und 1 m breiter Busch. Blätter an den Rändern merklich gewellt, oft rot gerandet. Blauviolette Blüten mit weißen Kelchröhren in 5-8 cm langen Trauben. WH: bis —10° C.

Hebe recurva Simpson & Thompson. Bh. in Neuseeland, im Norden der Südinsel. Variable Art, die an felsigen Standorten wächst. Der häufigste Gartenklon ist ›Aoira‹. Er hat auffallend blaugrüne, ziemlich stark zurückgebogene Blätter. BZ Sommer. Blüten weiß, in Trauben; Knospen rosa. WH: —5° C bis —10° C.

***Hebe* ›Dorothy Peach‹**. Die hier abgebildete Pflanze wurde in jüngerer Zeit unter diesem Namen ziemlich populär, scheint aber mit einer Sorte namens ›Watson's Pink‹ identisch zu sein. Abstammung nicht verzeichnet, könnte aber ein Sämling von ›Great Orme‹ sein, die ihr ähnlich, allerdings auch größer ist. ›Dorothy Peach‹ hat kleinere Blüten und unfruchtbare Staubblätter.

Hebe* × *andersonii (Lindl. & Paxt.) Ckn. **›Variegata‹**. Der Name *H.* × *andersonii* wird für Hybriden zwischen *H. speciosa* und *H. salicifolia* verwendet. ›Variegata‹ ist die häufigste buntblättrige Sorte dieser Hybride und eignet sich für küstennahe Gärten. Sie ist ziemlich frostempfindlich, wird unter günstigen Bedingungen aber 2 m hoch und breit. WH: bis —5° C.

***Hebe* ›Bowles' Hybrid‹**. Diese attraktive Hybride gehört zu einer Gruppe von Sorten, die sich verwirrend ähnlich sind. Sie hat ziemlich blaßgrüne Blätter und hellviolette Blüten in lockeren Trauben. Blüht im Sommer, oft ein zweites Mal im Herbst. WH: bis —10° C.

***Hebe* ›Spender's Seedling‹**. Unter diesem Namen werden zwei ziemlich ähnliche Pflanzen kultiviert, die hier abgebildete dürfte jedoch die echte sein. Die andere hat schmalere, an der Basis stumpfere Blätter und dichte walzenförmige Blattknospen. Die m. Blüten von ›Spender's Seedling‹ sind steril, während die Pflanze mit den schmaleren Blättern, vermutlich die Sorte ›C. P. Raffill‹, fruchtbare Staubblätter hat. WH: bis —10° C.

***Hebe* ›Great Orme‹**. Vor 1960 eingeführt. Abstammung unbekannt. Blätter glänzend, dunkelgrün. Blüten größer als bei ›Dorothy Peach‹, mit fruchtbaren Staubblättern und von reinem Rosa, einer bei den kleineren Strauchveronicas seltenen Farbe. WH: bis —5° C.

***Hebe* ›Simon Delaux‹**. Alte Hybride, die von der frostempfindlichen Art *H. speciosa* abstammt.

***Hebe* ›Mrs Winder‹** (syn. ›Warley‹, ›Warleyensis‹). Für zahlr. ähnliche Hybriden werden recht wahllos mehrere Namen verwendet. Die meisten sind ziemlich wh., 60-80 cm hoch und bilden leicht ausgebreitete Büsche mit schmalen, oft purpurfarbenen Blättern und blauvioletten Blüten in lockeren Trauben. BZ Sommer und Herbst. WH: bis —10° C, oder darunter.

***Hebe* ›La Seduisante‹**. Im 19. Jh. wurden in Frankreich viele Hybriden aus *Hebe speciosa* gezogen. Mehrere von ihnen werden ihrer prächtigen Blüten wegen noch immer kultiviert. ›La Seduisante‹ hat rötlich-purpurne Blüten. Ihre jungen Blätter sind unten oft rötlich. WH: bis —5° C.

Hebe* × *franciscana (Eastwood) Souster **›Variegata‹**. Wertvolle Sorte dieser Hybride zwischen *H. elliptica* und *H. speciosa*, wahrscheinlich eine durch Mutation entstandene Spielart von ›Blue Gem‹. ›Variegata‹ hat ähnliche Blüten wie diese, ist jedoch kompakter und etwas frostempfindlicher. WH: bis —10° C.

›Great Orme‹

H. carnosula

***Hebe* ›Gloriosa‹** (syn. ›Pink Pearl‹). Wir sind uns nicht sicher, ob dies der korrekte Name für die hier abgebildete Pflanze ist. Typisch für Hybriden von *H. speciosa* sind ihre großen Blätter und schönen Blütentrauben. WH: bis —5° C.

Hebe carnosula (Hook. fil.) Ckn. Möglicherweise keine eigenständige Art, sondern eine in der Natur entstandene Hybride. Sie wurde erstmals im Gebirge im Norden der Südinsel Neuseelands gesammelt. Sie ist verwandt mit *H. pinguifolia*, die sich von ihr durch behaarte Samenkapseln und schmalere, weniger deutlich gestielte Blätter unterscheidet. WH: bis —15° C.

Hebe ochracea M. B. Ashwin. Strauchveronica mit angedrückten Blättern. Bh. im nördlichen Teil der Südinsel Neuseelands. Wurde früher oft mit *H. armstrongii* verwechselt und wird häufig noch unter diesem Namen gezogen. Sie unterscheidet sich von dieser Pflanze jedoch durch auffällig ockergelbes Laubwerk und stumpfere Blätter. Sie wird normalerweise etwa 60 cm hoch und deutlich breiter. ›James Stirling‹ ist eine kompaktere, um 1975 eingeführte Sorte. WH: bis —15° C.

H. ochracea

Embothrium coccineum in Chile

Embothrium coccineum (schmalblättrige Form)

Embothrium coccineum in Logan

Embothrium coccineum Forst. (*Proteaceae*). Sehr variabler immergrüner Strauch oder Baum. Bh. in Chile und Südwestargentinien. Lichte Wälder in niedrigen Höhen. In Kultur kleiner Baum bis 10 m, in gut geschützten Lagen manchmal auch höher. BZ Frühling und Frühsommer. Blüten scharlachrot. Blätter bes. variabel: von schmal lanzettlich bis breit länglich. In freier Natur kommen gelegentlich auch gelbblütige Formen vor. 1846 eingeführt. Gedeiht gut in lichten Waldungen. Winterhart in geschützten Lagen; die schmalblättrigen Formen sind frostresistenter. WH: bis —10°C.

Philesia magellanica Gmel. (syn. *P. buxifolia* Lam.) (*Philesiaceae*). Bh. in Südchile. Wächst in niedrig gelegenen Regenwäldern als Ausläufer treibender oder mittels Nebenwurzeln auf Bäume kletternder Strauch. In Kultur immergrüner Zwergstrauch unter 1 m, jedoch sehr breitwüchsig. Trägt im Spätsommer fleischige, karmesinrote Blüten, gelegentlich sieht man jedoch auch Pflanzen mit rosenfarbigen Blüten. Von William Lobb 1846 eingeführt. Am besten geeignet für Gärten an der Pazifik- oder Atlantikküste. Braucht anderswo feuchten, humusreichen Boden und kühle, schattige Lage. WH: bis —15°C.

Desfontainia spinosa Ruiz & Pavon (*Potaliaceae*). Bh. in weiten Teilen der Anden, südwärts bis zur Magellanstraße. Wächst im Süden an kühlen feuchten Stellen in Küstennähe, im Norden des Verbreitungsgebiets auf niedrigen Bergen. BZ Spätsommer. Breitwüchsiger, immergrüner, 3-4 m hoher Strauch. 1843 von Lobb eingeführt. Braucht ähnliche Bedingungen wie *Philesia.* Sehr schöne Pflanzen dieser Art findet man in Gärten in Irland und Westschottland. ›Harold Comber‹ (›Comber's Form‹) hat rötlich-orange Blüten. WH: bis —10°C.

Berberidopsis corallina Hook. fil. (*Flacourtiaceae*) Korallenstrauch. Bh. in feuchten Wäldern Mittelchiles, dort jedoch heute selten oder sogar ausgestorben. Kräftiger, lockerer Strauch; am Wandspalier 4-5 m hoch. BZ Spätsommer. 1862 eingeführt. Obwohl recht frostempfindlich, findet man in kühlen Gärten schöne Pflanzen. Feuchter, saurer oder neutraler Boden; schattiger Standort an einer Wand. WH: bis —10°C.

Azara lanceolata Hook. fil. (*Flacourtiaceae*). Bh. in Südchile und Argentinien. Feuchter Regenwald. Immergrüner Strauch oder kleiner Baum bis 6 m. Blätter bis 6 cm lang, lanzettlich bis schmal oval, von den bogigen Zweigen hängend. Blüten duftend. Feuchter, saurer Boden; Halbschatten und geschützte Lage (etwa an einer Mauer). WH: bis —5°C. Spätfrühling. Siehe auch S. 263.

Crinodendron hookerianum Gay (syn. *Tricuspidaria lanceolata* Miq.) (*Elaeocarpaceae*). Bh. in Mittelchile. Immergrüner Strauch oder kleiner Baum. Bildet in Kultur normalerweise einen großen, 3-4 m hohen Strauch, kann sich aber auch zu einem 10 m hohen Baum entwickeln. Die Blütenknospen erscheinen im Spätherbst, öffnen sich jedoch erst im Frühjahr. Von William Lobb 1848 eingeführt. Kühle, geschützte Lage; kalkfreier Boden. WH: bis —10°C.

Crinodendron patagua Molina (*Elaeocarpaceae*). Bh. in Chile. Großer, immergrüner Strauch, manchmal auch kleiner Baum bis 10 m. Von H. J. Elwes 1901 eingeführt. BZ Herbst. Scheint Trockenheit etwas besser zu vertragen als *C. hookerianum* und ist möglicherweise etwas winterhärter. Starkwüchsig; gedeiht gut in Kew, wo er durch eine Mauer geschützt wird. WH: bis —10°C.

Azara serrata Ruiz & Pavon (*Flacourtiaceae*). Bh. in Chile. Immergrüner Strauch, 5-6 m hoch, manchmal baumartig. BZ Mittsommer. Blüten in deutlich gestielten Dolden oder kurzen Trauben, fast geruchlos. Relativ wh., jedoch reicher blühend, wenn an warmem Standort am Wandspalier gezogen. WH: bis —10°C.

Fabiana imbricata Ruiz & Pavon (*Solanaceae*). Bh. in den Anden von Bolivien bis Chile. BZ Frühsommer. Immergrüner Strauch mit heideartigem Laubwerk. Wild bis 2 m hoch, in Kultur sind die meisten Formen jedoch kompakter und selten höher als 60 cm. Eingeführt 1838. In vielen Gärten im Inland nicht verläßlich wh., außer in günstiger, relativ geschützter Lage. Formen mit blaß malvenfarbigen Blüten werden manchmal als var. *violacea* geführt. ›Prostrata‹, ein Klon dieser Varietät, bildet einen niedrigen, ausgebreiteten Strauch. WH: bis —10°C.

Grevillea rosmarinifolia A. Cunn. (*Proteacea*). Bh. in Neusüdwales, Ostaustralien. Unter guten Bedingungen bis 2 m hoch, in Gärten jedoch oft unter 1 m. Blätter immergrün, nadelartig, unten gräulich. Blüten karmesinrot. BZ Sommer. In den 20er Jahren des vorigen Jahrhunderts eingeführt. Verläßlich wh. nur in geschützter Lage. Gedeiht schlecht auf Kalk und bevorzugt sauren, torfhaltigen Boden. WH: bis —10°C.

10. Juni, Cannington, Somerset

Crinodendron patagua

Crinodendron hookerianum

Azara lanceolata

Berberidopsis corallina

Desfontainia spinosa bei Nymans, Sussex

Philesia magellanica

15. Juli, Wisley

***Senecio* ›Sunshine‹** (syn. *S. greyi* hort., *S. laxifolius* hort.) (*Compositae*). Gartenhybride, etwas winterhärter als die Elternpflanzen *S. compactus* und *S. laxifolius.* Bildet in den meisten Regionen einen relativ lockeren, immergrüner Busch bis 1 m, kann in warmen Gebieten jedoch 2 m erreichen. WH: bis −15° C.

Senecio monroi Hook. fil. (*Compositae*). Bh. auf der Südinsel Neuseelands. Wächst im Buschland auf Hügeln bis 1000 m. Kompakter, immergrüner Strauch bis etwa 1 m. Im späten 19. Jh. eingeführt. In milden Regionen in sonniger Lage leicht zu ziehen. WH: bis −10° C.

Senecio compactus Kirk (*Compositae*). Kommt wild nur in einem kleinen Gebiet an der Küste der Nordinsel Neuseelands vor. Wächst auf Kalksteinklippen. Kompakter, immergrüner Strauch bis 1 m. WH: nur bis −5° C.

Cassinia fulvida Hook. fil. (*Compositae*). Bh. im Tiefland Neuseelands. BZ Mittsommer. Als Wildpflanze aufrechter, immergrüner Busch bis 2 m, in Kultur jedoch meist unter 1 m. Blätter klein, nach Honig duftend. WH: bis −15° C.

Callistemon citrinus (Curt.) Skeels (*Myrtaceae*). Bh. in Ostaustralien. Wächst an feuchten Standorten. Höhe 1-3 m. Trägt im Sommer leuchtend karmesinrote Blüten, die an Flaschenbürsten erinnern. Blätter duften nach Zitronen, wenn man sie zerreibt; in der Form ziemlich variabel. WH: bis −10° C.

***Callistemon* ›Widdicombe Gem‹**. Eine Gartenselektion, die wahrscheinlich von *C. sieberi* abstammt, einer der winterhärteren Arten aus dem Gebirge Südostaustraliens. *C. sieberi* wird wild bis 4 m hoch, erreicht in Kultur jedoch meist nur 1-2 m. ›Widdicombe Gem‹ hat ungewöhnlich dunkelgelbe Blüten. WH: bis −10° C.

Passiflora caerulea L. (*Passifloraceae*) Blaue Passionsblume. Bh. in Südbrasilien. Kräftiger, immergrüner Klimmer. Blüht lange, oft von Frühsommer bis Frühherbst. Braucht den Schutz eines Kalthauses oder einer warmen Wand. WH: bis −10° C.

Euryops pectinatus Cass. (*Compositae*). Bh. in Südafrika: Bergregionen. Frostempfindlicher, immergrüner Strauch mit hellgelben Strahlenblüten im Frühsommer. In Europa 1731 eingeführt. Wird hauptsächlich in Kalthäusern gezogen, überlebt in sehr milden Regionen jedoch auch im Freien. Sonnige Lage; durchlässiger Boden. WH: bis −5° C.

Lippia citriodora (Ortega) H. B. K. Zitronenlemone (syn. *Aloysia triphylla* [L'Herit.] Britt.). Bh. in Chile. Aufrechter, buschiger, laubabwerfender Strauch. Höhe 1,5-2 m. BZ Sommer. Blüten klein, weiß oder blaß malvenfarben, in Ähren. Die Pflanze wird hauptsächlich wegen ihrer stark nach Zitronen duftenden Blätter geschätzt. WH: bis −10° C.

Drimys winteri J. R. G. Forster. (*Winteraceae*). In Südamerika weit verbreitet. Immergrüner Strauch oder kleiner Baum. Blüten rahmweiß, duftend, in Dolden. Frühjahr. WH: bis −10° C.

Tepualia stipularis (Hook. fil.) Griseb. (*Myrtaceae*). Bh. in Chile und Westargentinien. Wächst an lichten Stellen in Scheinbuchenwäldern, oft am Rand von Heidemooren. Aufrechter Strauch bis 3 m. Nicht in Kultur. WH unbekannt.

Hibbertia scandens (Willd.) Dryand. (*Dilleniaceae*). Kräftiger, jedoch sehr frostempfindlicher, immergrüner, windender Strauch. Bh. in Ostaustralien. Wälder in niedrigen Höhen. WH: bis −5° C.

Euryops pectinatus

Drimys winteri in Cornwall

Lippia citriodora

Callistemon citrinus

Tepualia stipularis

Hibbertia scandens, in Palo Alto, Kalifornien

Sträucher der südlichen Halbkugel

2. September, Wakehurst

Itea ilicifolia Oliver (*Iteaceae*). Bh. in Westchina. Immergrüner Strauch. BZ Mitt- bis Spätsommer. Wird in geschützter Lage bis 3 m, als Wildpflanze über 5 m hoch. Blüten duften nach Honig. Braucht in den meisten Gärten Schutz durch eine Mauer. WH: bis −15° C.

Phyllocladus alpinus L. C. & A. Rich. (*Podocarpacea*). Bh. auf beiden Hauptinseln Neuseelands. Bergwälder bis 1600 m. WH: bis −10° C.

***Olearia* ›Talbot de Malahide‹** (syn. *O. albida* hort.) (*Compositae*). Hybride von *O. avicenniifolia.* Unterscheidet sich von dieser Art durch 3- bis 6strahlige Blüten. Immergrüner Strauch bis 3 m. WH: bis −10° C.

Olearia avicenniifolia (Raoul) Hook. fil. (*Compositae*). Bh. auf der Südinsel Neuseelands. Immergrüner Strauch oder kleiner Baum. Subalpine Gebüsche bis 1000 m. Wild bis 6 m, in Gärten meist nur 2-3 m hoch. Trägt im Frühsommer süß duftende Blüten. Die Pflanze eignet sich gut für küstennahe Gebiete, da sie salzige Winde verträgt. WH: bis −10° C.

Olearia* × *haastii Hook. fil. (*Compositae*). Hybride zwischen *O. avicenniifolia* und *O. moschata.* Wächst wild in Neuseeland; in Gärten weit verbreitet. Kompakter, 1-2 m hoher Busch. Gute Heckenpflanze an der Küste. WH: bis −15° C.

Lomatia myricoides (Gaertn.) Dorrien (*Proteaceae*). Bh. in Südostaustralien. Wächst in lichten Wäldern. Immergrüner Strauch, auch kleiner Baum bis 4 m, in Kultur dagegen selten über 2 m. WH: bis −5° C.

Grevillea sulphurea A. Cunn. (*Proteaceae*). Bh. in Neusüdwales, Australien. Wächst auf niedrigen Bergen. WH: bis −5° C.

Lomatia ferruginea R. Br. (*Proteaceae*). Bh. in den Regenwäldern Chiles. Als Wildpflanze schwachverzweigter Baum, in Kultur eher strauchartig, mit kleineren Blättern. BZ Mittsommer. WH: bis −10° C.

Sollya heterophylla Lindl. (syn. *S. fusiformis* [Labill.] Briq.) (*Pittosporaceae*). Bh. in Westaustralien. Immergrüner, windender Strauch, in Kultur bis 2 m hoch. BZ Spätsommer. WH: bis −5° C.

Abutilon* × *suntense Brickell **›Jermyns‹** (*Malvaceae*). Hybride zwischen *A. ochsenii* und *A. vitifolium;* mehrere Klone sind in Kultur. Kräftiger, laubabwerfender Strauch oder kleiner, 5-6 m hoher Baum. Lange BZ im Sommer. Blüten malvenfarben. Sonnige Lage; leichter Boden. WH: bis −10° C.

Abutilon ochsenii (Phil.) Phil. (*Malvaceae*). Bh. in Chile. Starkwüchsiger, laubabwerfender Strauch, in Kultur bis 4 m hoch. Eng verwandt mit *A. vitifolium,* von dem er sich hauptsächlich durch dunklere violette Blüten und weniger behaarte Blätter und Triebe unterscheidet. Ziemlich wh., braucht aber trotzdem sonnigen, geschützten Standort an warmer Wand. WH: bis −10° C.

Abutilon vitifolium (Cav.) Presl. **›Veronica Tennant‹** (*Malvaceae*). Bh. in Chile. Laubabwerfender Strauch. Wird in geschützter Lage über 5 m hoch. Weniger wh. als die anderen hier abgebildeten Arten, wächst jedoch rasch und bildet in sehr mildem Klima einen hübschen, großen Strauch. WH: bis −5° C.

Felicia petiolata (Harv.) N. E. Br. (*Compositae*). Bh. in Lesotho und in der südafrikanischen Kapprovinz. Immergrüner Halbstrauch, bis 0,5 m hoch und über 1 m breit. Wächst an steinigen Stellen, kriecht oft über Felsen. WH: bis −10° C.

Felicia petiolata

Abutilon × *suntense* ›*Jermyns*‹

Sollya heterophylla

Abutilon ochsenii

Abutilon ›*Veronica Tennant*‹

Lomatia ferruginea in Chile

15. Juli, Goatcher's Nursery

Escallonia ›Iveyi‹

Escallonia tucumanensis

Escallonia virgata

Vallea stipularis

***Escallonia* ›Slieve Donard‹** (*Escalloniaceae*). Gehört zu der Vielzahl von Hybriden, die in der Baumschule Slieve Donard in Newry, County Down, Nordirland, durch Kreuzungen und Rückkreuzungen von *E. rubra, E. rubra* var. *macrantha* und *E. virgata* erzielt wurden. Kräftiger, immergrüner, bis 2 m hoher Strauch mit leicht bogigen Zweigen. Blütenblätter leicht nach außen gebogen. WH: bis —15°C.

***Escallonia* ›Donard Seedling‹**. Großer, immergrüner, 2-3 m hoher Strauch. In Gärten im Landesinneren winterhärter als viele andere Hybriden von *Escallonia.* Blütenblätter rundlich, jedoch mit stielförmig verjüngter Basis (dem sogenannten ›Nagel‹) und zur Spitze hin etwas nach außen gebogen. WH: bis —15°C.

***Escallonia* ›Apple Blossom‹**. Sehr beliebte Sorte. Kompakter, immergrüner Strauch bis etwa 1,5 m. Die breit genagelten Blütenblätter sind etwas nach innen gebogen und geben der Blüte eine Form, die gern mit einem Becher verglichen wird. WH: bis —15°C.

***Escallonia* ›Langleyensis‹**. Eine der frühesten Hybriden, 1893 in der Baumschule Veitch in Langley, Buckinghamshire, gezogen. Hybride zwischen einer Form von *E. rubra* und *E. virgata.* Robuster, reichblühender, 2-3 m hoher Strauch. BZ Mittsommer. WH: bis —10°C.

***Escallonia* ›Donard Beauty‹**. Kleinblättrige, bis 2 m hohe, kräftige Pflanze. Zweige ziemlich bogig. BZ Frühsommer. WH: bis —10°C.

***Escallonia* ›Crimson Spire‹**. Raschwüchsiger Strauch bis 2 m und höher. An der Küste oft als Heckenpflanze verwendet. Als zufälliger Sämling in der Baumschule Treseder in Cornwall entstanden. Die Blütenblätter haben lange, schmale, dichtstehende Nägel, was den Blüten ein röhrenartiges Aussehen verleiht. WH: bis —10°C.

Escallonia rubra (Ruiz & Pavon) Pers. (inkl. *E. punctata* DC.). Bh. in Chile und Argentinien. Als Wildpflanze sehr variabel. Sehr robuste und kräftige Art mit leicht aromatischen, stark drüsigen Blättern, drüsigen Kelchröhren und Blütenstielen. Als Heckenpflanze in Küstennähe von unschätzbarem Wert. WH: bis —10°C.

***Escallonia* ›William Watson‹**. Hybride zwischen *E. rubra* und *E. virgata.* Kompakter, immergrüner, 1-1,5 m hoher Strauch. Blüht lange, häufig ab Mittsommer bis weit in den Herbst hinein. Blüten hellrot. Vermutlich eine der winterhärtesten unter den rotblühenden Hybriden. WH: bis —15°C.

Escallonia rosea Grieseb. Bh. in Südchile. Trotz des Namens sind die im Mittsommer erscheinenden, schwach duftenden Blüten weiß. Immergrüner, 2-3 m hoher Busch mit auffällig kantigen Trieben. Ziemlich wh., braucht jedoch in Gärten im Landesinneren einen geschützten Standort. WH: bis —10°C.

Escallonia* × *exoniensis Veitch. Hybride zwischen *E. rosea* und *E. rubra.* Vor 1890 bei Veitch & Söhne, Exeter, entstanden. Robuster, immergrüner Strauch. Wird in mildem Klima 4-6 m hoch, sonst 2-3 m. BZ Spätsommer. A. M. 1891. WH: bis —10°C.

***Escallonia* ›Iveyi‹**. Eindrucksvoller, großer Strauch, der in den 20er Jahren in Caerhays, Cornwall, als zufälliger Sämling entstand. Vermutlich Hybride zwischen *E. bifida* und *E.* × *exoniensis.* Robuster Strauch mit großen, abgerundeten, dunkelgrünen Blättern, gegen die sich die weißen Blütentrauben gut abheben. BZ Sommer; reichblühend. WH: bis —15°C.

Escallonia tucumanensis Hosseus. Laubabwerfende Art aus Nordwestargentinien. Wächst in 800-2000 m Höhe.. Busch bis 6 m. BZ Sommer. Blüten weiß. WH: bis vielleicht —10°C.

Escallonia virgata (Ruiz. & Pavon) Pers. Rutenescallonie. Eine der wenigen kulivierten laubabwerfenden Arten, 1866 eingeführt. Bh. in Südchile; Argentinien. In Gebüschen bis zur Baumgrenze; wird bis 3 m hoch. BZ Mittsommer. Eine der winterhärtesten Arten. Gedeiht im Landesinneren. Kalkfreier Boden. WH: bis —15°C.

Vallea stipularis L. fil. (*Elaeocarpaceae*). Bh. in den Anden von Bolivien bis Venezuela. Gebüsche im Gebirge in 2000-4000 m Höhe. Großer, immergrüner, 2-5 m hoher Strauch. BZ Mitt- bis Spätsommer. Blüten tiefrosa oder karmesinrot. WH: bis —5°C.

24. August, Wakehurst Place, Sussex

E. glutinosa (l.) und E. ›Nymansay‹ (r.), Royal Bot. Garden, Edinburgh

Eucryphia moorei, Nymans, Sussex

Eucryphia milliganii im Hillier Arboretum

Eucryphia glutinosa (Poepp. & Endl.) Baill. (*Eucryphiaceae*). Bh. in Chile, dort heute selten. BZ Mitt- bis Spätsommer. Großer, 4-8 m hoher Busch. Behält als Kulturpflanze manchmal einige Blätter im Winter, in der Regel jedoch laubabwerfend. Schöne Herbstfärbung mit warmen Orange- und Rottönen. Die Blüten duften nicht, ziehen aber Bienen an. Von einem Sammler der Baumschule Veitch 1859 eingeführt. In den meisten Gebieten Westeuropas ist die Pflanze verläßlich und wh., wächst allerdings nur langsam. Feuchter, kalkfreier Boden; in sonnigen Gegenden leicht schattige Lage. WH: bis −15°C.

Eucryphia glutinosa. Formen mit gefüllten Blüten. Pflanzen, die aus Samen gezogen wurden, können gelegentlich gefüllte Blüten haben. Sie haben zwar einen gewissen Seltenheitswert, sind jedoch nicht so attraktiv wie die ungefüllten Formen.

Eucryphia cordifolia Cav. Bh. in Mittelchile. Kühle Regenwälder in niedrigen Höhen. Immergrüner Baum bis 20 m. In Kultur werden nur die größten Exemplare so hoch. Meist sind es Sträucher oder kleine, 8-10 m hohe Bäume. Blätter immer einfach und ganzrandig, außer bei jungen Pflanzen. 1851 eingeführt. Hat sich als relativ kalkverträglich erwiesen, gedeiht jedoch nur in kühlem, feuchtem Seeklima wirklich gut.

Eucryphia × nymansensis Bausch **›Nymansay‹**. Hybride zwischen *E. cordifolia* und *E. glutinosa*, um 1914 im Nymans-Park, Westsussex, von selbst entstanden. Ein Sämling ähnlicher Abstammung entstand später auf dem Mount Usher im County Wicklow, Irland. ›Nymansay‹ ist ein kräftiger, immergrüner Strauch oder schlanker, 12-15 m hoher Baum. BZ Spätsommer. Blüten groß, reinweiß. Die gesägten Blätter variieren auf einer Pflanze zwischen einfach und 3-zählig. Gedeiht gut auf feuchtem, wasserspeicherndem Boden; sonnige Lage. Schutz vor kaltem Wind. In strengen Wintern können die Blätter austrocknen. WH: bis −15°C.

Eucryphia lucida (Labill.) Baill. Bh. in Tasmanien. Wächst in Wäldern, häufig an Flußufern in niedrigen Höhen. Immergrüner Baum. Als Wildpflanze bis 30 m hoch, in Kultur jedoch großer, säulenartiger Strauch oder 8-12 m hoher Baum. Geschützter, aber freier Standort; feuchter, aber leichter, kalkfreier Boden. Eine rosablühende Form, deren Blüten in der Mitte karmesinrot gefärbt sind, wurde kürzlich in Nordwesttasmanien entdeckt und erhielt den Namen ›Pink Cloud‹. ›Leatherwood Cream‹ hat blaßgelb gerandete Blätter.

Eucryphia × intermedia Bausch **›Rostrevor‹**. Kräftige Hybride zwischen *E. glutinosa* und *E. lucida,* in den 30er Jahren als zufälliger Sämling in Rostrevor, County Down, Nordirland, entstanden. Schmaler, immergrüner Baum bis 10 m. BZ Spätsommer. Blätter einfach oder 3-zählig, nur leicht gezähnt. *E. × intermedia* verträgt leichten Schatten, ist jedoch nur in sonniger Lage reich blühend. Bevorzugt humusreichen Boden. ›Rostrevor‹ ist der einzige Klon, der in Kultur weit verbreitet ist.

Eucryphia milliganii Hook. fil. Bh. in den Bergregionen Tasmaniens. Kompakter, 3-4 m hoher Strauch, in Kultur häufig kleiner. Blätter klein, einfach, immergrün. Blüten weiß, etwa 1,5 cm breit — kleiner als bei der ansonsten ähnlichen *E. lucida.* Eingeführt 1929. Braucht in den meisten Gärten im Landesinneren einen freien, aber geschützten Standort. Kalkfreier, feuchter Boden. WH: −10°C oder −15°C.

Eucryphia lucida im Hillier Arboretum

Eucryphia moorei F. von Muell. Bh. in Neusüdwales, Australien. Wächst dort in niedrig gelegenen Wäldern und wird bis 20 m hoch. In Kultur großer Strauch oder kleiner Baum bis etwa 10 m. BZ Mittsommer. Die Blüten sind kleiner als bei den häufiger kultivierten Arten. Bes. Merkmal: gefiederte Blätter mit zahlr. Blättchen (11-13). 1915 eingeführt. Winterhart nur in geschützten, küstennahen Gärten. WH: bis −15°C.

26. Juli, Wakehurst Place

Olearia* × *oleifolia Kirk (*Compositae*). Hybride zwischen *O. avicenniifolia* und *O. odorata*. Kompakter, immergrüner, 1-2 m hoher Busch. BZ Sommer. WH: bis −10°C.

Ozothamnus hookeri Sond. (syn. *Helichrysum hookeri* [Sond.] Druce). Bh. in Tasmanien. Wächst dort auf Bergen in 1000-1300 m Höhe. Kompakter, immergrüner, 1-2 m hoher Busch. BZ Sommer. Blätter dunkelgrün, etwas klebrig, schuppenartig, dicht angedrückt. Alle Pflanzenteile leicht aromatisch. WH: bis −5°C.

Escallonia virgata (Ruiz. & Pavoan) Pers. (*Escalloniaceae*). Siehe S. 223

Olearia moschata Hook. fil. (*Compositae*). Bh. im Gebirge der Südinsel Neuseelands. Wächst im Busch und wird bis 4 m hoch. Die Blätter riechen deutlich nach Moschus. BZ Mittsommer. WH: bis −5°C.

Hoheria lyallii Hook. fil. (*Malvaceae*). Siehe S. 229

Leptospermum lanigerum (Ait.) Sm. (*Myrtaceae*). Bh. in Tasmanien und Südostaustralien. Wächst als immergrüner Strauch oder kleiner Baum in Küstengebieten und auf niedrigen Bergen. Wild 6-7 m hoch, in Kultur normalerweise 1-2 m hoher Strauch. Leichter Boden; relativ geschützte Lage. WH: bis −15°C.

Lomatia silaifolia (Sm.) R. Br. (*Protaceae*). Bh. in den Küstenregionen Südostaustraliens. Ausläufer treibender, immergrüner, etwa 1 m hoher Strauch; Dickichte bildend. BZ Mittsommer. Blüten duftend, cremegelb. Blätter oft stärker zerteilt als auf der Abbildung. Braucht durchlässigen Boden und vollsonnige Lage. WH: bis −10°C.

Olearia macrodonta Baker (*Compositae*). Bh. auf beiden Inseln Neuseelands. Wälder bis 1300 m. Immergrüner Strauch oder kleiner Baum bis 6 m. In Kultur normalerweise Strauch bis 3 m. Geschützte, sonnige Lage.

Olearia* × *scilloniensis Dorrien-Smith (*Compositae*). Zufällige Hybride zwischen *O. lyrata* und vermutlich *O. phlogopappa*. 1910 in Tresco, Scilly-Inseln, entstanden. Kompakter, 1-2 m hoher Strauch, reichblühend mit weißen Strahlenblüten. BZ Spätfrühling. WH: bis −10°C.

Feijoa sellowiana (Berg) Berg (syn. *Acca sellowiana* Berg) Burret (*Myrtaceae*). Kleiner, immergrüner Baum aus Südbrasilien und Uruguay. BZ Mittsommer. Bildet in Kultur normalerweise eine buschige, 2-3 m hohe Pflanze. Früchte eßbar. Sonnige, geschützte Lage; gedeiht am besten an schützender Mauer. WH: bis −15°C.

Gevuina avellana Molina (*Protaceae*). Bh. in Chile. Großer, immergrüner Strauch oder kleiner Baum bis 12 m. Blätter sehr variabel: einfach oder doppelt gefiedert, mit 3-30 Blättchen unterschiedlicher Größe. Früchte kirschenartig, zunächst rot, in der Reife schwarz. WH: bis −10°C.

Ozothamnus ledifolius (DC.) Hook. fil. (syn. *Helichrysum ledifolium* [DC.] Benth) (*Compositae*). Bh. im Gebirge Tasmaniens um 1000 m. Kompakter, immergrüner, etwa 1 m hoher Strauch. BZ Sommer. Die Stämmchen und Unterseiten der Blätter sind von einer leicht klebrigen und aromatischen Ausscheidung bedeckt. Eingeführt von Harold Comber. Ziemlich wh. Sonnige Lage; durchlässiger Boden. WH: bis −10°C.

Metrosideros excelsa Sol. ex Gaertn. (*Myrtaceae*). Bh. auf der Nordinsel Neuseelands. Wächst in niedrigen Höhenlagen als immergrüner, bis 20 m hoher Baum. BZ Mittsommer. In Kultur ziemlich frostempfindlich. WH: bis −5°C.

Olearia macrodonta

Olearia × *scilloniensis*

Feijoa sellowiana

Gevunia avellana

Ozothamnus ledifolius

Metrosideros excelsa

28. August, Wakehurst Place

Hoheria lyallii, Wakehurst Place

Clethra fargesii

Hoheria glabrata

Hoheria ›Glory of Amlwch‹

Clethra barbinervis

Clethra delavayi Franch. (*Clethraceae*). Bh. in Nordwestyunnan bei Dali. Wächst in Tannenwäldern auf Kalkfelsen in ca. 3000 m Höhe. BZ Juni-Juli. Laubabwerfender, aufrechter Strauch oder kleiner Baum bis 15 m. Blätter 5-15 cm lang, unten blaßgrün, fein behaart. Blütenblätter gewimpert, bis 1 cm lang, länger als Staubblätter. Blütentrauben 10-15 cm lang. Feuchter, saurer(?) Boden; Halbschatten. WH: bis —10°C. Spätsommer.

Clethra monostachya Rehd. & Wils. Bh. in Westsichuan, Yunnan und Südosttibet. Gehölze in 1600-1800 m Höhe. BZ Juli-August. Laubabwerfender Strauch oder kleiner Baum bis 6 m. Blätter 8-14 cm lang. Kelchblätter spitz. Blüten in 10-20 cm langen, meist einzeln (oder zu 3 beisammen) stehenden Trauben. Blütenblätter und Staubblätter gleich lang. Feuchter, saurer oder kalkfreier Boden; Halbschatten. WH: bis —15°C. Spätsommer.

Clethra fargesii Franch. Bh. in Westhubei und Ostsichuan. Gebüsche in 1300-2500 m Höhe. BZ Juli-August. Laubabwerfender, rundlicher Strauch bis 3 m. Blätter 8-14 cm lang. Blüten duftend, in 10-25 cm langen Rispen. Blütenblätter kürzer als Staubblätter. Feuchter, saurer oder kalkfreier Boden; Halbschatten. WH: bis —20°C. Spätsommer.

Clethra barbinervis Sieb. & Zucc. Japanische Scheineller. Bh. auf Hokkaido, Honshu, Shikoku und Kyushu sowie auf Cheju (Korea). Wächst in Bergwäldern. BZ Juli-September. Bildet laubabwerfenden Baum bis 10 m, in Kultur einen Strauch. Rinde orange, ablösend. Blätter 6-12 cm lang. Blütenblätter 5-6 mm, kürzer als Staubblätter. Blüten duftend, in 10-15 cm langen Rispen. Feuchter, saurer oder kalkfreier Boden; Halbschatten. WH: bis —20°C. Spätsommer.

Clethra alnifolia L. Erlenblättrige Scheineller. Bh. an der Küste von Südmaine bis Florida, westwärts bis Osttexas. Sümpfe und feuchte Gehölze. BZ Juli-September. Laubabwerfender Strauch bis 3 m; bildet mit seinen Ausläufern Dickichte. Blätter 3,5-7 cm lang. Blüten weiß — bei f. *rosea* Rehd. rosa — duftend, in aufrechten Trauben. Feuchter, sandiger Boden; vollsonnige Lage. WH: bis —30°C. Spätsommer.

Hoheria lyallii Hook. fil. (*Malvaceae*). Siehe auch S. 227. Bh. auf der Südinsel Neuseelands. An Waldrändern und Wasserläufen in subalpinen Wäldern auf der Ostseite der Neuseeländischen Alpen; bildet im Süden oft gebüschartige Haine an den oberen Waldrändern. BZ November-Februar. Blätter auf beiden Seiten flaumig, 5-11 cm lang. Blüten bis 3,5 cm breit. Jeder durchlässige Boden; volle Sonne. WH: bis —15°C. Spätsommer. Leicht zu ziehen, friert jedoch im Winter leicht zurück, wenn die neuen Triebe ungenügend verholzt sind.

Hoheria glabrata Spraque & Summerhays. Bh. auf der Südinsel Neuseelands. Waldränder und Wasserläufe auf der (regenreichen) Westseite der Neuseeländischen Alpen. BZ November-Februar. Laubabwerfender Strauch oder kleiner Baum bis 6 m. Blätter 5-10 cm lang. Blüten bis 2,5 cm breit. Durchlässiger Boden; vollsonnige Lage. WH: bis —15°C. Spätsommer.

***Hoheria* ›Glory of Amlwch‹**. Vermutlich Hybride zwischen *H. glabrata* und *H. sexstylosa.* Vor 1948 von Dr. Jones, Amlwch, Anglesey, gezogen. Kleiner Baum mit halbimmergrünen Blättern. Blüten etwa 4 cm breit, Griffel purpurfarben.

Hoheria sexstylosa Col. Bh. auf beiden Inseln Neuseelands. Wächst in Wäldern im Tiefland. BZ März bis April. Immergrüner, breitwüchsiger Baum oder großer Strauch bis 6 m. Blätter 6-7,5 cm lang. Blüten ca. 2 cm breit, zu 2-5 in Trugdolden. Volle Sonne. WH: bis —15°C. Spätsommer. Die nahe verwandte *H. populnea* A. Cunn unterscheidet sich durch höheren Wuchs, breitere Blätter und größere (2,5 cm) Blüten in 5- bis 10-blütigen Trugdolden. Sie soll frostempfindlicher sein. Die auf Great Barrier Island heimische Var. *osbornei* hat purpurne Staubblätter; auch ihre Blätter sind auf der Unterseite purpurn.

12. September, Royal Botanic Gardens, Edinburgh

Heiomia myrtifolia Cham. & Schlecht (syn. *H. salicifolia* hort.) (*Lythraceae*). Bh. in Brasilien und Uruguay. Laubabwerfender Strauch bis 2 m. Blüten 8-12 mm breit. In Kultur häufig fast krautig mit zahlr. aufrechten Stämmchen; 1821 eingeführt. Geschützte, vollsonnige Lage; durchlässiger Boden. WH: bis −15°C. Spätsommer.

Bupleurum fruticosum L. (*Umbelliferae*). Bh. in Südeuropa. Wächst in Gebüschen und auf Felsen als immergrüner, 1-2 m hoher Strauch. BZ Spätsommer. WH: bis −15°C.

Myrtus communis L. var. ***tarentina*** L. (*Myrtaceae*) Brautmyrte. Bh. im Mittelmeerraum. Unterscheidet sich von der typischen Form der Art durch deutlich kleinere Blätter, kompakteren Wuchs und weiße Beeren. WH: bis −15°C.

Myrtus luma Molina (syn. *M. apiculata* [DC.] Niedenzu) (*Myrtaceae*). Bh. in Chile. Bildet dort einen Baum bis 20 m. In Kultur mittelgroßer bis großer Strauch, nur in den günstigsten Gärten baumartig und über 15 m hoch. BZ Spätsommer. Bemerkenswert ist die schöne zimtbraune Rinde, unter der beim Abblättern eine rahmweiße oder graue zweite Rindenschicht erscheint. WH: bis −10°C.

***Myrtus luma* ›Glanleam Gold‹** (syn. *M. apiculata* ›Glanleam Gold‹) (*Myrtaceae*). Von der Baumschule Treseder 1975 eingeführte Sorte. Bes. Merkmal: hübsch panaschierte Blätter mit cremegelbem Rand. Winterhärte: vermutlich bis −10°C.

Myrtus communis L. (*Myrtaceae*) Gemeine Myrte. Bh. im Mittelmeerraum und in Westasien. Immergrüner Busch bis 4 m. BZ Sommer. Wie bei allen Myrten duften die Blätter sehr aromatisch, wenn man sie zerreibt. Nach den weißen Blüten erscheinen dunkelpurpurne Beeren. WH: −10°C; in geschützter Lage bis −15°C.

Myrtus ugni Molina (*Myrtaceae*). Bh. in Chile. Gebüsche und Waldränder. Immergrüner, 1-2 m hoher Strauch. BZ Spätfrühling. Blüten weiß. Früchte dunkelpurpurn, eßbar und sehr wohlschmeckend. WH: bis −10°C.

Hymenanthera angustifolia DC. (*Violaceae*). Bh. in Bergregionen Tasmaniens und in niedrigeren Höhenlagen Neuseelands. Aufrechter, 1-2 m hoher Strauch. Blätter immergrün, sehr dick und steif. BZ Sommer. Blüten klein, gelb. Früchte: rahmweiße Beeren, ziemlich auffällig, manchmal stark purpurn gefleckt. Bei der abgebildeten Pflanze handelt es sich möglicherweise auch um *H. alpina*, die sich von *H. angustifolia* vor allem durch kompakteren Wuchs und bes. steife Zweige unterscheidet. WH: bis −10°C.

Aralia elata (Miq.) Seem. (*Araliaceae*) Japanischer Angelicabaum. Bh. in Japan und benachbarten Gebieten Nordostasiens. Lichte Wälder und Dickichte in niedrigen Höhenlagen. Großer, laubabwerfender Strauch oder kleiner Baum bis 10 m, auffällig wenig verzweigt, mit dicken Trieben, die im Winter gut zur Geltung kommen. In Kultur zeigen die großen Blätter selten so schöne Herbstfarben wie die hier abgebildete Wildpflanze. Saurer Boden; Halbschatten. Die Sorte **›Variegata‹** hat Blättchen mit breitem weißem Rand. WH: bis −15°C.

Jasminum fruticans L. (*Oleaceae*) Strauchjasmin. Bh. im Mittelmeerraum. Lichte Gebüsche auf niedrigen Hügeln. BZ Mitt- bis Spätsommer. Blüten nicht duftend. Mehr oder weniger immergrüne, 1-2 m hohe Pflanze. In warmen Jahren entwickeln sich aus den gelben Blüten schwarze, glänzende Beeren.

Aralia elata im Oktober auf Nordhokkaido

Myrtus luma in Cornwall

Myrtus ugni in Chile

Jasminum fruticans

Aralia elata ›Variegata‹

12. September, Kew

Jasmin

Abelia chinensis R. Br. (*Caprifoliaceae*). Bh. in China, von Westhubei ostwärts. BZ Juli-August. Laubabwerfender Strauch bis 1,5 m. Zweige feinbehaart. Blätter 2-3,5 cm lang. Blüten 1 cm lang, duftend. Jeder Boden; vollsonnige Lage. WH: bis —10°C. Frühsommer.

Abelia* × *grandiflora (André) Rehder. Großblütige Abelie. Hybride zwischen *A. chinensis* und *A. uniflora* (aus Ostchina). Vor 1880 von Rovelli in Italien gezogen. Halbimmergrüner Strauch bis 2,5 m. Zweige feinbehaart. 2-5 Kelchblätter, Blütenkrone 2 cm lang. Jeder Boden; Sonne; Halbschatten. WH: bis —15°C. Sommer bis Herbst.

Abelia schumannii (Graeb.) Rehder. Bh. in Westsichuan. Trockene Täler und Flußufer in 1200-3600 m Höhe. BZ Mai-August. Laubabwerfender Strauch bis 1,5 m. Zweige in der Jugend purpurn, feinbehaart. Blüten mit zwei 6-10 mm langen Kelchblättern und 2,5-3 cm langer Blütenkrone. WH: bis —15°C.

Trachelospermum asiaticum (Sieb. & Zucc.) Nakai (*Apocynaceae*). Bh. in Japan und Korea. Gehölze und Gebüsche auf Hügeln. BZ Mai-Juni. Immergrüner Klimmer bis 6 m. Blätter 3-6 cm lang. Blüten mit leicht vorragenden Staubbeuteln; der schmale Teil der Kelchröhre doppelt so lang wie der breite. Sonne; Halbschatten. WH: bei Schutz durch eine Mauer bis —15°C. Frühsommer.

Jasminum grandiflorum L. (*Oleaceae*). Bh. in den arabischen Ländern, jedoch schon lange in Kultur; in China und Spanien heimisch geworden. Ähnelt *J. officinale*, hat jedoch einen lockereren Blütenstand, größere Blüten (bis 4 cm im Durchmesser) und rosa Knospen. Sonne oder Halbschatten. WH: bis —5°C. Frühsommer.

Jasminum* × *stephanense Lémoine. Hybride zwischen *J. beesianum* und *J. officinale*. Um 1918 von T. Javitt gezogen, aber auch als Wildpflanze bekannt. Laubabwerfender Klimmer bis 3 m. Blüten ca. 1,5 cm breit. Blätter oft gelblich. Sonnige Lage. WH: bis —15°C. Sommer.

Jasminum officinale L. Echter Jasmin. Bh. im Kaukasus, im Iran, ostwärts bis China. Gebüsche und Wälder. BZ Mai-Juli. Verholzter Klimmer bis 4 m. 5-7 Blättchen. Blüten duftend, 2,5 cm breit. WH: bis —14°C. Spätsommer.

Jasminum humile L. Bh. im Himalaja von Afghanistan bis Sichuan. Gebüsche und trockene Täler in 1500-3000 m Höhe. BZ April-Juli. Laubabwerfender Strauch bis 2 m. Blüten ca. 14 mm breit. Sonnige Lage. WH: bis —10°C. Sommer.

Clerodendrum trichotomum Thunb. (*Verbenaceae*). Bh. in Japan, auf den Philippinen, in Korea und Ostchina; var. *fargesii* (Dode) Rehder in Westchina bis Yunnan. Gehölze, Straßenböschungen und Gebüsche in Höhen bis 2300 m. BZ Juli-Oktober. Laubabwerfender, rundlicher Strauch bis 6 m. Blätter übelriechend. Blüten duftend. Vollsonnige Lage. WH: bis —15°C; die in größeren Höhen heimische var. *fargesii* bis vielleicht —20°C.

Clerodendrum bungei Sted. Bh. in Westhubei, Sichuan (?) und Yunnan. Gehölze und Gebüsche bis 2300 m. BZ Juni-September. Laubabwerfender, aufrechter Strauch bis 2 m. Blätter übelriechend. Blüten 1,5 cm breit. WH: bis —10°C.

Pileostegia viburnoides Hook. fil. & Thoms. (*Saxifragaceae*). Bh. in China von Westsichuan bis Taiwan und im Khasiagebirge. Felsen und Bäume bis 1000 m. BZ August. Immergrüner Strauch, mittels kurzer Wurzeln bis 10 m hoch kletternd. Blätter lederartig, bis 18 cm lang. Feuchter Boden; WH: bis —15°C.

Clerodendrum trichotomum

Jasminum humile

Jasminum grandiflorum

Trachelospermum asiaticum

Jasminum × *stephanense*

Jasminum officinale im Chelsea Physic Garden, London

2. September, Wakehurst Place, Sussex

Hydrangea aspera Buch. Ham ex D. Don. subsp. ***aspera*** (syn. *H. villosa* Rhed.) (*Saxifragaceae*). Bh. im Himalaja, von Westindien bis Taiwan, Java und Sumatra. Gebüsche und Wälder in 1200-2700 m Höhe. Laubabwerfender Strauch oder kleiner Baum bis 7 m. Blätter bis 30 cm lang. Blüten in der Regel purpurfarben, manchmal weiß; flache Blütenstände, bis 25 cm breit. Guter, kalkhaltiger Boden. WH: bis —15°C. Spätsommer bis Herbst.
Subsp. ***strigosa,*** einschließlich *H. strigosa* var. ***macrophylla*** Rehder. Bh. in Westhubei und Westsichuan. Gebüsche und Gehölze in 900-1800 m Höhe. Laubabwerfender, bis 3 m hoher Strauch. Blätter bis 28 cm lang; bei der hier abgebildeten var. ***macrophylla*** unten mit angedrückten, rauhen Haaren. WH: bis —20°C.
›**Rosthornii**‹. Großblättrige Form von *H. aspera* subsp. *robusta*. Die echte *H. rosthornii* wird heute *H. aspera* subsp. *robusta* zugeordnet und hat bis 20 cm lange Blattstiele.
Subsp. ***sargentiana*** (Rehd.) McClintock. Bh. in Westhubei. Gebüsche in 1500-1800 m Höhe. Laubabwerfender Strauch bis 2 m oder höher. Blätter bis 30 cm lang. Blüten steril, weißlich oder rosafarben; Blütenstände bis 20 cm breit. WH: bis —15°C. Spätsommer.

H. quercifolia Bartram. Eichenblättrige Hortensie. Bh. in Alabama, Florida und Georgia. Flußböschungen und Felsen. BZ Juni. Laubabwerfender Strauch, wild bis 2 m, in Europa meist nur bis 1 m. Blüten steril, 3-4 cm breit, zuerst weiß, dann purpurfarben. Saurer Boden. WH: bis —20°C, braucht im Sommer jedoch Hitze, um gut zu gedeihen. Sommer.

H. paniculata Sieb. Bh. in Südostchina (dort selten), auf Sachalin und in Japan. Bambusgebüsche, lichte Wälder und Flußufer. BZ Juli bis Oktober. Aufrechter Strauch bis 6 m. Blätter bis 12 cm lang. Feuchter, humusreicher Boden. WH: bis —25°C.
›**Floribunda**‹. Bei diesem Klon sind die sterilen Blüten zahlr. und außergewöhnlich groß und rundlich; Blütenstände spitz zulaufend.
›**Tardiva**‹. Spätblühender Klon, hier knospend abgebildet. Blüht normalerweise im Frühherbst.
›**Praecox**‹. Blüht etwa 6 Wochen vor ›Grandiflora‹. Die abgebildete Pflanze wurde bei Shari auf Hokkaido fotografiert und war Ende September schon ziemlich lange verblüht. Die relativ flachen, lockeren Blütenstände sind für ›Praecox‹ typisch.
›**Grandiflora**. Bei diesem Klon sind die meisten Blüten steril und bilden einen dichten, rundlichen Blütenstand.

H. heteromalla D. Don. (syn. *H. xanthoneura* Diels, *H. bretschneideri* Dipp.). Bh. im Himalaja von Nordindien bis Peking. Wächst bis 3300 m. Laubabwerfender Strauch oder kleiner Baum bis 6 m. Blätter 15-25 cm lang. Blüten weiß oder rosafarben. Feuchter, guter Boden; Sonne oder Halbschatten. WH: bis —20°C. Sommer. Hier abgebildet B. H. & M., 222 aus Nepal.

H. angustipetala Hyata (Syn. *H. grosseserrata* Engl.). Bh. auf Yaku-Shima und den Riukiuinseln, in Taiwan und Jiangxi. Gebüsche, Waldlichtungen und Flußufer in ca. 1200 m Höhe. BZ Juli-September. WH: bis —10°C. (?)

H. anomala subsp. ***petiolaris*** (Sieb. & Zucc.) McClintock. Bh. auf Sachalin und Cheju (Korea), in Japan, Taiwan und Jiangxi. Wächst auf alten, absterbenden oder abgestorbenen Bäumen. Laubabwerfender, mittels Luftwurzeln bis 25 m hoch kletternder Strauch. Blätter 4-10 cm lang. Blütenstände 15-25 cm breit. Guter Boden; Halbschatten. Gedeiht gut an schattigen Mauern. WH: bis —20°C. Sommer.

Hydrangea angustipetala im Oktober auf Yakushima, Japan

Hydrangea aspera subsp. *sargentiana*

Hydrangea anomala subsp. *petiolaris*

Hydrangea paniculata in Hokkaido

Hydrangea heteromalla B. L. & M. 222

2. September, Wakehurst Place, Sussex

Hydrangea aspera im Wallington Park

Decumaria barbara

Schizophragma hydrangeoides ›*Roseum*‹, High Beeches

Hydrangea ›*Veitchii*‹

Hydrangea serrata (Thunb.) Sér. (syn. *H. macrophylla* var. *acuminata* [Sieb & Zucc.] Makino) (*Saxifragaceae*) Thunbergs Hortensie. Bh. auf Honshu, Shikoku und Kyushu, dort in Bergwäldern bis 1500 m häufig anzutreffen. BZ Juni-August. Laubabwerfender, bis 1,5 m hoher Strauch mit schlanken, oft schwärzlichen Stämmchen. Blätter lanzettlich bis oval, 5-15 cm lang. Blütenstände etwa 14 cm breit. Saurer oder neutraler Boden. WH: bis —20° C. Spätsommer. Hier abgebildet sind die hübsche Zwergvarietät Wilson 7820, die auf saurem Boden blaue Blüten hervorbringt, und die alte, vermutlich aus Japan stammende Gartenvarietät ›**Rosalba**‹: Blüten zunächst weiß, dann stark rot gefleckt; nur 5-7 pro Blütenstand, Kelchblätter gezähnt.

H. serrata ›**Bluebird**‹. Starkwüchsige, wh.e, bis 1,6 m hohe Sorte. Blätter verfärben sich im Herbst rot. WH: bis —15° C. Spätsommer. Var. *thunbergii* ist sehr ähnlich, hat dunkle Stämmchen und sehr rundliche, sterile Blüten. Die getrockneten Blätter sind süß und werden in Japan als Tee verwendet.

H. ›**Preziosa**‹. Kreuzung zwischen *H. macrophylla* und *H. serrata,* 1961 von Ahrends in Deutschland erzielt. Blüten zuerst rosa, später dunkelrot.

H. ›**Ayesha**‹ (syn. ›Silver Slipper‹). Bis 1 m hoher Strauch. Hortensie mit ziemlich fleischigen, schwach duftenden Blüten. Gedeiht gut in Sonne oder Halbschatten.

H. macrophylla ›**Blue Wave**‹. Sehr populäre ›Lacecap‹-Varietät, um 1900 von Lémoine in Nancy gezogen. Lacecaps sind Hortensien-Sorten mit schirmförmigen Blütenständen und sehr kleinen, fruchtbaren Blüten, die von großen, sterilen Randblüten umgeben sind. Großer Busch, bis 2 m hoch und breit, außergewöhnlich wh. Auf stark saurem Boden sind die Blüten blau, auf anderen Böden rosa oder lila.

H. macrophylla ›**Grant's Choice**‹. J. M. Grant war in den 30er Jahren Chefgärtner in Grayswood, Haslemere. Er säte Samen von ›Bluewave‹ und ›Grayswood‹, deshalb könnte es sich bei der abgebildeten Pflanze um die Zuchtwahl eines der ›Bluewave‹-Sämlinge handeln.

H. macrophylla ›**Lilacina**‹. Starkwüchsige Hybride. Zu Beginn des Jahrhunderts von Lémoine in Nancy gezogen. Zur Lacecapgruppe gehöriger, etwa 1,6 m hoher Busch.

H. macrophylla ›**Lanarth White**‹. Kompakter Busch, bis 1 m hoch und breit. In Lanarth, Cornwall, erstmals entdeckt.

H. macrophylla (Thunb.) DC f. ***normalis*** (Wilson) Hara. Bh. in den Distrikten Sagami und Izu auf Honshu, auf der Halbinsel Chiba (bei Tokio) und auf den Inseln vor der Küste. Wächst an sonnigen Stellen in Küstennähe und bildet bis 3 m hohe Dickichte. BZ Juni-Juli. Diese Pflanze ist die die Wildform von *H. macrophylla* und sieht aus wie eine kleine Lacecap. WH: bis —10° C.

H. ›**Veitchii**‹. Bis 1,6 m hohe Lacecap von ziemlich lockerem Wuchs. Von Veitch, Exeter, aus Japan importiert und 1903 eingeführt. Sehr wh. (bis —15° C). Kalkverträglich; bevorzugt leichten Schatten.

H. aspera Buch-Ham. ex. D. Don. Prächtige, im Wallington Park, Northumberland, wachsende Pflanze. Beschreibung der Art siehe S. 235.

Schizophragma hydrangeoides Sieb. & Zucc. Spalthortensie ›**Roseum**‹ (*Saxifragaceae*). Bh. auf Hokkaido, Honshu, Shikoku und Kyushu. Feuchte Wälder. Wächst wie Efeu entweder auf dem Waldboden mit sehr kleinen Blättern oder klettert Bäume hinauf, wo sie bis in 10 m Höhe blüht. BZ Juni-Juli. Mittels Luftwurzeln kletternder Strauch. Feuchter Laubboden; Halbschatten, bes. an den Wurzeln. WH: bis —20° C.

Decumaria barbara L. (*Saxifragaceae*) Sternhortensie. Bh. von Virginia bis Louisiana und Florida. Wächst auf Bäumen. BZ Mai-Juni. Kletternder, halbimmergrüner Strauch bis 10 m. Blätter eiförmig bis oval, 5-10 cm lang, in der Regel glatt. Blütenstände 5-10 cm breit, ohne sterile Blüten. Blütenblätter 9-10. WH: bis —20° C.

2 September, Wakehurst Place, Sussex

Hydrangea arborescens ›Gradiflora‹ in New Jersey

Hydrangea serrata

Hydrangea arborescens ›Annabelle‹

Hydrangea ›Kluis superba‹

Hydrangea ›Nikko Blue‹

Hortensien In England werden die zahlr. von *H. macrophylla* und *H. serrata* abstammenden Varietäten in zwei Gruppen eingeteilt: die Lacecaps (S. 237) und Sorten, die meist eingetopft verkauft werden und deshalb im folgenden Topfhortensien genannt werden. Letztere haben einen pilzkopfartigen Blütenstand, sind in Großbritannien, Westeuropa und an den Küsten Nordamerikas wh. und werden dort im Freien gezogen. In der Regel werden sie etwa 1,8 m hoch, blühen ab Mittsommer und gedeihen bes. gut an der See auf neutralem oder saurem, feuchtem Boden. Auf Böden mit pH-Werten unter 5,5 bringen die meisten Sorten blaue, auf Böden mit pH-Werten über 7 rosa Blüten hervor; will man blaue Blüten erzielen, kann man ein spezielles Färbemittel verwenden. Man sollte die Pflanze nach der Blüte oder im Frühling zurückschneiden und die jungen Triebe ausdünnen. Lacecaps sind tendenziell winterhärter als Topfhortensien und haben große, schirmförmige, schwach duftende Blütenstände. Auf dem europäischen Kontinent sind Hybriden von *H. macrophylla* angeblich bis —20 oder —25° C wh., in Nordamerika bis —15° C. Ungenügend reifes Holz wird bei kaltem Wind und Temperaturen um —15° C zurückfrieren.

H. **›Parsifal‹**. Topfhortensie, bis 1 m hoch. Blüten je nach Boden dunkelrosa bis dunkelblau.

H. **›Hamburgh‹**. Kräftige Topfhortensie, die bis in den Herbst hinein große Blüten trägt. Blüten auf saurem Boden dunkelrosa, auf neutralem Boden hellrosa, im Herbst dunkelrot. Möglichst geschützte, schattige Lage.

H. **›Niedersachsen‹**. Ziemlich frostempfindliche, bis 3 m hohe Topfhortensie. Blüten blaßrosa oder blaßblau. BZ Sommer-Herbst.

H. **›Mousseline‹**. Wertvolle, kräftige Topfhortensie mit langer BZ. Sehr wh. Schöne Herbstfärbung. Blüten leicht blau zu färben.

H. **›Generale Vicomtesse de Vibraye‹** (syn. ›Vibraye‹). Winterharte, bis 1,6 m hohe Topfhortensie mit langen, recht schwachen Stämmchen. Gedeiht gut auf saurem Boden und blüht in reinem, intensivem Blau. Treibt Blüten aus Seitentrieben, wenn die endständigen Knospen durch Frost abgestorben sind.

H. **›Kluis superba‹**. Kompakte, bis 1 m hohe Topfhortensie. Sehr reich blühend. Blüten dunkelblau, verblassen jedoch bei starker Sonneneinstrahlung. Reagiert sehr empfindlich auf den pH-Wert des Bodens, deshalb sind die Blüten oft rosa.

H. **›Mme E. Mouillère‹**. Alte Topfhortensie. Lange BZ bis zum ersten Frost. Die Blüten sind rosa, wenn die Pflanze in sonniger Lage gezogen wird. Kalkverträglich.

H. **›Amethyst‹**. Kräftig wachsende Pflanze mit starken, bis 1 m hohen Stämmchen. Spätblühend, am schönsten im Frühherbst. Geschützte Lage; Schutz vor Frost.

H. **›Nikko Blue‹**. Zufällig entstandene Form von *H. macrophylla,* vielleicht aus Japan stammend.

H. ***serrata*** (Thunb.) Sér. Elegante Art mit kleinen schirmförmigen Blütenständen. Siehe S. 237.

H. ***arborescens*** L. **›Annabelle‹**. Zuchtwahl von *H. arborescens* ›Grandiflora‹ mit großen Blütenständen (bis 20 cm breit). Die wilde *H. arborescens* (Buschhortensie) ist von New York bis Iowa, Florida und Louisiana heimisch. Sie wächst in Gehölzen und auf schattigen Felsblöcken. BZ Mai-Juni. Laubabwerfender, verzweigter Strauch bis 1 m, selten auch höher. Blütenstände 5-15 cm breit, mit nur wenigen, sterilen Blüten. Jeder gute Boden; Halbschatten. WH: bis —25° C.

H. ***arborescens*** **›Grandiflora‹**. Form von *H. arborescens,* die von einer in Ohio gefundenen Wildpflanze abstammt und 1907 in Großbritannien eingeführt wurde. Laubabwerfender Strauch bis etwa 1,2 m, leider mit schwachen Stämmchen. Jeder saure oder neutrale Boden; leichter Schatten. WH: bis —15° C. Spätsommer.

2. September, Chelsea Physic Garden

Salvia buchananii Hedge (*Labiatae*). Von Charles Buchanan in einem Garten in Mexiko-City gefunden und in England eingeführt. Ausläufer treibender, immergrüner Halbstrauch. Blüten 4,5-5 cm lang. Feuchter Boden; vollsonnige Lage. WH: bis —5° C. Sommer.

Salvia guaranitica St. Hil. ex Benth. Bh. in Südamerika. Gebüsche an Wasserläufen und in Gehölzen. Halbstrauch bis 2 m oder höher. Blätter behaart, 4-15 cm lang. Blüten mit Röhre 20-33 mm; Oberlippe 11-19 mm lang. Jeder Boden; volle Sonne. WH: bis vielleicht —5° C. Sommer.

Colquhounia coccinea Wall. (*Labiatae*). Bh. im Himalaya. Gebüsche in 1200-3000 m Höhe. BZ September-Oktober. Halbimmergrüner Strauch bis 3 m. Blüten 1,5-5 cm lang, rötlich oder orange. Durchlässiger Boden; vollsonnige Lage. WH: bei Schutz vor kaltem Wind bis —10° C. Herbst. Siehe auch S. 255.

Salvia fulgens Cav. Bh. in Mexiko. Nadel- und Eichenwälder in 2650-3400 m Höhe. Immergrüner oder halbimmergrüner Strauch bis 4 m. Blätter 3-6 cm lang. Blüten in Quirlen von 6-12. Kronröhre 25-28 mm, Oberlippe 13-15 mm lang. WH: bis vielleicht —5° C. Sommer.

***Salvia* ›James Compton‹**. Hybride zwischen *S. greggii* und *S. microphylla*. Von James Compton 1985 im Chelsea Physic Garden gezüchtet. Immergrüner Strauch bis 2 m. WH: bis —5° C.

Salvia coccinea Juss. var. ***pseudococcinea*** Gray. Wahrscheinlich in Brasilien bh., heute jedoch in den Subtropen und in den USA heimisch geworden. Bis 1 m hoher Halbstrauch oder einjährige Pflanze. Blätter mit Stiel 3-6 cm lang. Blüten mit Röhre 13-17 mm, Oberlippe 3-5 mm lang. WH: bis vielleicht —5° C. Sommer.

Salvia greggii Gray. Bh. in Mexiko und Texas. Eichen- und Kiefernwälder in 1500-2600 m Höhe. Halbstrauch bis 1 m, in Kultur auch höher. Blätter 1-2 cm, selten 2,5 cm lang. Blüten mit Röhre 18-22 mm, Oberlippe 8-10 mm lang. Jeder Boden; vollsonnige Lage. WH: bis vielleicht —5° C. Sommer.

Salvia elegans Vahl. Bh. in Mexiko. Gebüsche, Kiefern-, Tannen- und Eichenwälder in 2550-3100 m Höhe. Halbstrauch bis 2 m. Blätter bis 6 cm, Blütenkrone 2,2-3 cm lang. Vollsonnige Lage. WH: bis vielleicht —5° C. Sommer.

Salvia microphylla H. B. K. var. ***neurepia*** (Fern.) Epiling. Bh. in Mexiko. Gebüsche, Eichen- und Nadelwälder in 1600-2800 m Höhe. Halbstrauch bis 1,2 m. Jeder Boden; vollsonnige Lage. WH: bis —10° C. Sommer.

Salvia leucantha Cav. Bh. in Mexiko. Kommt in etwa 2500 m Höhe wild vor, wird jedoch allgemein kultiviert. Halbstrauch bis 1,5 m. Blätter 8-15 cm lang. Kelch dicht purpurfarben wollig, selten auch weiß. Blütenkrone weiß, 16-20 mm lang. Jeder Boden; vollsonnige Lage. WH: bis vielleicht —5° C. Sommer.

Salvia officinalis L. **›Purpurascens‹**. Purpurblättrige Form des Gartensalbeis. S. officinalis L. ist in Europa bh. und wächst auf trockenen Hügeln. Niedriger, breitwüchsiger, immergrüner Strauch bis 50 cm. Blüten bis 35 mm lang, violett, rosa oder weiß. Jeder durchlässige, im Sommer trockene Boden; vollsonnige Lage. WH: bis —15° C. Sommer.

Trichostema lanatum Benth. (*Labiatae*). Bh. in Kalifornien. Wächst auf trockenen, bewaldeten Hügeln und im Chaparral an der Küste bis 1000 m. Immergrüner Strauch bis 1,5 m. Blätter linealisch, bis 7,5 cm lang, aromatisch. Blüten bis 2,6 cm lang, mit Griffel und Staubblättern 3 cm. Jeder durchlässige, im Sommer trockene Boden; vollsonnige Lage. WH: bis —10° C. Sommer.

Salvia microphylla und *Opuntia*, in Spanien heimisch geworden

Salvia leucantha

Salvia officinalis ›Purpurascens‹

Trichostema lanatum bei St. Luis Obispo, Kalifornien

2. September, Wakehurst Place

Hypericum balearicum

Hypericum × indorum ›Elstead‹

Hypericum pseudohenryi N. Robson Lancaster 1029 (*Guttiferae*). Bh. in Yunnan, Sichuan und Tibet. Wächst auf grasbewachsenen Waldlichtungen in ca. 3000 m Höhe. BZ Mai-Juli. Laubabwerfender Strauch bis 1,5 m. Blätter kurzstielig (0,5-1 mm), 6,6 cm lang, schmal eiförmig bis lanzettlich. Kelchblätter bei den Knospen mehr oder weniger aufrecht. *M. acmosepalum* hat ähnliche, jedoch schmalere und gespreizte Kelchblätter. Blüten bis 5,5 cm im Durchmesser, Staubblätter um etwa 1/4 kürzer als Kelchblätter. Jeder Boden; Sonne oder Halbschatten. WH: bis —10° C. Früh- bis Spätsommer.

H. androsaemum L. Mannsblut. Bh. von England bis Nordafrika, ostwärts bis zum Kaspischen Meer. Wälder oder Hecken. BZ Mai-September. Laubabwerfender Strauch bis 1 m. Blätter sitzend, eiförmig, bis 10 cm lang, an der Basis herzförmig. Blüten klein, bis 2 cm breit, in flachen Blütenständen. Früchte rundlich, fleischig, zuerst rot, dann schwarz, oft ebenso dekorativ wie die Blüten. WH: bis —20° C, friert jedoch oft ganz zurück und treibt dann neu aus der Basis.

H. monogynum L. (syn. *H. chinense* L). Bh. in Westhubei, Ostsichuan, Jiangxi und Taiwan. Gebüsche in Schluchten in etwa 500 m Höhe. BZ Mai-September. Immergrüner Strauch bis 70 cm. Blätter sitzend, schmal länglich, bis 9 cm lang, spitz, unten netznervig. Kelchblätter bei den Knospen aufrecht. Blüten 6 cm breit, Griffel viel länger als der Fruchtknoten, fast bis zur Spitze verwachsen. Jeder Boden; warmer Standort. WH: bis —5° C. Sommer bis Herbst.

H. henryi Leveillé & Vanniot susp. ***henryi*** Lancaster 653. Bh. in Yunnan. Lichte Kiefernwälder und Gebüsche auf trockenen Abhängen in 2000-2400 m Höhe. BZ ab April. Laubabwerfender oder halbimmergrüner Strauch bis 1,5 m.

H. subsessile N. Robson SBEC 551. Bh. in Westyunnan, oberhalb der Stadt Dali. Unbewaldete Berghänge in 3200 m Höhe. BZ ab Juni.

H. bellum Li. Bh. in Nordostindien, Südosttibet, Nordbirma und Yunnan. Gebüsche und unbewaldete Berghänge. BZ Mai-Juli. Laubabwerfender Strauch bis 70 cm. Blätter kurzstielig, 3,5 cm lang, 1,1-1,7mal so lang wie breit. An der Spitze gerundet oder eingedrückt, am Rand wellig. Kelchblätter oval bis obovat, bei den Knospen aufrecht. Blüten bis 4 cm breit. Staubblätter etwa 1/3 so lang wie Blütenblätter. Jeder Boden; sonnige Lage. WH: bis —10° C. Früh- bis Spätsommer.

H. hircinum L. susp. ***albimontanum*** (Greuter) N. Robson.. Bh. im Mittelmeerraum von den Balearen bis Griechenland, in der Türkei und in Nordafrika. Feuchte Stellen an Wasserläufen bis 600 m. BZ Juni-August. Laubabwerfender oder halbimmergrüner Strauch bis 1 m. Blätter 2,6-7 cm lang. Blüten 3-5 cm breit. WH: bis vielleicht —15° C.

H. forrestii (Chittenden) N. Robson Lancaster 1048. Bh. in Nordostindien, Nordbirma, Yunnan und Westsichuan. BZ Mai-Juli. Laubabwerfender Strauch bis 2 m. Blätter kurzstielig, bis 4,5 cm lang, 1,8-2,5mal so lang wie breit. Kelchblätter rundlich, bei den Knospen aufrecht. Blüten bis 6 cm breit. Nahe verwandt mit ›Hidcote‹ und *H. bellum*. Jeder Boden; Sonne oder Halbschatten. WH: bis —10° C. Früh- bis Spätsommer.

H. acmosepalum N. Robson Lancaster 683. Bh. in Yunnan und Guizhou. Berghänge, Waldlichtungen in 1850-3000 m Höhe. BZ ab Juni. Halbimmergrüner Strauch bis 1 m. Blätter kurzstielig, oval oder länglich bis oblanzettlich, 2-6 cm lang.

2. September, Wakehurst Place

H. balearicum Bh. auf den Balearen. Niedrige Gebüsche auf felsigen Hügeln. BZ Mai-Juni. Kleiner, bis 50 cm hoher Strauch mit warzigen Zweigen. Blätter 1,5 cm lang, Rand gewellt. Blüten ca. 3-5 cm breit. Durchlässiger, im Sommer trockener Boden; vollsonnige Lage. WH: bis —5° C. Früh- bis Spätsommer.

H. × inodorum Miller **›Elstead‹** (syn. *H. elatum*). Hybride zwischen *H. androsaemum* und *H. hircinum*. Auch wild vorkommend. Die hier gezeigte Kulturvarietät ›Elstead‹ wurde allerdings von W. Ladhams aus Elstead gezogen. Halbimmergrüner Strauch bis 1 m, meist niedriger. Blätter sitzend, bis 7,5 cm lang. Blüten klein, ca. 2,5 cm breit. Früchte spitz zulaufend, orangerosa bis rot und ansehnlicher als die Blüten, am schönsten im August und September. Anfällig für Rost.

H. beanii N. Robson (*syn. H. patulum* var. *henryi* Bean) R. Lancaster 752. Bh. in Yunnan und Guizhou. Halbimmergrüner Strauch bis 1,5 m. Blätter eiförmig, kurzstielig, bis 7 cm lang. Kelchblätter bei der Knospe geschlossen, eiförmig bis oval. Blüten becherförmig, bis 6 cm breit. Staubblätter 1/2 bis 3/4 so lang wie Blütenblätter. Jeder Boden; Sonne oder Halbschatten. WH: bis —10° C. Die Kulturvarietät ›Gold Cup‹ hat schmalere Blätter und Blütenknospen. WH: bis —10° C. Sommer.

H. hookerianum Wight & Arn. Beer, Lancaster & Morris 253, Kingdon Ward 21484. Bh. im Himalaja von Nepal bis Birma und Thailand sowie in den Gebirgen Südindiens. Wiesen und lichte Gebüsche. BZ Mai-Juli. Immergrüner Strauch bis 1,5 m. Blätter kurzstielig, lanzettlich oder schmal eiförmig, bis 6 cm lang. Blüten becherförmig, bis 5 cm breit. Kelchblätter obovat, spatelförmig bis rund. Griffel sehr kurz, nur 1/5 bis 1/2 so lang wie Fruchtknoten. Staubblätter 1/4 bis 1/3 so lang wie Blütenblätter. Jeder gute Boden; Sonne oder Halbschatten. WH: —5° C bis —10° C. Sommer.

***H.* ›Hidcote‹**. Höchstwahrscheinlich Hybride zwischen *H. forrestii* und *H. calycinum*. Wird als Kulturpflanze von der Gärtnerei Hidcote Manor vertrieben, stammt vermutlich jedoch nicht von dort. Laubabwerfender Strauch bis 1,5 m, breiter als hoch. Blätter dreieckig lanzettlich, unten blaßgrün und dicht netznervig. Kelchblätter bei der Knospe aufrecht. Blüten bis 7,5 cm breit, fast flach. BZ Juni-Oktober. Staubblätter 1/3 so lang wie Blütenblätter. Griffel so lang wie der Fruchtknoten. Jeder Boden; Sonne oder Halbschatten. WH: bis —10° C, treibt jedoch meist wieder aus der Basis, wenn zurückgefroren.

***H.* ›Rowallane‹**. Hybride zwischen *H. hookerianum* ›Rogersii‹ und *H. leschenaultii*, in Rowallane, County Down, gefunden. Blüten groß, bis 7,5 cm breit, ziemlich flach. Kelchblätter oblanzettlich, manchmal spitz. Großer Strauch, wird in Gärten auf der milden Westseite Englands bis 2 m hoch. Jeder gute Boden; Sonne oder Halbschatten. WH: bis —5° C.

H. kouytchense Léveillé (syn. *H. patulum* ›Sun Gold‹ und *H. patulum* var. *grandiflorum*). Bh. in Yunnan und Guizhou. Halbimmergrüner Strauch bis 1,5 m, mit übergebogenen Zweigen. Blätter kurzstielig, eiförmig bis schmal eiförmig, bis 5,5 cm lang. Kelchblätter aufrecht oder aufsteigend, lanzettlich, lang zugespitzt. Blüten ca. 6 cm breit, Griffel ca. 0,7mal so lang wie Blütenblätter. Jeder gute Boden; Sonne oder Halbschatten. WH: bis —10° C.

H. calycinum L. Immergrünes Johanniskraut. Bh. in Südbulgarien und in der Nordtürkei. Wiesen und lichte Wälder bis 1800 m. BZ Juli-September. Ausläufer treibender, große Flächen bedeckender Strauch. Stämmchen bis 50 cm hoch, enden in einer großen, einzelstehenden, bis 10 cm breiten Blüte. Staubblätter mit rötlichen Staubbeuteln. Griffel länger als der Fruchtknoten. Nützlich als Bodenbegrüner. Verträgt Trockenheit, Schatten und kargen Boden. WH: bis —25° C.

H. × moserianum André. Bastardjohanniskraut. Hybride zwischen *H. patulum* und *H. calycinum*. Um 1887 in der Baumschule Moser in Versailles gezogen. Immergrüner Strauch bis 50 cm; friert im Winter meist ganz zurück. Blätter bis 5 cm lang. Blüten bis 6 cm breit. BZ Juli-Oktober. Griffel gleich lang oder 1,3mal so lang wie der Fruchtknoten. Staubbeutel rötlich. Jeder Boden; vollsonnige Lage oder Halbschatten. WH: bis —10° C. Var. *tricolor* hat weiß panaschierte, rosa gerandete Blätter; diese Form haben wir jedoch nicht gesehen.

H. patulum Thunb. ex. Murray. Japanjohanniskraut. Bh. in Yunnan und Tibet, ostwärts bis Jiangsu und Zhejiang; in Japan schon lange kultiviert. Immergrüner Strauch bis 1 m, Zweige 4-5-schneidig oder 4-kantig. Blätter kurzstielig in der Jugend, bis 6 cm lang, eiförmig, stachelspitzig. Blüten becherförmig, 5 cm breit. Kelchblätter eiförmig bis kreisrund, fein gezähnt, in der Regel stachelspitz. Griffel so lang wie der Fruchtknoten oder um 1/3 kürzer. Staubbeutel gelb. Jeder Boden; Sonne oder Halbschatten. WH: bis —5° C, treibt jedoch neu aus, wenn zurückgefroren. Sommer bis Herbst.

12. September, Royal Botanic Gardens, Kew

Fuchsia ›Riccartonii‹ in Trebah, Cornwall

Fuchsia excorticata in Logan

Fuchsia lycioides Andr. (*Onagraceae*). Bh. in Chile. Sandige Hügel in Küstennähe.. Blüht das ganze Jahr über. Laubabwerfender oder halbimmergrüner Strauch bis 3 m. Blüten mit Röhre ca. 2 cm lang. Jeder Boden; Sonne oder Halbschatten. WH: bis vielleicht —10° C. Sommer.

F. magellanica Lam. Bh. in Chile vom 31° s. Br. und in Argentinien vom 40° s. Br. bis Feuerland. Wächst bes. auf den Westflanken von Bergen, in Scheinbuchenwäldern an Wasserläufen und Sümpfen sowie zwischen Scheinbuchen und Drimysgewächsen in Wäldern an der Küste. Blüht im April und wird von Kolibris bestäubt. Laubabwerfender Strauch bis 5 m, in kalten Klimazonen jedoch meist nur 2 m. Blätter gegenständig, bis 5 cm lang. Blüten mit Röhre 5-12 mm lang. Feuchter, am besten torfiger Boden. Sonne oder Halbschatten; Schutz vor kaltem Wind. WH: bis —10° C. Noch winterhärter, wenn ihr Wurzelstock vor Frost geschützt ist und sie sich als krautige, mehrjährige Pflanze verhält. Spätsommer bis Herbst.

F. magellanica var. ***macrostema*** (Ruiz & Pavon) Munz. Wurde im nördlichen Teil des Verbreitungsgebiets von *F. magellanica* gefunden. Hat bemerkenswert lange Kelchblätter und Blütenstiele (4-6 cm) und größere Blätter.

F. magellanica var. ***conica*** (Lindl.) Bailey. Bh. in Chile. Unterscheidet sich von var. *magellanica* durch breitere Blätter und eine sehr kurze, verbreiterte Kelchröhre. Sie ist durch die Hybride ›Globosa‹ eine der Elternpflanzen von ›Riccartonii‹. Vielleicht ist die abgebildete Pflanze diese Hybride, allerdings lassen die zahlr. Früchte vermuten, daß es sich um eine Art und nicht um eine Hybride handelt.

F. magellanica Lam. (H. Comber 1031). Diese Form von *F. magellanica* sammelte Harold Comber in 300 m Höhe am Lago Calafquen bei Valdivia, Chile.

F. magellanica ›**Pumila**‹. Unter dem Namen ›Pumila‹ werden vermutlich mehrere Klone kultiviert. Der abgebildete ist eine sehr reich blühende Zwergform von *F. magellanica*. Ein anderer hat große Ähnlichkeit mit ›Tom Thumb‹ (S. 247), einer Hybride, deren Blüte eine kurze Kelchröhre aufweist.

F. magellanica ›**Riccartonii**‹. Um 1830 in Riccarton bei Edinburgh, Schottland, gezogen. Man erkennt diese Fuchsie an ihrer kurzen, ca. 8 mm langen Blütenröhre und ihren steifen, gespreizten, 18-22 mm langen Kelchblättern. Feuchter, humusreicher Boden; Sonne; Halbschatten. WH: wenn eingewöhnt bis —15° C. Spätsommer.

F. magellanica var. ***discolor*** (Lindl.) Bailey. Zwergvarietät aus dem Gebiet an der Magellanstraße. Soll außergewöhnlich wh. sein.

F. excorticata (J. R. & B. Forst.) L. fil. Bh. auf beiden Inseln Neuseelands. Wälder im Flachland, subalpine Gehölze, Waldränder, Flußufer und schattige Wasserläufe. BZ August-Dezember. Laubabwerfender Strauch oder kleiner Baum bis 12 m. Rinde rötlich, papierartig abblätternd, wobei eine glatte, grüne untere Schicht zum Vorschein kommt. Blätter gegenständig, bis 10 cm lang. Blüten 20-30 mm lang, mit blauen Pollen. Feuchter Laubboden; kühler, feuchter Standort. WH: bis —10° C. Frühjahr.

F. regia (Vand.) Munz. Bh. in Brasilien. Wächst in den Organbergen bei Rio de Janeiro in etwa 900 m Höhe als Klimmer und wird bis 6 m hoch. Laubabwerfender Strauch, entweder kletternd oder mit bogigen Zweigen. Blätter normalerweise schmaler als bei der abgebildeten Pflanze. Kelchblätter nicht zurückgebogen. Guter, humusreicher Boden; Halbschatten. Spätsommer. Wh., wenn man sie so tief pflanzt, daß Wurzeln und Wurzelhals vor Frost geschützt sind.

F. minimiflora Hemsl. Bh. im südlichen Zentralmexiko. Laubabwerfender Strauch bis 4 m, in Kultur meist niedriger. Blätter 1-2 cm lang. Blütenblätter kürzer als 2,5 mm; Kelchblätter 1,5-2,5 mm lang. Feuchter Boden; Halbschatten. WH: bis vielleicht —5° C, bei geschütztem Wurzelhals jedoch darunter.

F. ›**Mrs Popple**‹. Alte, schon vor 1934 bekannte Varietät. Wahrscheinlich Hybride von ›Corallina‹. Siehe auch S. 247. WH: bis —10° C, bei geschütztem Wurzelhals auch darunter.

F. ›**Tresco**‹. Kräftig, buschig, breitwüchsig und reichblühend. Vermutlich Hybride zwischen *F. magellanica* und einer großblütigen Hybride. In Tresco gezogen. WH: bis —10° C.

26. September, Wisley

26. September, Wisley

***Fuchsia* ›Cliff's Hardy‹**. Kreuzung zwischen ›Athela‹ und ›Bon Accorde‹, 1966 in Großbritannien erzielt. Buschiger, aufrechter Wuchs bis 1 m. WH: bis −10°C.

F. **›Ruth‹**. Buschige Fuchsie von aufrechtem Wuchs, 1949 in Großbritannien gezüchtet. Reichblühend. WH: bis −10°C, bei geschütztem Wurzelstock darunter. Spätsommer bis Herbst.

F. **›Sleepy‹**. ›Zwergfuchsie‹, maximal 36 cm hoch, von buschigem, aufrechtem Wuchs, 1954 auf den Scillyinseln gezüchtet. WH: bis −10°C.

F. **›Sealand Prince‹**. Aufrechte, buschige Pflanze, 1967 in Großbritannien gezüchtet. Reichblühend. WH: bis −10°C.

F. **›Pee Wee Rose‹**. Möglicherweise Sämling von *F. magellanica* var. *molinae*. Ziemlich offener Wuchs. Geeignet für Wandspalier; kräftig, wenn unter Glas gezogen. Reichblühend mit kleinen Blüten. WH: bis −10°C.

F. **›Susan Travis‹**. Kräftiger, breitwüchsiger Busch, bis 75 cm hoch und breit, 1958 in Großbritannien gezüchtet. Reichblühend. WH: bis −10°C.

F. **›Thornley's Hardy‹**. 1970 in Großbritannien zufällig entstandener Sämling. Lockerer Wuchs, Zweige hängend. Reichblühend mit kleinen Blüten. WH: bis −10°C.

F. **›Pixie‹**. Aufrechte, buschige Spielart von ›Graf Witte‹, 1960 in Großbritannien entstanden. Kräftiger Wuchs bis 1 m. Als Heckenpflanze geeignet. Reichblühend. WH: bis −10°C.

F. **›Mme Cornellissen‹**. Kräftige, buschige Pflanze bis 1 m, als Heckenpflanze geeignet. 1860 in Belgien gezüchtet. Sehr reich blühend. WH: bis −10°C.

F. **›Rufus‹**. Kräftige, buschige Sorte von aufrechtem Wuchs, 1952 in den USA gezüchtet. Leicht zu ziehen. Reichblühend; lange BZ. WH: bis −10°C.

F. magellanica var. ***gracilis*** (Lindl.) Bailey **›Variegata‹**. Blätter mit breitem, weißlichem Rand, ansonsten wie ›Versicolor‹. Schlägt manchmal in die nicht panaschierte var. *gracilis* zurück. WH: bis −10°C. Blüht ab Spätsommer bis zum ersten Frost.

F. magellanica var. ***gracilis*** (Lindl.) Bailey **›Versicolor‹** (syn. var. *gracilis* ›Tricolor‹). Blätter gräulich, in der Jugend rosa getönt, manchmal weiß gerandet, oft zu 3 beisammen. Blüten schlank. Die ungewöhnliche Farbe der Blätter entwickelt sich am besten bei vollem Licht. WH: bis −10°C.

F. **›Tom Thumb‹**. Buschige Zwergsorte, vermutlich nach 1850 in Frankreich gezüchtet. Sehr reich blühend. WH: bis −10°C.

F. magellanica var. ***molinae*** (Syn. ***F. m.*** var. ***alba***). Bh. auf der Insel Chiloé. Blüten sehr blaßrosa. Elegante, aber nur in vollsonniger Lage reichblühende Varietät. Vermutlich die winterhärteste Fuchsie. WH: bis vielleicht −15°C.

F. **›Corallina‹**. Alte Hybride, 1844 in Exeter, Devon, gezüchtet. Lockerer, breitwüchsiger Busch bis 1 m. Blätter oft zu 3 beisammen. WH: bis −10°C.

Mitraria coccinea Cav. (*Gesneriaceae*). Bh. in Südchile und Südargentinien vom 35°s. Br. südwärts. Feuchte Wälder, moosbewachsene Baumstümpfe und schattige Felsen. Immergrüner Klimmer oder kriechender Strauch bis 3 m oder höher. Blätter 2-3 cm lang, auf Mittelrippe und Stiel behaart. Blüten 2,5-3,5 cm lang. Früchte fleischig. Feuchter Laub- oder Torfboden; Schatten. WH: bis −10°C.

Mitraria coccinea

9. September, Wisley

***Fuchsia* ›Howlett's Hardy‹**. Buschiger Wuchs bis 80 cm. Ziemlich reich blühend. Winterhärte: bis —10°C.

F. magellanica var. ***molinae*** ›Sharpitor‹. Ungewöhnliche Sorte, im gleichnamigen Garten entstanden und in den 70er Jahren vom National Trust eingeführt. WH: bis vielleicht —15°C.

***F.* ›Chillerton Beauty‹**. Buschige, bis 1 m hohe Sorte, als Heckenpflanze geeignet. Angeblich nach 1840 in Chillerton, Isle of Wight, gezüchtet. Sehr reich blühend. WH: bis —10°C.

***F.* ›Goldsworth Beauty‹**. Buschige Sorte von aufrechtem Wuchs, 1952 in Großbritannien gezüchtet. Reichblühend. WH: bis —10°C.

***F.* ›Alice Hoffman‹**. Kompakte, buschige Pflanze, 1911 in Deutschland gezüchtet. Angeblich reich blühend. WH: bis —10°C.

***F.* ›C. J. Howlett‹**. Sorte von buschigem, aufrechtem Wuchs, 1911 in Großbritannien gezüchtet. Blüten einzelstehend, manchmal halbgefüllt; reichblühend. WH: bis —10°C.

***F.* ›Lady Thumb‹**. Spielart von ›Tom Thumb‹, 1966 in Großbritannien eingeführt. Zwergstrauch, jedoch von aufrechtem Wuchs. Sehr reich blühend. WH: bis —10°C.

***F.* ›Genii‹**. Unter dem Namen ›Jeane‹ 1951 in Amerika eingeführt. Buschiger, aufrechter Wuchs. Reichblühend. Blätter gelblich, Stämmchen rot.

***F.* ›Pink Lace‹**. Kräftiger, aufrechter, buschiger Wuchs, bis 80 cm hoch. In den 70er Jahren auf den Scillyinseln gezüchtet. Reichblühend. WH: bis —5°C.

***F.* ›Eva Boerg‹**. Niedrige Sorte von ziemlich ›offenem‹ Wuchs, in den 40er Jahren in Großbritannien gezüchtet. Reichblühend. WH: bis —10°C.

***F.* ›Purple Splendour‹**. Kräftige, breitwüchsige Pflanze, bis 60 cm hoch. WH: bis —10°C.

***F.* ›Mrs Popple‹**. Eine der beliebtesten Fuchsien. Aufrechter, buschiger, sehr kräftiger Wuchs, bis 1 m hoch. Reichblühend. WH: bis —10°C, in milden Regionen als Heckenpflanze geeignet.

Mutisia decurrens Car. (*Compositae*). Bh. in den chilenischen und argentinischen Anden. Wächst an trockenen, felsigen Standorten. Immergrüner, kletternder und kriechender Strauch bis 3 m. Blätter schmal, ungezähnt, 7,5-12,5 cm lang, in einer Ranke endend. Blüten 10-12,5 cm breit. Lockerer, trockener, steiniger Boden; vollsonnige Lage. WH: bis —10°C. Bei vielen Arten von *Mutisia* empfiehlt es sich, zum Schutz der Ausläufer einen großen Stein über die Wurzel zu legen.

Mutisia oligodon Poepp. & Endl. Bh. in den chilenischen und argentinischen Anden. Felsige Standorte und heiße, trockene Abhänge in 1000-1500 m Höhe. Immergrüner Kletterstrauch bis 3 m, in Kultur auch höher. Blätter bis 3 cm lang, gezähnt, unten weiß wollig, in dünner Ranke endend. Blüten etwa 7 cm breit. Kulturpflanzen blühen nur in warmen Sommern. Lockerer, steiniger Boden; vollsonnige Lage. WH: bis —15°C. Sommer.

Fuchsia ›Mrs Popple‹, Castle Howard, Yorkshire

Ins Freie gesetzte Fuchsien bei Nymans

Alte Treibhausfuchsie in Wallington

Mutisia oligodon

Mutisia decurrens

25. September, Wisley

Hibiscus sinosyriacus ›Lilac Queen‹ im Hillier Arboretum

Hibiscus syriacus ›Blue Bird‹

Alyogyne huegellii

Hibiscus syriacus ›Hamabo‹

Hibiscus sinosyriacus L. H. Bailey (*Malvaceae*). Bh. in Südyunnan, Guizhou, Gansu und Schaanxi, dort häufig kultiviert. Laubabwerfender Strauch bis 3 m. Stärkerer Wuchs, breitere, feiner gezähnte Blätter und etwas größere Blüten als *H. syriacus.* BZ Frühherbst. Von H. G. Hillier 1936 aus China eingeführt und **›Ruby Glow‹** und **›Lilac Queen‹** benannt. Jeder Boden. Warmer Standort; vollsonnige Lage. WH: bis —15°C.

H. syriacus L. Straucheibisch. Bh. in China. Dort und in Japan schon lange kultiviert, ursprüngliches Verbreitungsgebiet deshalb unsicher. In Europa seit dem 16. Jh. bekannt und in Kultur. Damals hielt man den Nahen Osten für seine natürliche Heimat, daher der Name *syriacus.* Zahlr. Varietäten wurden gezogen und benannt. Alle sind fast überall in Großbritannien und Südeuropa wh. (bis —20°C). In kühlen Gegenden nur an schützender Wand oder sehr warmem Standort reichblühend. Wertvoller, spätblühender Strauch bis 3 m. Blätter 3-lappig, bis 10 cm lang. Blüten bis 6 cm breit (bei neuen Sorten bis 12 cm), ursprünglich purpurrosa. Blüht in Gärten von Mitt- bis Spätsommer. Lockerer Boden; vollsonnige Lage. Regelmäßiger Rückschnitt nicht erforderlich.

***H. syriacus* ›Woodbridge‹**. Beliebte Varietät, 1928 von Nottcutts in Woodbridge, Suffolk, gezogen. Vermutlich bis heute die wertvollste Varietät mit einfachen roten Blüten.

***H. syriacus* ›Comte de Flandres‹** (syn. ›Boule de Feu‹). Alte, schon vor 1856 bekannte Hybride. Blüten bis 7 cm breit. Blüht nicht gut bei kaltem Wetter.

***H. syriacus* ›Redheart‹**. Sehr große Blüten. Ursprung unbekannt.

***H. syriacus* ›Pink Giant‹**. Hybride zwischen ›Woodbridge‹ und ›Red Heart‹. Große Blüten.

***H. syriacus* ›Dianau‹**. Bis 2 m hoher Strauch, von Egolf gezüchtet und 1963 vom National Arboretum in den USA eingeführt. Blüten bis 12 cm breit; reichblühend.

***H. syriacus* ›Mauve Queen‹**. Bei Notcutts gezüchtet.

***H. syriacus* ›Blue Bird‹** (syn. ›Oiseau Blue‹). Kräftiger, bis 2,5 m hoher Strauch, vor 1958 von Croux jun., Frankreich, gezüchtet. BZ Mitt- bis Spätsommer. Die großen, bis 8 cm breiten Blüten schließen sich bei schlechtem Wetter.

***H. syriacus* ›Hamabo‹**. Kräftiger, bis 2 m hoher Strauch mit großen Blüten. (Nicht zu verwechseln mit der japanischen Art *H. hamabo,* die blaßgelbe Blüten mit dunkelroter Mitte hat.)

Alyogyne huegellii (Endl.) Fryx. (syn. *Hibiscus huegellii* Endl.) (*Malvaceae*). Bh. in Süd- und Westaustralien. Wächst auf felsigen Hügeln und in Schluchten, bes. im Südteil der Flinderskette. BZ Juni-Januar. Blätter tief 3-5-lappig, annähernd rund, ca. 3 cm lang. Blüten 4,5-7 cm lang, violett oder purpurn. Jeder lockere Boden; vollsonnige Lage. WH: bis —5°C. Gut für Mittelmeerklima geeignet. ›Moora‹ ist eine selektierte Form.

17. Oktober, Goatcher's Nursery, Sussex

Cestrum aurantiacum

Cestrum elegans

Fremontodendron decumbens

Solanum jasminoides ›Album‹

Caryopteris × clandonensis

Dendromecon harfordii

***Ceanothus* ›Gloire de Versailles‹**. Vor 1891 gezüchtete Hybride. Halbimmergrüner Strauch bis 4 m oder höher. Blätter bis 8 cm lang. BZ Spätsommer bis zum ersten strengen Frost. Vollsonnige Lage. WH: bis −15°C.

***Ceanothus* ›Burkwoodii‹**. In England gezüchtete Hybride. Immergrüner Strauch bis 2 m. Blätter 3 cm lang, unten grau. Blüten bis 6 cm lang. Vollsonnige Lage. WH: bei Schutz vor kaltem Wind bis −10°C. Sommer bis Herbst.

Fremontodendron decumbens Lloyd (syn. *F. californicum* subsp. *decumbens* [Lloyd] Munz) (*Sterculiaceae*). Bh. in Kalifornien. Chaparral und Gebüsche. Immergrüner, niedergestreckter Strauch, bis 4 m breit, 1 m hoch. BZ Frühjahr. Blüten 3,6 cm breit. WH: bis vielleicht −10°C.

***Fremontodendron* ›California Glory‹**. Im Botanischen Garten von Santa Ana, Kalifornien, gezüchtete Hybride. Blüht durchgehend von Frühjahr bis Spätsommer. Blüten bis 10 cm breit. Raschwüchsiger, ansehnlicher, jedoch kurzlebiger Strauch. Lockerer Boden; vollsonnige Lage; Schutz durch eine Mauer. WH: bis −10°C.

***Ceanothus* ›A. T. Johnson‹**. Hybride mit langer BZ, blüht jedoch am besten in Frühling und Herbst. Lockerer Boden; vollsonnige, geschützte Lage. WH: bis −10°C.

Dendromecon harfordii Kell. (*Papaveraceae*). Bh. in Kalifornien. Gebüsche auf trockenen Abhängen. BZ hauptsächlich April-Juli, unregelmäßig jedoch auch später. Immergrüner Strauch oder kleiner Baum bis 6 m. Blüten 6,5 cm breit. Lockerer Boden und vollsonnige Lage. WH: bis −5°C. Sommer.

Cestrum parqui L'Herit (*Solanaceae*). Bh. in Chile. Laubabwerfender Strauch bis 2 m. Blätter bis 14 cm lang. Blüten ca. 2 cm lang. BZ in Kultur Juni-September. Vollsonnige Lage. WH: bis −10°C; oft zurückfrierend.

Cestrum elegans Schlecht. Bh. in Mexiko. Laubabwerfender Strauch bis 3 m. Blätter bis 10 cm lang. Blüten bis 20 mm lang, in zusammengesetzten Rispen. Früchte purpurrot, fleischig. WH: bis −10°C. Frühsommer.

Cestrum aurantiacum Lindl. Bh. in Guatemala. Laubabwerfender Strauch bis 2 m. Blätter 8-9 cm lang. Blüten etwa 1,5 cm lang. Vollsonnige Lage. WH: bis −5°C (?). Herbst.

Calceolaria integrifolia (*Scrophulariaceae*). Bh. in Chile. Immergrüner Strauch bis 1,5 m. Blätter bis 10 cm lang. Blüten ca. 13 cm breit. Durchlässiger Boden. Vollsonnige Lage; Schutz vor kaltem Wind. WH: bis −10°C. Sommer.

Ceanothus thyrsiflorus Esch. var. ***repens*** McMinn. (*Rhamnaceae*). Bh. in Mittelkalifornien. Gebüsche und Klippen in Küstennähe. Niedergestreckter oder hügelbildender Strauch. Höhe bis 1 m, Breite bis über 2 m. Blätter bis 5 cm lang. BZ im Frühsommer und in Kultur oft noch einmal im Frühherbst. Vollsonnige Lage; verträgt Trockenheit im Sommer. Eine der winterhärtesten Arten (bis −15°C).

***Ceanothus* ›Autumnal Blue‹** Hybride von *C. thyrsiflorus*. Immergrüner Strauch bis 1,5 m. Blätter bis 4 cm lang. Blüten in lockeren Rispen. Vollsonnige Lage. WH: bis −15°C. Sommer bis Herbst.

Ceanothus thyrsiflorus Esch. Bh. in Kalifornien und Südoregon. Gehölze und Canyons in Küstennähe. Großer, bis 6 m hoher Strauch. WH: bis −10°C.

Solanum jasminoides Paxt. **›Album‹** (*Solanaceae*). Bh. in Südbrasilien und Paraguay. Waldränder und Gebüsche. Immergrüner oder laubabwerfender Klimmer bis 5 m. Blätter bis 5,5 cm lang. Blüten 1,5-2,5 cm breit, 10-20 in flacher Doldentraube. WH: bis −10°C.

Caryopteris × clandonensis Simmonds (*Verbenaceae*). Hybride zwischen *C. incana* (Thunb.) Miq. und *C. mongolica* Bunge, seit 1933 bekannt. Arten von *Caryopteris* sind in der Mongolei, in West- und Nordchina sowie in Japan heimisch. Trockene Gebüsche und steile Abhänge. Laubabwerfende Sträucher bis 1 m, im Winter bis auf die verholzte Basis zurückfrierend. BZ August-September. Vollsonnige Lage. WH: bis −15°C.

17. Oktober, Chelsea Physic Garden

Phaedranthus buccinatorius in La Mortala

Isoplexis canariensis auf Teneriffa

Campsis radicans

Campsis grandiflora

Phaedranthus buccinatorius (syn. *Distictis buccinatoria*) (*Bignoniaceae*). Bh. in Mexiko. Immergrüner Klimmer bis 5 m oder höher. Blätter mit 2 Blättchen und dreiarmiger Ranke. Blüten bis 12 cm lang. Guter Boden; vollsonnige, warme Lage. WH: bis vielleicht —5° C. Mittsommer.

Abutilon megapotamicum St. Hil. & Naud. (*Malvaceae*). Bh. in Brasilien, vermutlich am Rio Grande. Immergrüner Strauch bis 2 m. Bei **›Variegatum‹**, einer Form mit weiß gescheckten Blättern, ist die Panaschierung wahrscheinlich durch eine Virusinfektion verursacht. WH: an warmer Mauer bis —10° C. Sommer.

Colquhounia coccinea Wall. (*Labiatae*). Bh. im Himalaja von Nordindien bis Birma, Thailand und Yunnan. Wächst in 1200-3000 m Höhe. BZ September-Oktober. Aufrechter, halbimmergrüner Strauch bis 3 m. Siehe auch S. 241. WH: bis —10° C.

Ceratostigma willmottianum Stapf (*Plumbaginaceae*) Willmotts Hornnarbe. Bh. in Westsichuan. Wächst in 1000-2000 m Höhe. BZ Mai-Juli. Laubabwerfender Strauch bis 1 m. Friert im Winter normalerweise fast ganz zurück. Vollsonnige Lage. WH: bei geschütztem Wurzelstock bis —15° C. Sommer-Herbst.

Ceratostigma plumbaginoides Bunge. Bh. in Nordchina. Halbstrauchige, mehrjährige Pflanze mit kriechendem Wurzelstock, große Gruppen bildend. Stämmchen bis 35 cm lang. WH: bis —20° C.

Penstemon cordifolius Benth. (*Scrophulariaceae*). Bh. in Kalifornien, von San Luis Obispo südwärts. Gebüsche, Canyons und felsige Abhänge unter 1000 m. BZ Mai-Juli. Feinzweigiger, unregelmäßig ausgebreiteter Strauch bis 3 m. Blüten manchmal gelb. Lockerer, im Sommer durchlässiger Boden. WH: bis —5° C.

***Abutilon* ›Kentish Belle‹**. Hybride zwischen *A. megapotamicum* und *A.* ›Golden Fleece.‹ Blätter leicht behaart. Immergrüner Strauch bis 2 m. WH: bis —5° C, vielleicht auch härter. Sommer. *A.* ›Golden Fleece‹ stammt aus derselben Gruppe von Sämlingen wie ›Ashford Red‹.

***Abutilon* ›Ashford Red‹**. Vermutlich Hybride zwischen *A. darwinii* und *A. striatum.* Blätter weich behaart. Immergrüner Strauch bis 2 m, in der Regel jedoch ca. 1 m. Winterhärte: bis vielleicht —5° C. Sommer.

Abutillon* × *milleri hort. Gruppe von Hybriden zwischen *A. megapotamicum* und *A. pictum*, die praktisch das ganze Jahr über blühen. Immergrüne, bis 1,5 m hohe Sträucher mit bogigen Zweigen. WH: bis —5° C.

Mimulus aurantiacus Curt. (syn. *M. glutinosus* Wendl) (*Scrophulariaceae*) Gauklerblume. Bh. in der kalifornischen Küstenkette und in Westoregon. Felsen, Straßenböschungen und trockene Abhänge unter 600 m. BZ März-August. Unregelmäßig ausgebreiteter, immergrüner Strauch bis 1,2 m. Blätter 2,5-5 cm lang, klebrig. Blüten dunkel- oder blaßorange. WH: bis —10° C. Sommer.

Campsis radicans (L.) Seem. (syn. *Bignonia radicans* L.) (*Bignoniaceae*) Amerikanischer Trompetenwein. Bh. in New Jersey, ostwärts bis Iowa, südwärts bis Texas und Florida; weiter nördlich heimisch geworden. Wächst in Gebüschen und Gehölzen, klettert mittels Luftwurzeln auf Bäume. BZ April-Juni. Verholzter Klimmer bis 20 m. Blüten 6-8 cm lang, selten gelb. Jeder gute Boden. Vollsonnige Lage. WH: bis —20° C. Sommer.

Campsis grandiflora (Thunb.) K. Schum. Bh. in Hubei und Jiangxi. Wächst in Höhen um 100 m. BZ August. Laubabwerfender Klimmer, bis 6 m oder höher. Blättchen 7-9, rauh mit eingesenkten Nerven, oben klebrig. Blüten etwa 7,5 cm breit (?), in Rispen. Kelch tiefer gelappt als bei *C. radicans.* WH: bis —10° C. Blüht nur in heißen Sommern gut. Sommer.

Isoplexis canariensis (L.) Stend. (*Scrophulariaceae*). Bh. auf den Kanarischen Inseln. Lichte Stellen in Lorbeer- und Baumheidewäldern bis 1000 m. BZ November-Juni. Immergrüner Strauch bis 2 m. Blätter lanzettlich, bis 10 cm lang. Jeder Boden; Sonne oder Halbschatten. WH: bis —5° C. Hauptsächlich im Frühsommer.

17. Oktober, Chelsea

Medicago arborea L. Bh. im Mittelmeerraum. Gebüsche und felsige Abhänge. Immergrüner Strauch bis 4 m. Blüten 12-15 mm lang. Vollsonnige Lage. WH: bis —10°C. Sommer.

Arbutus unedo L. (*Ericaceae*) Erdbeerbaum. Bh. in Westirland, in der Bretagne und im Mittelmeerraum. Gehölze und Gebüsche. Immergrüner Strauch bis 12 m. Blätter bis 12 cm, Blüten bis 9 mm lang. Früchte rot. Durchlässiger Boden; vollsonnige Lage. WH: bei Schutz vor kaltem, trockenem Wind bis —15°C. Herbst.

Convolvulus cneorum L. (*Convolvulaceae*). Bh. im Mittelmeerraum. Wächst auf Kalkstein am Meer. Immergrüner Strauch bis 50 cm. Blätter bis 4 cm, Blüten 15-25 cm lang. Durchlässiger, karger Boden; vollsonnige Lage. WH: in geschützter Lage bis —10°C. Sommer.

Prunus laurocerasus L. **›Otto Luyken‹** (*Rosaceae*). Niedrigwachsender, immergrüner, schmalblättriger Klon von *P. laurocerasus*. Blätter bis 11 cm lang. BZ Frühling-Herbst. WH: bis —10°C.

Viburnum tinus L. (*Caprifoliaceae*) Lorbeerschneeball. Bh. im Mittelmeerraum. Gehölze, Gebüsche und Garrigue am Meer. Immergrüner Strauch bis 7 m. Blätter 3-10 cm lang. Blüten 5-9 mm breit. Vollsonnige, geschützte Lage. WH: bis —10°C. Herbst bis Frühjahr. Hier abgebildet sind die Klone **›Eve Price‹** mit rosa Knospen und **›Variegatum‹**.

Prasium majus L. (*Labiatae*). Bh. in Portugal und im Mittelmeerraum. Trockene Hügel am Meer. Immergrüner Strauch bis 1 m. Blätter 2-5 cm. Blüten 17-20 mm lang, weiß oder blaßrosa. Vollsonnige Lage. WH: bis —10°C. Sommer, Herbst.

Erica terminalis Salisb. (*Ericaceae*) Steife Heide. Bh. im Mittelmeerraum. Wächst an feuchten Stellen. Immergrüner Strauch bis 2,5 m. Blätter 3-5,5 mm. Blüten 5-7 mm lang. Saurer Boden; vollsonnige Lage. WH: bis —10°C. Sommer-Herbst.

Osmanthus heterophyllus Siehe S. 79

Hamamelis virginiana L. Siehe S. 269

Nerium oleander L. (*Apocynaceae*). Bh. im Mittelmeerraum und Südportugal. Wächst an Gewässern. Immergrüner Strauch bis 4 m. Blätter 6-12 cm lang. Blüten 3-4 cm breit, bei der Wildpflanze in der Regel rosa, in Kultur auch rot, weiß und gelblich. Vollsonnige Lage. WH: bis —10°C. Sommer.

Lagerstroemeria indica L. (*Lythraceae*). Bh. in China und Korea. Wächst auf Gras und auf Felsen in 30-800 m Höhe. Laubabwerfender Strauch bis 8 m. Blätter 3-5 cm lang. Blüten 4 cm breit, bei der Wildpflanze rötlich, in Kultur auch weiß und rosa. Jeder Boden; vollsonnige Lage. WH: bei gut gereiftem Holz bis —10°C. Sommer. Schöne Herbstfärbung.

Solanum crispum Ruiz. Pav. **›Glasnevin‹** (*Solanaceae*). Bh. in Südamerika. Halbimmergrüner Klimmer bis ca. 10 m. Blätter bis 12,5 cm lang. Kalkliebend; Sonne oder Halbschatten. WH: bis —10°C. Sommer-Herbst.

Phyllerea angustifolia L. (*Oleaceae*) Schmalblättrige Steinlinde. Bh. im Mittelmeerraum. Wächst auf trockenen Hügeln. Immergrün, bis 2,5 m hoch. Blätter bis 80 mm lang. Vollsonnige Lage. WH: bis —20°C. Frühjahr.

Teuricum fruticans L. (*Labiatae*). Strauchgamander. Bh. im Mittelmeerraum. Trockene Hügel. Immergrüner Strauch bis 2,5 m. Blätter bis 4 cm lang. Blüten blaßblau, rötlich oder fast weiß, 15-25 mm lang. Durchlässiger Boden; vollsonnige Lage. WH: bis —10°C.

Nerium oleander

Nerium oleander

Lagerstroemeria indica

Solanum crispum ›Glasnevin‹

Phillyrea angustifolia

Teuricum fruticans in Südspanien

30. Oktober, Savill Garden, Windsor

Leycesteria formosa Wall. (*Caprifoliaceae*). Bh. im Himalaja von Nordpakistan bis Yunnan und Westsichuan (Var. *stenosepala* Rehd.). Gebüsche und Wälder an Wasserläufen in 2000-3000 m Höhe. BZ Mai-Juli. Laubabwerfender Strauch bis 2 m. Triebe grün, hohl, aufrecht. Feuchter Boden; Sonne oder Halbschatten. WH: bis —15°C. Spätsommer-Herbst.

Viburnum betulifolium Batal. (*Caprifoliaceae*) Birkenblättrige Schlinge. Bh. in Westhubei und Westsichuan. Gebüsche und lichte Wälder in 1350-2400 m Höhe. BZ Juni-Juli. Früchte September-Oktober. Laubabwerfender, vielstämmiger Strauch bis 4 m. Feuchter Boden; Sonne oder Halbschatten. WH: bis —25°C.

***Viburnum plicatum* ›Pink Beauty‹**. Blüten siehe S. 177. Reich fruchtender Klon.

Viburnum Henryi Hesl. Henrys Schneeball. Bh. in Westhubei und Westsichuan. Gebüsche in 1500-2700 m Höhe. BZ Juni-August. Immergrüner oder halbimmergrüner Strauch bis 3 m. Blätter dick, fleischig, 5-12 cm lang. WH: bis —10°C.

Viburnum setigerum Hance. Borstige Schlinge. Bh. in Westsichuan und Jiangxi. Gebüsche in 1200-2100 m Höhe. BZ Mai-Juli. Laubabwerfender Strauch bis 4 m. Blätter 7-12 cm lang, unten auf den Nerven seidig behaart. Blüten 6 mm breit, alle fruchtbar, mit purpurrotem Kelch. Früchte 8 mm lang. WH: bis —20°C. Blüht im Sommer.

Viburnum sargentii Koehne. Ausführliche Beschreibung siehe S. 177. Früchte etwas größer als bei *V. opulus*.

***Viburnum opulus* ›Compactum‹** Zwergform von *V. opulus* (siehe S. 177), bis 1,5 m hoch, reich fruchtend. **›Xanthocarpum‹** ist eine niedrigwachsende, bis 1,5 m hohe Form mit orangeroten Früchten in hängenden Büscheln. Jeder feuchte Boden; vollsonnige Lage oder Halbschatten. WH: bis —25°C. Weiße Blüten im Sommer.

Viburnum furcatum Bl. Blüten und Text siehe S. 174 und S. 175. Auf der Fotografie, die im Osten Hokkaidos aufgenommen wurde, erkennt man *Euonymus macropterus, Acer japonicum, Quercus mongolica, Aralia elata* und *Viburnum furcatum*.

Viburnum acerifolium L. Ahornblättrige Schlinge. Bh. in Quebec, südwärts bis Florida und westwärts bis Tennessee und Minnesota. Laubabwerfende Gehölze im Gebirge und auf Hügeln. BZ Mai-August. Laubabwerfender Strauch bis 2 m. Blüten alle fruchtbar, 6 mm breit.

Lonicera maackii Maxim. Maacks Heckenkirsche (*Caprifoliaceae*). Blüten siehe S. 99.

Symphoricarpus albus (L.) S. F. Blake (*Caprifoliaceae*) Gemeine Schneebeere. Bh. in Nordamerika. Felsige Abhänge, Hecken an Straßen. Blüht von Mai bis Juli und fruchtet zu Beginn des Winters. Ausläufer treibender Strauch mit aufrechten, bis 2 m langen Trieben. Blätter 2,5-8 cm lang, ei- bis kreisförmig oder eiförmig, unten feinbehaart oder kahl, duftend. Blüten 6 mm lang, glockenförmig. Beeren schwammig, 1,3 cm breit. Jeder feuchte Boden; Sonne oder Halbschatten. WH: bis —25°C.

Sambucus sieboldiana Blume ex Graebn. (*Caprifoliaceae*). Bh. in Japan, von Honshu südwärts, in Korea sowie in Nord- und Westchina. Gebüsche und Gehölze im Mittelgebirge. BZ April-Juni. Laubabwerfender Strauch bis 4 m. 5-7 Blättchen, 4-12 cm lang, Paare ziemlich weit auseinander stehend. Blüten grünlich weiß, 3-4 mm breit. Früchte rot oder gelborange bei *f. xanthocarpa*, etwa 4 mm im Durchmesser.

Verschiedene Sträucher auf Hokkaido, Anfang Oktober

Viburnum furcatum

Symphoricarpus albus

Sambucus sieboldiana

Viburnum acerifolium

30. Oktober, Goatcher's Nursery

Berberis vulgaris bei Erzurum, Nordosttürkei

Berberis georgi

Osmanthus decorus

Cotoneaster bullatus

Cotoneaster ›*Cornubia*‹

Berberis vulgaris L. (*Berberidaceae*) Sauerdorn. Bh. in Europa von Frankreich bis Mittelrußland, südwärts bis in die Nordosttürkei. Hecken, Gebüsche und felsige Abhänge. Blüte Mai-Juni; Früchte September-Oktober. Laubabwerfender Strauch bis 3 m. WH: bis —35°C.

Cotoneaster lacteus W. W. Sm. (*Rosaceae*). Bh. in Nordwestyunnan. Wächst in Gebüschen. Immergrüner Strauch bis 5 m. WH: bis —15°C. Sommer.

C. **›Rothschildianus‹**. Hybride zwischen *C. salicifolius* und *C. frigidus* ›Fructo-luteo‹, 1930 in Exbury gezüchtet. Eleganter Strauch bis 5 m.

C. **›Cornubia‹**. Sämling unbekannter Abstammung, um 1930 in Exbury gezogen. Breitwüchsiger Strauch, bis 7 m hoch und breit. Zweige bogig.

C. × ***watereri*** Exell. Gruppe von Hybriden zwischen *C. frigidus* und *C. henryanus*. Immergrüner oder halbimmergrüner Strauch bis 5 m. WH: bis —15°C.

C. microphyllus Wall. ex Lindl. Kleinblättrige Zwergmispel. Bh. im Himalaja von Afghanistan bis Westsichuan (var. *cochleatus* Franch.) Felsen und Abhänge im Gebirge in 2000-5400 m Höhe. Blüte Mai-Juni; Früchte September-Dezember. Niedergestreckter oder niedriger, immergrüner Strauch bis 60 cm. WH: bis —25°C.

C. conspicuus Marquand. Bogenzwergmispel. Bh. in Südosttibet. Bedeckt Felsen am Tsangpo, so daß sie aussehen wie ›kochende, rotglühende Lava‹ (Kingdon Ward). Immergrüner Strauch, in Kultur bis 2 m hoch oder niedergestreckt. WH: bis —15°C.

C. simonsii Baker. Simons Zwergmispel. Bh. im Khasiagebirge in Assam. Aufrechter, halbimmergrüner, bis 4 m hoher Strauch mit langen Trieben. WH: bis —20°C. Früchte im Herbst.

C. **›Hybridus Pendulus‹** (syn. *Pendulus*). Unbekannten Ursprungs. Stämmchen liegend oder hängend, wenn senkrecht gezogen. Blätter abfallend.

C. franchetii Boiss., var. ***sternianus*** Turrill. Bh. in Tibet, Nordbirma (var. *sternianus*), Yunnan und Westsichuan. Gebüsche in 2000-3000 m Höhe. Blüte im Juni; Früchte September-Oktober. Immergrüner oder halbimmergrüner Strauch bis 3 m. Blüten klein, rosafarben. WH: bis —15°C.

C. **›Gnom‹**. Sämling von *C. salicifolius*. Bildet einen immergrünen Teppich. Blätter ca. 2 cm lang.

C. salicifolius Franch. var. ***floccosus*** Rehd. & Wils. Bh. in Westsichuan. Gebüsche in 2600-3000 m Höhe. Blüte im Juli; Früchte im November. Immergrüner oder halbimmergrüner, bis 4 m hoher Strauch mit bogigen Zweigen. WH: bis —20°C.

C. **›Juergl‹**. Hybride zwischen *C. dammeri* und vermutlich *C. rotundifolius*. Immergrüner Strauch bis 50 cm.

C. bullatus Boiss. Runzlige Zwergmispel. Bh. in Südosttibet und Westsichuan. Gebüsche und Wälder in 1900-2800 m Höhe. Blüte Mai-Juni; Früchte September-Oktober. Laubabwerfender Strauch oder kleiner Baum bis 8 m, meist jedoch 3 m. Blüten klein, rosa. WH: bis —20°C.

C. horizontalis Dcne. Fächerzwergmispel. Bh. in Hubei und Westsichuan. Wächst niedergestreckt auf Felsen. Blüte im Juni; Früchte im November. Laubabwerfender, wuchernder Strauch, bis 2 m breit. Die rosafarbenen Blüten werden von Wespen besucht. WH: bis —25°C. **›Variegatus‹** ist eine langsam wachsende Form mit weiß gerandeten Blättern.

C. **›Pink Champagne‹**. Hybride, nahe verwandt mit *C. salicifolius*. Die gelben Beeren verfärben sich rosa.

Berberis georgi Ahrendt. Hybride unbekannten Ursprungs, vermutlich jedoch von *B. vulgaris*. Bis 1,5 m hoher Strauch mit bogigen Zweigen. Außergewöhnlich reich fruchtend.

30. Oktober, Savill Garden, Windsor

Stranvaesia davidiana Dcne. (*Rosaceae*) Davids Stranvaesie. Bh. in Westsichuan (auf dem Omei Shan), Westhubei (var. *undulata* Rehd. & Wils.), südwärts bis Vietnam. Wächst auf Felsen und in Gebüschen. Blüte im Juni; Früchte im Oktober. Immergrüner Strauch oder kleiner Baum bis 10 m. Blätter 6-11 cm lang. Blüten weiß, 8 mm breit, in überhängenden, lockeren Büscheln. Jeder Boden; Sonne oder Halbschatten. WH: bis −15°C. Ähnelt einem großen *Cotoneaster,* hat jedoch weiche Samen ohne harte Schale.

***S. davidiana* ›Fructuluteo‹** Dcne. Vor 1920 in der Slieve Donard Nursery, County Down, gezüchtet.

***S. davidiana* ›Prostrata‹** Dcne. Niedergestreckte Form, auf Hidcote Manor vermutlich aus Samen gezüchtet, den G. Forrest aus Yunnan geschickt hatte. Bildet einen großen Teppich mit vereinzelten aufrechten Zweigen.

S. davidiana Dcne. var. ***undulata*** (Dcne.) Rehd. & Wils. Eingeführt aus Hubei, dort laut Wilson ›extrem häufig‹. Breiterer Wuchs, kleinere Blätter, fast kahle Blüten.

Pyracantha atalantoides (Hance) Stapf (syn. *P. gibbsii* A. B. Jacks) (*Rosaceae*). Bh. in Guizhou, Südostsichuan, Westhunan und Westhubei. Hecken und Flußufer in 300-1300 m Höhe. Blüte Mai-Juni; Früchte November-Dezember. Immergrüner Strauch bis 6 m. Blätter unten kahl und bläulich, in der Regel ganzrandig, am breitesten in der Mitte, länglich oder oval, 3-7 cm lang. Blüten weiß, 8-9 mm breit. Früchte 6-7 mm breit. Jeder gute Boden; vollsonnige Lage. WH: bis −15°C. Den ganzen Winter über Früchte tragend.

***P.* ›Orange Glow‹**. Zufälliger Sämling, um 1930 in einem Garten bei Wageningen, Holland, gefunden. Blätter 2-4 cm lang. Früchte 9 × 7 mm.

P. rogersiana (A. B. Jacks) Chittenden. Bh. in Nordwestyunnan. Wächst in Hecken und Gebüschen in ca. 2500 m Höhe. BZ Mai. Immergrüner Strauch bis 4 m. Blätter oblanzettlich oder schmal obovat, kleiner als bei anderen Arten, 15-35 mm lang, 5-10 mm breit, zur Basis hin schmaler. Früchte 6 mm breit, orangerot bis gelb. Jeder Boden; vollsonnige oder halbschattige Lage an einer Mauer. WH: bis −15°C. Früchte Herbst-Winter. **›Flava‹** ist eine Form mit gelben Beeren.

***P.* ›Mohave‹**. Hybride zwischen *P. koidzumii* und *P. coccinea* ›Wyatt‹, 1963 von D. E. Egolf im National Arboretum der USA, Washington, DC, gezüchtet. Robuster Strauch bis 4 m, breiter als hoch. Blätter obovat. WH: bis vielleicht −20°C.

***P. coccinea* ›Lalandei‹** Roem. Von Lalande 1874 in Nantes gezüchtet. Aufrechter, immergrüner Strauch bis 6 m. Blätter eiförmig bis länglich, 2-4 cm lang, spitz, leicht gekerbt. Früchte 10 × 8 mm, orange, in ziemlich dichten Büscheln.

× *Gaulnettya* × *wisleyensis* (*Ericaceae*). Hybride zwischen *Pernettya mucronata* und *Gaultheria shallon*. Im Wild Garden in Wisley entstanden. WH: bis −15°C.

Pernettya mucronata (L. fil.) Gaud. (*Ericaceae*). Bh. in Südchile und Südargentinien (bis 40° s. Br.). Immergrüner Strauch bis 1,5 m, bildet mit seinen Ausläufern Dickichte. Blätter stets deutlich zugespitzt, bis 1,8 cm lang. Blüten weiß, 6 mm lang. Früchte schwammig, bis 15 mm breit, Farbtöne von Weiß bis Purpurrot. Viele Klone wurden benannt, eine Auswahl ist hier abgebildet. Die Pflanzen sollen teils eingeschlechtlich und teils zwittrig sein. Damit die w. Klone reich fruchten, sollte man in ihrer unmittelbaren Nähe einen wertvollen m. Klon pflanzen. Feuchter, saurer Boden; Sonne oder Halbschatten. WH: bis −15°C. Früchte Winter-Frühjahr.

Crataegus orientalis bei Ankara

Pyracantha an einer Hauswand in Dorset

Prunus padus

Azara lanceolata in Broderick

Crataegus orientalis Pallas ex M. Bieb. (*Rosaceae*) Orientalischer Weißdorn. Bh. in Südeuropa, auf der Krim, im Kaukasus und in der Türkei. Felsige Hänge und lichte Gehölze bis 2240 m. BZ Mai-Juli. Laubabwerfender Strauch oder kleiner Baum bis 5 m. Blätter rhombisch oder obovat-länglich, 3-7 lappig, gräulich behaart. Blüten 1,5-2 cm breit. Früchte rötlich bis orange, bis 2 cm breit. Jeder durchlässige Boden; vollsonnige Lage. WH: bis −20°C.

Prunus padus L. (*Rosaceae*) Traubenkirsche, Faulbaum. Blüten siehe S. 77. Die schwarzen, saftigen Beeren sind sehr sauer, deshalb nicht eßbar.

Azara lanceolata Hooker fil. (*Flacourtiaceae*). Blüten siehe S. 216. Bh. in Südchile und im benachbarten Argentinien. Am Rande immergrüner Scheinbuchenwälder und an Seen. Blüte November-Dezember; Früchte im Februar. Braucht feuchten Boden und hohe Luftfeuchtigkeit. Bei trockenem Wind werden die Blätter schwarz und fallen ab. Hier abgebildet: eine fruchtende Pflanze in Brodick, Isle of Arran, Südwestschottland.

9. September, Wisley

Euonymus alatus

Euonymus oxyphyllum

Euonymus macropterus

Euonymus hamiltonianus Wall. **›Coral Chief‹.** Bh. von Afghanistan bis Südosttibet, Birma und Yunnan (var. *sieboldianus* [Bl.] in Nordostasien und Japan). Wälder und Gebüsche in 700-2700 m Höhe. Blüte April-Juli; Früchte September-November. Laubabwerfender, großer, breitwüchsiger Strauch oder kleiner Baum bis 5 m oder höher. Blätter länglich, oval oder eiförmig bis länglich, 5-12 cm lang, sehr fein gesägt. Blüten blaßgrün, mit 4 Blütenblättern. Früchte rosafarben, gelappt. Jeder gute Boden; Sonne oder Halbschatten. WH: bis −15°C. Selekiert wurden verschiedene Sorten, die eine schöne Herbstfärbung haben und reich fruchten, z. B. ›Coral Charm‹, ›Coral Chief‹ und ›Fiesta‹.

Euonymus planipes (Koehne) Koehne (syn. *E. sachalinensis* hort.). Bh. auf Hokkaido und Nordhonshu, in Nordostchina, Korea und Ostsibirien. Gehölze und Gebüsche im Gebirge. Blüte Mai-Juni; Früchte September-Oktober. Laubabwerfender Strauch bis 4 m. Blätter unterschiedlich in der Form, 7-13 cm lang. Blüten grün, mehr als 10 in hängenden Büscheln (bei dem nur auf Sachalin vorkommenden echten *E. sachalinensis* braun, weniger als 10 pro Büschel). Früchte 5-kantig, mit schmalen Flügeln, 18 mm breit. Jeder gute Boden; Sonne oder Halbschatten. WH: bis −25°C. Früchte im Frühherbst.

Euonymus europaeus L. (*Celastraceae*) Gemeiner Spindelstrauch, Pfaffenhütchen. Bh. in ganz Europa außer im hohen Norden und an der Mittelmeerküste. Wächst in Gebüschen und Hecken, bes. auf Kreide- und Kalkböden. Blüte Mai-Juni; Früchte September-November. Laubabwerfender Strauch oder kleiner Baum bis 6 m. Blätter 3-8 cm lang, eiförmig bis oval, gekerbt bis gesägt. Blüten mit 4 Blütenblättern. Früchte rosa, 10-15 mm breit, kantig. Jeder durchlässige Boden; Sonne oder Halbschatten. WH: bis −25°C. Zahlr. wertvolle Formen wurden selektiert. Eine der häufiger gezogenen ist ›Red Cascade‹.

Euonymus grandiflorus Wall. Bh. im Himalaya von Nepal bis Yunnan und Shaanxi. Wälder und Flußufer in 1000-3400 m Höhe. Großer Strauch oder kleiner Baum bis 7,5 m, selten bis 15 m. Blätter obovat oder obovat-länglich, bis 12 cm lang (mit Blütenstiel). Blüten 2 cm breit. Früchte 4-kantig, gelblich bis blaßrosa. Jeder Boden; Sonne oder Halbschatten. WH: bis −15°C. BZ Herbst.

Euonymus latifolius (L.) Mill. Breitblättriger Spindelstrauch. Bh. in Südfrankreich, von Mittelitalien ostwärts bis in den Norden der Türkei, im Kaukasus und auf der Krim. Wächst in Gebüschen auf Abhängen, zwischen Adlerfarn und auf bewaldeten Felsen. Blüte Mai-Juni; Früchte September-Oktober. Laubabwerfender, bis 6 m hoher Strauch mit bogigen Zweigen. Blätter 8-16 cm lang, länglich bis oval

Euonymus planipes

oder obovat. Blüten grün, normalerweise mit 5 Blütenblättern. Früchte 15-20 mm breit, an den Kanten geflügelt. Jeder Boden; Sonne; Halbschatten. WH: bis —20° C. Blüht im Sommer.

Euonymus oxyphyllus Miq. Spitzblattspindelstrauch. Bh. in Japan, Korea und Mittelchina. Gehölze und Gebüsche auf Hügeln. Blüte Mai-Juni; Früchte September-Oktober. Laubabwerfender Strauch bis 4 m. Blätter 5-10 cm lang. Blüten grünlich oder rosafarben, mehr als 10 an einem Zweig, 7 mm breit. Früchte kugelig, 10-12 mm breit, mit 4-5 Rippen, auf langen, schlanken Stielen. WH: bis —25° C.

Euonymus alatus (Thunb.) Sieb. Flügelspindelstrauch. Bh. in Japan, dort auf allen Inseln verbreitet, in Korea, Ostsibirien und Nordostchina. Gebüsche und Gehölze im Flachland und Gebirge. BZ Mai-Juni. Laubabwerfender, feinzweigiger, bis 2 m hoher Strauch mit horizontalen, fächerförmigen Zweigen. Blätter 1,5-7 cm lang. Blüten einzelstehend oder zu wenigen beisammen, mit 4 Blütenblättern, blaßgrün, 4 mm breit. Früchte tief gelappt, ein Samen pro Lappen. Jeder Boden; Sonne oder Halbschatten. WH: bis —25° C. Die hier abgebildete Form mit ungeflügelten Zweigen ist var. *apterus* Loes.

Euonymus macropterus Rupr. Bh. auf Hokkaido, Nordhonshu, Shikoku und Sachalin, in Nordostchina, Ostsibirien und Korea. Misch- und Nadelwälder und Gebüsche. BZ Juni-Juli. Laubabwerfender Strauch bis 4 m. Blätter obovat, kurz zugespitzt, 6-12 cm lang. Blüten etwa 10 pro Büschel, mit 4 Blütenblättern, blaßgrün, 6 mm breit. Früchte 2-5 cm im Durchmesser, mit 4 breiten Flügeln. Jeder feuchte Boden; Sonne oder Halbschatten. WH: bis —25° C.

Camellia sasanqua Thunb. Bh. auf Kyushu, Yaku-Shima und den Riukiuinseln. Gebüsche, grasbewachsene Abhänge und lichte Japanzedernwälder. BZ Oktober-Dezember. Immergrüner, ziemlich aufrechter Strauch bis 4 m. Blätter glänzend, 3-7 cm lang, breit oblanzettlich bis schmal eiförmig, feingesägt. Blüten bei der Wildpflanze weiß, 4-7 cm breit; Blütenblätter obovat oder länglich. Saurer Boden; Sonnige Lage; Halbschatten. WH: in geschützter Lage bis —10° C. Herbst. In Japan wurden zahlr. Sorten von *C. sasanqua* gezüchtet. Hier abgebildet: Eine Sorte mit anemonenartigen Blüten, vermutlich ›Choji Guruma‹, und eine halbgefüllte amerikanische Sorte, vermutlich ›Cotton Candy‹.

Schisandra grandiflora (Wall.) Hooker fil. var. ***rubriflora*** (Franch.) Schneid. (*Schizandraceae*). Zweihäusige Art. Um viele Früchte zu erhalten, muß man w. und m. Pflanzen nebeneinander pflanzen.

Camellia sasanqua ›Cotton Candy‹ in Oregon

Camellia sasanqua

Camellia sasanqua ›Choji Guruma‹

Euonymus latifolius bei Trapezunt

Schisandra grandiflora var. *rubriflora*

Vitis coignetiae an *Tilia mongolica* emporkletternd; Nordhokkaido im Oktober

Vitis coignetiae Pulliat ex Planch. (*Vitaceae*) Rostrote Rebe. Bh. Japan, Korea und auf Sachalin. Klettert auf Waldbäume. Laubabwerfende Rebe bis 25 m oder höher. Blätter mit eingesenkten Nerven, 8-30 cm lang und breit, im Herbst scharlach- bis karminrot. Früchte klein, schwarz, in langen schmalen Büscheln. Jeder gute Boden; Sonne oder Halbschatten. WH: bis —25°C. Einer der schönsten Klimmer für große Gärten.

Vitis vinifera L. Echte Weinrebe. Bh. in Deutschland und Frankreich, auf Korsika, ostwärts bis zum Kaukasus und nach Zentralasien. Flußufer und feuchte Gehölze. Bei der wilden Weinrebe, subsp. *sylvestris* (Gmel.) Hegi, sind w. und m. Blüten auf verschiedenen Pflanzen. Die m. Sträucher tragen kleine schwarze Trauben und haben tiefer gelappte Blätter. Die ursprünglich in Kleinasien kultivierte Weinrebe, subsp. *vinifera*, stammt wahrscheinlich von ihr ab. Sie hat zwittrige Blüten und unterschiedlich gefärbte Trauben. Jeder Boden; vollsonnige Lage oder Halbschatten. WH: bis —20°C.
›**Incana**‹. Blätter bes. in der Jugend mit feinen weißen Haaren bedeckt. Herbstfärbung blaßrot. Trauben schwarz.
›**Purpurea**‹. Blätter in der Jugend prächtig purpurrot, flaumig, später trübpurpurn. Trauben klein, schwarz.

Vitis ›**Brant**‹ Hybride zwischen *V. vinifera* ›Black St Peter's‹ und der amerikanischen Weinrebe ›Clinton‹, einer Sorte von *V. riparia.* Um 1860 von Charles Arnold, Paris, Ontario, gezüchtet. Früchte schwarz, süß, aber klein. Blätter verfärben sich im Spätsommer rot; Nerven bleiben grün.

Parthenocissus quinquefolia (L.) Planchon (*Vitaceae*) Selbstkletternde Jungfernrebe. Bh. in Nordamerika. Gehölze und Felsen. Üppig wuchernder Klimmer bis 20 m oder höher; Haftscheiben an den Enden der gekräuselten Ranken ermöglichen ihm das Klettern. Blätter 3- bis 7-zählig, im Herbst rot. Jeder Boden; Sonne oder Schatten. WH: bis —25°C. Blätter verfärben sich im Frühherbst, fallen jedoch bald ab.

Parthenocissus tricuspidata Planch. (*Vitaceae*) Dreispitzjungfernrebe. Bh. in Japan, dort häufig, in Korea, Westhubei und Jiangxi. Wälder und Felsen bis 1200 m. Üppig wuchernder Klimmer bis 20 m, klettert mittels runder, saugnapfartiger Haftscheiben. Blätter glänzend, dick, bis 12 cm lang, auf kriechenden Trieben 3-zählig, auf kletternden herzförmig und gekerbt, größere Blätter 3-lappig; schöne Herbstfärbung. Jeder Boden; Sonne oder Schatten. WH: bis —15°C.

Smilax lasioneura Hooker (*Liliaceae*). Bh. in Nordamerika. Waldränder oder Gebüsche an Flußufern. BZ Mai-Juni. Windender, krautiger Klimmer bis 3 m. Blätter blaugrün. Beeren schwarz. Die grünlichen Blüten riechen nach faulem Fleisch und ziehen Fliegen an. Jeder Boden; vollsonnige Lage. WH: bis —25°C.

Smilax aspera L. (*Liliaceae*) Rauhe Stechwinde. Bh. auf den Azoren, in Portugal und im Mittelmeerraum. Wächst in Gebüschen und zwischen Felsblöcken. Blüte August-Oktober; Früchte ab September. Immergrüner Klimmer mit hakenförmigen Dornen an den langen Stämmen (bis 15 m). Blätter bis 11 cm lang, zäh. Blüten grünlich, sehr klein, m. und w. auf verschiedenen Pflanzen. Jeder Boden; vollsonnige Lage: WH: bis —10°C. Spätsommer.

Vitis coignetiae

Vitis vinifera ›*Incana*‹

Vitis vinifera ›Purpurea‹ an Pergola in West Dean, Sussex

Parthenocissus tricuspidata

Parthenocissus quinquefolia

Smilax lasioneura

Vitis ›Brant‹

Smilax aspera

30. Oktober, Windsor

Farbenpracht in Westchester County, New York

Hamamelis virginiana im Staat New York

Cornus alba ›*Sibirica*‹, Savill Gardens, Windsor

Hamamelis mollis **›Pallida‹**. (Blüten siehe S. 15) Herbstfärbung gelb. WH: bis —25°C.

Hamamelis × intermedia **›Diane‹**. (Blüten siehe S. 15) Blätter 6-12 cm lang, Herbstfärbung rot. Die meisten Klone von *H. japonica* haben im Herbst orangegelbe Blätter.

Hamamelis vernalis Sarg. **›Sandra‹**. Siehe S. 15.

Hamamelis virginiana L. (*Hamamelidaceae*) Virginische Zaubernuß. Bh. in Nordamerika. Wächst in sommergrünen Wäldern. BZ September-Oktober, nicht selten erst nach Abwurf der Blätter. Laubabwerfender Strauch bis 9 m. Wächst meist im Unterholz von Hochwäldern. Blütenblätter entfalten sich bei Wärme und rollen sich bei Kälte wieder zusammen. Saurer Boden; Halbschatten. WH: bis —35°C.

Cornus kousa Hance var. ***chinensis*** Osborn (*Cornaceae*) Japanischer Blütenhartriegel. Blüten siehe S. 180. Vergleiche Früchte von *C. kousa* mit denen von *C. florida*, S. 271.

Aronia arbutifolia (L.) Elliott (*Rosaceae*) Rote Würgebeere. Bh. in Nordamerika. Gehölze und Gebüsche. Blüte April-Mai; Früchte September-Oktober. Laubabwerfender Strauch bis 3 m, oft aufrecht, von ziemlich schwachem Wuchs. Blüten 1 cm breit, weiß oder rosafarben, 9-20 in ziemlich dichten Büscheln. Früchte 5-7 mm breit. WH: bis —25°C. Blüht im Frühsommer.

Fothergilla major (Sims) Lodd., (*Hamamelidaceae*) Großer Federbuschstrauch. Blüten siehe S. 151. Alle Arten von *Fothergilla* sind für ihre prächtige Herbstfärbung bekannt.

Cornus stolonifera Michx. **›Flaviramea‹** (*Cornaceae*). Gelbzweigige Form von *C. stolonifera*. Bh. in Nordamerika. Wächst in feuchten Gebüschen, an Seen und Flüssen. Blüte Mai-August; Früchte Juli-Oktober. Ausläufer treibender Strauch bis 2,5 m, Dickichte bildend. Zweige in der Jugend normalerweise dunkelrot. Blüten schmutzigweiß, in 3-5 cm breiten Trugdolden. WH: bis —25°C und darunter. Zweige im Winter sehr schön. Wird im Frühjahr in der Regel ganz zurückgeschnitten.

Cornus alba L. **›Sibirica‹** (*Cornaceae*). Bh. in Sibirien, ostwärts bis Nordostchina und Korea. Wächst in Mischwäldern an Seen, Flüssen und Bächen. Zweige dunkelrot. Laubabwerfender Strauch bis 3 m. Blüten rahmweiß, in 3,5-5 cm breiten Blütenständen. Früchte weiß oder von sehr blassem Blau. WH: bis —35°C. Dieser Klon ist weniger robust als andere Kulturpflanzen, wird 1,5 m hoch und sollte nach 2-3 Jahren stark zurückgeschnitten werden.

Cornus alba **›Sibirica Variegata‹** (syn. ›Elegantissima‹, ›Argenteo-marginata‹). Klon von *C. alba*. Blätter blaßgrün, mit breitem weißem Rand. Zweige von dunklerem Rot als bei ›Sibirica‹. Bildet meist einen vielstämmigen Strauch bis 2 m.

Callicarpa bodinieri Lev. var. ***giraldii*** (Rehd.) Rehder (*Verbenaceae*). Bh. in Mittel- und Westchina. Gehölze und Gebüsche. Blüte Juni-August; Früchte ab Oktober. Laubabwerfender Strauch bis 2 m. Blätter oval oder eiförmig-oval, lang zugespitzt, 5-12 cm lang, oben kahl. Blüten purpurfarben, ca. 7 mm lang. Früchte mauve oder purpurn, 3-4 mm breit, in dichten Büscheln, achselständig. WH: bis —20°C.

Viburnum lantanoides Siehe S. 175

Amelanchier lamarckii F. N. Schroeder (syn. *A. × grandiflora* Rehd.) (*Rosaceae*). Blüten siehe S. 76. Die meisten Arten von *Amelanchier* zeigen eine schöne Herbstfärbung.

Discanthus cercidifolius

Disanthus cercidifolius Maxim (*Hamamelidaceae*) Doppelblüte. Bh. in Südostchina (?) und Japan, dort in feuchten Wäldern auf Zentralhonshu und Shikoku. Blüht von Oktober bis November, bevor oder während die Blätter abfallen. Laubabwerfender, vielstämmiger, bis 3 m hoher Strauch mit bogigen Zweigen. Blätter glatt, 5-12 cm lang und breit, unten blaugrün. Blüten 12 mm breit. Feuchter, saurer Boden. Gutes Wachstum nur bei hoher Luftfeuchtigkeit und Wärme. Standort im Halbschatten oder unter dem Blätterdach laubabwerfender Bäume. Geschützte Lage, außer bei sehr feuchtem Boden. WH: bis —15°C.

Spindelstrauch und Pittosporum

5. Dezember, Goatcher's Nursery

Cornus florida

Paliurus spina-christi

Pistacia lentiscus

Cornus nuttallii

Hippophäe rhamnoides

Cornus sanguinea

Pittosporum tenuifolium Gaertn. (*Pittosporaceae*). Bh. in Neuseeland. BZ Oktober-November. Immergrüner, eleganter Baum bis 8 m. WH: bis —10° C; stirbt ab, wenn kaltem Wind ausgesetzt. Mehrere Varietäten sind in Kultur:
›**Mayi**‹. Form von *P. tenuifolium,* die am besten an Europas Westküsten gedeiht.
›**Warnham Gold**‹ wurde 1959 in Warnham, Sussex, selektiert.
›**Purpureum**‹. Reife Blätter purpurn. Frostempfindliche Varietät.
›**Variegatum**‹. Blätter weiß gerandet.
›**Garnettii**‹. Blätter im Winter rosa getönt, länger als bei *P. tenuifolium,* unten behaart.

Lonicera nitida Wilson (*Caprifoliaceae*) Immergrüne Strauchheckenkirsche. Bh. in Yunnan und Westsichuan. Gebüsche und Flußufer in 1200-3000 m Höhe. BZ Juni. Immergrüner Strauch bis 2 m. Früchte purpurn, in Gärten selten zu sehen. WH: bis —15° C. ›**Baggesen's Gold**‹ hat gelbliche Blätter.

Lonicera pileata Oliver (*Caprifoliaceae*) Immergrüne Kriechheckenkirsche. Bh. in Westhubei und Westsichuan. Gebüsche und Flußufer in 300-1800 m Höhe. BZ Juni. Immergrüner Strauch bis 1 m, breiter als hoch, mit ausladenden Zweigen. WH: bis —15° C.

Rhamnus alaternus L. (*Rhamnaceae*). Bh. in Portugal und im Mittelmeerraum von Spanien bis Israel. Wächst in Gebüschen und in der Macchie, bevorzugt auf Kalk. BZ März-April. Immergrüner Strauch bis 5 m. WH: bis —15° C.

›**Argenteo-Variegata**‹ hat kleinere, ziemlich gedrehte und weiß gerandete Blätter.

Celastrus orbiculatus Thunb. (*Celastraceae*) Asiatischer Baumwürger. Bh. in Japan, China, Korea und Ostsibirien. Gebüsche, Gehölze und grasbewachsene Abhänge. BZ Mai-Juni. Kletternder Strauch bis 12 m. WH: bis —25° C.

Euonymus japonicus Thunb. (*Celastraceae*). Bh. in Japan, Korea und China. Gebüsche und Gehölze. Blüte Juni-Juli; Früchte Dezember-Januar. Immergrüner Strauch oder kleiner Baum bis 5 m. Aufrechter, dichter Wuchs. Jeder Boden; Sonne oder Halbschatten. WH: bei Schutz vor kaltem Wind bis —10° C.
›**Microphyllus**‹. Bis 1 m hoher Zwergstrauch von aufrechtem Wuchs.
›**Microphyllus Variegatus**‹ (syn. ›Microphyllus Albomarginatus‹). Blätter mit schmalem weißem Rand.
›**Ovatus aureus**‹. (syn. ›Aureovariegatus‹) Blätter auf einer Pflanze unterschiedlich gefärbt.
›**Aureopictus**‹ (syn. ›Aureus‹). Ziemlich frostempfindliche Sorte.
›**Albomarginatus**‹. Blätter rahmweiß gerandet.
›**President Gauhtier**‹. Wie ›Latifolius Albomarginatus‹, Blätter jedoch in der Mitte dunkler, zum Stiel hin schmaler.

Euonymus fortunei (Turcz.) Hand-Mazz. (syn. *E. radicans* Sieb. ex Miq.) (*Celastraceae*) Kletterspindelstrauch. Bh. in Japan, Korea und China. Gehölze und Gebüsche. BZ Juni-Juli. Efeuartiger, kletternder oder kriechender Strauch bis 5 m, mit Luftwurzeln. WH: bis —25° C. Immergrüne Pflanze, wertvoll als Bodenbegrüner.
›**Silver Queen**‹. Aufrechter Strauch bis 1 m, gestützt auch höher.
›**Emerald Gaiety**‹. Aufrechter Strauch bis 1,5 m.
›**Sheridan Gold**‹. Bis 50 cm hoch, von strauchigem, rundlichem Wuchs. Winterharte kanadische Varietät.
›**Gracilis**‹ (syn. ›Variegatus‹, ›Silver Gem‹, ›Argenteomarginatus‹). Bei aufrechtem Wuchs bis 40 cm hoch; auch kriechend und kletternd.
›**Emerald 'n' Gold**‹. Aufrechte, bis 50 cm lange Stämmchen.

Euonymus myrianthus Hemsl. (*Celastraceae*). Bh. in China. Feuchte Gebüsche und Felsen in 1000-2100 m Höhe. Immergrün. Höhe 4,5 m. Jeder Boden; Sonne oder Halbschatten. WH: bis —10° C.

Cornus sanguinea L. (syn. *Thelycrania sanguinea* [L.] Fourr.) (*Cornaceae*) Roter Hartriegel. Bh. in England und Irland, ostwärts bis Rußland und Westasien. Wächst in Gebüschen und Hecken, bevorzugt auf Kalk. BZ Mai-Juni. Aufrechter Strauch bis 4 m. WH: bis —25° C.

Paliurus spina-christi L. (*Rhamnaceae*) Christusdorn. Früchte scheibenartig flach, 2-3 cm breit. Blüten und Beschreibung siehe S. 160.

Cornus nuttallii Audub. Nuttalls Blütenhartriegel. Früchte mit zahlr. Samen, 1 cm breit. Siehe S. 181.

Cornus florida L. Blütenhartriegel. Früchte mit wenigen, kaum verwachsenen Beeren, 1 cm lang. Blüten und ausführliche Beschreibung siehe S. 181

Hippophäe rhamnoides L. (*Elaegnaceae*) Sanddorn. Bh. von England bis Nordwestchina. Wächst auf Sanddünen am Meer, auf Kies an Flußufern oder an kahlen, sandigen Stellen auf Moränen. BZ April-Juni; Früchte September-November. Laubabwerfender, rundlicher Strauch bis 11 m. WH: bis —25° C. Damit er gut fruchtet, müssen m. und w. Sträucher nebeneinander gepflanzt werden.

Pistacia lentiscus L. (*Anacardiaceae*) Mastixstrauch. Bh. in Portugal und im Mittelmeerraum. Gebüsche und trockene Berghänge. BZ April-Juni; Früchte September-Oktober.

2. Dezember, Peter Rose

Dicksonia antarctica in Trewiden, Cornwall

Fatsia japonica in einem Londoner Garten

Hedera helix ›Cavendishii‹

Hedera helix L. (*Araliaceae*) Gemeiner Efeu. Bh. in ganz Europa, außer im hohen Norden, ostwärts bis zum Kaukasus. Klettert an Bäumen, Felsen und Mauern empor. BZ September-Oktober. In der Jugend klimmend oder kriechend, im Alter strauchartig, mit weniger gelappten Blättern und Blüten. Blätter immergrün, in der Regel unter 15 cm lang, unterschiedlich gelappt. Blüten in Dolden, grünlich; werden wegen ihres hohen Nektargehalts im Herbst häufig von Fliegen, Bienen und Schmetterlingen besucht. Früchte im Frühjahr reifend, in der Regel schwarz. Jeder gute, feuchte Boden; Sonne oder Schatten. WH: bis —25°C. Herbst. Einige der zahlr. Sorten sind auf der gegenüberliegenden Seite abgebildet.

H. helix subsp. ***poetarum*** Nyman. Unterscheidet sich von subsp. *helix* durch größere, orangerote, bis 12 mm breite Früchte und blassere, weniger tief gelappte Blätter. Wild vorkommend in Griechenland und in der Türkei, auf Kreta und Sizilien, im Kaukasus und in Nordafrika. In einigen dieser Regionen vielleicht aber auch von den Römern im Zusammenhang mit dem Bacchuskult eingeführt. Eng verwandt mit *H. nepalensis.*

H. pastuchovii G. Woron. Bh. am Kaspischen Meer (Iran) und im Südostkaukasus (Georgien). Wächst in Wäldern auf schattigen Kalkfelsen und auf Bäumen.

H. nepalensis K. Koch. Bh. im Himalaja von Afghanistan bis Birma, in Sichuan und Ostchina (var. *sinensis*). Wälder in 300-3000 m Höhe. BZ September-Oktober. Immergrüner Klimmer bis 30 m. Blätter ganzrandig oder gelappt, 5-15 cm lang. Früchte oft gelb, unter 10 mm im Durchmesser. Jeder Boden; Halbschatten. Winterhärte: bis —15°C. Herbst.

H. rhombea (Miq.) Bean **›Variegata‹**. Panaschierte Form der in Süd- und Mitteljapan sowie in Südkorea bh.en *H. rhombea.* Früchte immer schwarz. WH: bis vielleicht —10°C.

H. hibernica (Kirch.) Bean. Bh. in Südwestschottland, Westwales, Westengland, Irland, Westfrankreich, Spanien und Portugal. Geschützte, in der Regel küstennahe Standorte. Unterscheidet sich von *H. helix* durch die Anzahl der Chromosomen und dichte graue Sternhaare.

H. algeriensis Hibberd **›Gloire de Marengo‹** (syn. ›Variegata‹). Bei der Villa Marengo in Algerien gefundene Form von *H. algeriensis.* Wurde oft als *H. canariensis* geführt, hat jedoch eine andere Anzahl von Chromosomen. Heute wird Hibberds alter Name wieder anerkannt.

H. colchica C. Koch. Kolchischer Efeu. Bh. in der Nordosttürkei, im Nordiran und Südkaukasus. Wächst in Gehölzen und auf Felsen. Früchte schwarz. Der hier gezeigte Klon wurde von Roy Lancaster in Batumi gesammelt (R. L. 313). WH: bis —15°C.

H. colchica **›Dentata‹**. Kräftige, kletternde Form mit steifen Trieben. Blätter groß, mit kleinen, weit voneinander entfernten Zähnen. Angeblich gut geeignet für saure Böden.

H. colchica **›Sulphur Heart‹** (syn. ›Paddy's Pride‹).

H. colchica **›Dentata Variegata‹**.

H. azorica Carrière. Bh. auf den Azoren. Blätter groß, weich, mattgrün, unterschiedlich gelappt. Spitzen der jungen Triebe weißlich, mit langen Haaren.

Dicksonia antarctica Labill. (*Cyatheaceae*). Bh. auf Tasmanien, in Neusüdwales, Victoria, Südaustralien und Queensland. Feuchte Wälder und Flußufer. Immergrüner Baumfarn bis 6 m, selten bis 15 m. Feuchter Laubboden; schattige Lage. Wichtig: hohe Luftfeuchtigkeit und Windschutz. WH: bis —5°C, bei Schutz vielleicht darunter. Gedeiht gut in küstennahen Gärten in Cornwall, Schottland und Irland; vermehrt sich dort sogar durch eigene Samen.

Fatsia japonica (Thunb.) Decne. & Planchon (*Araliaceae*). Bh. auf Osthonshu, Shikoku und Kyushu, auf den Riukiuinseln und in Südkorea. Wälder in Küstennähe. BZ Oktober-November. Immergrüner Strauch bis 4 m. Blüten weiß, in breiten, 20-40 cm langen Rispen. Früchte schwarz. Jeder Boden; geschützte, schattige Lage. WH: bis —10°C. Herbst.

19. November, Windsor

Ilex aquifolium L. (*Aquifoliaceae*) Gemeine Stechpalme. Bh. in West- und Südeuropa, Schottland bis Nordafrika, von Österreich bis zum Nordiran. Wächst in Gehölzen, Hecken und auf Felsen, in der Regel auf sauren Böden. Immergrüner Strauch oder Baum bis 16 m. Blätter steif, mit gewelltem Rand, zumindest an den unteren Zweigen meist dornig gezähnt, oben glänzend dunkelgrün. Früchte 8-10 mm breit. WH: kurzzeitig bis —15°C. Die folgenden Pflanzen sind Varietäten von *Ilex aquifolium:*

›**Crassifolia**‹. Ungewöhnliche, langsam wachsende Form. Blätter bis 6 cm lang. Junge Triebe purpurn.

›**Flavescens**‹. Auch als ›Moonlight Holly‹ bekannt. Die Blätter sind bes. in der Jugend gelb überlaufen. Weiblich.

›**Amber**‹. Vor 1955 in der Baumschule Hillier entstandener Klon. Immergrün.

›**Ferox**‹. Seit dem 17. Jh. gezogen. Gilt als eine der ältesten noch existierenden Kulturformen. M.

›**Ferox Argentea**‹. Silbrige Form von ›Ferox‹, ähnlich, jedoch langsamer wachsend. ›**Crispa**‹ Spielart von ›Scotica‹. Männlich.

›**Crispa Aureopicta**‹. Wie ›Crispa‹, jedoch mit gelbem Fleck auf den Blättern. Männlich.

›**Ovata**‹. Langsam wachsende Form. Höhe etwa 2 m. Purpurne Stämmchen.

›**J. C. van Tol**‹ (syn. *I. a.* ›Polycarpa Laevigata‹). Um 1895 in Holland gezüchtet. Überreich fruchtende Stechpalme. Blätter bis 7 cm lang.

›**Bacciflava**‹ (syn. *I. a.* ›Fructoluteo‹). Form mit gelben Früchten, manchmal auch wild vorkommend.

›**Argentea Marginata**‹. Die wohl am häufigsten gezogene panaschierte Stechpalme. Blätter bis 8 cm lang. Zwittrig.

›**Golden Milkboy**‹ (syn. *I. a.* ›Aurea Picta Latifolia‹). Auffällige Form, wie ›Golden Milkmaid‹, jedoch mit größeren Blättern. Männlich.

›**Handsworth New Silver**‹. Form mit purpurnen Stämmchen. Blätter 10 cm lang. Weiblich.

›**Silver Queen**‹. Ziemlich langsam wachsende Form; pyramidaler Wuchs. Stämmchen purpurn. Männlich.

›**Aurifodina**‹ (syn. ›Goldmine‹). Reich fruchtende Form mit purpurnen Stämmchen.

Ilex canariensis Poir. Bh. auf Madeira und auf den Kanarischen Inseln. Wächst recht häufig in den spärlichen Überresten der Lorbeer- und Heidewälder auf Teneriffa und Gomera in etwa 700 m Höhe. BZ Mai. Vielzweigiger, immergrüner Strauch oder kleiner Baum bis 15 m. Blätter in der Regel ohne Dornen. Blüten weiß, 1 cm breit. Früchte 1 cm im Durchmesser. WH: bis vielleicht —5°C.

Ilex perado Ait. var. ***platyphylla*** (Webb & Berth.) Loes. Bh. im Südkaukasus und in der Nordtürkei. Buchen- und Mischwälder bis 1000 m. Niedriger, breitwüchsiger, immergrüner Strauch bis 1,5 m. Blätter ziemlich weich. WH: bis —15°C.

I. dipyrena Wall. Bh. im Himalaja von Pakistan bis Yunnan. Wälder und feuchte Schluchten in 1500-3000 m Höhe. Immergrüner Baum oder großer Strauch bis 14 m. Blätter 5-10 cm lang. Früchte rot, 8 mm lang, 2 Samen pro Frucht. WH: bis —20°C.

I. kingiana Cockerell. Bh. im Himalaja. Wächst in 1800-2500 m Höhe. Kleiner immergrüner Baum. Blätter 15-20 cm lang. Früchte 5 mm lang, rot. WH: in geschützter Lage bis —10°C.

I. latifolia Thunb. Bh. auf Südhonshu, Shikoku und Kyushu. Gehölze. Blätter 12-17 cm lang, mit zahlr. kleinen Zähnen. Beeren 8 mm breit, in sehr kurzstieligen Büscheln. WH: bis —15°C.

Ilex canariensis im März auf Westteneriffa

Ilex colchica oberhalb von Trapezunt

Ilex aquifolium ›Aurifodina‹

›Nellie R. Stevens‹

Ilex perado var. *platyphylla*

I.* × *altaclerensis (Loud.) Dallimore. Hybride zwischen *I. aquifolium* und *I. perado* var. *platyphylla.* Ursprünglich in Highclere bei Newbury, Berkshire, gezüchtet. Es wurden zahlr. Sorten registriert. WH: in geschützter Lage bis —15°C.

›**Golden King**‹. Spielart von *I.* × *a.* ›Hendersonii‹. Im späten 19. Jh. in der Baumschule Lawson bei Edinburgh entstanden. Weiblich.

›**Camelliifolia**‹. Großer Baum von pyramidalem Wuchs. Junge Stämmchen purpurn. Sehr reich fruchtend.

›**Purple Shaft**‹. Kräftige, raschwüchsige Spielart von *I.* × *a.* ›Balearica‹. Junge Triebe purpurn. Reich fruchtend.

›**Hodginsii**‹. Im frühen 19. Jh. von T. Hodgins in Irland gezüchtet. Wertvoller, bis 15 m hoher Baum von pyramidalem Wuchs. Stämmchen purpurn. Blätter bis 11 cm lang. Männlich.

›**Lawsoniana**‹. Panaschierte Mutation von *Hendersonii.* Blätter schlagen leicht in reines Grün zurück. W. Baumschule Lawson in Edinburgh.

›**Howick**‹. Spielart von ›Hendersonii‹. Baum mit zurückgebogenen weißen Blatträndern.

›**Balearica**‹. Starkwüchsige Form. Abstammung nicht gesichert. Mittelgroßer, pyramidaler Strauch. Reich fruchtend.

›**Wilsonii**‹. Starkwüchsige Form, bis 10 m hoch. Blätter bis 12 cm lang.

›**Nellie R. Stevens**‹. In den USA gezüchtete Hybride aus *I. aquifolium* × *I. cornuta.* Reich fruchtend. Weiblich. Immergrün.

I.* × *koehneana Loes ›**Chestnut Leaf**‹. Starkwüchsiger Klon von *I.* × *koehneana,* einer Hybride aus *I. aquifolium* × *I. latifolia.* Blätter bis 16 cm lang. WH: bis —15°C. Immergrün.

19. November, Windsor

Daphniphyllum macropodum auf Yaku-Shima

Ilex opaca im Staat New York

Rhamnus crocea

Ilex cornuta

Ilex serrata

***Ilex aquifolium* ›Angustifolia‹**. Aufrecht und kompakt wachsende Form. Blätter etwa 6 cm lang. Seit 1838 bekannt.
***I. aquifolium* ›Lichtenthalii‹**. Form mit purpurnen Trieben und ungewöhnlich langen, schmalen Blättern.
***I. aquifolium* ›Alaska‹**. Sehr wh.e Form mit 6 cm langen Blättern. Weiblich.
***I. aquifolium* ›Scotica‹**. Form mit dornenlosen Blättern und purpurnen Stämmchen. Weiblich.

I. opaca Ait. Bh. in Massachusetts, südwärts bis Florida, westwärts bis Texas. Gehölze, Hecken und Felder. BZ Juni. Immergrüner Strauch oder kleiner Baum bis 15 m. Blätter mattgrün. WH: bis −25° C.

***I.* ›Drace‹**. Hybride zwischen *I. cornuta* und *I. pernyi*, in Amerika gezüchtet. Weiblich.

***I.* ›Oriole‹** Hybride der zweiten Generation zwischen *I. myrtifolia* und *I. opaca*. Weiblich.

I. glabra (L.) Gray. Kahle Winterbeere. Bh. in Neuschottland, südwärts bis Florida, westwärts bis Montana. Nasser, saurer Boden. BZ Juni. Immergrüner Strauch bis 3 m. WH: bis −20° C.

I. ciliospinosa Loes. Grannenborstige Winterbeere. Bh. in Westsichuan. Wälder bis 1500 m. BZ Mai. Immergrüner Strauch bis 4 m. WH: bis −20° C.

I. pernyi Franch. var. ***veitchii*** hort. ex Bean. Bh. in Yunnan, Westsichuan und Westhubei. Gebüsche in 1200-2100 m Höhe. BZ Mai. Immergrüner Strauch oder kleiner Baum bis 10 m. Blüten blaßgelb. WH: bis −15° C.

***I.* ›Indian Chief‹**. Hybride zwischen *I. cornuta* und *I. pernyi*. Weiblich.

I. integra Thunb. Bh. auf Honshu, Shikoku und Kyushu, in Taiwan und Ostchina. Gehölze auf Hügeln, oft in Küstennähe. BZ April. Immergrüner Strauch oder kleiner Baum. WH: bis −10° C.

I. cornuta Lindl. Bh. in Ostchina, westwärts bis Westhubei. Wächst in Schluchten und auf Hügeln in 150-600 m Höhe. Immergrüner, rundlicher Strauch bis 3 m. Blätter 3,5-10 cm lang. WH: bis −15° C.

I. verticillata (L.) Rote Winterbeere. Bh. in Neufundland, ostwärts bis Minnesota, südwärts bis Georgia und Tennessee. Wächst in Sümpfen und an Tümpeln. Früchte ab Oktober. Laubabwerfender, breitwüchsiger Strauch bis 3 m. Früchte 6 mm breit, rot, bei **›Aurantiaca‹** orange. Feuchter, saurer Boden. WH: bis −35° C.

I.* × *meservae. Hybriden zwischen *I. aquifolium* und *I. rugosa*. Sehr wh.e, in Nordjapan bh.e Art. **›Blue Princess‹**, **›Blue Angel‹** und **›Goliath‹** sind selektierte Klone. Sie sind winterhärter als *I. aquifolium* und gedeihen gut in Kontinentalklima.

I. serrata Thunb. Siebolds Stechpalme. Bh. auf Honshu, Shikoku und Kyushu. Feuchte Stellen im Gebirge. BZ Juni. Laubabwerfender Strauch bis 3 m. Blüten blaßpurpurn bis weiß, 3,5 cm breit, m. und w. auf verschiedenen Pflanzen. Früchte etwa 5 mm im Durchmesser, rot, bei **›Xanthocarpa‹** gelb, bei **›Leucocarpa‹** weiß. Feuchter, saurer Boden; vollsonnige Lage. WH: bis −20° C. Im Herbst fruchtend, Beeren auf den kahlen Zweigen verbleibend.

I. yunnanensis Franch. Yunnanstechpalme. Bh. in Yunnan und Westsichuan. Gebüsche in 1200-2000 m Höhe. Immergrüner Strauch bis 4 m. Früchte 6 mm breit, rot. WH: bis −15° C.

I. pedunculosa Miq. Langstielige Stechpalme. Bh. auf Honshu, Shikoku und Kyushu. Gehölze im Gebirge. BZ Juni. Immergrüner Strauch oder kleiner Baum. Blüten weiß, 4 cm breit, zu 1-5 beisammen, auf langen, schlanken Stielen. Früchte 7 mm im Durchmesser. WH: bis −10° C.

***I.* × *attenuata* ›Sunny Forster‹**. Form von *I.* × *attenuata*, einer zufällig entstandenen Hybride zwischen *I. cassine* und *I. opaca*. Großer, ziemlich schmaler Strauch. Immergrün.

I. crenata Thunb. Japanstechpalme. Bh. auf Hokkaido, Honshu, Shikoku und Kyushu. Gebüsche an Flußufern, Wäldern und feuchte Stellen. BZ Juni-Juli. Immergrüner, meist kompakter Strauch oder kleiner Baum. Blätter 1,5-3 cm lang, mit kleinen Zähnen. Blüten weiß, 5 mm breit. WH: bis −20° C. Gedeiht gut in Nordamerika und wird oft an denselben Stellen wie Buchsbaum (*Buxus*) gepflanzt. Einige Varietäten sind auf der gegenüberliegenden Seite abgebildet.

Daphniphyllum macropodum Miq. (*Euphorbiaceae*). Bh. in Japan und Korea. Wächst in Wäldern an Flußufern. BZ Mai-Juni. Immergrüner Strauch oder kleiner Baum. Blätter 15-20 cm lang. Blüten zahlr., klein, gelbgrün. Früchte dunkel-bläulich, ca. 1 cm lang. WH: bis −20° C.

Rhamnus crocea Nutt. subsp. ***ilicifolia*** (Kell.) C. B. Wolf (*Rhamnaceae*). Bh. in Kalifornien und Arizona. Gebüsche und lichte Wälder unter 1500 m. Früchte August-November, 8 mm lang. Immergrüner Strauch bis 4 m. WH: bis vielleicht −15° C.

trocknen lassen, kühl aufbewahren und dafür sorgen, daß sie möglichst viel Licht bekommen. Auch selbstgesäte Sämlinge kann man aus dem Garten nehmen, eintopfen oder in ein Frühbeet setzen.

Stecklinge und Absenker: Diese Vermehrungsmethoden haben den Vorteil, daß der neue Strauch mit der Pflanze, von der er abstammt, genetisch identisch ist und somit eine schöne Form oder ein bereits benannter Klon (identisch) vermehrt werden kann. Stecklinge werden entweder im Herbst oder im Winter nach dem Laubfall geschnitten.
Steckhölzer sollten etwa 30 cm lang sein. Im Herbst steckt man sie in sandigen Boden oder Komposterde, entweder im Freiland oder in einem beschatteten, verglasten Frühbeet. Im Frühling beginnen sie dann, Wurzeln und Triebe auszubilden.
Krautige, kaum verholzte Stecklinge werden geschnitten, bevor das Holz hart zu werden beginnt; schneidet man zu früh, geht der Trieb ein, schneidet man zu spät, ist er zu holzig und bildet nur schwer Wurzeln. Für gleichbleibend hohe Luftfeuchtigkeit sorgen! Dies hat sich als beste Methode erwiesen, diese Stecklinge zur Wurzelbildung anzuregen. Wenn man Feuchtigkeit mit Wärme von unten kombiniert, und für das richtige Maß an Schatten sorgt, bewurzeln sich sogar sehr schwierige Pflanzen wie laubabwerfende Azaleen. Wuchsstoffe zur Bewurzelung (Stäuben oder Tauchen) fördern die Bewurzelung und machen sie bei manchen Arten erst möglich. Im Herbst sollte man sie dann solange wie möglich wachsen lassen, damit sie den Winter überstehen. Ein idealer Kompost für die Wurzelbildung der meisten Pflanzen besteht zu etwa gleichen Teilen aus Hygroperlite und Sphagnumtorf. Die Größe der Perliteperlen richtet sich nach der Dicke der Wurzeln: Pflanzen mit dickeren Wurzeln brauchen gröberen Kompost.
Die Vermehrung durch Absenker wurde bei schwer zu bewurzelnden Pflanzen wie dem Japanischem Ahorn oder laubabwerfenden Azaleen früher kommerziell praktiziert, ist inzwischen aber durch Sprühnebelvermehrung oder Veredeln ersetzt worden. Für Hobbygärtner kann das Absenken jedoch immer noch sehr nützlich sein, besonders zur Verjüngung alter Rhododendren oder bei empfindlichen Pflanzen wie Magnolien. Wenn der Absenker bewurzelt ist, kann er noch mehrere Jahre lang mit der Mutterpflanze verbunden bleiben; so ist er größer, wenn er schließlich auf die eigenen Wurzeln angewiesen ist.

Produktion neuer Arten durch Kolchizin-Behandlung: Einige neue Pflanzen, wie z. B. *Forsythia* ›Beatrice Farrand‹, wurden durch die Behandlung einer Hybride zwischen zwei Wildarten mit Kolchizin erzielt. Kolchizin ist ein Alkaloid, das aus dem Knollengewächs *Colchicum* (Herbstzeitlose) gewonnen wird. Es verhindert die Bildung von Zellwänden bei der Zellteilung, so daß polyploide Zellen entstehen. Eine sterile Hybride zwischen zwei Arten kann fruchtbar werden, wenn man einen ihrer Triebe oder einen Setzling mit kolchizinhaltigem Lanolin behandelt und dadurch die ursprüngliche Anzahl ihrer Chromosomen verdoppelt. Die so entstandene fruchtbare Pflanze ist eine neue Art, die eigene Samen produzieren kann. Mehrere wilde Pflanzen haben sich auf diese Weise entwickelt — natürlich ohne Kolchizin.

Schädlinge und Krankheiten

Sträucher werden vermutlich weniger von Schädlingen und Krankheiten heimgesucht als andere Gartenpflanzen, doch auch sie haben, je nach Standort, unterschiedliche Feinde. Ich erinnere mich an einen Garten in Frankreich, den in der Nacht eine Herde Wildschweine besucht hatte. Sogar große Rhododendren waren entwurzelt und ruiniert. Nun sind glücklicherweise nur wenige Gärten von Wildschweinen bedroht, doch auch Rotwild wird recht häufig zum Problem, da es fast jeden Strauch anknabbert oder bei dem Versuch, das neue Geweih vom Bast zu befreien, die Rinde abscheuert. Ein weiterer tierischer Schädling ist der Dompfaff, der binnen kürzester Zeit alle Knospen eines Strauchs abfressen kann. Forsythien, *Prunus*, *Ribes,* Felsenbirnen, ja sogar Deutzien fallen ihm regelmäßig zum Opfer.
Die schlimmste Krankheit, die Sträucher befällt, ist ohne Frage der Hallimasch, *Armillariella mellea.* Er kann Pflanzen fast jeder Gattung abtöten, wobei Magnolien angeblich seltener befallen werden als viele andere. Zur Zeit wird in Wisley an einem Gegenmittel gearbeitet. Es sind jedoch auch schon Mittel auf dem Markt, wie etwa Armillaritox, die sich mancherorts als wirksam erwiesen haben. Auch eine Handvoll Kupferkarbonat, das man beim Pflanzen in die Erde mischt, soll den Pilz in Zaum halten. Der Hallimasch befällt bevorzugt geschwächte Pflanzen, die auf nassem, schlecht entwässertem Boden stehen. Die schwarzen Hyphen des Pilzes durchziehen wie dünne Schuhbänder den Boden und können die Basis eines Strauchs befallen, wobei sich eine flache weiße Masse von Pilzmyzel unter der abgestorbenen Rinde des Strauches bildet — ein deutlicher Hinweis auf die Ursache des plötzlichen oder nahen Todes der schönsten Sträucher. Es kann also nicht schaden, die angegeben Gegenmittel anzuwenden, solange noch kein wissenschaftlich erprobtes Mittel erhältlich ist.

Die Fotografien

Wenn Sie auf freiem Feld oder im Garten Sträucher fotografieren, sollten Sie ein Stativ benutzen. So haben Sie den Vorteil einer längeren Belichtungszeit und damit einer kleineren Blende, die eine größere Tiefenschärfe liefert.
Die Studiofotos wurden mit einer Bronica 120 aufgenommen. Verwendet wurde ein Normalobjektiv. Zwei Lichtquellen mit je vier Spots von Bowens lieferten das nötige Licht. Die Aufnahmen auf freiem Feld wurden mit einer Nikon FM gemacht. Als Film wurde in beiden Fällen ein Ektachrome 64 verwendet. Die im Freien gemachten Bilder wurden beim Entwickeln um eine Stufe gepuscht.

Das in der Bundesrepublik handelsübliche Sortiment an Baumschulpflanzen umfaßt einige tausend Arten und Sorten. Kein Anbieter ist in der Lage, das gesamte Sortiment vorrätig zu halten.
Wenn Sie also die gewünschte Pflanze im Angebot nicht finden, sind leistungsfähige Anbieter wie Garten-Center und Garten-Baumschulen in der Regel gern bereit, die gewünschte Sorte zu beschaffen.
Anschriften der vom Bund deutscher Baumschulen (BdB) e.V. anerkannten Garten-Baumschulen erhalten Sie auf Anforderung vom:

Bund deutscher Baumschulen
Referat Garten-Baumschulen
Postfach 1229
2080 Pinneberg
Tel. 0 41 01/2 80 15

oder für die Garten-Center vom

Verband deutscher Garten-Center e.V.
Rheinallee 4a
5300 Bonn 2
Tel. 02 28/36 34 30

und vom

Bund deutscher Staudengärtner,
Gießener Str. 47
6310 Grünberg/Hs.

und von der

Arbeitsgemeinschaft
Deutscher Pflanzenliebhaber-Gesellschaften
Godesberger Allee 142-148
5300 Bonn 2
Tel.: 02 28/8 10 02-13

Pflanzenliebhaber-Gesellschaften

Europäische Bambusgesellschaft, Wolfgang F. Eberts (Hg.), Saarstraße 3, 7570 Baden-Baden
Bonsai-Club – Verein Europäischer Miniaturbaumfreunde e.V., Paul Lesniewicz (Präsident), Mannheimer Str. 401, 6900 Heidelberg-Wieblingen
Wolfgang Zimmer (Vizepräsident), Weiherstr. 9, 6908 Wiesloch
Deutsche Bromelien-Gesellschaft e.V., Harro Heidt (Vorsitzender) Werner-von-Schienen-Str. 2, 7890 Waldshut-Tiengen 1
Aja Köster (Geschäftsführerin), Siesmayerstr. 61, Palmengarten 6000 Frankfurt 1
International Camellia Society (deutsch-österreichische Sektion), Dr. Klaus Hackländer (Geschäftsführer), Simeonstr. 5, 5500 Trier
Deutsche Dendrologische Gesellschaft e.V., Prof. Dr. Horst Bartels (Präsident), Calsowstr. 4, 3400 Göttingen
Dipl.-Forstwirt Wolfgang Schönherr (Geschäftsführer), Hawstr. 28 5500 Trier
Deutsche Dahlien-, Fuchsien- und Gladiolen-Gesellschaft e.V., Prof. Dipl.-Ing. Alfred Feßler (Präsident), Alois-Steinecker-Str. 25, 8050 Freising
Elisabeth Göring (Geschäftsführerin), Drachenfelsstr. 9 a, 5300 Bonn 2
Gesellschaft für fleischfressende Pflanzen, Rolf-Dieter Gotthardt (Geschäftsführer), Adenauerstr. 13, 7303 Neuhausen
Deutsche Fuchsien-Gesellschaft e.V., Heinrich Breuckmann (1. Vorsitzender), Leinschede 22, 5970 Plettenberg
Karl Strümper (2. Vorsitzender), Teichstr. 29, 3400 Göttingen
Hans Peter Peters (Geschäftsführer) Pankratiusstr. 10, Großförste, 3208 Giesen
Gesellschaft der Heidefreunde e.V., Fritz Kircher (Geschäftsführer) Tangstedter Landstr. 276, 2000 Hamburg
Jürgen Schröder (stellvertr. Vorsitzender), Lütjenmorr 66, 2000 Noederstedt
Deutsche Gesellschaft für Hydrokultur e.V., Heinrich Bömken (Präsident) , Kurt-Schumacher-Str. 36, 4352 Herten
Ernst Eugen Bolduan (Vizepräsident), Scharnhorststr. 11, 6200 Wiesbaden
Deutsche Kakteen-Gesellschaft e.V., Siegfried Janssen (1. Vorsitzender) Weserstr. 9, 2893 Burhave
Dr. med. Werner Röhre (2. Vorsitzender) Witzelstr. 10, 6400 Fulda
Kurt Petersen (Geschäftsführer), Klosterkamp 30, 2860 Osterholz-Scharmbeck
Arbeitskreis für Mammillarienfreunde e.V., Dipl.-Ing. Rainer Pillar (Vorsitzender) Klaus-Stürmer-Str. 13, 4500 Osnabrück
Günter Ellenberg (Schriftführer), Grenzweg 15, 4905 Spenge
Deutsche Orchideen-Gesellschaft e.V., Emil Lückel (Präsident) Bornemannstr. 2, 6000 Frankfurt 70
Gerd Röllke (Vizepräsident) von-Möller-Str. 25 c, 4800 Bielefeld 14
Ernst Thielmann (Vizepräsident), Arndtstr. 8, 2724 Sottrum
Liselotte Thielmann (Geschäftsführerin), Arndtstr. 8, 2724 Sottrum
Deutsche Rhododendron-Gesellschaft e.V., Hans-André Schulz (Präsident), Spielleutestr. 10, 2830 Bremen 70
Dr. Lothar Heft (Geschäftsführer), Marcusallee 60, 2800 Bremen 33
Verein Deutscher Rosenfreunde e.V., Gartendirektor Josef Raff (Präsident), Mainaustr. 198 a, 7750 Konstanz
Dr. Gustav Schoser (Vizepräsident), Palmengarten, Siesmayerstr. 61, 6000 Frankfurt 1,
Prof. Dr. Josef Sieber (Vizepräsident), Murrstr. 22 8050 Freising
Hanni Bartetzko (Geschäftsführerin), Waldseestr. 14 7570 Baden-Baden
Gesellschaft der Staudenfreunde e.V., Hermann Hald (Präsident), Dörrenklingenweg 35, 7114 Untersteinbach/Hohenlohekreis,
Martel Hald, (Geschäftsführerin), s.o.

Botanische Gärten der Bundesrepublik Deutschland

Staatl. Museen und Sammlungen
Botanischer Garten und Botanisches Museum Berlin-Dahlem, Königin-Luise-Str. 6-8, 1000 Berlin 33
Botanischer Garten, Menzinger Str. 63, 8000 München 19

Universitätsgärten
Botanischer Garten der Techn. Universität, Alte Maastricher Str. 3, 5100 Aachen
Universität Bielefeld, Fakultät für Biologie, Postfach 8540, 4800 Bielefeld 1
Ruhr-Universität Bochum, Botanischer Garten, Postfach 10 21 48, 4630 Bochum 1
Botanisches Institut und Botanischer Garten, Meckenheimer Allee 170, 5300 Bonn 1
Institut für Landwirtschaftliche Botanik der Universität Bonn, Meckenheimer Allee 176, 5300 Bonn 1
Botanischer Garten der Techn. Universität, Humboldtstr. 1, 3300 Braunschweig
Ökologisch-Botanischer Garten, Universität Bayreuth, Am Birkengut, Postfach 30 08, 8580 Bayreuth
Universität Bremen
Botanischer Garten der Techn. Hochschule, Schnittspahnstr. 5, 6100 Darmstadt
Botanischer Garten der Universität, Universitätsstr. 1, 4000 Düsseldorf
Botanischer Garten der Universität, Loschgestr. 3, 8520 Erlangen
Universität Essen GHS, Fachbereich 9 Botanik, Universitätsstr. 15, 4300 Essen 1
Botanischer Garten der Universität, Siesmayerstr. 72, 6000 Frankfurt
Botanisher Garten der Universität, Schänzlestr. 9-11, 7800 Freiburg i. Brsg.
Sichtungsgarten Weihenstephan, 8050 Freising-Weihenstephan
Botanischer Garten der Justus-Liebig-Universität, Senkenbergstr. 6, 6300 Gießen
Botanischer Garten der Universität, Untere Karspüle 1, 3400 Göttingen
Neuer Botanischer Garten der Universität, Grisebachstr. 1a, 3400 Göttingen
Forstbotanischer Garten und Arboretum, Büsgenweg 2, 3400 Göttingen
Botanischer Garten der Universität, Hesten 10, 2000 Hamburg 52
Botanischer Garten der Universität, Im Neuenheimer Feld 340, 6900 Heidelberg
Botanischer Garten der Universität, Am Fasanengarten 2, 7500 Karlsruhe 1
Gesamthochschule Kassel, Lehr- und Versuchsanlagen der Arbeitsgruppen Botanik, Heinrich-Plett-Str. 40, 3500 Kassel
Botanischer Garten der Universität, Biologie-Zentrum, Olshausenstr. 40-60, 2300 Kiel
Botanisches Institut der Universität Köln, Gyrhofstr. 15, 5000 Köln 41
Universität Konstanz, Fachbereich Biologie, Postfach 77 33 7750 Konstanz
Botanischer Garten der Johann-Gutenberg-Universität, Saarstr. 21, Postfach 3980, 6500 Mainz
Botanischer Garten der Phillips-Universität, Karl-von-Frisch-Str., 3550 Marburg
Botanischer Garten der Westf. Wilhelms-Universität, Schloßgarten 3, 4400 Münster
Versuchsfeld des Instituts für Pharmazeutische Biologie und Phytochemie, Hittorfstr. 56, 4400 Münster
Botanischer Garten der Universität, Philosophenweg 41, 2900 Oldenburg

Botanischer Garten der Universität, Albrechtstr. 29, 4500 Osnabrück
Botanischer Garten der Universität, Universitätsstr. 31, 8400 Regensburg
Botanischer Garten der Universität, 6600 Saarbrücken
Botanischer Garten der Universität Hohenheim, Postfach 70 05 62, 7000 Stuttgart 70
Botanischer Garten der Universität Stuttgart, Ulmer Str. 227, 7000 Stuttgart 60
Botanischer Garten der Universität, Hartmeyerstr. 123, 7400 Tübingen
Abt. Spezielle Botanik, Biologie der Universität, Oberer Eselsberg, 7900 Ulm
Gewächshaus für tropische Nutzpflanzen, FB Internationale Agrarwirtschaft der GH Kassel, Steinstr. 19, 3430 Witzenhausen
Botanischer Garten der Universität, Mittlerer Dallenbergweg 64a 8700 Würzburg

Stadt- oder Landesgärten
Botanischer Garten der Stadt Augsburg, Parkstr. 15a, 8900 Augsburg
Staatl. Bäderverwaltung Abt. IV-Kurpark, Postfach 326, 7847 Badenweiler
Botanischer Garten, Marcusallee 60, 2800 Bremen 33
Botanischer Garten der Stadt, Am Rombergpark 49, 4600 Dortmund-Brünninghausen
Botanischer Garten der Stadt, Fürst-Pückler-Str. 18, 4100 Duisburg 11
Grugapark Essen, Külshammerweg 32, 4300 Essen 1
Palmengarten, Siesmayerstr. 61, 6000 Frankfurt
Nationalpark Bayerischer Wald, Postfach 124, 8352 Grafenau
Forstliches Arboretum der Nieders. Landes- und Forstverwaltung 3395 Bad Grund /Harz und Arboretum der Nieders. Forstlichen Versuchsanstalt, 3513 Staufenberg-Escherode
Schulbiologiezentrum Hannover-Burg, Brockenweg 5a, 3000 Hannover 21
Herrenhäuser Gärten, Herrenhäuser Str. 4, 3000 Hannover-Herrenhausen 21
Botanischer Garten der Stadt, Heinrich-Egloff-Str. 9, 8670 Hof
Alter Botanischer Garten der Stadt Karlsruhe
Botanischer Garten der Stadt Kassel, Bosestr. 15, 3500 Kassel
Botanischer Garten der Stadt, Am Botanischen Garten 19, 5000 Köln 60
Botanischer Garten der Stadt, Sandberg 1-2, 4150 Krefeld-Oppum
Botanischer Garten der Stadt, 4050 Mönchengladbach
„Wilhelma“, Zoologisch-Botanischer Garten, Postfach 501227 7000 Stuttgart 50
Botanischer Garten, Wilhelmshaven, Gökerstr. 125, 2940 Wilhelmshaven
Botanischer Garten der Stadt Elisenhöhe 5, 5600 Wuppertal 1

Private Sammlungen
Firma Madaus, Heilpflanzenkulturen Dr. Maduas & Co., Abt. Gartenbau, Postfach 91 50 55, 5000 Köln 91
Mainauverwaltung, Graf Lennart Bernadotte GmbH, Post Konstanz 7750 Insel Mainau
Pflanzenschauhaus im Luisenpark Mannheim, Stadtpark Mannheim GmbH, Gartenschauweg 18, 6800 Mannheim 1
Tropicarium Monheim, Bayer AG, 5090 Leverkusen
Schau- und Sichtungsgarten Hermannshof, Babostr. 5, 6940 Weinheim/Bergstraße

Bibliographie

Allgemein

Bean, W.J. (überarbeitet von D.L. Clarke), *Trees a Shrubs Hardy in British Isles,* 8. von John Murray neubearbeitete Auflage (1976, 1980).

Beckett, Kenneth A., *Climbing Plants,* Croom Helm/Timber Press (1983).

Curtis's Botanical Magazine seit 1984; The Kew Magazine Loon (1787 ff.).

Dirr, M.A. & Henser, Charles R. (Jnr.), *The Reference Manual of Woody*
Plant Propagation: from seed to tissue culture, Varsity Press Inc., Georgia (1987).

Hillier's Manual of Trees a Shrubs, 4.Aufl. (1974).

Haworth-Booth, Michael, *Effective Flowering Shrubs,* Collins (1970).

Ingram, Collinwood, *A Garden of Memories,* Witrby (1970).

International Derology Society Yearbook, Loon (1976 ff.).

Journal of the Royal Horticultural Society seit Juni 1975, »The Garden«, R.H.S., London.

Krussman, G., *Manual of Cultivated Broad-Leaved Trees a Shrubs* (in Englisch und Deutsch), Batsford/Timber Press (1986).

Plantsman, T, (1979 ff.), R.H.S., London.

Rehder, Alfred, *Manual of Cultivated Trees a Shrubs Hardy 11 North America,* Macmillan, New York, 2.Aufl. (Neuauflage 1977).

Royal Horticultural Society Dictionary of Gardening, 2. neubearbeitete Auflage, Oxford University Press (1977).

Wyman, Donald, *Shrubs a Vines for American Gardens,* New York (1949).

Europa

Heywood et. al., *Flora Europaea,* Cambridge University Press (1964-80).

Polunin, Oleg, *Flowers of Greece and the Balkans,* Oxford University Press (1980).

Polunin, Oleg u Smithies, B.E., *Flowers of Southwest Europe,* Oxford University Press (1973).

Australien und Neuseeland

Salmon, J.T., *New Zeala Flowers a Plants in Colour,* Reed (1963).

Asien

Cowan, J.M. (Hrsg.) George Forrest, *Journeys a Plant Introductions,* R.H.S. u Oxford University Press (1952).

Davies, P.H. (Hrsg.), *Flora of Turkey,* Edinburgh University Press (1965 ff.).

Fang, Wei-pei, *Flora Sichuanica* Ba I (1981 ff.).

Grierson, A.J.C. u Long, D.G., *Flora of Bhutan,* Edinburgh University Press (1983, 1984 ff.).

Kingdon-Ward, F., *Pilgrimage for Plants,* Harrap (1960).

Ohwi, J., *Flora of Japan* (in Englisch), Smithsonian, Warkington (1965).

Polunin, Oleg u Stainton, Adam, *Flowers of the Himalaya,* Oxford University Press (1984).

Rechinger, K.H., *Flora Iranica,* Graz (1963 ff.).

Sakhokia, M.F. (Hrsg.), *Botanical Excursions over Georgia,* Akademie der Wissenschaften der Georgischen S.S.R., Tblisi (1961)

Sargent, C.S. (Hrsg.), *Plantae Wilsonianae,* Harvard (3 Bde) (1913-1917).

Wang, Chi-Wu, *The Forests of China,* Harvard (1961).

Woody Plants of Japan, Yama-Kei (1985).

Vereinigte Staaten von Amerika

Fernald, M.L., *Gray's Manual of Botany,* 2. Aufl. (1950).

Little, E.L., *The Audubon Society Field Guide to North American Trees (eastern region),* Knopf (1980).

Munz, P.A., *A Californian Flora a Supplement,* University of California Press (1968).

Vines, Robert A., *Trees, Shrubs a Woody Plants of the Southwest* (1960).

Südamerika

Moore, David M., *Flora of Tierra del Fuego,* Nelson a Missouri Botanical Garden (1983).

Ausgewählte Arten

Ahret, L.W., *'Berberis* a *Mahonia, A Taxonomic Revision',* Journ. Linn. Soc. Loon 57: 1-410 (1961).

Arews, Susyn, 'Notes on some Ilex × altaclerensis clones', *The Plantsman* 5 (2): 65-81 (1983). *The Blue Hollies: The Garden* 113 (1): 43-45 (1988).

Brickell, C.D. & Matw B., *Daphne. The genus in the wild a in cultivation, Alpine Garden Society (1976).*

Brown, P.D., 'The Genus Skimmia, as found in cultivation', *The Plantsman 1 (4) 224-249 (1980).*

Chamberlain, D.F., A revision of Rhododeron II, Notes, R.B.G. Edinb. 39 (2): 209-486 (1982).

Cox, Peter, *The Larger Species of Rhododeron,* Batsford (1977).

Cullen, I., *A revision of Rhododeron I,* Notes, R.B.G. Edinb. 39 (1): 1-207 (1980). Epling, C., *Salvia*

Fang, Wei-Pei et al., *Rhododerons of China* (in Englisch), Binford a Mort 1980, mit einem chinesisch-englischen Wörterverzeichnis botanischer Fachbegriffe und Ortsnamen.

Galle, Fred Co, *Azaleas,* Timber Press (1987).

Haworth Booth, M., *The Hydrangeas* (1959).

Hu, Shin-Ying, *A monograph of the genus Philadelphus,* Journ. Arnold Arbor (1954, 1955, 1956).

Lloyd, Christopher, *Clematis,* Collins 1977.

Macaboy, S., *The Colour Dictionary of Camellias,* Lasdowne Press (1981).

McAlister, H., *New Work on Ivies,* I.D.S. Yearbook 1981: 106-109 (1982).

McClintock, D., 'Bamboos' in Walters et al., *European Garden Flora* Band II, C.U.P.(1985 ff.).

Munz, P.A., *A revision of the Genus Fuchsia,* Proc. Cal. Acad. Sci. 25: 1-138 (1943).

Rhododeron Yearbook, jetzt *Rhododerons,* mit *Camellias a Magnolias,* R.H.S., Loon (1939 ff.).

Robson, N.K.B., Shrubby Asiatic Hypericum Species, *Jour. Roy. Hort. Soc. 95: 482-497 (1970).*

Rose, P.Q., *Ivies,* Blaford Press (1980).

Salley, H.E. & Greer, H.E., *Rhododeron Hybrids: A Guide to tir Origins,* Batsford (1986).

Sauers, E., *Wagtail's Book of Fuchsias* Ba I-IV, Wagtails Fuchsia Publications (1971-87).

Treseder, Neil u Hayms, Edward, *Growing Camellias,* Nelson (1975).

Vertrees, J.D., *Japanese Maples,* Timber Press (1978).

Zaikonnikora, T.I., *Monograph of the genus Deuztia,* Leningrad (1966), (in Russisch).

Index

Abelia
chinensis 232
floribunda 102
× grandiflora 232
schumannii 232
triflora 100
umbellata 102
Abeliophyllum distichum 42
Abutilon
Ashford Red 254
Kentish Belle 254
megapotamicum 254
megapotamicum Variegatum 254
× milleri 254
ochsenii 221
× suntense Jermyns 221
vitifolium Veronica Tennant 221
Acacia
baileyana 18
cyanophylla in Spanien 19
dealbata 18
longifolia 18
verticillata 19
Acer
circinatum 48
crataegifolium 48
forrestii 49
glabrum 49
japonicum f. aconitifolium 48
japonicum Aureum 48
maximowiczii 48
monspessulanum 48
palmatum 49
palmatum dissectum 49
palmatum f. linearilobum 48, 49
palmatum Ozakazuki 48
palmatum Sango Kaku 48
palmatum Senkaki 48
palmatum Shindeshojo 49
pennsylvanicum Erythrocladum 48
triflorum 48
Actinida
chinensis 87
kolomikta 86
Adenocarpus complicatus 166
Aegle sepiaria 86
Aesculus
california 171
parviflora 171
pavia 171
Agapetes serpens 149
Ahorn 48, 49
Alpenjohannisbeere 75
Akebia
lobata 86
× pentaphylla 86
quinata 86
trifoliata 86
Alyogyne huegellii 251
Amelanchier
alnifolia 84
bartramina 84
canadensis 76, 268
× grandiflora 76, 268
humilis 84
lamarckii 76, 268
ovalis 85
spicata 76
Amicia zygomeris 167
Amorpha
canescens 170
fruticosa 170
Amygdalus
bucharica 80
nana 82, 83
spinosissima 81
Anthyllis hermanniae 97
Aralia
elata 231
elata Variegata 231
Arbutus andrachne 21
× andrachnoides 20, 21
unedo 256
unedo f. rubra 256
Arctostaphylos patula 149
Aronia arbutifolia 149
Artemisia
arborescens 268
Arundinaria
japonica 28
linearis 29
spathacea 28
Asimina triloba 170
Atherosperma
moschatum 18, 34
Atragene alpina 191
Atraphaxis pyrifolia 81
Aucuba
chinensis subsp. omeiensis 30
japonica 30
japonica f. longifolia 30
Australische Akazie 18, 19
Azaleen – *siehe unter* Rhododendren
Kurume- 133
Mollis- 139
Zwerg- 136
immergrüne 133
laubabwerfende 141
Azara
lanceolata 217, 263
microphylla 24
serrata 217

Bambus 28, 29
Banksia
occidentalis 27
speciosa 27
Berberidopsis corallina 217
Berberis
Bunch o'Grapes 91
buxifolia 88
calliantha 148
chinensis 91
Crawley Gem 89
darwinii 88
dumicola 91
empetrifolia 88
georgii 261
gyalaica 91
heterophylla 88
hookeri 148
linerarifolia 88
montana 89
Orange King 89
× ottawensis Superba 90
pallens 88
replicata 88
× stenophylla 88
temolaica 91
thunbergii 88
thunbergii Atropurpurea Nana 88
thunbergii Aurea 88
valdiviana 89
verruculosa 91
vulgaris 261
wardii 88
Bastardindigo 171
Baumheide 25
Behüllte Heckenkirsche 99
Berglorbeer 151
Bignonia radicans 255
Blasenstrauch 167
Blütenhartriegel 181
Buddleia
alata 209
alternifolia 209
auriculata 208
Black Knight 210
crispa 208
Dartmoor 211
davidii Sorten 210
davidii var. nanhoensis 210
davidii var. wilsonii 210
fallowiana var. alba 208
forrestii 211
Fortune 210
globosa 209
Golden Glow 210
Ile de France 211
japonica 211
lindleyana 208
Lochinch 208
Nanho Blue 210
nivea 208
officinalis 209
Royal Red 210
Royal Red Variegata 210
× weyeriana 210
White Bouquet 210
White Cloud 210
Bupleurum fruticosum 230
Buxus wallichiana 31

Caesalpina
decapetala 155
sepiaria 155
Calceolaria integrifolia 252
Calicotome spinosa 26
Callicarpa
bodinieri var. giraldii 268
Callistemon
citrus 218, 219
Widdicombe Gem 218
Calycanthus occidentalis 182
Camellia
Adolpe 66, 67
Adolpe Audusson 66, 67
Adolphe Audusson Variegated 71
Akashi-Gata 66
Alba Simplex 66, 67
Alexander Hunter 70
Aloha 62
Althaeiflora 67
Amabilis 61
Amagashita 62
Annie Wylam 71
Anticipation 69
Apollo 62
Apple Blossom 62
Arejishi 62
Audrey Hopfer 66, 67
Augusto L. Gouveia Pinto 63
Balderdash 56
Ballet Queen 73
Baron Leguay 63
Bella Romana 66
Beni-otome 70
Berenice Perfection 71
Bob Hope 71
Bow Bells 64
Bowen Bryant 65
Bright Buoy 60
Buddha 56
Caerhays 68
Captain Rawes 68
C. F. Coates 64
Chandleri Alba 72
Cheerful 70
Cheerfulness 70
Cho-no-Hagasane 68
Chrysanthemum Petal 56
Commander Mulroy 71
Confucius 56
Contessa Lavinia Maggi 62
Coquettii 63
Cornish Snow 58, 59
Cornish Spring 64
Crimson Cup 68
Crimson Robe 57
cuspidata 64
Daikagura 66
Debbie 68
Debutante 62
Desire 71
Devonia 60
Devoniensis 60
Dobrei 73
Dobreyi 73
Donation 68
Donckelarii 60
Duc de Bretagne 63
Early Crimson 57
Elizabeth Rothschild 65
Empress 66
Erin Farmer 73
Exaltation 56
F. M. Vyematsu 71
Fragrant Pink 59
Francis Hanger 64
fraterna 58
Freedom Bell 61
Fuji-Yama 62
Furo-an 60
Gertrude Preston 61
Glen 40, 63
Gloire de Nantes 66
Golden Spangles 64
Grace Bunton 60
Grand Slam 73
Guilio Nuccio 79
Guixia 68
Hagorama 68
Haku Rakuten 68
Haku-Tsuru 58
Harold L. Page 69
Haru Gasumi 65
Hi-otome 70
Hiraethlyn 64f.
Hollyhock 63
Howard Asper 73
Idaten Shibori 66
Inspiration 68
Jack McCaskill 63
japonica 59, 60
J. C. Williams 58
Jeanne Kerr 63
Joan Trehane 73
Juban 56
Juno 61
Jupiter 61, 66
Jury's Yellow 73
Kimberley 68
Kiyosu 66
Konron-Koku 66
Kumasaka 63
Kouron Jura 66
Lady Clare 66
Lady Marion 63
La Pace Rubra 66
Laura Boscaven 73
Laura Polka 63
Leonard Messel 68
Little Bit 67
Lucida 70
Madge Miller 72
Magnoliaeflora 68
Maiden 63
Margaret Davis 71
Marguerite Gouillon 62
Mary Christian 56
Mary Williams 58
Mathotiana Alba 62
Mathotiana Rosea 63
Matterhorn 73
Mme de Strekaloff 62
Momoiro Wabisuke 58
Mrs Bertha A. Harms 61
Mrs D. W. Davis 73
Mrs Skottowe 62
Mrs Tingley 60
Muchang 69
Mt Konlong Black 66
Nellie Bly 66
Nobilissima 62
Paolina Guichardini 60
Paul Jones Supreme 71
Phillipa Forwood 70
Pink Beauty 63
Portuguese Pink 63
Princess Anne 60
Princess Charlotte 60
Prof. Charles S. Sargent 60
Purple Gown 56
Red Pressii 66
reticulata 57
Rose of Dawn 68
Rosette 67
Royalty 69
Rubescens Major 60
Sara C. Hastie 62
St Ewe 58
saluenensis 64
Salutation 68, 69
sasanqua 265
Satanella 65
Sea Foam (japonica) 67
Sea Foam (× williamsii) 64
Semi Plena 68
Senorita 73
Sherbrooke 63
Sieboldii 60, 66
Snow Goose 66
Spring Misty 65
Sylva 56
Takeba 56
Tataochung 57
Tom Durant 56
Tricolor 60, 66
Tricolor de Siebold 60, 66
Tsueban 56
Tzepao 56
Tsaii 58

Vallée Knudsen 59
Warwick 63
Waka-no-Ura 60, 66
White Crane 58
White Stork 58
William Bartlet 71
Wisley White 68
Yukimi-guruma 61
Zipao 56
Campsis
grandiflora 255
radicans 255
Campylotropus polyantha 169
Caragana
arborescens 96
brevispina 96
tragacanthoides 96
Carmichelia flagelliformis 169
Carolina Maiglöckchen 178
Carpenteria californica 182
Caryopteris × clandonensis 253
Cassinia fulvida 218
Ceanothus
arboreus 152
A. T. Johnson 252
Autumnal Blue 252
Blue Mound 152
Burkwoodii 252
Cascade 152
Concha 152, 153
divergens 152
Edinburgh 152
foliosus 152
Gloire de Versailles 252
griseus 152
impressus 152
incanus 152
integerrimus 152
× mendocinensis 152
Percy Picton 152
Puget Blue 152
purpureus 153
Ray Hartmann 152
rigidus 152
Southmead 152
spinosus 152
thyrsiflorus 252
thyrsiflorus var. repens 252
Trewithen Blue 152
× veitchianus 152
Celastrus orbiculatus 270
Cephalanthus occidentalis 171
Cerasus
erythrocarpa 81
incana 82
incisa 82
Ceratostigma
plumbaginoides 254
ratisbonensis 254
Cestrum
aurantiacum 253
elegans 253
parqui 252
Chaenomeles
Boule de Feu 82
cathayensis 82
Enchantress 83
japonica 82
Moerloosii 83
Nivalis 82
Phyllis Moore 82
Rowallane 82
Simonii 83
speciosa 83
× superba 82
Chamaecytisus
purpureus 94
ratisbonensis 94
Chamaedaphne calyculata 75
Chimonanthus
fragrans 20
praecox 20
praecox Concolor 20
praecox Luteus 20
Chionanthus
retusus 98
virginicus 98
Chinesischer Strahlengriffel (Kiwi) 87
Choysia
dumosa var. arizonica 35
dumosa var. mollis 34
ternata 35
Christusdorn 160
Chusquea couleou 29
Cistus
Alan Fradd 164
albidus 164
× anguilari 162
Anne Palmer 162
Betty Tandeville 162
× corbariensis 162
creticus 162
crispus (hort.) 162
crispus 163
incanus subsp. creticus 162
ladanifer 164
laurifolius 164
libanotis 163
monspeliensis 164
palinhae 162
parviflorus 163
populifolius 164
× pulverulentus 162
× purpureus 162
× purpureus Betty Taudevin 162
salviifolius 162
Silver Pink 164
× skanbergii 162
Clematis
Abundance 201
alpina 191
alpina grandiflora 190
alpina Inshriach Form 190
alpina subsp. sibirica 193
armandii 193
Ascotiensis 196
balearica 193
Barbara Jackman 194
barbellata 193
Beauty of Richmond 195
Beauty of Worcester 195
Belle of Woking 195
campaniflora 199
Carnaby 196
chrysocoma 191
chrysocoma var. sericea 191
cirrhosa 22, 193
Comtesse du Bouchard 200
Corona 196
Countess of Lovelace 196
Daniel Deronda 200
douglasii var. scottiae 198
Dr Ruppel 197
× durandii 198, 199
Edouard Desfosse 196
Elizabeth 190
Ernest Markham 190
Etoile Rose 199
Etoile Violette 198
fargesii var. souliei 192
florida Alba Plena 198
florida Sieboldiana 198
Gipsy Queen 194
Gravetye Beauty 198
heracleifolia var. stans 198
Huldine 201
integrifolia 198
× jackmanii 198
× jackmanii Rubra 195
× jackmanii Superba 197
Kathleen Wheeler 196
Kermesina 290
Lawsonia 194
Lord Nevill 195
macropetala 198
Margaret Hunt 200
Margot Koster 200
Markham's Pink 190
Maureen 194
Mayleen 190
Minuet 200
Miss Crawshay 194
Mme Edouard André 200
Mme Julia Correvon 200
montana 190, 191
montana var. rubens 190
Mrs Cholmondely 194
Mrs Spencer Castle 195
Nellie Moser 194
Niobe 197
Orange Peel 192
orientalis 193
Pauline 190
Perle d'Azur 200
Pink Perfection 190
plebantha 193
potanini 192
Prince Heinrich 194
Proteus 195
rehderiana 201
Richard Pennel 196
Rouge Cardinal Magenta 200
Royalty 196
Rubro-Marginata 200
Ruby 190
Serenata 196
spooneri 191
Sylvia Denny 194
tangutica 192
Tetrarose 190
The President 195
thibetana var. vernayi 192
× triternata 200
vedrariensis 190
Venosa Violacea 198
vernayi 192
Ville de Lyon 196
Violuceau 200
viticella 199
viticella Alba Luxurians 210
viticella Purpurea Plena Elegans 198, 200
viticella Rubra 200
viticella Sämling 198
Vyvyan Pennel 195
Clerodendrum
bungei 232
trichotomum 233
trichotomum var. fargesii 232
Clethra
alnifolia 228
barbinervis 229
delavayi 228
fargesii 229
monostachya 228
Clianthus puniceus 27
Cneorum triococcon 26
Colquhounia coccinea 240, 254
Colutea
arborescens 167
× media 167
Comptonia
peregrina 36
Convolvulus cneorum 256
Cornus
alba 268, 269
alba Sibirica Variegata 268
alternifolia Argentea 181
Argenteo-marginata 268
capitata 181
chinensis 180
controversa Variegata 180
Eddie's White Wonder 181
Elegantissima 268
florida 181, 271
kousa 180
kousa var. chinensis 180, 268
mas 37
mas var. aurea 180
mas Variegata 180
nuttallii 181, 271
Ormonde 181
rugosa 180
sanguinea 180, 271
stolonifera Flaviramea 268
Coronilla
emerus 94
valentina subsp. glauca 26
valentina subsp. valentina 26
Correa
backhousiana 18
calycina 19
Dusky Bells 19
× harrisii 18
reflexa 18
schlectendahlii 19
Corylopsis
glabrescens 47
gotoana 46
pauciflora 46
platypetala var. levis 74
sinensis 74
sinensis f. veitchiana 46, 47
sinensis var. sinensis 47
spicata 46
sinensis var. willmottiae 46
Spring Purple 47
Corylus avellana Contorta 23
Cotinus
coggyria 160
coggyria Nottcutt's Variety 161
Cotoneaster
bullatus 161
conspicuus 260
Cornubia 260, 261
franchetti var. sternianus 260
Gnom 260
Hybridus Pendulus 260
horizontalis 260
horizontalis Variegatus 260
Juergl 260
lacteus 260
microphyllus 260
Pendulus 260
Pink Champagne 260
Rothschildianus 260
salicifolius floccosus 260
simonsii 260
× waterii 260
Crataegus orientalis 253
Crinodendron
hookeranum 217
patagua 217
Cytisus
battandieri 166
emeriflorus 94
monspessulanus 26
× praecox Allgold 94
scoparius 94, 166
scoparius var. andreanus 94

Daphne
bholua 38
bholua Ghurka 38
× burkwodii Albert Burkwood 36
collina 36
genkwa 36
jezoensis 38
laureola 38
laureola subsp. philippi 38
× mantensiana Manten 36
mezereum 38
mezereum f. alba 38
mezereum var. autumnalis 38
mezereum var. rubra 38
× napolitana 36
odora 38
odora Aureomarginata 38
pontica 36
retusa 36, 37
sericea 39
sericea f. alba 39
tangutica 39
wilsonii 39

Daphniphyllum macropodum 277
Decumaria barbara 237
Dendromecon harfordii 235
Desfontainea spinosa 217
Desmodium tiliaefolium 196
Deutzia
calycosa 185
compacta 187
corymbosa 187
crenata 186
discolor 184
× elegantissima Fasciculata 184
glauca 186
glomeruliflora 185
gracilis 184
gracilis grandiflora 184
hookerana 185
× kalmiiflora 187
longifolia Veitchii 184
mombeigii 185, 186
Mont Rose 184
ningpoensis 185
pulchra 186
Rosalind 184
scabra 186
scabra Candissima 186
scabra Flore Pleno 186
setchuenensis 186
Dicksonia antarctica 273

Diervilla sessilifolia 182
Dipelta
floribunda 100
ventricosa 86
yunnanensis 102
Disanthus cercidifolius 286
Discaria discolor 176
Distictis buccinatoria 255
Dorycnium hirsutum 169
Drimys
aromatica 20
lanceolata 20
winteri 219

Echte Weinrebe 267
Edgeworthia
chrysantha 42, 43
papyrifera 42, 43
Efeu 272, 273
Elaeagnus
angustifolia 182
commutata 183
× ebingei 20
Gilt Edge 30
macrophylla 30
multiflora 84
pungens 30
Embothrium coccineum 216
Enkianthus
campanulatus 148
campanulatus var. palibinii 148
cernuus f. rubens 148, 149
cernuus var. marsudae 148
chinensis 148
perulatus 74
Erica
aragonensis 24
arborea 24
australis 24
canaliculata 24
lusitanica 24
terminalis 256
× veitchii 24
Erlenblättrige Scheineller 229
Erythrina christa-galli 170
Escallonia
Apple Blossom 222
Crimson Spire 222
Donard Beauty 222
Donard Radiance 222
Donard Seedling 222
× exoniensis 222
Iveyi 223
Langleyensis 222
rosea 222
rubra 222
Slieve Donard 222
tucumanensis 223
virgata 223, 226
William Watson 222
Eucryphia
cordifolia 224
glutinosa 225
glutinosa (gefüllt) 224
× intermedia Rostrevor 224
lucida 225
milliganii 224, 225
moorei 225
× nymanensis Nymansay 224, 225
Euonymus
alatus 264
alatus var. apterus 264
albomarginatus 270
Argenteomarginatus 270
Aureopictus 270
Emerald Gayety 270
Emerald'n'Gold 270
europaeus 264
fortunei 270
fortunei Variegatus 270
Gracilis 270
grandiflorus 264
hamiltonianus 176
hamiltonianus Coral Chief 264
japonicus 270
latifolius 265
macropterus 264
microphyllus 270
microphyllus Variegatus 270
myrianthus 270
Ovatus Aureus 270
oxyphyllus 264
planipes 264, 265
President Gauthier 270
radicans 270
sachaliensis 264, 265
Sheridan Gold 270
Silver Gem 270
Silver Queen 270
verrucosus 176
Euphorbia
acanthothamnos 161
dendroides 161
mellifera 161
Euryops
pectinatus 219
virgineus 24
Exochorda
albertii 81
giraldii var. wilsonii 86
korolkowii 81
× macrantha The Bridge 82
serratifolia 81

Fabiana imbricata 217
Farnmyrte 27
Fatsia japonica 273
Faulbaum 77, 263
Feijoa sellowiana 227
Felicia petiolata 221
Fendlera wrightii 187
Flieder 156, 157, 158, 159
Forsythia
Arnold Dwarf 40
Arnold Giant 40
Beatrix Farrand 40, 42
Bronxensis 42
Densiflora 42
Giraldiana 42
Goldzauber 43
× intermedia 43
Karl Sax 43
Koreana 42
Lynwood 42
Minigold 43
ovata 42
Spectabilis 42
suspensa 40, 42
Tetragold 40
viridissima var. koreana 42
Fothergilla major 151, 268
Fremontodendron
California Glory 252
californicum subsp. decumbens 253
decumbens 253
Fuchsia
Alice Hoffman 248
C. J. Howlett 248
Chillerton Beauty 248
Cliff's Hardy 246
Corallina 247
Eva Boerg 248
excorticata 245
Genii 248
Goldsworth Beauty 248
Howlett's Hardy 248
Lady Thumb 248
lycioides 244
magellanica 244, 245
magellanica var. alba 247
magellanica var. conica 244
magellanica var. discolor 244
magellanica var. gracilis Variegata 247
magellanica var. gracilis Versicolor 247
magellanica var. macrostema 244
magellanica var. molinae 247
magellanica Pumila 244
minimiflora 244
Mme Cornelissen 247
Mrs Popple 244, 249
Pee Wee Rose 246
Pink Lace 248
Pixie 246
Purple Splendour 248
regia 244
Riccartonii 244, 245
Rufus 247
Ruth 246
Sealand Prince 246
Sharpitor 248
Sleepy 246
Susan Travis 246
Thorney's Hardy 246
Tom Thumb 247
Tresco 244

Garrya elliptica 23
× Gaulthettya wisleyensis 150, 262
Gartenjasmin 187
Gartensalbei 241
Gaultheria
hookeri 148
shallon 150, 151
Genista
aetnensis 167
cinera 166
florida 166
hispanica 94, 97
lydia 97, 166
radiata 166
tenera 166
tournfortii 166
virgata 166
Gelbwurz 32
Gevuina avellana 227
Gewürzstrauch 183
Ginster 94, 166
Grevillea
rosmarinifolia 217
sulphurea 220
Griselinia littoralis Variegata 31
Großblütige Stewartie 183

Halesia carolina 179
× Halimocistus wintonensis Merrist Wood Cream 164
Halimium
atriplicifolium 165
lasianthum subsp. formosum 165
ocymoides 165
Hamamelis
arborea 14
Arnold Promise 14
Brevipetala 14
Diane 14, 268
Feuerzauber 14
× intermedia Sorten 14
japonica 14
japonica var. arborea 14
japonica f. flavopurpurascens 14
Jelena 14
mollis 14, 15
Orange Beauty 14
Orange Bruns 14
Pallida 14, 268
Red Imp 14
Sandra 268
Sulfurea 14
Sunburst 14
vernalis Sorten 14
virginiana 156, 269
Zuccariniana 14
Hardenbergia comptonia 18
Hartriegel 180, 181, 269, 271
Hebe
albicans 212
Andersonii Variegata 214
anomala 212
Autumn Glory 212, 214
Blue Gem 212
Bowle's Hybrid 214
carnosula 215
Country Park 212
cupressoides 213
Dorothy Peach 214
Ettrick Shepherd 212, 213
× franciscana 18, 212
× franciscana Variegata 214
Gloriosa 214
Great Orme 214, 215
La Seduisante 214
macrantha 213
Margery Fish 214
matthewsii 212
McEwanii 212
Midsummer Beauty 212
Mrs Winder 214
ochracea 215
pimelioides 212
rakaiensis 212
recurva 214, 215
Simon Delaux 214
Spender's Seedling 214
Sussex Carpet 212
Trixie 212
Heckenkirsche 98, 99, 100, 101
Hedera
algeriensis Variegata 272
angularis Aurea 272
Atropurpurea 272
azorica 272
Buttercup 272
Caenwoodiana 272
Cavendishii 272, 273
colchica 272
Conglomerata Erecta 272
Cristata 272
Curly locks 272
Dealbata 272
deltoidea 272
Dentata 272
Dentata Variegata 272
Digitata 272
Eva 272
Glacier 272
Gloire de Marengo 272
Glymii 272
Golden Jubilee 272
Goldheart 272
Grey Arrow 272
helix 272
helix subsp. poetarum 272
hibernica 282
Ivalace 272
Konigers Auslese 272
Manda's Crested 272
nepalensis 272
Oro di Bogliasco 272
Paddy's Pride 272
Parsley Crested 272
pastuchovii 272
Pedata 272
Rhombea Variegata 272
Sagittifolia 272
Spetchley 272
Submarginata 272
Sulphur Heart 272
Tortuosa 272
Tres Coupé 272
Tricolor 272, 273
Woeneril 272
Heimia
myrtifolia 230
Herbstfarben 268, 269
Hibbertia
scandens 219
Hibiscus
Blue Bird 215
Boule de Feu 250
Comte de Flandres 250
Diana 250
Hamabo 251
Lilac Queen 251
Mauve Queen 250
Oiseau Bleu 251
Pink Giant 250
Red Heart 250
Ruby Glow 250
sinosyriacus 250, 251
syriacus Sorten 251
Woodbridge 250
Hippopaë rhamnoides 271
Hoheria
glabrata 229
Glory of Amlwch 229
lyallii 226, 229
sexstylosa 228
Holboellia coriacea 86
Hydrangea
Ametyst 238
angustipetala 235
Annabelle 239
anomala subsp. petiolaris 235
arborescens Grandiflora 238, 239
aspera 237
aspera subsp. aspera 234
aspera subsp. sargentiana 235
aspera subsp. strigosa 234
Ayesha 236
Blue Wave 236
Bluebird 236
bretschneideri 234, 235
rale Vicomtesse de Vibraye 238
Grant's Choice 236

grosseserrata 235
Hamburgh 238
heteromalla 234, 235
Kluis Superba 238, 239
Lanarth White 236
Lilacina 236
macrophylla ver. acuminata 236
macrophylla f. normalis 236
Mme E. Mouillère 238
Mousseline 238
Niedersachsen 238
Nikko Blue 239
paniculata 234, 235
paniculata Grandiflora 234
Parsifal 238
Preziosa 236
quercifolia 234
Rosthornii 234
serrata 236, 239
Silver Slipper 236
strigosa ver. macrophylla 234
Tardiva 234
veitchii 237
Vibraye 238
villosa 234
xanthoneura 234, 235
Hymenanthera Angustifolia 230
Hypericum
acmosepalurn 242
androsaemum 242
balearicum 242
beanei 243
bellum 242
calycinum 243
Elstead 242
forrestii 242
henryi 242
Hidcote 243
hircinum var. altimontanum 242
hookerianum 243
× inodorum Elstead 242
kouytchense 243
monogynum 242
× moserianum 243
patulum 243
pseudohenryi 242
Rowallane 243
subsessile 242
Sungold 243

Ilex
Alaska 276
× altaclerensis 275
Amber 274
Angustifolia 276
aquifolium 276
Argentea Marginata 274
Aurantiaca 276
Aurea Picta Latifolia 274
Aureovariegata 276
Aurifodina 274, 275
Bacciflava 274
Balearica 274
Blue Angel 276
Blue Princess 276
Bullata 276
Cameliifolia 274
canariensis 275
Chestnut Leaf 274
ciliospinosa 276
colchica 275
Convexa 276
cornuta 277
Crassifolia 274
crenata 277
crenata Latifolia 276
crenata Variegata 276
Crispa 274
Crispa Aureopicta 274
dipyrena 274
Drace 276
Ferox 274
Ferox argentea 274
Flavescens 274
fructoluteo 274
glabra 276
Golden King 274
Golden Milkboy 274
Goldmine 274, 275
Goliath 275
Handsworth New Silver 274
Hetzii 276
Hodginsii 274
Howick 274
Indian Chief 276
integra 276
J. C. van Tol 274
kingiana 274
× koehneana Chestnut Leaf 274
latifolia 274
Lawsoniana 274
Lichtenthalii 276
Mariesii 276
× meservae Sorten 276
Nellie R. Stevens 274, 275
Opaca 277
Oriole 276
Ovata 274
pedunculosa 276
perado var. platypetala 275
pernyi veitchii 276
Purple Shaft 274
Scotica 276
Sentinel 276
serrata 276, 277
Shiro-Fukunin 276
Silver Queen 274
Sunny Foster 276
verticillata 276
verticillata Aurantiaca 276
Wilsonii 274
Xanthocarpa 276
yunnanensis 276
Illicium
anisatum 74
henryi 75
religiosum 74
Indigofera
amblyantha 166
gerardiana 168
heterantha 168
kirilowii 168
Isoplexis canariensis 255
Itea illicifolia 220

Japanische Aprikose 23
Jamesia americana 187
Jasminum
beesianum 100
fruticans 231
grandiflorum 233
humile 233
nudiflorum 20
officinale 233
× stephanense 233

Kalmia
angustifolia 150
latifolia 150
Kanadische Schafsbeere 177
Kastanie 171
Kerria
japonica 78
japonica Pleniflora 78
Kiwi 87
Klebrige Robinie 170
Knopfblume 171
Kolkwitzia amabilis 98
Korallenstrauch 216
Kornelkirsche 37

Lagerstroemia indica 257
Lardizabala biternata 87
Lavendula
angustifolia 202
Ariele 202
dentata 202
Hidcote 202
lanata 202, 203
latifolia 202
Loddon Pink 202, 203
multifida 202, 203
multifida subsp. canariensis 202
Munstead 202
Nana Alba 202
pinnata 202
stoechas 203
stoechas subsp. pedunculata 202
Ledum
glandulosum subsp. columbianum 151
Leptospermum
lanigerum 226
scoparium 24
scoparium Nichollsii
Lespedeza bicolor 169
Leucothoë
catesbaei 148
davisiae 150
editorum 148
fontanesia 148
Leycesteria
crocothyrsos 102
formosa 258
Lindera
benzoin 37, 182
umbellata 36
Lippia citriodora 219
Lomatia
ferruginea 221
myricoides 220
silaifolia 226
Lonicera
× americana 100
Belgica 101
bracteolaris 98
× brownii Fuchsioides 100
caprifolium 100
chaetocarpa 100
etrusca 101
Fuchsioides 100
Graham Thomas 101
henryi 99
implexa 99
involucrata 98
japonica 99
korolkowii 99
maackii 258
maackii var. podocarpa 98
microphylla 33
nitida 270
nitida Baggesen's Gold 270
periclymenum 101
pileata 270
× purpusii 38
pyrenaica 98
quinquelocularis 98
standishii 38
tangutica 102
tartarica 99
× tellmanniana 100, 101
tomentella 98
tragophylla 101
Lorbeer 151
Lorbeerschneeball 257
Loropetalum chinense 15
Lupinus arboreus 166
Lygos
sphaerocarpa 95
Lyonia ovalifolia 151

Maddenia hypoleuca 33
Magnolia
Ann 52
ashei 55
campbellii var. mollicomata 51
cordata 55
cylindrica 50
dawsonia 51
denudata 50, 51
Elizabeth 53
Eric Savill 50
globosa 54
heptapeta 50, 51
Highdownensis 55
Lennei Alba 52
Leonard Messel 50
liliiflora 53
Manchu Fan 52
Merill 50
Neil McEchern 50
Norbertii 53
Norman Gold 50
parviflora 55
Picture 52
Purple Eye 53
Rouged Alabaster 52
Rustica Rubra 52, 53
sargentinana var. robusta 50
sieboldii 55
sinensis 54
× soulangiana 52
stellata 50
× thompsonia 55
virginiana 55
Wada's Memory 50
wilsonii 54
Mahonia
acanthifolia 17
aquifolium 90
bealei 17
fremontii 90
japonica 16
leschenaultiana 17
lomariifolia 17
× media Buckland 17
× media Charity 16
napaulensis 17
nevinii 90
repens Rotundifolia 90
× wagneri Undulata 90
Mahonien 16, 90
Medicago arborea citrina 256
Menziesia
ciliicalyx 74
ciliicalyx var. purpurea 75, 148
multiflora var. purpurea 75, 148
pentandra 75
Metrosideros excelsa 227
Michelia doltsopa 51
Mimulus
auranthiacus 254
glutinosus 254
Mitraria coccinea 247
Mucuna sempervirens 155
Mutisia
decurrens 249
oligodon 249
Myrtus
apiculata 230, 231
communis 230
communis var. tarentina 230
Glanleam Gold 230
luma 230, 231
ugni 231

Nerium oleander 257
Neviausia albamensis 207
Niellia thibetica 173
Nothofagus antarctica 78, 79

Olearia
avicennifolia 220
× hastii 220
macrodonta 227
moschata 226
× oleifolia 226
× scilloniensis 227
Talbot de Malahide 220
Ölweide 183
Ononis
fruticosa 169
speciosa 97
Orangenblume 35
Oregonpflaume 35
Orixa japonica Variegata 79
Osmanthus
× burckwoodii 78
decorus 78, 261
delavayi 78, 79
forrestii 78
heterophyllus 78, 256
yunnanensis 78
× Osmarea 78
Osmaronia cerasiformis 34
Osteomeles schwerinii 34
Ozothamnus
hookeri 226
ledifolius 227
Paeonia
Anne Rosse 92
delavayi 93
× lemoinei Argosy 92
lutea 93
lutea × delavayi 92
lutea var. ludlowii 92
potaninii f. alba 93
suffruticosa 92
suffruticosa Joseph Rock 93
Paliurus spina-christi 161, 271
Parrotiopsis jacquemontiana 84
Parthenocissus
quinquefolia 267
tricuspidata 267
Passiflora caerulea 218

INDEX

- Penstemon cordifolius 254
- Pernettya
  - Cherry Ripe 262
  - Crimsonia 262
  - Lilacina 262
  - Lilian 262
  - Mother of Pearl 262
  - mucronata 150, 263
  - Mulberry Wine 262
  - Pink Pearl 262
  - Snow White 262
  - White Pearl 262
- Petteria ramentacea 166
- Pfeifenstrauch 187
- Phaedranthus buccinatorius 255
- Philadelphus
  - Avalanche 188
  - Beauclerk 188
  - Bicolore 188
  - Burfordensis 186
  - Conquête 188
  - coronarius 187
  - Dame Blanche 186
  - delavayi 189
  - incanus 189
  - intectus 186
  - microphyllus 189
  - purpurascens 189
  - Sibylle 188
  - tomentosus 189
  - Virginal 186
- Philesia
  - buxifolia 217
  - magellanica 217
- Phillyrea
  - angustifolia 257
  - latifolia 78
- Phlomis
  - bourgaei 161
  - fruticosa 161
- Phyllocladus alpinus 220
- Phyllostachys
  - aurea 28
  - aureosulcata 28
  - nigra Boryana 28
- Physocarpus
  - monogynus 207
  - opulifolius 40, 180
- Pieris
  - Blush 44
  - Firecrest 45
  - Flamingo 44
  - floribunda 44
  - Forest Flame 45
  - formosa 44, 45
  - formosa var. forrestii 44
  - Grayswood 44, 45
  - japonica 44
  - japonica Variegata 44
  - Purity 44
  - taiwanensis 44
- Pileostegia viburnoides 232
- Pipthantus
  - nepalensis 94
  - tomentosus 95
- Pistacia lentiscus 271
- Pittosporum
  - tenuifolium Garnetii 270
  - tenuifolium Mayi 270
  - tenuifolium Purpureum 270
  - tenuifolium Varigatum 270
  - tenuifolium Warnham Gold 270
  - tobira 27
- Pimpernuß 183
- Pleioblastus
  - argenteo-striatus var. glaber 28
  - linearis 29
  - viridi-striatus 28
-Ionciris trifoliata 86
- Portugiesische Lorbeerkirsche 85
- Potentilla
  - Abbotswood 205
  - arbuscula 204
  - Beesii 205
  - Elizabeth 204
  - fruticosa 205
  - fruticosa var. dahaurica f. rhodocalyx 205
  - fruticosa var. parvifolia 204
  - fruticosa var. rigida 204
  - Goldfinger 204
  - Grandiflora 204
  - Jackman's Variety 204
  - Katherine Dykes 204
  - Manchu 204
  - Mrs Brunshill 205
  - Nana Argentea 205
  - Pink Foam 204
  - Primrose Beauty 204
  - Princess 205
  - Red Ace 205
  - rigida var. albicans 205
  - Sunset 204
  - Sutter's Gold 204
  - Tangerine 204
  - Tilford Cream 204
  - Vilmoriniana 205
  - William Purdon 204
- Prachtweide 32
- Prächtige Himbeere 172
- Prasium
  - majus 256
- Prinsepia
  - uniflora 84
  - utilis 33
- Prunus
  - Benichidori 22
  - bifrons 81
  - bucharica 80
  - cerasus 85
  - × cistena 76
  - divaricata 82
  - Firehill 82, 83
  - incana 82
  - incisa 82
  - Kurokawa-Yaguchi 84
  - laurocerasus Otto Luyken 256
  - lusitanica 85
  - multiplex 76
  - mume 22
  - Omoinoname 22
  - padus 77, 263
  - padus borealis 76
  - padus Colorata 76
  - Sagami Shidare 84
  - Sansetu Shidare 84
  - spinosissima 81
  - subhirtella Autumnalis 20
  - tenella var. gesslerana Firehill 82, 83
  - triloba 76
- Pseudopanax ferox 31
- Pseudosasa japonica 28
- Pterostyrax
- hispida 179
- Pyracantha
  - atalantoides 262
  - gibbsii 262
  - Lalandei 262
  - Mohave 262
  - Orange Glow 262
  - rogersiana 173
  - rogersiana f. Flava 262
- Pyrus
  - japonica 82

- Reevesia pubescens 179
- Rhamnus
  - alaternus 270
  - alaternus Argenteo Variegata 270
  - crocea subsp ilicifolia 277
- Rhapiolepis
  - indica 34
  - indica Springtime 35
  - umbellata 34
- Rhododendron
  - aberconwayi 121
  - albiflorum 137
  - albrechtii 116
  - Alice 129
  - Alison Johnstone 114, 126
  - amagianum 135
  - ambiguum 119
  - Amor 144
  - Anthony Koster 138
  - Apple Blossom 132
  - arborescens 137
  - arboreum subsp. cinnamomeum 120
  - arboreum subsp. zeylanicum 110, 120
  - argyrophyllum subsp. nankingense Chinese Silver 107
  - Arthur Bedford 130
  - atlanticum 136
  - augustinii subsp. augustinii 114
  - auriculatum 143
  - bakeri Camps Red 137
  - Balzac 138
  - barbatum 106
  - Beanium 105
  - Beauty of Littleworth 129
  - Biscuit Box 144
  - Blue Danube 132
  - Blue Diamond 127
  - Bo-peep 127
  - brachyanthum subsp. hypolepidotum 142
  - brachycarpum subsp. brachycarpum 142
  - Brazil 138
  - Bright Straw 138
  - Britannia 128
  - bullatum 113
  - Bulstrode Park 128
  - burmanicum 112
  - bureavii 107
  - callimorphum var. myiagium 117
  - calophytum 110, 111
  - campanulatum 120
  - campbelliae 120
  - Camps Red 137
  - campylocarpum subsp. campylocarpum 116
  - canadense 134
  - canadense f. albiflorum 134
  - Carita 125
  - carolinianum 136
  - caucasium 109
  - cerasinum 146, 147
  - Chanticleer 132
  - Chinese Silver 107
  - Choremia 108
  - Christopher Wren 138
  - ciliatum 114
  - ciliicalyx 112
  - Cilpinense 106
  - cinnabarinum subsp. cinnabarinum 114, 115
  - cinnabarinum var. roylei 115
  - cinnabarinum subsp. tamaense 115
  - cinnabarinum subsp. xanthocodon 114
  - cinnabarinum var. purpurellum 114
  - Coccina Speciosa 141
  - concatenans 114
  - concinnum 119
  - Conroy 126
  - Conyan 126
  - Corneille 140
  - Cornish Cross 124
  - Corringe 138
  - Countess of Haddington 112
  - Cowslip 125
  - crinigerum 120
  - cumberlandense 137
  - Cunningham's White 131
  - cyanocarpum 104
  - Cynthia 128, 131
  - Dainty 132
  - dalhousiae 113
  - dauricum 22
  - davidsonianum 119
  - Day Dream 128
  - Day Spring 132
  - decorum 142
  - dichroanthum subsp. herpesticum 146
  - dichroanthum subsp. scyphocalyx 146
  - Didpa 132
  - Double Damask 140
  - Dr Nolans 138
  - eclectum var. bellatulum 104
  - eclectum var. eclectum 104
  - Eddy 132
  - edgeworthii 113
  - Electra 127
  - Elizabeth 109
  - Elizabeth David 112
  - euchaites 116
  - Exquiseta 140
  - falconeri 122
  - Fanny 140
  - flammeum 136
  - Flora 140
  - fortunei subsp. discolor 143
  - fragrantissimum 127
  - Frank Galsworthy 130
  - Freya 140, 141
  - fulgens 104
  - fulvum 106
  - G. A. Sims 130
  - George Reynolds 138
  - glaucophyllum 143
  - Gloria Mundi 140
  - Glory of Littleworth 140, 141
  - Goldball 138
  - Goldfort 129
  - Golden Oriole Talavera 108
  - Goldsworth Yellow 128
  - griersonianum 142
  - Grosclaude 144
  - haematodes 105
  - Hatsugiri 132
  - Hawk Crest 125, 131
  - heliolepis 142
  - Hershey's Red 132
  - Hinamayo 132
  - His Lordship 121
  - hodgsonii 123
  - Ho-o 132
  - Irene Koster 140
  - Iro-Hayama 132
  - irroratum subsp. irroratum 120
  - Jalisco Goshawk 144
  - Jane Hardy 112
  - Jeanette 133
  - Jeanne Oosthock 138
  - Joanita 145
  - Jocelyne 125
  - John Cairns 133
  - johnstoneanum 106
  - Kaempferi 134
  - Katsura-no-hama 132
  - keiskii 119
  - keysii 115
  - Kilimanjaro 144
  - Kiusianum 134
  - Kiyosumense 134
  - Klondyke 138
  - Königin Emma 138
  - Koster's Brilliant Red 138
  - Kure-no-Yuki 132
  - lacteum 122, 123
  - Lady Roseberry 126
  - lanigerum 106
  - Lascaux 144
  - leucapsis 109
  - litiense 142
  - Loch Eck 111, 143
  - Loder's White 128
  - Lord Palmerston 128, 131
  - Lord Roberts 128
  - lutescens 108
  - luteum 135
  - macabeanum 122, 123
  - mallotum 102, 105
  - maximum 147
  - May Day 129
  - meddianum 104
  - metternichii var. yakushimanum 146, 147
  - Mevrouw G. van Nord 138
  - micranthum 121
  - microphyton 135
  - Midwinter 22
  - Mimi 132
  - Minterne Cinnkeys 126
  - minus var. chapmannii 136
  - minus var. minus 136
  - molle 135
  - Moonshine Bright 125
  - Moonstone 125, 146
  - montroseanum 110
  - Mother's Day 133
  - Mount Everest 129
  - moupinense 123
  - Mrs Davis Evans 130
  - Mrs E. C. Sterling 128
  - Mrs Furnival 130
  - Mrs G. W. Leak 131
  - Mrs Lionel de Rothschild 130
  - Mrs R. T. de la Mare 129
  - mucronulatum 22
  - Murillo 140
  - Nancy Waterer 140
  - Narcissiflora 140
  - neriiflorum 116
  - Nestor 108
  - Nick Skelton 131
  - niveum 120

Norma 140
occidentale 137
occidentale var. sonomense 136
Olive 22
Orange Beauty 132
orbiculare 111
oreodoxa 110, 111
oreotrephes 118
Oxydol 138
pachypodum 113
pachytrichum 106, 107
Palestrina 132
Pallas 140
pentaphyllum 116, 117
periclymenoides 136
Persil 138
Phoebe 140
Pink Glory 124
Pink Pearl 129
Polar Bear 145
Polka Dot 120
polylepis 119
ponticum 142, 146
Portia 108
Praecox 108
principis 106
prinophyllum 136
Professor Hugo de Fries 128
pseudochrysanthum 105
pseudoanthinum 119
Pucella 140
Purple Splendour 130
Queen Elizabeth II 129
Queen Emma 138
Queen's Wood 145
quinquefolium 117
racemosum 114
reticulatum 116
rex subsp. fictolacteum 122
rex subsp. rex 122
Romany Chal 144
Rosa Mundi 109
roseatum 112
roseum 136
Rothenberg 145
roxieanum 120
roxieanum var. oreonastes 120
Roza Stevenson 125
rubiginosum 114
russatum 114
Ruth Lyon 119
Saint Tudy 127
Samuel Taylor Coleridge 138
sanguineum var. didymoides 117
sanguineum var. haemaleum 117
Sappho 130
Satan 138
scabrum 134
Scarlett O' Hara 131
schlippenbachii 134
selense subsp. probum 116
selense var. selense 116
semnoides 123
Seta 108
Sigismund Rucker 130
sinense 135
smirnowii 146
Snow Flake 132
Snow Queen 128
Solion 140
souliei 146, 147
Souvenir of Anthony Waterer 130
speciosum 136
Spek's Orange 139
spinuliferum 140
stewartianum 104
Strawberry Ice 138
Summertime 147
Sun of Austerlitz 139
Sunte Nectarine 138
Susan 131
sutchuenense 110
taliense 120
Tally Ho 144
Temple Belle 124
Tensing 144
The Honorable Jean Marie de
Montagne 129
thomsonii 116
Thunderstorm 130
Toucan 138
triflorum 146
uvariiflorum 106
vaseyi 134
veitchianum 112
vellereum 106
venator 121
vernicosum 111, 143
Vintage Rose 145
viscosum 142
viscosum var. glaucum 137
Vuyk's Scarlet 133
wardii 142, 146
White Find 141
wightii 122
W. H. F. 131
William Wright Smith 112
williamsianum 116
yakushimanum 146,147
yunnananse 118
Rhus
aromatica 36
canadensis 36
Ribes
alpinum 74
gordonianum 41
laurifolium 41
odoratum 41
sanguineum 40, 41
sanguineum Atrorubens 40
sanguineum Brocklebankii 40
sanguineum King Edward VII 40
sanguineum Lombartsii 40
sanguineum Pulborough Scarlet 40
sanguineum Tydeman's White 40
speciosum 34
Richea scoparia 213
Robinia
hispida 170
kelseyi 170
viscosa 170
Rosmarin 25
Rosmarinus officinalis 24
Rote Würgebeere 269
Rubus
amabilis 173
biflorus 173
deliciosus 172
neo-mexicanus 172
odoratus 172
spectabilis 173
tricolor 173
× Tridel 172
× Tridel Benenden 172
Rundblättriger Hartriegel 180

Salix
atrocinera 32
discolor 33
hastata Wehrhahnii 33
lanata 33
magnifica 32
Salvia
buchaninii 240
coccinea var. pseudococcinea 240
elegans 240
fulgens 240
greggii 240
guaranitica Blue Enigma 240
James Compton 240
guarantica 240
leucantha 241
microphylla 241
microphylla var. neurepia 240
microphylla var. wislizinii 240
officinalis Purpurascens 241
Sambucus
albopunctata Pulverulenta 103
nigra 103
racemosa Plumosa Aurea 74
racemosa Tenuifolia 103
sieboldiana 259
Sanddorn 271
Santolina
chamaecyparissus subsp. insularis 202
chamaecyparissus subsp. tomentosa 203
neapolitana 202
pinnata 203
Sarcococca
confusa 22
hookerana var. hookerana 22
hookerana var. digyna Purple Stem 22
ruscifolia 22
Sarothamnus Scoparius 94, 176
Sasa palmata 29
Sauerkirsche 85
Schisandra
glaucescens 86
grandiflora var. rubriflora 86, 265
rubriflora 86, 265
Schizophragma
Hydrangeoides Roseum 237
Schneeball 177
Schneebeere 259
Schneeflockenstrauch 99
Semiarundiaria fastuosa 28
Senecio
compactus 218
munroi 218
Sunshine 218
Sesbania punicea 167
Shepherdia argentea 42
Shibatea kumasaca 28
Sibiraea 79
altaiensis 79
laevigata 79
Silberakazie 19
Simmondsia chinensis 34
Sinarundinaria
murielae 28
Sinojackia rehderiana 176
Skimmia
japonica 30
japonica Rubella 30
laureola 30
Smilax
aspera 267
lasioneura 267
Solanum
crispum Glasnevin 257
jasminoides Album 253
Sollya heterophylla 221
Sophora
davidii 168
microphylla 26, 94, 95
mollis 96
Otari Gnome 94
tetraptera 94
viciifolia 168
Sorbaria
arborea 207
Spanischer Ginster 166
Spartium junceum 166
Spindelstrauch 264
Spiraea
Anthony Waterer 206
arcuata 77
Arguta 76
Arguta Compacta 76
Bumalda 206
canescens 206
× cinera 76
douglasii 206
japonica 207
Little Princess 207
Macrophylla 206
media 77
prunifolia 76
prunifolia Plena 76
Rosea Superba 206
Salicifolia 207
× sanssouciana 206
thunbergii 76
× watsonia 206
Stachyurus
praecox 46
Staphylea
bumalda 176
colchica 183
holocarpa Rosea 183
pinnata 182
Stechginster 96
Stechpalme 274, 275, 276, 277
Stauntonia hexaphylla 87
Sephanandra tanake 182, 206
Stewartia
malacodendron 182
monadelpha 183
ovata 183
ovata var. grandiflora 183
pseudocamellia 182
serrata 181
Stiellose Dierville 183
Strahlenginster 166
Stranvaesia
davidiana 262
davidiana Fructuluteo 262
davidiana Prostrata 262
davidiana var. Undulata 262
Strauchroßkastanie 171
Styrax
japonica 180
japonica var. fargesii 180
lankongensis 178
limpritchii 178
obassia 179
officinalis 179
serrulatus 178
wilsonii 178
Sumpfmagnolie 54
Süßduftende Azalee 137
Sutherlandia
frutescens 26
montana 10
× Sycoparrotia
semidecidua 47
Sycopsis sinensis 46
Symphoricarpos albus 259
Symplocos paniculata 175
Syringa
Blue Hyacinth 159
Buffon 159
Charles Joly 158
× chinensis 156
× diversifolia 156
Edith Cavell 158
Esther Staley 159
Firmament 158
Guinevere 157
× henryi 156
Hugo Koster 158
× hyacinthiflora 159
John Dunbar 158
× josiflexa 157
Julianae 157
Katherine Havemeyer 158
laciniata 156
Lucie Baltet 158
Maréchal Foche 159
Maud Notcutt 159
microphylla Superba 156
Mme Antoine. Buchner 158
Mme Felix 158
Mme Florent Stepman 158
Mrs Edward Harding 158
oblata 156
× persica Alba 156
pinnatifolia 36
Primrose 158
reflexa 157
Sensation 158
Souvenir d'Alice Harding 159
sweginzowii 157
Solcan 157
vulgaris 156
vulgaris Aurea 156
vulgaris Sorten 159
William H. Judd 156

Tasmannia lanceolata 20
Taxillus tibetanus 118
Teline
canariensis 26
linifolia 95
monstpessulana 26
Tepualia stipularis 219
Teuricum fruticans 257
Thelycrania sanguinea 180
Torfgränke 75
Trachelospermum asiaticum 233
Trichostema lanatum 241
Trochodendron aralioides 180

Ulex
europaeus 97
gallii 97

Vaccinium
angustifolium var. laevifolium 74
atrococcum 75
caespositum 74
corymbosum 148
lamarkii 74

ovatum 149
stamineum 150
Vallea stipularis 223
Viburnum
acerifolium 259
alnifolium 174, 175,
Anne Russel 268
betulifolium 258
× bodnantense Dawn 20
× bodnantense Deben 20
buddleifolium 174
× burkwoodii Park Farm 174
× carlcephalum 174
carlesii Aurora 174
carlesii var. bitchiunense 174
carlesii Diana 174
cotinifolium 177
davidii 175
Eva Price 256
farreri 20
fragrans 20
furcatum 174, 259
grandiflorum 20
henryi 258
× juddii 175
lantanoides 174, 175
lentago 176
opulus 177
opulus var. caulescens 176
opulus Compactum 258
opulus Sterile 177
opulus Xanthocarpum 258
plicatum Mariesii 176, 177
plicatum Pink Beauty 177
plicatum var. plicatum 177
plicatum var. tomentosum 176
sargentii 158
setigerum 258
sieboldii 176
tinus 256
tinus Variegatum 256
tomentosum var. Sterile 177
Vitis
Brant 267
coignetiae 266
vinifera Incana 266
vivifera Purpurea 267

Wattakaka sinensis 179
Weigela
florida Foliis Purpureis 103
Gustave Mallet 103
middendorfiana 103
praecox 103
Winterblüte 21
Winterjasmin 21
Wisteria
floribunda Alba 155
floribunda f. macrobotrys 154
floribunda Issai 154
floribunda Rosea 154
× formosa 155
sinensis 154
sinensis Black Dragon 154
venusta 154

Xanthoceras sorbifolium 175
Xanthorrhiza simplicissima 33

Zanthozylum piperitum 86
Zaubernuß 14, 15, 265, 269
Zenobia pulverulenta 150
Zimmerhimbeere 172